2024年

国家统一法律职业资格考试

主观题突破150分

法律考试中心/组编
陈璐琼/主编

撰稿人：陈璐琼　孙自立　杨长庚　陈　龙
邱振启　李年清　曹新川

法律出版社
——北京——

图书在版编目(CIP)数据

2024年国家统一法律职业资格考试主观题突破150分 / 法律考试中心组编 ; 陈璐琼主编. -- 北京 : 法律出版社, 2024

ISBN 978-7-5197-9144-5

Ⅰ. ①2… Ⅱ. ①法… ②陈… Ⅲ. ①法律工作者-资格考试-中国-习题集 Ⅳ. ①D92-44

中国国家版本馆CIP数据核字(2024)第095030号

2024年国家统一法律职业资格考试主观题突破150分
2024 NIAN GUOJIA TONGYI FALÜ ZHIYE ZIGE KAOSHI ZHUGUANTI TUPO 150 FEN

法律考试中心 组编
陈璐琼 主编

策划编辑 陈 睿
责任编辑 陈 睿
装帧设计 李 瞻

出版发行 法律出版社
编辑统筹 法律考试·职业教育出版分社
责任校对 张翼羽
责任印制 胡晓雅
经 销 新华书店

开本 787毫米×1092毫米 1/16
印张 20.25 字数 548千
版本 2024年5月第1版
印次 2024年5月第1次印刷
印刷 永清县金鑫印刷有限公司

地址:北京市丰台区莲花池西里7号(100073)
网址:www.lawpress.com.cn
投稿邮箱:info@lawpress.com.cn
举报盗版邮箱:jbwq@lawpress.com.cn

销售电话:010-83938349
客服电话:010-83938350
咨询电话:010-63939796

书号:ISBN 978-7-5197-9144-5
定价:78.00元

凡购买本社图书,如有印装错误,我社负责退换。电话:010-83938349

目　录

第一章　主观题常见错误分析与答题技巧

第一节　主观题常见错误分析

一、常见错误归类

《孙子兵法》云，“知彼知己，百战不殆”。从阅卷老师的角度来应对主观题考试，才是备考的捷径。每年都有这样的情况：客观题考试高分通过，主观题考试却出于各种原因没达标。再加上客观题考试与主观题考试间隔时间比较短（不到1个月），导致考生的做题思维没有从客观题转变过来，所以“主客一体”的考生通过率就不高。由此可见，考生一定要有“主客一起准备”的观念。那么主观题备考应注意哪些问题呢？本书整理了近几年了解到的考生在主观题答题上所犯的种种错误，主要包括以下几大类。

（一）卷面空白，“全凭想当然”

有些考生认为只要学好知识点就可以了，不重视主观题的训练，到了考场见到新一点的题型就慌了，以致考试时间不够，最后一题甚至最后两题的卷面完全空白而失分。究其原因：一方面，答题时间安排不合理，某些题目花费时间过长；另一方面，复习时不够充分、全面，知识点空白。这导致考生对有些题目所涉法律规定不熟悉，犹豫不决，不敢下笔，贻误时机。因此，合理安排做题时间和规划科学做题顺序是考生备考主观题的第一要务。

尤其是2023年主观卷第一题，由之前的一问改成两问，其实就是形式上做了调整，但是，很多考生却慌张不已，措手不及。其实，形式上的变化每年都会有，2024年甚至有可能出现刑法案例中有刑事诉讼法的内容，刑事诉讼法中有刑法的基本要求，这个很正常。因此需要考生胸有成竹，冷静应对，灵活处理考场上的变故。

（二）落入陷阱，“自以为是”

“基础不牢，地动山摇。”主观题必须弄清楚题干中所交代的各种法律关系，而真正有价值的是法律关系背后的考点。若考生对相关考点的把握不够准确，受到题目里故意设置的干扰信息的迷惑，就会误入歧途而失分。因此，考生必须对各个学科的体系和核心考点了然于胸，如看到“放风”两字，就知道要考“共同犯罪”的从犯等考点。

（三）表述无条理，“表面文章”不到位

有些考生虽然看懂了题目，但由于平时实战训练不够，没有养成解答主观题的正确思路，下笔答题时“眉毛胡子一把抓”。例如，在运用法律思维三段论作答时，没有分清法律大前提、事实小前提和结论，结论不突出，阅卷老师很难发现“采分点”。在回答第一题论述题的时候，也要按照是什么、为什么、怎么办和夸夸它的基本逻辑答题，否则想到哪里写哪里算哪里，东一榔头，西一棒槌，自然就没有体系性，得分就不高。

（四）文不对题，“离题万里”

由于备考时缺乏应有的训练，在考试中，很多考生在答题时仓促下笔作答，甚至没有看案情材料，直接根据题目来猜答案。发现结论和论证前后矛盾后，考生才开始重新分析题目，否定前面的答案，导致答题语句次序颠倒，删删改改，基本文字错误频出，浪费大量的时间。

（五）法言法语不到位，多为“大白话”

有些考生知识点复习到了，也写出来了，但因为关键概念答错或专业用语写错而被扣分，如在合同法中将“缔约过失责任”写成“违约过失责任”。因此，在主观题备考中一定要具备一定的“法律思维”能力。

二、典型错题分析

下面以法考真题（回忆版）解题为例进行分析，就可以发现为什么那么多考生觉得答得不错，但是最终分数不高。

典型错题分析1 2023年法考民法商法和民事诉讼法综合主观题（回忆版）

| 案 情 |

2023年3月，乙公司以甲公司为被告向西河区法院提起诉讼，要求解除与甲公司的设备买卖合同，并要求甲公司承担相应的责任。西河区法院受理后向甲公司送达了起诉状副本，甲公司应诉答辩，诉讼中甲公司一直反对合同解除。后法庭审理过程中，乙公司发现甲公司实际上并没有什么财产，胜诉也没有实质意义，于是申请撤诉。法院在未征得甲公司的同意的情况下即裁定准予撤诉。1个月后，乙公司又向西河区法院提起诉讼，这次是以甲公司、王某和李某为共同被告，提出诉讼请求如下：

（1）要求甲公司继续履行设备买卖合同，一次性支付全部剩余价款，赔偿迟延履行损失。同时要求甲公司的股东王某、王某的配偶李某对此承担连带责任。

（2）要求甲公司支付培训合同费用20万元，同时要求甲公司的股东王某、王某的配偶李某对此承担连带责任。

诉讼过程中，甲公司向法院提出以下抗辩：

（1）甲公司认为西河区法院没有管辖权，此案应该由自己所在地东山区法院管辖，因为设备已经完成安装，无法拆除，应属于不动产，协议管辖无效，河西区法院没有管辖权。

（2）甲公司认为设备买卖合同约定的管辖法院是西河区法院，但是培训合同中并没有约定管辖，合同履行地与被告住所地都是东山区法院，因此西河区法院对培训合同没有管辖权。

（3）设备买卖合同和培训合同没有实质关联，法院不能合并审理。

（4）乙公司的起诉状副本已经送达甲公司，故在第一次起诉时，甲公司与乙公司的设备买卖合同已经解除，乙公司第二次起诉要求履行合同是不成立的，且乙公司并非适格原告。

王某同意甲公司的抗辩，承认自己对设备买卖合同承担连带保证责任，但主张自己不应承担培训合同的连带责任。

李某同意甲公司的抗辩，并且认为自己在两份合同中都没有签字，不应当承担连带责任，自己不是适格被告。

法院查明的事实如下：王某于2017年设立甲公司，且是甲公司唯一股东。后王某与李某结婚，李某即进入甲公司，担任甲公司的财务负责人。2022年2月，为了扩大经营，增加生产线，甲公司需要购买生产设备，于是与乙公司签订设备买卖合同：甲公司购买乙公司价值200万元的生产设备，甲公司先支付100万元，其余100万元分10期支付，每个月支付10万元，12月底前全部完成付款。合同中约定如发生纠纷由西河区法院管辖。同时王某为该买卖合同提供担保，表示：“甲公司不清偿款项，王某无条件承担担保责任。”对此李某没有签字。

甲公司支付了4个月价款后，第5个月并未按期付款，后乙公司了解到甲公司停止付款是因为所买设备无法正常使用。经查，设备不能运转的原因在于甲公司工人不熟悉机器操作从而操作失误。针对此种情况，乙公司提出为甲公司的员工进行培训的建议，后双方协商达成培训合同，约定乙公司为甲公司提供设备使用培训，乙公司要到甲公司所在的东山区培训，培训费20万元，由甲公司于12月底付清。甲公司如约参加培训，但到12月底并没有支付培训费。乙公司反复催告甲公司支付设备价款和培训费，但甲公司并不配合，只在2023年1月给乙公司转账15万元，注明“履行合同款”。乙公司询问这笔款项是哪一笔价款，甲公司并未回应。

诉讼过程中，乙公司提出了保全申请，申请查封A房屋。法院经审查发现，2021年12月，王某曾与丁房地产开发商签订A房屋买卖合同，该合同价款为600万元，王某支付了400万元首付款，剩余房款在丙银行办理了按揭贷款，并为丙银行办理了A房屋抵押权预告登记。2022年1月，房屋建成，丁公司办理了所有权首次登记。乙公司申请保全时，房屋尚未过户给王某，且查明王某是故意拖延不办过户。于是法院作出准予查封房屋裁定，但由于王某没有取得房屋所有权，故无法进行查封登记，法院只进行了公告。法院还查明，王某曾经转移甲公司的财产用于A房屋的装修等。

后A房屋被乙公司申请执行，丙银行提出异议，认为该房屋有自己的抵押预告登记，不能被执行。另外王某的律师也提出抗辩：认为该房屋属于王某的唯一住房（属实）。

| 问　题 |

1. 乙公司第一次起诉后申请撤销，法院没有经过甲公司同意就裁定准许撤销的做法是否合法？

2. 请结合民事诉讼法的管辖、诉的合并、当事人等原理，判断甲公司、李某、王某的各项异议理由是否成立，请进行分析。

3. 人民法院对A房屋的查封有没有生效？

4. 乙公司要求王某、李某对设备买卖合同债务承担连带责任的请求能否得到支持？

5. 乙公司要求王某、李某对培训合同债务承担连带责任的请求能否得到支持？

6. 对于丙银行提出的关于A房屋的执行异议，要求中止执行，法院是否应当支持？

7. 乙公司要求甲公司一次性支付剩余的60万元以及承担迟延履行责任的主张能否得到支持？

8. 乙公司要求甲公司支付20万元培训费以及承担迟延履行的赔偿责任能否得到支持？

9. 王某的律师提出唯一住房的抗辩对丙银行的优先受偿权是否产生影响？

| 参考答案和失分原因分析 |

考生答案	参考答案	失分原因
1. 乙公司第一次起诉后申请撤销，法院没有经过甲公司同意就裁定准许撤销的做法是否合法？		
法院同意撤诉正确。《民事诉讼法》第148条规定：宣判前，原告申请撤诉的，是否准许，由人民法院裁定。人民法院裁定不准许撤诉的，原告经传票传唤，无正当理由拒不到庭的，可以缺席判决。本案中，原告申请撤诉自愿且没有违反法律法规的规定，没有损害国家、集体和他人利益，法院同意撤诉正确	合法。《民诉解释》第238条规定：当事人申请撤诉或者依法可以按撤诉处理的案件，如果当事人有违反法律的行为需要依法处理的，人民法院可以不准许撤诉或者不按撤诉处理。法庭辩论终结后原告申请撤诉，被告不同意的，人民法院可以不予准许。本案中，原告在一审庭审中申请撤诉，此时法庭辩论尚未终结，法院同意撤诉不需要被告甲公司的同意，因此法院的做法合法	该考生的判断正确，但是引用的法条没有到位。本题考点在于撤诉准许的主体和条件，考生答案没有说明撤诉的条件是在法庭辩论终结前提出

第/天

相信梦想是价值的源泉，相信眼光决定未来的一切，相信生命的质量来自绝不妥协的信念。

续表

<table>
<tr><th>考生答案</th><th>参考答案</th><th>失分原因</th></tr>
<tr><td colspan="3">2. 请结合民事诉讼法的管辖、诉的合并、当事人等原理，判断甲公司、李某、王某的各项异议理由是否成立，请进行分析</td></tr>
<tr><td colspan="3">(1)关于甲公司的抗辩</td></tr>
<tr><td>①甲公司提出的第1个抗辩理由不成立。根据《民诉解释》第28条的规定，不动产的专属管辖包括不动产的权利确认、分割、相邻关系等引起的物权纠纷，以及农村土地承包经营合同纠纷、房屋租赁合同纠纷、建设工程施工合同纠纷、政策性房屋买卖合同纠纷。本案中的设备已经安装不能拆除并不影响双方法律关系的实质只是动产买卖合同法律关系，故本案不适用不动产专属管辖</td><td>①甲公司提出的第1个抗辩理由不成立。根据《民诉解释》第28条的规定，不动产的专属管辖包括不动产的权利确认、分割、相邻关系等引起的物权纠纷，以及农村土地承包经营合同纠纷、房屋租赁合同纠纷、建设工程施工合同纠纷、政策性房屋买卖合同纠纷。本案中的设备已经安装不能拆除并不影响双方法律关系的实质只是动产买卖合同法律关系，故本案不适用不动产专属管辖。设备买卖合同中约定的管辖法院属于原告住所地法院，与争议有实际联系，且不违反级别管辖和专属管辖，因此管辖协议有效</td><td>考生指出了本题中的考点，即不动产管辖属于专属管辖，并且判断出设备属于动产而不是不动产</td></tr>
<tr><td rowspan="2">②甲公司提出的第2个抗辩理由不成立。培训合同纠纷的合同履行地是原告住所地法院，即西河区法院。根据诉的合并理论，合并的诉讼标的部分存在管辖协议的，法院应当按照管辖协议确定全案管辖。故西河区法院对该培训合同纠纷有管辖权</td><td>②甲公司提出的第2个抗辩理由不成立。培训合同的纠纷是关于付款问题的纠纷，即给付货币纠纷。根据《民诉解释》第18条的规定，给付货币的，接收货币一方所在地为合同履行地。故本案中的合同履行地就是原告住所地法院，即西河区法院。第3个抗辩不成立</td><td rowspan="2">考生判断正确，理由有一定的偏差，没有指出培训合同的纠纷属于付款问题即货币纠纷。此外，关于诉的合并理论，出于诉讼效率的原则，可以合并管辖。考生没有指出诉的合并导致管辖合并的理由</td></tr>
<tr><td>③诉的合并审理是指法院将两个或者两个以上彼此有牵连的诉合并到同一法院管辖，并适用同一程序审判。诉的合并的意义在于提高诉讼的效率，防止在相互关联的问题上作出互相矛盾的裁判</td></tr>
<tr><td></td><td>④甲公司提出的第4个抗辩理由也是不成立的。当事人一方未通知对方，直接以提起诉讼的方式主张解除合同，撤诉后再次起诉主张解除合同，人民法院经审理支持该主张的，合同自再次起诉的起诉状副本送达对方当事人时解除。本案中，乙公司撤诉后并没有在第二次起诉前再向甲公司主张过解除合同的意思表示，故合同尚未解除，甲公司以合同解除而拒绝付款的异议不成立</td><td>考生读题不仔细，遗漏了甲公司的第3项和第4项抗辩内容</td></tr>
<tr><td colspan="3">(2)关于王某的异议</td></tr>
<tr><td>王某对培训合同不承担连带责任的抗辩得不到支持。根据《公司法》的规定，一人有限责任公司的股东无法证明自己的财产独立于公司财产的，应当对公司的债务承担连带责任。故王某应当对公司债务承担连带责任</td><td>王某对培训合同不承担连带责任的异议得不到支持。根据《公司法》第23条第3款的规定，只有一个股东的公司，股东不能证明公司财产独立于股东自己的财产的，应当对公司债务承担连带责任。甲公司属于王某的一人公司，且王某有转移公司财产归个人使用的情形，有法人人格否认的事实，故王某应当对公司债务承担连带责任</td><td>考生判断正确，引用法条也无误，但是，理由分析没有与案情详细结合，直接根据法条得出结论，过于突兀</td></tr>
</table>

续表

考生答案	参考答案	失分原因
(3)关于李某的异议		
李某的抗辩理由成立。虽然李某是王某的配偶,但甲公司属于王某婚前就已经运营的个人财产,其债务也属于个人债务。故李某没有签字,无须承担连带责任	李某的异议理由也不成立。虽然甲公司是王某的一人公司,但李某是王某的配偶,并且担任公司重要职务,实质性参与公司经营管理。故甲公司实际上属于夫妻共同事业,即便李某未签字也不可否认涉案两个债务都属于夫妻共同债务	考生回答错误,没有掌握本题的考点是夫妻共同财产和共同债务的认定
3. 人民法院对 A 房屋的查封有没有生效?		
查封有效。根据法律相关规定,查封不动产的,人民法院应当张贴封条或者公告,并可以提取保存有关财产权证照。查封、扣押、冻结已登记的不动产、特定动产及其他财产权,应当通知有关登记机关办理登记手续。未办理登记手续的,不得对抗其他已经办理了登记手续的查封、扣押、冻结行为	查封已经发生效力。最高人民法院《关于人民法院民事执行中查封、扣押、冻结财产的规定》第 7 条规定:查封不动产的,人民法院应当张贴封条或者公告,并可以提取保存有关财产权证照。查封、扣押、冻结已登记的不动产、特定动产及其他财产权,应当通知有关登记机关办理登记手续。未办理登记手续的,不得对抗其他已经办理了登记手续的查封、扣押、冻结行为。因此,本案中未办理查封扣押保全登记,并不影响查封的效力。另外,查封尚未进行权属登记的不动产,人民法院应当通知建筑管理人、实际占有人,并在显著位置张贴公告。本案中,从王某进行装修可知,王某已经实际占有该房屋,该房屋只是因为王某恶意逃避法律义务而未过户,查封该房屋并无不妥。由于王某未办理所有权登记,法院也进行了小区公告,可以视为已经完成公告,查封已经生效	考生回答基本正确,本问考查的就是人民法院的公告查封生效的条件。但是,考生没有指出题目中的特殊情况(未办理查封扣押保全登记)并不影响查封的效力
4. 乙公司要求王某、李某对设备买卖合同债务承担连带责任的请求能否得到支持?		
(1)王某要承担连带责任。根据《民法典》第 688 条的规定,当事人在保证合同中约定保证人和债务人对债务承担连带责任的,为连带责任保证。本案中的王某即为连带责任保证人,故其应当对甲公司的债务承担连带责任。 (2)李某不用承担连带责任。根据之前的分析,李某虽然是王某的配偶,但是,甲公司属于王某婚前的事业,不是夫妻共同事业,因此,李某不承担连带责任	(1)王某要承担连带责任的请求能够得到支持。《担保制度解释》第 25 条第 2 款规定:当事人在保证合同中约定了保证人在债务人不履行债务或者未偿还债务时即承担保证责任、无条件承担保证责任等类似内容,不具有债务人应当先承担责任的意思表示的,人民法院应当将其认定为连带责任保证。本题中,当事人约定的是"不"而不是"不能",因此,王某在此需要承担的保证责任,应为连带保证责任。 (2)李某也要承担连带责任。之前已经分析过,该公司属于夫妻共同的事业,故该债务应该属于夫妻共同债务,应由夫妻共同财产承担责任。因此,李某也需要承担连带责任	(1)关于王某的责任的承担,考生结论正确,但是论证比较粗糙。本题考查保证的类型的确认,即属于一般保证还是连带保证,主要看是"不履行"还是"不能履行"。本案中,是"不履行"就承担责任,属于连带保证。考生没有指出背后的法条和原理。 (2)关于李某责任的判断,由于之前的判断错误,考生的这个结论也是错误的

相信梦想是价值的源泉,相信眼光决定未来的一切,相信生命的质量来自绝不妥协的信念。

续表

考生答案	参考答案	失分原因
5. 乙公司要求王某、李某对培训合同债务承担连带责任的请求能否得到支持？		
(1)王某要承担连带责任。根据法律规定,一人公司的唯一股东在无法证明公司财产独立于自身财产时,需要承担连带责任。 (2)李某虽然属于王某的配偶,但是,甲公司属于王某的个人财产,不属于夫妻共同债务,故李某不需要承担连带责任	承担连带责任的请求能够得到支持。甲公司属于一人公司,根据《公司法》第23条的规定,一人公司的股东在无法证明公司财产独立于自身财产时,需要承担连带责任。夫妻一方设立一人公司,如果配偶实质参与公司经营管理,则该一人公司属于夫妻共同事业,应由夫妻共同财产承担连带责任。本案中,法院查明王某有挪用公司资产归个人使用的情形,故存在人格混同,因此原告要求被告承担连带责任的请求能够得到支持	考生答案对了一半。对于王某,考点是"刺破法人的面纱",要求股东承担连带责任。对于李某,考生还是犯同样的错误,认为甲公司是王某的个人事业
6. 对于丙银行提出的关于A房屋的执行异议,要求中止执行,法院是否应当支持？		
支持执行异议。根据法律规定,存在抵押预告登记时,经审查已经办理建筑物所有权首次登记,并且不存在预告登记失效等情形的,人民法院应予支持,并应当认定抵押权自预告登记之日起设立。本题中,A房屋已经办理首次登记,王某出于规避合同义务的目的而拖延过户导致无法办理抵押权正式登记,预告登记并未失效,故丙银行享有对A房屋的抵押权。因此,丙银行确实可以提出执行异议,法院应当受理	不支持执行中止。根据《担保制度解释》第52条的规定,当只存在抵押预告登记时,经审查已经办理建筑物所有权首次登记,且不存在预告登记失效等情形的,人民法院应予支持,并应当认定抵押权自预告登记之日起设立。本题中A房屋已经办理首次登记,王某拖延过户导致无法办理抵押权正式登记,预告登记并未失效,故丙银行享有对A房屋的抵押权。因此丙银行确实可以提出执行异议,法院应当受理。同时,最高人民法院《关于人民法院办理执行异议和复议案件若干问题的规定》第27条规定,申请执行人对执行标的依法享有对抗案外人的担保物权等优先受偿权,人民法院对案外人提出的排除执行异议不予支持,但法律、司法解释另有规定的除外。但法院并不会中止对该房屋的执行,因为享有担保物权等优先权的异议人,享有的是一种顺位权,完全可以通过参与分配等方式保证其利益,故其所享有的权益不属于足以排除强制执行的民事权益,法院不能中止执行	考生在回答该问题时并不完整。本题分为两个问题,第一个是丙银行是否具有抵押权,这个是提出执行异议的基础。第二个问题是有了执行异议,是否能要求执行中止。考生第一个问题回答正确,第二个问题没有进行回答。属于答案不完整
7. 乙公司要求甲公司一次性支付剩余的60万元以及承担迟延履行责任的主张能否得到支持？		
均能得到支持。根据法律规定,分期付款买卖合同中的买受人未支付价款达到总价款的1/5时,经催告仍未支付到期价款的,出卖人即可要求一次性付清剩余价款或者主张解除合同。本题中,甲公司未支付价款达到了总价款的1/5,而乙公司并没有发出有效的解除合同的意思表示,故其后主张一次性付清价款能够得到支持。此外,甲公司无正当理由迟延履行,应当承担迟延履行的责任	均能得到支持。根据《民法典》第634条的规定,分期付款买卖合同中的买受人未支付到期价款达到总价款的1/5时,经催告后买受人在合理期限内仍未支付到期价款的,出卖人即可要求一次性付清剩余价款或者主张解除合同。本题中,乙公司并没有发出有效的解除合同的意思表示,故其后主张一次性付清价款能够得到支持。此外,甲公司无正当理由迟延履行,应当承担迟延履行的责任。根据《民法典》第577条的规定,当事人一方不履行合同义务或者履行合同义务不符合约定的,应当承担继续履行、采取补救措施或者赔偿损失等违约责任	本题考生回答得比较完整,通过法条的引用加事实的分析,最后得出的结论符合法律的规定

续表

考生答案	参考答案	失分原因
8. 乙公司要求甲公司支付 20 万元培训费以及承担迟延履行的赔偿责任能否得到支持？		
可以获得支持。根据法律规定，当事人一方不履行合同义务或者履行合同义务不符合约定的，应当承担继续履行、采取补救措施或者赔偿损失等违约责任。该债务属于金钱债务，故迟延履行的损失即为迟延履行利息，也是可以得到支持的	法院只能支持培训合同中 5 万元部分的请求。《民法典》第 560 条规定：债务人对同一债权人负担的数项债务种类相同，债务人的给付不足以清偿全部债务的，除当事人另有约定外，由债务人在清偿时指定其履行的债务。债务人未作指定的，应当优先履行已经到期的债务；数项债务均到期的，优先履行对债权人缺乏担保或者担保最少的债务；均无担保或者担保相等的，优先履行债务人负担较重的债务；负担相同的，按照债务到期的先后顺序履行；到期时间相同的，按照债务比例履行。本案中，两笔款项都已经到期，第一笔款项由王某提供了连带责任保证，而第二笔款项是没有担保的，故这 15 万元应被视为对第二个合同的履行。因此第二个合同中的 15 万元部分因履行而消灭，乙公司请求甲公司支付 20 万元无法得到支持，法院只能判决支持其中的 5 万元。该债务依然属于金钱债务，故迟延履行的损失即为迟延履行利息，也是可以得到支持的	考生回答错误的原因在于没有仔细审题，遗漏了后期 15 万的打款及其性质，没有答出《民法典》第 560 条的细微规定
9. 王某的律师提出唯一住房的抗辩对丙银行的优先受偿权是否产生影响？		
会产生影响。根据最高人民法院《关于商品房消费者权利保护问题的批复》的规定，商品房消费者以居住为目的购买房屋并已支付全部价款，主张其房屋交付请求权优先于建设工程价款优先受偿权、抵押权以及其他债权的，人民法院应当予以支持。唯一住房在案情没有特殊交代的情况下，应该视为以居住为目的购买的房屋，王某能够对抗抵押权人	(1)不影响丙银行享有优先受偿权。《民法典》第 221 条规定：当事人签订买卖房屋的协议或者签订其他不动产物权的协议，为保障将来实现物权，按照约定可以向登记机构申请预告登记。预告登记后，未经预告登记的权利人同意，处分该不动产的，不发生物权效力。预告登记后，债权消灭或者自能够进行不动产登记之日起 90 日内未申请登记的，预告登记失效。本题中，王某 2021 年 12 月为丙银行设立抵押预告登记，2022 年 1 月进行不动产首次登记，此时丙银行享有对 A 房屋的抵押权。 (2)唯一住房可以被申请强制执行，不影响优先受偿权。根据最高人民法院《关于人民法院办理执行异议和复议案件若干问题的规定》第 20 条的规定，如果被执行人名下的唯一住房，超出了被执行人及其所扶养家属生活必需的范围，人民法院可以执行	本题考查的是当年最新的一个司法解释，核心考点是“生存利益”的特色保护。但考生并没有理解司法解释的“目的”不是让唯一住房的消费者去对抗按揭的银行(丙银行)，而是购房人对开发商享有的权利优先于开发商的债权人对系争房屋的抵押权，从而贯彻现行法律秩序对购房人的特别保护。否则，每一个按揭贷款买房的人都可以以“唯一住房”的理由来对抗银行，从而不用还贷款了

典型错题分析 2 2021 年法考刑法主观题（回忆版）

| 案 情 |

赵某敲诈勒索周某，以不给钱就在网上曝光其隐私相威胁。周某害怕，将 10 万元现金放在赵某指定的垃圾桶内。赵某告诉刘某真相，让刘某取回 10 万元后二人平分。（事实一）

赵某前往住在居民楼顶楼的王某家盗窃，偷得一台电脑后离开。赵某下楼时误将李某当作王某，为了窝藏赃物，将李某打成轻伤。事后查明，李某是前往王某家贴小广告的。（事实二）

杨某欠赵某债务，刘某提议拘禁杨某要其还钱，赵某遂将杨某拘禁。杨某声称："你们关了我，我还不了钱。你们放我回去，我也没钱还。"拘禁杨某两日后，刘某提议把杨某的大拇指砍掉，赵某同意，造成杨某重伤。（事实三）

赵某妻子万某得知赵某的行为后劝其自首，不然就离婚并且带走两个孩子。赵某恼羞成怒欲杀死万某，遂用皮带勒住万某脖子。万某大声呼叫，引来他们二人的两个孩子（一个 3 岁，另一个 5 岁）。赵某认为在孩子面前杀害妻子对小孩影响不好，于是停止了杀人行为，最终仅造成万某轻微伤的结果。（事实四）

| 问 题 |

1. 根据事实一，有观点认为刘某构成敲诈勒索罪，请说明理由。也有观点认为刘某构成侵占罪，请说明理由。

2. 根据事实二，有观点认为赵某构成事后抢劫，理由为何？也有观点认为，对赵某的行为应以盗窃罪与故意伤害罪并罚，理由为何？

3. 根据事实三，有观点认为赵某、刘某仅成立故意伤害罪一罪，你是否赞同，赞同或者反对的理由分别是什么？

4. 根据事实四，你认为是构成犯罪中止，还是犯罪未遂，理由为何？

| 参考答案和失分原因分析 |

考生答案	参考答案	失分原因
1. 关于刘某行为的定性		
（1）认为刘某构成敲诈勒索罪的理由是：刘某取财的行为属于利用了赵某之前的恐吓效果，因此按敲诈勒索罪定罪	（1）认为刘某构成敲诈勒索罪的理由是：首先，敲诈勒索罪的构成要件行为不仅包括恐吓行为，也包括取得财物的行为，因此，刘某之后取财的行为仍然属于构成要件行为的一部分。其次，根据因果共犯论，共犯的处罚根据在于其通过介入正犯的行为引起了法益侵害。本题中，不能否定刘某之后取财的行为也是利用了正犯行为，从而引起了法益侵害事实。这是因为，刘某之所以能够取得财物，是其利用了赵某之前实施的恐吓行为的效果，这种效果是一直持续发挥作用的，能够被后参与的人利用。因此，肯定刘某需要对敲诈勒索罪承担责任并没有违反因果共犯论	考生答案中并没有使用"共犯理论"进行回答，而是按照自己的理解进行阐述，缺乏理论的支持和法言法语

续表

考生答案	参考答案	失分原因
(2)认为刘某构成侵占罪的理由是:刘某对于之前的恐吓行为没有共同故意,也不用承担责任。其事后参与取财的行为属于将他人所有的,但是脱离占有的财物据为己有,故构成侵占罪	(2)认为刘某构成侵占罪的理由是:首先,如果彻底贯彻因果共犯论,那么就应当认为在共犯人与参与行为没有因果联系的情形下,共犯人无须承担责任。虽然刘某利用了赵某之前实施的恐吓行为的效果,但是其并没有参与恐吓行为,也就是说其并没有利用恐吓行为本身。因此,刘某不需要对其参与之前的恐吓行为承担责任。其次,按照因果共犯论,刘某只需要对自己参与的行为承担责任。刘某之后参与取财的行为属于将他人所有的,但是脱离占有的财物据为己有,故构成侵占罪	考生扣分的原因在于并没有对共犯理论进行深入的分析,只是按照侵占罪的构成要件进行分析,因此没有达到本题考点的要求
2. 关于赵某行为的定性		
(1)认为赵某构成事后抢劫的理由是:赵某的行为构成转化型抢劫	(1)认为赵某构成事后抢劫的理由是:首先,事后抢劫的规定属于法律拟制。《刑法》第269条规定:"犯盗窃、诈骗、抢夺罪,为窝藏赃物、抗拒抓捕或者毁灭罪证而当场使用暴力或者以暴力相威胁的,依照本法第二百六十三条的规定定罪处罚。"法条当中并没有要求"暴力或者以暴力相威胁"的对象与夺回财物或者实施抓捕之间具有客观关联性,因此事后抢劫的成立并不要求客观上具有关联性。其次,我国没有规定暴行罪、胁迫罪,如果行为人没有将被害人打成轻伤以上,就不能处罚该行为,这明显不合适。所以,赵某的行为应当构成事后抢劫	考生指出了"转化型抢劫"这个明确的考点,但是没有指出本考点中最重要的"暴力或者以暴力相威胁"的对象与夺回财物之间具有客观关联性的要求对定罪量刑的影响
(2)认为对赵某的行为应以盗窃罪与故意伤害罪并罚的理由是:转化型抢劫属于法律拟制,要求"暴力或者以暴力相威胁"的对象与夺回财物具有客观关联性。但是,本案中,李某不是客观上夺回财物、实施抓捕的人,所以不构成转化型抢劫	(2)认为对赵某的行为应以盗窃罪与故意伤害罪并罚的理由是:虽然事后抢劫属于法律拟制,法条中也没有要求"暴力或者以暴力相威胁"的对象与夺回财物或者实施抓捕之间具有客观关联性,但是法律拟制必须要有实质根据,即事后抢劫的有责的不法必须与普通抢劫相同。既然如此,那就必然要求"暴力或者以暴力相威胁"的对象与夺回财物或者实施抓捕之间具有客观关联性。本案中,李某不是客观上夺回财物、实施抓捕的人,因此,赵某不构成事后抢劫,而是构成盗窃罪与故意伤害罪,应当对其数罪并罚	考生的判断基本正确,但是没有指出两个观点的根本区别在于是否要求"客观关联性",没有实现本题考查的目的

相信梦想是价值的源泉,相信眼光决定未来的一切,相信生命的质量来自绝不妥协的信念。

续表

考生答案	参考答案	失分原因
3.关于成立故意伤害罪的分析		
(1)赞同赵某、刘某仅成立故意伤害罪一罪的理由是:《刑法》第238条第2款规定:“犯前款罪,致人重伤的,处三年以上十年以下有期徒刑;致人死亡的,处十年以上有期徒刑。使用暴力致人伤残、死亡的,依照本法第二百三十四条、第二百三十二条的规定定罪处罚。”其中的“使用暴力致人伤残、死亡”并没有限制规定为“过失致人伤残、死亡”。因此,这里的“致人伤残、死亡”应当既包括过失致人伤残、死亡,也包括故意致人伤残、死亡	(1)赞同赵某、刘某仅成立故意伤害罪一罪的理由是:《刑法》第238条第2款规定:“犯前款罪,致人重伤的,处三年以上十年以下有期徒刑;致人死亡的,处十年以上有期徒刑。使用暴力致人伤残、死亡的,依照本法第二百三十四条、第二百三十二条的规定定罪处罚。”其中的“使用暴力致人伤残、死亡”并没有限制规定为“过失致人伤残、死亡”。因此,这里的“致人伤残、死亡”应当既包括过失致人伤残、死亡,也包括故意致人伤残、死亡。赵某与刘某的行为属于使用暴力故意致人重伤,应当适用该款的规定,认定为故意伤害罪(致人重伤)一罪	考生对法条进行了当然解释,既然“致人伤残、死亡”应当包括过失致人伤残、死亡,当然也包括故意致人伤残、死亡
(2)否定赵某、刘某仅成立故意伤害罪一罪的理由是:采用实质的数罪原理,如果行为人在非法拘禁的过程中产生了伤害、杀人的故意,进而实施了故意伤害、故意杀人行为,行为人原本就应当构成故意伤害罪、故意杀人罪,根本不需要再进行转化(拟制),而应当构成非法拘禁罪与故意伤害罪(致人重伤),数罪并罚	(2)否定赵某、刘某仅成立故意伤害罪一罪的理由是:《刑法》第238条第2款的规定属于拟制性规定,是将过失致人重伤、死亡拟制为故意伤害、故意杀人。也就是说,将本来构成非法拘禁罪、过失致人重伤(死亡)罪的行为转化为故意伤害罪(故意杀人罪)一罪。如果行为人在非法拘禁的过程中产生了伤害、杀人的故意,进而实施了故意伤害、故意杀人行为,则行为人原本就应当构成故意伤害罪、故意杀人罪,根本不需要再进行转化(拟制),而应当构成非法拘禁罪与故意伤害罪(致人重伤),数罪并罚。因此,赵某、刘某的行为应当以非法拘禁罪、故意伤害罪(致人重伤),数罪并罚	考生对法条进行了“目的解释”,指出了数罪理论的内涵
4.关于犯罪未完成形态的分析		
赵某的行为构成故意杀人罪中止。本案中,赵某在杀害妻子的过程中,虽然自己的孩子出现在了现场,但是,按照社会一般人的观念,孩子的出现并不会阻碍其杀害妻子。在能够继续实施杀人行为的前提下,赵某自愿放弃了杀人行为,最终只是造成妻子轻微伤。因此,赵某构成故意杀人罪中止	赵某的行为构成故意杀人罪中止。理由如下:根据主观说的观点,犯罪中止是“能而不欲”,也就是在杀人行为能够继续进行的前提下,行为人自愿放弃犯罪。因此,判断行为人的行为是否成立犯罪中止,首先,要判断杀人行为能不能继续进行。对于这个问题的判断,理论上有三种观点:纯粹主观说、纯粹客观说、客观说。主流观点是客观说,也就是按照社会一般人的观念,判断行为能否继续进行。本案中,赵某在杀害妻子的过程中,虽然自己的孩子出现在了现场,但是,按照社会一般人的观念,孩子的出现并不会阻碍行为人杀害妻子,并且生活中当着自己孩子的面杀害妻子的案件也不在少数。因此,可以肯定赵某的杀人行为能够继续进行	考生根据自己的生活常识,结合中止的基本理论作出了正确的判断,但是,在理由中缺乏对理论和法条的解析,因此,要加强理论的阐述和学习

续表

考生答案	参考答案	失分原因
	其次,判断赵某是否为自愿放弃。对于"自愿放弃"的判断,理论上主要有三种观点:主观说、限定的主观说、犯罪人理性说。主流观点是主观说,也就是根据行为人认识到的事实,根据其自己的主观心理自动放弃犯罪。本案中,赵某根据其主观的认识,在能够继续实施杀人行为的前提下,自愿放弃了杀人行为,最终只是造成妻子轻微伤,因此,构成故意杀人罪中止	

第二节　主观题应试策略

一、避免空白

主观题和客观题最大的不同就是观点多元。如果考生遇到实在不懂的问题,可以将案件的相关情节进行改写,因为答案包括"事实认定",而"事实认定"就出自材料本身。这里多得的1分或2分,有可能就会成为"救命的稻草"。尤其是刑法,可能会要求有多种观点,甚至包括不构成犯罪的观点。考生可以从主观、客观,主客观相统一三个不同的角度来分析问题,得出不同的结论。

二、合理分配作答时间

时间才是成功的关键,而关键的关键是做题顺序的分配。因此,考生看到主观题试卷后的第一件事就是看清题目数量,明确试题是传统的六选五,还是特别的六题都要做。尤其是2023年题目在形式上的变革,预示着2024年也可能会有一定的变动。然后结合题目的数量、题干的字数(如民法和民事诉讼法的综合案例字数就比较多),按每题的难度和分值来合理分配每题的答题时间。虽然考试时间有4个小时,但是实际上全程非常紧凑,所以,预先分配好每一题的答题时间是必不可少的工作。一般建议对答题时间作出如下安排:第一题论述题,分值是30多分,时间控制在40分钟以内为宜。第二题刑法题,分值为30分左右,建议50分钟内解答,最多不能超过1小时。第三题刑事诉讼法题,分值为20分左右,需要查法条,要求对法条的定位比较熟悉,必须在35分钟内完成。第四题民法、商法、民事诉讼法综合案例题,分值为50多分,一定要细致分析,将时间控制在1小时左右,最多不能超过1.5个小时。最后一题行政法或者商法题,分值为20多分,应在较短时间内决定作答科目,不要在选择行政法还是商法上纠结,白白浪费时间。

三、加强练习,做到答案言简意赅

案例分析题的命题材料源于现实生活中的热点话题案件,综合性比较强。主观题的答案并不是多多益善,而是要言简意赅,问什么答什么。例如,题目问"是否构成共犯?为什么?"考生只需答出"构成(不构成)共犯",并加以解释即可。由于案例分析题是结合案例考查考生对法律知识的实际运用能力,所以考生平时应该多关注最高人民法院、最高人民检察院发布的指导性案例。2023年考查的案例,尤其是"帮信犯",就是对当年指导性案例的改编。2024年要注意《刑法修正案(十二)》修正带来的新型案例。

相信梦想是价值的源泉,相信眼光决定未来的一切,相信生命的质量来自绝不妥协的信念。

四、理顺思路，使用法言法语，下笔成文

考生必须要进行相对充分的思考后再答题，而不是想到哪里写到哪里。如需修改，在调整修改后务必通读文字。考生的答案必须按照“采分点”的模式展示，多使用法言法语。在论述题上，按照“金字塔”思维模式答题：是什么，界定概念；为什么，指出必要性；怎么办，强调解决方案；夸夸它，揭示重大意义；从而完成形式上的体系化。

五、切忌眼高手低，尤其是对综合性大案例

在做真题阶段，考生一般更愿意做选择题，对主观题真题关注不够。而且，很多考生做案例分析题时存在眼高手低的问题，读完题目就看答案，缺少中间动手做题的步骤。在此特别提醒考生，必须加强平日的训练，在理论法学、刑法、民法、刑事诉讼法、民事诉讼法、行政法与行政诉讼法、商法等科目上，每科要做10个以上规范的重点案例题，并尽量用电脑答题的形式写出完整的答案，从而在模拟答题中提升自己的答题能力。主观题想要拿高分，就要求多看案例多分析，动手练习。

此外，自法考改革起，民法和民事诉讼法都不再单独命题，而是以真实案例为核心，融合民法（实体法）和民事诉讼法（程序法）综合考查。本书预计，这一命题趋势在2024年将会继续。如果可能，会不会刑事和刑事诉讼法综合考查？我们拭目以待！

第三节　主观题答题步骤与答题技巧

第一步：认真阅读案例

在做题前应当认真阅读案例，找到“题眼”，这些关键细节将对随后的作答有直接作用。“题眼”其实就是考点，因为现在命题人都是依考点命题，如共同犯罪问题一定会考，而相关的观点展示就是“题眼”。此外，从法考改革后的主观题来看，比较突出的一个命题特征为考查的知识点数量相较于往年有较大幅度的增长。如刑法2022年主观题考查的知识点达到了23个，有的问题表面上是一问，背后其实是六问。2023年刑法主观题一问直接问到三种观点，要求考生写出来，并且注明理由，也是典型的多元观点展示。要记得刑法的基本矛盾，即主观角度，客观角度和主客观相统一。尽管重点知识仍然是考查的主体，但是一些往常对于主观题备考相对来说不太重要的知识点也进入了考查范围。这提示考生在备考时既要注意掌握重点知识的深度，也要适当拓展知识的广度，还要注意新增的法律规定带来的新考点。

第二步：认真分析案例

针对题目的要求和问题，根据有关法律对案例进行认真分析，仔细推敲，然后解答有关问题。就主观题的命题来说，未来的趋势应该是各个学科交叉融合。目前是民法和民事诉讼法的结合，未来一定会出现刑法与刑事诉讼法交叉命题。事实上，在现实案例的解决中，就是实体法和程序法并用的过程。很多时候考生也认真审读案例事实了，但在涵摄过程中首先碰到的一个问题就是没有抓住建立在事实论述中的理论点。如2022年的刑法主观题中，行为人想绑架A的小孩，结果阴差阳错绑了B的小孩。问题意识敏锐的同学可能就抓住了这里涉及等价的客体错误问题，但很多人没有发现，而是把注意力紧紧锁定在绑架罪的构成要件和概念上。要培养敏锐的问题意识，首要的关键就是要充分理解相关的学说争议所要解决的问题究竟是什么，这样才能在碰到相关的事实论述的时候，马上想到理论上会涉及什么争议。如路人看到路边躺着一个死者，便顺手将死者的手机和钱包拿走，此时如果考生知道死者对财物占有的理论争点，就会立马想到这就是答题分析的重点所在。建议考生仔细阅读最高人民法院、最高人民检察院的刑事指导案例，每个指导案例都会指明案件中集中争议的理论点。

第三步:弄清案例事实和法律规定

解答案例分析题的依据有两个:案例事实和法律规定。考生应在弄清案例事实的基础上,找出相应的法律规定,解释有关的法律规定。考生在进行案例分析时,一定要将案例事实和法律规定结合起来,目光不断"穿梭于案例事实与法律规定"之间,二者缺一不可。一般来说,题目中的案例事实都是经命题者加工过的,解题的时候不需要考生自己找证据来确认事实,只要挑出案例事实陈述中有法律意义的环节即可。一段事实中可能包含好几句话,但是对于认定行为性质具有关键作用的可能就只有一两句话,甚至一两个词,这个时候就要抓住关键的事实点。但是需要注意的是,如果是刑法与刑事诉讼法交叉命题的主观题,便有可能需要靠各种证据、证据法则以及经验法则来完成事实的认定。

需要注意的是,考生不需要也不应该去揣测题目中没有提到的事实环节。比如,案例事实中没有特别交代行为人的年龄和精神状况,此时就要在行为人已满刑事责任年龄、具有完全刑事责任能力的前提下答题,而不需要去假设行为人是否具有责任能力等。换句话说,一般情况下,答题时不需要提及责任层次的责任年龄与责任能力问题。反过来看,如果案例事实中特别提到了行为人出生于某年某月或者其年龄,则考生就要特别注意审查行为人是否到了责任年龄。

第四步:答题时一般应首先表明观点,即结论优先,论证在后

建议考生答题时首先下简短结论,然后仔细论证。一开始便提纲挈领地摆明自己的观点,一方面有助于阅卷者第一时间便知道考生的结论,另一方面也有利于后面的论证围绕前面的结论有逻辑地展开。在解答有关问题时,理由包括案例事实和法律规定两个方面,应将二者结合起来。有理论争议的开放式题目比较能考查考生的说理和逻辑思维能力,这种题目要求考生自己就各种争议观点适当展开论证,且论证要有适当的深度,这样最能看出一个人法学理论的基本功,所以这也应该是未来法考主观题的考查方向。考生在回答这一类题目时,必须抓住关键的理论争点,围绕关键词展开细致分析,同时要注意逻辑和说理的一贯性。

第五步:体系化分析,鉴定式做题

很多考生看到案例分析题后不知从何下手,答题时也较为混乱。如刑法题目要求回答甲、乙各自的刑事责任,考生在答题时将甲的行为事实检验了一半便检验乙的行为,而乙的行为没有完全分析完,又转回分析甲的行为。这样的答题方式非常容易遗漏应该检验的行为事实,而且会给阅卷老师造成没有逻辑、思维混乱的印象,相应得分就会比较低。所以,考生需要进行体系化分析,先从行为定性开始,按照犯罪构成来逐一鉴定。原则上,要以各罪的犯罪参与者或者不同主体为单位进行分析。在刑法案例分析题中,基本都是数人共同犯罪,经常会有考生将所有的参与者混在一起讨论,这是非常危险的答题方式。理由与前述不对行为事实进行切割是一样的道理,即这样处理会让自己的思维陷入混乱,并且遗漏诸多细节。从应试的角度看,这样的答题方式,也会让阅卷者非常辛苦,进而在印象分上就会大打折扣。所以答题的时候,建议考生按不同主体来分段作答,即分别论述甲、乙各自的刑事责任。

第六步:对于开放式的案例分析,还要得出自己的结论

在下简短结论后,需要围绕构成要件的关键要素展开相应的论证过程。像是王某将赵某奔驰车的玻璃砸毁这一行为,在下简短结论即王某的行为构成故意毁坏财物罪后,要对"毁坏"这一要素进行分析(物理性毁损属于毁坏的一种形式),并且指出汽车玻璃属于他人财物,王某砸毁汽车玻璃属于毁坏财物,进而成立故意毁坏财物罪。其实,这便是一个简单的适用法律三段论的涵摄过程:大前提(法律规定)—小前提(案例事实)—结论。例如,在刑法案例题中,考生要判断犯罪行为人是有罪还是无罪,是此罪还是彼罪,是单独犯罪还是共同犯罪,是故意犯罪还是过失犯罪,是以作为方式实施的犯罪还是不作为犯罪,是自然人犯罪还是单位犯罪,是一罪还是数罪,等等。

综上所述,"主观案例得分难,绝知此事要躬行"。因此,本书精心选择了几十道试题来供考生练笔。从实战中获得经验,把知识能力转化为得分能力,让考生顺利通关!

相信梦想是价值的源泉,相信眼光决定未来的一切,相信生命的质量来自绝不妥协的信念。

第二章　问答式主观题分析、预测与演练

第一节　刑　　法

一、历年真题考点分析

年份	所涉考点		考查方向
2023	总则	共同犯罪	共谋的认定
		罪数	想象竞合
		量刑情节	自首、坦白和立功
	分则	盗窃罪	盗窃罪和侵占罪的区别
		诈骗罪	三角诈骗
		行贿罪	行贿罪、受贿罪和斡旋受贿
2022	总则	罪数	牵连犯与想象竞合犯
		共同犯罪	共同故意
		结果加重犯	结果加重犯的构成要件
	分则	保险诈骗罪	构成要件
		贷款诈骗罪	构成要件
		盗窃罪	构成要件
		信用卡诈骗罪	构成要件
		非法侵入住宅罪	构成要件
2021	总则	共同犯罪	承继的共犯
		犯罪既遂	财产罪既遂标准
		犯罪中止	自动性的判断
		法条竞合	处罚规则
	分则	敲诈勒索罪	构成要件
		侵占罪	构成要件
		转化抢劫(事后抢劫)	构成要件
		非法拘禁罪	罪数问题
		盗窃罪	和抢劫罪的区分
		信用卡诈骗罪	与盗窃罪的争议
		故意杀人罪	构成要件

续表

年份	所涉考点		考查方向
2020	总则	正当防卫	偶然防卫、正当防卫的成立条件
		方法(打击)错误	法定符合说、具体符合说
		共同犯罪	共犯过剩、部分实行全部责任、共犯的认定
		犯罪未完成形态	犯罪未遂
		罪数	数罪并罚、想象竞合犯
		追诉时效	《刑法》第87条
		立功	成立条件
	分则	滥伐林木罪	构成要件
		行贿罪、受贿罪	构成要件、数额的认定
		诈骗罪、敲诈勒索罪	二者的区别
		妨害公务罪	构成要件
		故意伤害罪	构成要件
		滥用职权罪	构成要件
		盗窃罪	构成要件
2019	总则	共同犯罪	部分实行全部责任、共犯过剩、教唆犯、间接正犯等
		结果加重犯	结果加重犯的成立条件
		罪过	具体罪过形式的判断
		自首、立功、坦白	特别自首、立功和坦白的认定
		事实认识错误	事前故意
		罪数	牵连犯、数罪并罚等
		追诉时效	追诉时效的延长
		因果关系	判断问题
		犯罪未完成形态	犯罪未遂
	分则	盗窃罪	(1)二者在认定上的重点区分,即是否存在处分意识 (2)占有的认定
		诈骗罪	
		故意杀人罪	构成要件
		故意伤害罪	构成要件、结果加重犯
		抢劫罪	结果加重犯
		贷款诈骗罪	主观目的:非法占有的目的
		合同诈骗罪	构成要件
		伪造国家机关证件罪	构成要件
		伪造身份证件罪	构成要件
		信用卡诈骗罪	不区分对人使用和对机器使用
		行贿罪	构成要件
		受贿罪	斡旋受贿

相信梦想是价值的源泉,相信眼光决定未来的一切,相信生命的质量来自绝不妥协的信念。

续表

年份	所涉考点		考查方向
2018	总则	共同犯罪	部分实行全部责任、共犯过剩、教唆犯
		结果加重犯	结果加重犯的认定条件
		罪过	具体罪过形式的判断
	分则	盗窃罪	二者在认定上的重点区分，即是否存在处分意识
		诈骗罪	
		非法拘禁罪	为了索债非法扣押、拘禁他人的认定，非法拘禁罪的结果加重犯
		故意杀人罪	构成要件
		故意伤害罪	构成要件、结果加重犯

二、必考点解读与预测

考点一 《刑法修正案(十二)》重点法条解析

第一，在《刑法》第165条中增加一款作为第2款，将该条修改为："国有公司、企业的董事、监事、高级管理人员，利用职务便利，自己经营或者为他人经营与其所任职公司、企业同类的营业，获取非法利益，数额巨大的，处三年以下有期徒刑或者拘役，并处或者单处罚金；数额特别巨大的，处三年以上七年以下有期徒刑，并处罚金。

"其他公司、企业的董事、监事、高级管理人员违反法律、行政法规规定，实施前款行为，致使公司、企业利益遭受重大损失的，依照前款的规定处罚。"

【重点提示】国有企业增加主体"监事"；新增其他公司、企业的董事、监事、高级管理人员。

第二，在《刑法》第166条中增加一款作为第2款，将该条修改为："国有公司、企业、事业单位的工作人员，利用职务便利，有下列情形之一，致使国家利益遭受重大损失的，处三年以下有期徒刑或者拘役，并处或者单处罚金；致使国家利益遭受特别重大损失的，处三年以上七年以下有期徒刑，并处罚金：

"(一)将本单位的盈利业务交由自己的亲友进行经营的；

"(二)以明显高于市场的价格从自己的亲友经营管理的单位采购商品、接受服务或者以明显低于市场的价格向自己的亲友经营管理的单位销售商品、提供服务的；

"(三)从自己的亲友经营管理的单位采购、接受不合格商品、服务的。

"其他公司、企业的工作人员违反法律、行政法规规定，实施前款行为，致使公司、企业利益遭受重大损失的，依照前款的规定处罚。"

【重点提示】为亲友非法牟利罪，国有企业增加"服务"；新增其他公司、企业的工作人员。

第三，在《刑法》第169条中增加一款作为第2款，将该条修改为："国有公司、企业或者其上级主管部门直接负责的主管人员，徇私舞弊，将国有资产低价折股或者低价出售，致使国家利益遭受重大损失的，处三年以下有期徒刑或者拘役；致使国家利益遭受特别重大损失的，处三年以上七年以下有期徒刑。

"其他公司、企业直接负责的主管人员，徇私舞弊，将公司、企业资产低价折股或者低价出售，致使公司、企业利益遭受重大损失的，依照前款的规定处罚。”

【重点提示】新增其他公司、企业直接负责的主管人员。

第四，将《刑法》第390条修改为：“对犯行贿罪的，处三年以下有期徒刑或者拘役，并处罚金；因行贿谋取不正当利益，情节严重的，或者使国家利益遭受重大损失的，处三年以上十年以下有期徒刑，并处罚金；情节特别严重的，或者使国家利益遭受特别重大损失的，处十年以上有期徒刑或者无期徒刑，并处罚金或者没收财产。

“有下列情形之一的，从重处罚：

“（一）多次行贿或者向多人行贿的；

“（二）国家工作人员行贿的；

“（三）在国家重点工程、重大项目中行贿的；

“（四）为谋取职务、职级晋升、调整行贿的；

“（五）对监察、行政执法、司法工作人员行贿的；

“（六）在生态环境、财政金融、安全生产、食品药品、防灾救灾、社会保障、教育、医疗等领域行贿，实施违法犯罪活动的；

“（七）将违法所得用于行贿的。

“行贿人在被追诉前主动交待行贿行为的，可以从轻或者减轻处罚。其中，犯罪较轻的，对调查突破、侦破重大案件起关键作用的，或者有重大立功表现的，可以减轻或者免除处罚。”

【重点提示】新增从重情节，难度不大。

考点二 不作为犯罪

1. 仅仅是发现他人处于危险境地，没有救助义务。

（1）发现者仅仅是“遇见”了危险，并没有保障他人安全的义务，不成立不作为犯。

例如：①荒山狩猎人发现弃婴后不救助的，不成立不作为犯罪。

②甲到湖中游泳，见武某也在游泳。武某突然腿抽筋，向唯一在场的甲呼救。甲未予理睬，武某溺亡，甲的行为不成立不作为犯罪。

（2）但是，如果是在发现者的监控区域（可支配领域），例如，自己的家中，即便仅仅是发现了风险，仍然有救助的义务，不履行义务的，成立不作为犯。

例如：①甲（女）在家中从事卖淫活动，一个乙（男）进入甲的家中欲嫖娼，刚进家门就被甲的美色迷倒，对此甲有救助义务。毕竟在甲的家中即属于甲的可支配领域，甲不履行救助义务，成立不作为犯。

②出租车司机甲搭载乘客乙（男）、丙（女），乙在后排座强奸丙，甲知情却不制止，甲的行为构成不作为犯罪。

2. 行为人如果降低了他人所处的风险，就更没有救助义务。

（1）行为人降低了他人风险是“做好事”，由于其本来也没有保障他人安全的义务，所以不成立不作为犯。

例如，甲见乙身受重伤躺在高速公路的中间，为了防止乙面临更大危险，将乙搬至旁边的休息站，后甲离去。即便事后仍然没有人对乙进行救助，甲也不成立不作为犯罪。其理由在于，乙的死亡结果不能归责于甲，甲并没有保障乙安全的义务。

（2）但是，对于处于危险境地的人实施自愿救助行为（“做好事”），如果“耽误”了危险者受到他人救助的机会，则这种自愿救助行为必须“一救到底”。否则，成立不作为犯——帮倒忙。

例如，甲身受重伤躺在马路上，乙见状想救助甲，便将甲搬到自己家中；这种情形下，甲得到其他人救助的可能性就没有了。乙在家中对甲救助5天后，觉得甲人品不好，便放弃救助，于夜间将甲扔至菜市场，造成甲死亡。乙的行为成立不作为的故意杀人罪。理由在于，乙对甲救助了5天，在一定程度上就是剥夺了甲受到其他好心人救助的机会，乙争取了这个救助的机会，就应该好好珍惜，一救到底。

又如，甲见有人掉入偏僻之地的深井，找来绳子救人，将绳子的一头扔至井底后，发现井下的是仇人乙，便放弃拉绳子，乙因无人救助死亡。甲不成立不作为犯罪。理由在于，甲的自愿救助行为还没有起作用，并且，甲没有“耽误”乙受到其他人救助的机会。

3. 行为人如果对他人创造（提升）风险，原则上就应对他人有救助义务，不救助成立不作为犯。

（1）行为人的行为如果创造了风险，使他人处于危险境地，当然就有排除危险的义务；否则，成立不作为犯。换言之，谁制造风险，谁消除危险。

例如：①甲意外将6岁幼童撞入河中，幼童溺水，甲不履行救助义务，成立不作为犯。

②丙与贺某到水库游泳。丙为显示泳技，将不善游泳的贺某拉到深水区教其游泳。贺某忽然沉没，丙有点害怕，忙游上岸，后贺某溺亡。丙的行为成立不作为犯。

（2）但是，成年人的日常生活行为，如谈恋爱、旅游、喝酒、爬山等，制造了社会所允许的风险，相互之间没有救助义务。因为日常生活行为是社会运行所必需的，这类行为即便可能会有风险，其程度也非常低。当他人一起实施这种行为时，不需要也不可能预料到风险的存在，不具有保障安全的义务。质言之，成年人从事社会正常风险行为（日常行为），需自己把握风险，他人不负有保障安全的义务，不能寄托于他人替自己来防范自己的风险。

例如：①甲、乙二人相约散步，乙突然被丙驾驶的车辆撞成重伤，丙驾车逃离，甲亦没有对乙实施救助行为。该案中，丙当然有救助义务，但是甲并没有救助义务。成年人相约散步，不需要相互保护，也不必相互牵手保障安全，这种日常行为自己保障自己的安全。

②梁某与好友强某深夜在酒吧喝酒。强某醉酒后，要梁某送其回家，梁某托词拒绝。强某在回家途中醉倒在地，被人发现时已冻死。梁某对强某的死亡不构成不作为的故意杀人罪。

（3）正当防卫是刑法所鼓励的行为，即便防卫人对不法侵害人创造了风险，也没有救助义务。

4. 其他义务来源——实质在于，行为人具有保障他人安全的义务，他人的安全依赖于行为人。

（1）法律（宪法以及刑法）明文规定的义务。仅限于特定义务，不包括宪法以及刑法之外的其他法律所规定的抽象性、一般性的法律义务。换言之，这类法律义务在《刑法》分则条文没有确认的情况下，不能成为不作为犯罪的义务根据。

例如，丈夫对妻子的救助义务。丈夫发现妻子处于危险境地，有救助的义务，所以丈夫的这种义务能够成为不作为犯罪的义务根据。又如，根据《消防法》的规定，路人看到火灾有报警的义务。但这种义务没有上升到刑法的规定，所以，路人看到火灾不报警的，不成立不作为的放火罪。当然，如果是具有特定职责的人（如消防人员），发现火灾不及时报告，不履行救助义务的话，则构成不作为犯罪（渎职类犯罪）。

（2）特定的职务、业务要求的义务，以及对危险源负有监管、控制义务而产生的作为义务。

例如：①消防队员对于火灾的扑灭义务，警察对犯罪行为的制止义务。

②宠物饲养人在宠物撕咬儿童时故意不制止，导致儿童被咬死的，成立不作为的故意杀人罪。

③小偷翻墙入院行窃，被护院的藏獒围攻。主人甲认为小偷活该，任凭藏獒撕咬，小偷被咬死。甲成立不作为犯罪。

(3)法律行为(合同行为)引起的义务。

当事人之间本来没有义务,但基于合同而创设了义务。

例如:①家政保姆基于雇佣合同,对其照看的小孩有救助义务。即使该合同是无效的或是超过期限的,保姆对陷入危险的小孩置之不理致其死亡,保姆也成立不作为的故意杀人罪。因为雇佣合同导致小孩对保姆形成了事实上的依赖关系,小孩的安全事实上依赖于保姆。

②出租车司机对于醉酒的乘客,有将其送至安全地点的义务。

(4)超级危险行为的共同体关系所产生的义务。

行为人共同实施的是非常危险的行为,各行为人在很大程度上是因为彼此寄希望于相互依靠、保护。从这一意义上看,超级危险行为的共同体成员相互之间有救助义务。质言之:他人的安全依赖于行为人。

例如:①共同登山的队员,在发现其他成员陷入危险时,都有义务救助。

②邻居出于好意,帮助照看家中无人看管的孩子,也可以说其和孩子的生存之间形成了事实上的依赖关系。如果不履行救助义务,成立不作为犯罪。

考点三 犯罪未遂与犯罪中止的区分

犯罪未遂与犯罪中止,既遂结果均没有出现。但是,对于未遂犯而言,未出现既遂结果,是由于客观的因素,该结果违反了行为人的意志。对于中止犯而言,未出现既遂结果,符合行为人的意愿,是行为人主动停止下来的。

区分点	犯罪未遂	犯罪中止
时间条件	已经着手	已经着手
原因	意志以外的原因(客观)	自动放弃犯罪(主观)或者自动有效地防止犯罪
常考情形	(1)被害人是熟人。结论:遇到普通熟人,放弃,是中止;遇到近亲属,放弃,是未遂。 (2)害怕处罚。结论:害怕当场被抓(以当场很可能被抓为前提),此时放弃,是未遂;害怕日后被抓(不会当场被抓),此时放弃,是中止	

考点四 正当防卫和紧急避险

第一,成立正当防卫是否需要防卫人具有防卫认识(偶然防卫)?

例如,丙正在杀丁,甲、乙没有意思联络却同时开枪射击丙,丙的心脏被两颗子弹击中而死亡。甲知道丙正在杀丁,乙不知道丙正在杀丁。甲构成正当防卫,对乙的行为如何处理?

观点一:成立正当防卫要求防卫人具有防卫认识。乙没有防卫认识,只有杀人故意,因此成立故意杀人罪。由于丙已经死亡,故乙成立故意杀人罪既遂。

观点二:成立正当防卫不要求防卫人具有防卫认识。乙客观上制止了丙的不法侵害行为,保护了丁的法益免受不法侵害。因此,该行为没有法益侵害性,乙成立正当防卫。

观点三:成立正当防卫要求防卫人具有防卫认识。乙没有防卫认识,乙的杀人行为具有侵害法益的危险性和可能性,所以乙成立故意杀人罪。由于丙的生命法益不值得保护,所以乙没有造成法益侵害结果,成立故意杀人罪未遂。

第二,成立紧急避险是否需要避险人具有避险认识(偶然避险)?

例如,甲以毁坏财物的故意砸坏乙家玻璃(数额较大),却碰巧救了煤气中毒的乙,对甲的行为如何处理?

观点一:成立紧急避险要求具有避险认识。甲没有避险认识,只有毁坏财物的故意,因此成立故意毁坏财物罪。由于财物已经毁损，故甲成立故意毁坏财物罪既遂。

观点二：成立紧急避险不要求具有避险认识。甲客观上消除了乙面临的危险，保护了乙的法益。因此，该行为没有法益侵害性，成立紧急避险。

观点三：成立紧急避险要求避险人具有避险认识。甲没有避险认识，甲的行为具有侵害财产法益的危险性和可能性，所以甲成立故意毁坏财物罪。由于生命法益更值得保护，所以甲没有造成法益侵害结果，故甲成立故意毁坏财物罪未遂。

考点五 认识错误

狭义因果关系错误	事前的故意（结果推迟实现）	结果提前实现
例如，甲为了使乙溺死水中，将乙推进井中，实际上乙是摔死的； 又比如，甲以杀人的故意向乙开枪射击，乙为了避免子弹打中自己而后退，结果坠落悬崖而死亡	例如，甲以杀人的故意对乙实施暴力（第一个行为），造成乙休克后，甲以为乙已经死亡，为了隐匿罪迹，将乙扔至水中（第二个行为），实际上乙溺死于水中	例如，甲欲杀乙，计划先用毒药搞昏乙，然后再用绳子勒死乙。但因投放的毒药剂量过大，乙喝完毒药就“提前”死了，甲的行为成立故意杀人罪既遂。但是，不能死得“太早”。甲买了毒药，准备下午3点回家毒死妻子。甲下午1点钟回家时，先出去玩，其妻子提前下班，下午1点半左右时，翻开甲的钱包，找到毒药，自己喝了，并死亡（故意杀人罪的预备与过失致人死亡罪的竞合）
处理：成立故意犯罪既遂	处理：通说认为，成立故意犯罪既遂；少数说认为，成立前行为的犯罪未遂与后行为的过失犯罪，数罪并罚或想象竞合	处理：如果危害结果是实行行为导致的，则成立故意犯罪的既遂；如果不是，则成立故意犯罪的未遂

第一，事前的故意（结果推迟实现）如何处理？

例如，甲以杀人故意对乙实施暴力（第一个行为），造成乙休克。甲以为乙已经死亡，为毁尸灭迹将乙扔入水中（第二个行为），导致乙溺水身亡。对甲的行为如何处理？

观点一：应认定为故意杀人罪既遂。理由是，前行为与死亡结果之间的因果关系并未中断，前行为与后行为具有一体性，故意不需要存在于实行行为的全过程。

观点二：将行为人的前行为认定为故意杀人罪未遂（或其他罪），将后行为认定为过失致人死亡罪，对二者实行数罪并罚。理由是，后行为导致死亡结果发生，但行为人对后行为只有过失。

第二，结果提前实现如何处理？

例如，甲计划先将乙掐晕，再将乙抛入水中溺死，但不慎将乙掐死。对甲的行为如何处理？

观点一：虽然死亡结果提前发生，但掐脖子的行为有致人死亡的紧迫危险，能够认定甲在掐脖子时就已经实施了杀人行为。由于故意存在于着手实行时即可，故甲应对死亡承担故意杀人罪既遂的刑事责任。

观点二：甲没有认识到掐脖子的行为会导致被害人死亡，即缺乏既遂的故意，因而不能对故意杀人负责，只能认定甲的行为是故意杀人罪未遂与过失致人死亡罪的想象竞合。

考点六 共同犯罪

共同犯罪如图1所示。

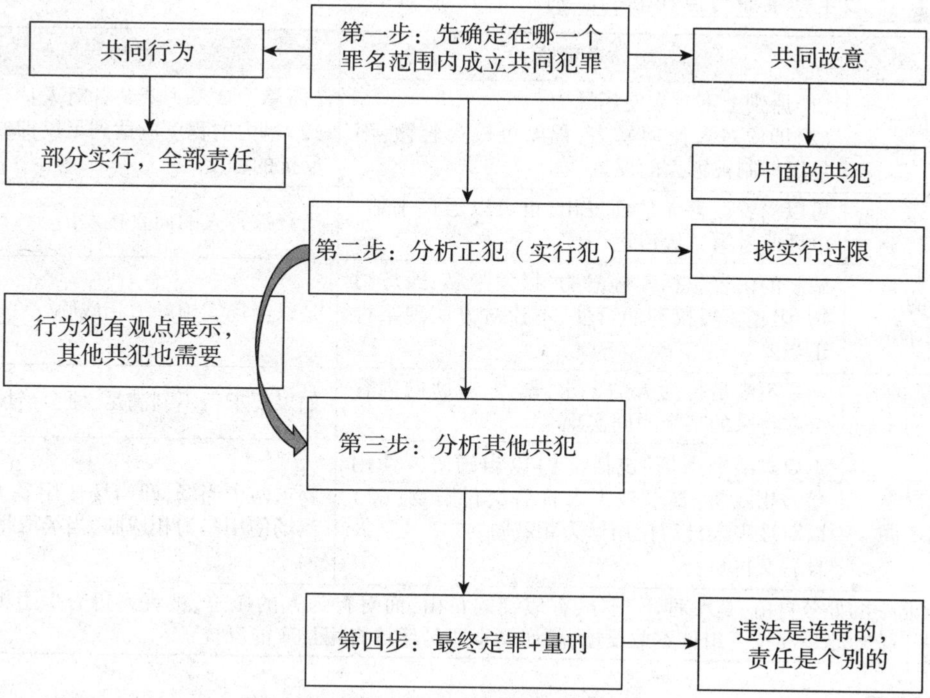

图1 共同犯罪

第一，成立共同犯罪：(1)各共犯人触犯的罪名是否相同？(2)各共犯人的主观故意是否相同？(3)各共犯人的客观行为是否相同？

例如：甲以强奸的故意，乙以抢劫的故意共同对丙实施暴力，无法查明谁的行为导致丙死亡。对甲、乙的行为如何处理？

观点一：完全犯罪共同说，即数人共同实施特定的犯罪，二人以上就完全相同的犯罪成立共同犯罪（罪名、主观故意、客观行为完全相同）。根据观点一，甲、乙触犯的罪名以及主观故意均不完全相同，故甲、乙不成立共同犯罪。由于查不清是谁的行为导致丙死亡，故甲、乙均不需要对丙的死亡结果承担责任。甲仅构成普通的强奸罪，乙仅构成普通的抢劫罪。

观点二：部分犯罪共同说，即行为人有部分共同的主观故意和客观行为（部分重合），在重合的部分成立共同犯罪。根据观点二，甲、乙在客观上有共同的伤害行为，主观上有共同的伤害故意，故在故意伤害罪的范围内构成共同犯罪。因此，甲、乙均需对死亡结果负责，甲构成强奸罪致人死亡，乙构成抢劫罪致人死亡。

观点三：行为共同说，即只要客观行为有部分重合，并在重合部分有意思联络，就可以认定为共同犯罪。根据观点三，甲、乙二人在客观上有共同的伤害行为，且主观上有意思联络，故二人成立共同犯罪。由于丙的死亡结果既要归属于甲，也要归属于乙，故甲构成强奸（致人死亡）罪，乙构成抢劫（致人死亡）罪。

第二，以间接正犯的意思利用他人犯罪，但产生了教唆的结果，如何处理？

例如，甲以为乙是精神病人，教唆乙强奸丙，乙照办。事实上，乙是精神正常的人。对甲的行为如何处理？

观点一：甲有强奸罪间接正犯的故意，但由于乙具有责任能力，故甲属于强奸罪间接正犯的未遂。

观点二：间接正犯的故意也符合教唆犯的故意，故甲成立强奸罪教唆犯的既遂。

考点七 敲诈勒索罪与抢劫罪的区别

区分点	敲诈勒索罪	抢劫罪
暴力的程度不同	(1)原则上不对人使用暴力； (2)即便对人使用暴力，程度也较为轻微，不足以抑制被害人的反抗	(1)暴力或暴力威胁针对人； (2)暴力的程度应达到足以抑制被害人反抗的程度
威胁的方式不同	可以当着被害人的面发出，也可以通过书信、电话或者第三者传达	当着被害人的面直接发出
威胁的内容不同	威胁的内容包括实施暴力、揭发隐私、毁坏财物、阻止正当权利的行使、不让对方实现某种正当要求等	是以当场实施暴力相威胁
暴力、威胁内容的实现时间不同	如果不满足行为人的要求，暴力、威胁的内容会在将来的某个时间实现	如果要求得不到满足，便会当场实施
暴力和取财的时间不同	不要求两个当场，包括：(1)以当场对人使用暴力相威胁，要求被害人日后交付财物；(2)以对被害人日后使用暴力相威胁，要求被害人日后交付财物	要求两个当场，即当场使用暴力或者以当场使用暴力相威胁，当场取得财物
敲诈勒索罪中的处分自由，是一种不充分、有瑕疵的自由；面对行为人的压迫，被害人仍有保卫财产的可能。相对于抢劫罪是反抗无用且不敢反抗，敲诈勒索罪是反抗有用且应能反抗		

考点八 绑架罪与抢劫罪的区别

区分点	绑架罪	抢劫罪
暴力和取财的时间不同	绑架人质后，并不当场取得财物	暴力胁迫和取财行为均在当场
针对的对象不同	三面关系：绑架人质后，利用第三人担心被绑架人的安危，向第三人索要财物	两面关系：直接向暴力胁迫的对象(被害人本人)索要财物
当场性不同	绑架罪表现为行为人以杀害、伤害等方式向被绑架人的亲属或其他人或单位发出威胁，索取赎金或提出其他非法要求，劫取财物一般不具有“当场性”	抢劫罪表现为行为人劫取财物一般应在同一时间、同一地点，具有“当场性”。例如，对商场的保安实施暴力，然后从营业员手中夺取金银首饰，也是抢劫罪
通说及司法解释的观点认为，抢劫罪是两面关系，即犯罪行为人与被害人；绑架罪是三面关系，即犯罪行为人、被挟持的人质、人质的亲友等。如果在抢劫的过程中，第三方当事人出现，则视犯罪行为人主观上是否想将其控制人质的事实告诉第三方当事人，而认定为绑架罪或抢劫罪。(1)如果告知，则属于绑架。例如，甲控制乙后，抢劫乙的财物，但乙身上的钱并不多，甲要求乙给妻子丙打电话打钱过来，并要求乙将“甲、乙之间的故事，即乙被甲控制”告诉丙，甲的行为成立绑架罪。(2)如果不告知，则属于抢劫。例如，甲控制乙后，抢劫乙的财物，但乙身上的钱并不多，甲要求乙给妻子丙打电话打钱过来，并要求乙不要将“甲、乙之间的故事，即乙被甲控制”告诉丙，甲的行为成立抢劫罪		

考点九 侵犯公民个人信息罪

1. 公民个人信息的界定。根据2017年最高人民法院、最高人民检察院《关于办理侵犯公民个人信息刑事案件适用法律若干问题的解释》第1条的规定，“公民个人信息”，是指以电子或者其他方式记录的(要有载体)能够单独或者与其他信息结合识别特定自然人身份或者反映特定自然人活动情况的各种信息，包括姓名、身份证件号码、通信通讯联系方式、住址、账号密码、财产状况、行踪轨迹等。

2. 公民个人信息的范围远大于隐私的范畴。公民个人信息不要求具有个人隐私的特征，即便相关信息已经公开，不属于个人隐私的范畴，也仍有可能被认定为“公民个人信息”。对于权利人非自愿公开或者非主动公开的公民个人信息，行为人获取相关信息后出售、提供的行为，可以根据情况以侵犯公民个人信息罪论处。实践中，有些信息并非权利人自愿公开，如个人信息被他人通过信息网络或者其他途径发布；有些信息并非权利人主动公开，如有关部门为救济、救助或者奖励而公示公民个人信息；有些信息的扩散并非权利人的意愿，如权利人发现个人信息被收集后主动要求行为人删除。上述情形中，获取相关信息的行为可以认定为合法，但后续的出售或者提供行为明显违背了权利人意愿，对其个人隐私和生活安宁造成侵犯，因此对其中情节严重的行为完全可以适用侵犯公民个人信息罪予以惩治。

3. 行为类型。非法获取信息，或者合法获取信息后非法扩散信息。

4. 罪数。非法获取公民个人信息后又实施诈骗等犯罪的，应数罪并罚。被告人非法获取公民个人信息后拨打相应手机号码骗取被害人财物的行为，虽然存在手段行为和目的行为的关系，但二者不具有密切关联性，不成立牵连犯；又因为缺乏法律明文规定按一罪论处，故应当实行数罪并罚。

考点十 信用卡诈骗罪

1. 重要争议问题提示：信用卡犯罪不要区分对机器、对人使用。

2. 信用卡诈骗罪的客观表现形式（《刑法》第 196 条）：

（1）使用伪造的信用卡，或者使用以虚假的身份证明骗领的信用卡的。

（2）使用作废的信用卡的。

（3）冒用他人信用卡的（对象为真卡）：

①拾得他人信用卡并使用的；

②骗取他人信用卡并使用的（骗取他人信用卡后使用的，之所以不定诈骗罪，理由在于：诈骗罪要求自愿处分财产。被害人将信用卡交给行为人并不能认为是将财产处分给行为人了，因为信用卡通常是有密码的，并且信用卡也仅限于本人使用）；

③窃取、收买、骗取或者以其他非法方式获取他人信用卡信息资料，并通过互联网、通讯终端等使用的；

④其他冒用他人信用卡的情形。

（4）恶意透支的。持卡人以非法占有为目的，超过规定限额或者规定期限透支，经发卡银行两次有效催收后超过 3 个月仍不归还的，应当认定为《刑法》第 196 条规定的“恶意透支”。

3. 罪数。除非刑法有特别规定，具体情形如下：

（1）无论是以合法还是非法的方式获取信用卡，如果没有使用该卡，原则上不认定为犯罪。

例如：甲为了占有乙家的汽车，盗窃、诈骗、捡拾乙的家中钥匙、汽车钥匙，但没有使用的。由于钥匙、信用卡本身不值钱，因此对乙不宜以犯罪论处。

（2）以虚假的方式骗领信用卡的行为，刑法有专门规定，成立妨害信用卡管理罪。

（3）以合法或非法方式获取信用卡后，再使用该卡（不限对象）的，使用行为是获取财产的关键，应认定为信用卡诈骗罪。

例如，捡拾、抢夺、骗取、敲诈勒索、通过虚假的方式骗领信用卡后，再使用该卡的，成立信用卡诈骗罪。

（4）盗窃、抢劫他人信用卡（真卡）后再使用的，应成立盗窃罪、抢劫罪。

①如果本人盗窃信用卡，他人明知是盗窃的信用卡而使用的，对他人应以盗窃罪的共犯论处。这种情况可以解释为盗窃行为还没有完全结束，中途加入进来的行为人可以成立共同犯罪。

②如果他人不知是盗窃的信用卡而冒名使用的，对他人应定信用卡诈骗罪。

③但是，盗窃、抢劫伪造、作废的信用卡，并在知道是伪造、作废的信用卡后而使用的，应认定为

信用卡诈骗罪。

(5)用POS机套现的,POS机的机主成立非法经营罪。持卡人如果没有非法占有目的,不构成犯罪,否则,成立信用卡诈骗罪。

【总结】

(1)根据相关法律、司法解释,凡涉使用信用卡的犯罪,犯罪分子用的不是本人真实有效的信用卡的,成立信用卡诈骗罪。但有两个例外,盗窃、抢劫真实有效的信用卡后再使用的,成立盗窃罪、抢劫罪。

(2)理论上有一种观点:信用卡对机器使用的,成立盗窃罪;对人使用的,成立信用卡诈骗罪。

三、答题模板

方式一:一问一答类型的案例分析

从种种信息来分析,一问一答类型的题目有可能在2024年法考中出现。这类题目问题方向较为明确,说理性较强,需要具备一定的逻辑思考和推理能力。考生应当开门见山,问什么答什么,切勿先说理由。语言要求精练,不要求必须写明法条、司法解释依据。一定要标注序号,突出清晰的层次感。

第一步,确定思维,以行为定性罪名。

在这一步骤中,最为关键的就是确定哪一行为属于刑法上规定的行为。根据两阶层说,犯罪构成是客观不法+主观有责,行为属于客观层面的内容。刑法所要保护的客体就是法益,因此,我们要确定行为,应直接从法益出发来寻找,然后根据法益就能确定相应的罪名。

第二步,避免漏点,找出共犯。

共犯是历年考试中最容易出现的点,因此在确定相应的行为及罪名后,一定要看清楚是否存在共同犯罪的情形。如果有,要立即在结论中写出。如甲、乙在盗窃罪范围内成立共同犯罪。

第三步,结合案情分析,突出得分点,确定独立的罪名。

如果行为中没有共同犯罪的情形,直接写出行为主体涉嫌的罪名即可。如果存在共同犯罪的情形,则一定要看清楚行为主体是否还有独立的罪名,也就是实行过限的情形(超出共同犯罪的范围)。有,则要独立评价。

第四步,补充量刑情节。

注意:这里是量刑情节,不是定罪的要件。也就是在确定具体罪名之后,是否存在减轻、从轻或者加重处罚的情形。常见的量刑情节有:自首、立功、坦白、犯罪形态、追诉时效、正当防卫、紧急避险、年龄、共犯中的地位等。

三段论推演如图2所示。

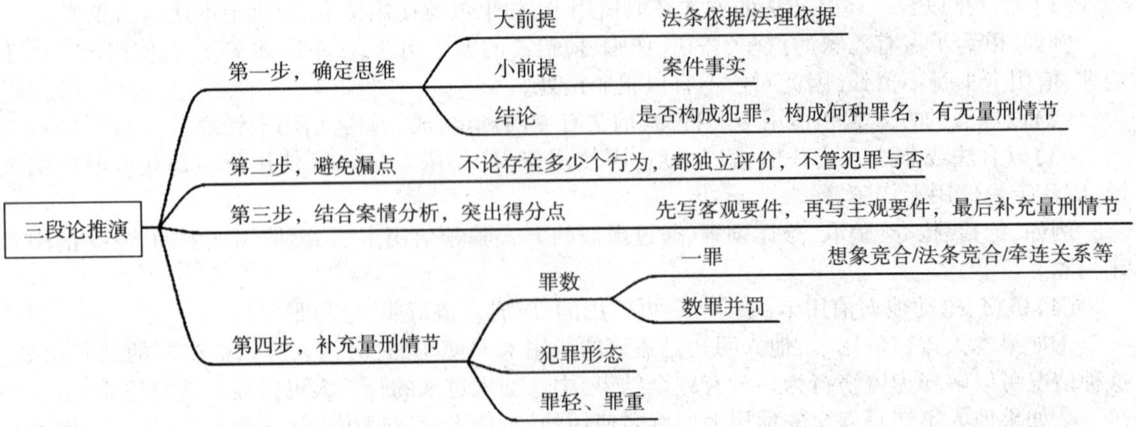

图2 三段论推演

方式二:观点展示、综合式发问类型的案例分析

对于综合性的考题,考生要先建立刑法鉴定式的体系图,从构成要件到违法性再到有责性,如图 3 所示。

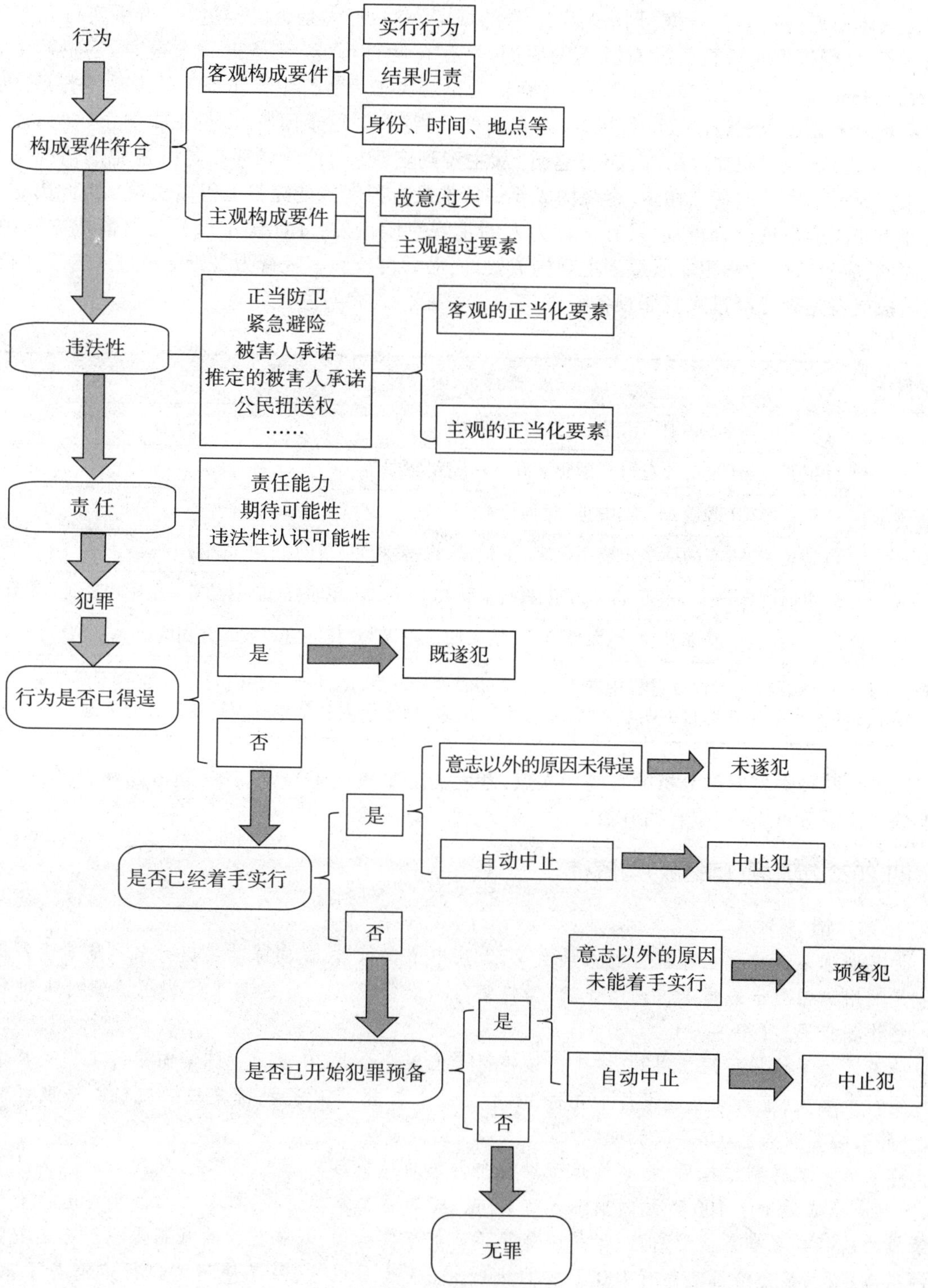

图 3　刑法学科体系

相信梦想是价值的源泉,相信眼光决定未来的一切,相信生命的质量来自绝不妥协的信念。

当案件事实表明，行为人虽然实施了一定的行为但并未得逞时，就提示我们，需要展开对犯罪未完成形态的考察。犯罪未完成形态的检验，需要注意以下两点：第一，应当遵循“从重到轻”的思维顺序，即先考虑行为上是否成立较重的形态，若不成立，再进一步考察行为是否符合较轻形态的要件。具体来说：(1)首先根据《刑法》第23条的规定，考察行为是否已经进入“着手实行犯罪”的阶段。若是，则根据实行行为没有既遂的原因，又存在两种可能：一是犯罪未遂，二是犯罪中止。(2)若否，则根据《刑法》第22条的规定，考察行为是否属于为实行犯罪作预备的举动。若是，则根据预备行为未能进入实行阶段的原因，又存在两种可能：一是犯罪预备，二是犯罪中止。(3)若否，则意味着行为不成立犯罪。第二，应当遵循“**从主观到客观**”的检验顺序。与既遂犯的情况不同，犯罪未完成形态的共同特点在于，客观构成要件根本没有或者未能完整地得以实现。由此决定，在对犯罪未完成形态进行分析时，只有从行为人的主观意图出发，才能确定该行为可能成立何种犯罪。因此，应当首先考察犯罪故意等主观构成要件，而后再检验客观行为是否已经进入着手实行犯罪的阶段或者是否已经进入犯罪预备阶段。

【小结】

项目	内容
答题六大切入点	(1)成立的罪名(必须写清楚，并且写在前面)
	(2)犯罪数额(主要针对财产型犯罪和贪污贿赂犯罪等)
	(3)犯罪形态(既遂、未遂、中止、预备)
	(4)共犯关系(有的话一定要写出来，主犯、从犯、教唆犯、帮助犯、实行犯)
	(5)量刑情节(例如，累犯、毒品再犯、教唆未满18周岁的人犯罪、自首、立功等一些影响量刑的因素)
	(6)罪数问题(数罪并罚、想象竞合犯、结果加重犯等，尤其是出现数罪并罚的话，一定要写)
注意：以上6点内容在法考评分过程中并不一定全部成为采分点，因此有一些内容拿不准的不要乱写，但是其中第1、3、4、6点如果在题目中明显体现，则务必写出来，这4点内容基本成为阅卷评分的关键	

以上是两种类型案例分析的答题切入点，考生一定要熟记于心，带着问题审题和思考，这样才能准确抓住采分点，得到应有的分数。

四、2023年真题(回忆版)与解析

案　情

迟某向陈某谎称自己被银行列入黑名单，无法申请银行卡，遂向陈某买银行卡。陈某明知迟某可能是利用该银行卡进行电信网络诈骗，仍将银行卡卖给迟某。后迟某果然利用该银行卡进行电信网络诈骗犯罪。(事实一)

陈某通过手机银行短信得知，多人向该银行卡汇入资金共30万元。陈某向银行工作人员谎称自己银行卡丢失，重新补办该银行卡并将30万元现金取出。事发后，陈某被公安机关采取强制措施，并移交检察机关。(事实二)

陈某被采取强制措施后，陈某的母亲洪某向财政局局长吕某请托，希望吕某找人对陈某从宽处理，并答应事成后给予100万元的报酬。吕某向公安局局长覃某请托，覃某心想吕某肯定收受了陈某亲属的贿赂或者准备接受贿赂，于是以陈某不清楚事实为由，对陈某解除强制措施。陈某被解除强制措施后，洪某交给吕某存有100万元的银行卡。3个月以来，吕某使用该银行卡消费了40万元，担心长期使用洪某名下的银行卡会引起怀疑，遂将该银行卡还给洪某。洪某觉得吕某在此事上

帮了大忙，报酬不能太少，于是将剩下的60万元现金取出，又送给吕某。吕某收下。（事实三）

一年后，覃某被人举报，检察机关对覃某依法采取强制措施。覃某向检察机关交代了受吕某请托将陈某释放的事实。虽然覃某没有证据证明吕某收受了洪某贿赂，但是为了有立功表现，仍向检察机关举报吕某受贿。检察机关询问覃某是否有证据，并告知如果没有证据证明吕某受贿，将成立诬告陷害罪。覃某表示如果吕某没有收受贿赂，自己愿意承担诬告陷害罪的刑事责任。后检察机关将线索移交监察机关，监察机关在立案前，电话通知吕某到指定地点问话。吕某到达指定地点后如实供述收受洪某贿赂的事实，但辩称受贿金额为100万元。（事实四）

｜问　题｜

1. 事实一中，关于陈某的行为定性，在刑法理论中有几种观点（至少写出三种）？你的观点和理由是？

2. 事实二中，关于陈某的行为定性，在刑法理论中有几种观点（至少写出三种）？你的观点和理由是？

3. 事实三中，洪某、吕某和覃某的行为各犯何罪？各自的犯罪数额是多少？

4. 事实四中，如何认定吕某和覃某的量刑情节？

｜参考答案｜

1. 事实一中，关于陈某的行为定性，在刑法理论中有几种观点（至少写出三种）？你的观点和理由是？

（1）陈某的行为成立帮助信息网络犯罪活动罪与诈骗罪的想象竞合，应当择一重罪处罚。

首先，成立帮助犯要求行为人主观上具有犯罪故意即可。本案中，陈某明知他人可能将银行卡用于犯罪而向其提供银行卡，主观上有帮助他人犯罪的故意，客观上有提供银行卡的行为，成立帮助信息网络犯罪活动罪。其次，陈某的"帮助"行为在客观上对他人的电信网络诈骗起到了帮助作用，陈某主观上对此也有认知，应成立诈骗罪的帮助犯。最后，陈某属于一行为触犯了数个罪名，系想象竞合犯，应当择一重罪处罚。

（2）陈某的行为仅成立帮助信息网络犯罪活动罪。首先，成立帮助犯要求行为人主观上具有犯罪故意即可。客观上，需要考察行为人的行为是否违反了业务行为的要求。本案中，陈某不具有出售银行卡的资格，陈某明知自己没有出售银行卡的资质，依然将银行卡提供给迟某，其行为超出正当业务行为的范畴。因此，陈某成立帮助信息网络犯罪活动罪。其次，《刑法》第287条之二将帮助信息网络犯罪活动的行为规定为独立的罪名，这一立法目的是将帮助行为正犯化。因此，对于陈某的行为无须再认定为具体犯罪（如诈骗罪）的帮助犯。最后，陈某的行为成立帮助信息网络犯罪活动罪。

（3）陈某不构成犯罪。刑法规定，成立帮助犯要求具有确定的故意，仅具有不确定的故意还不充分，否则对于诸多日常生活中的帮助行为、经营行为，行为人主观上也可能认识到会被他人用于犯罪，这都可能会被作为犯罪处理，从而导致处罚范围扩张。因此，陈某仅具有不确定的犯罪故意，不成立可罚的帮助犯。

（4）我支持第二种观点，陈某的行为仅成立帮助信息网络犯罪活动罪。如果售卡人仅仅依靠出售银行卡获利，没有与诈骗犯罪人事先通谋的话，则不构成诈骗罪的共犯，仅仅以帮助信息网络犯罪活动罪论处即可。

2. 事实二中，关于陈某的行为定性，在刑法理论中有几种观点（至少写出三种）？你的观点和理由是？

（1）陈某的行为构成侵占罪。银行卡内的存款在法律上仍属于原主人（卡的名义人）占有，原卡主人（陈某）以非法占有为目的，将自己占有的卡内存款据为已有，构成侵占罪。

(2)陈某的行为构成诈骗罪。陈某卖出银行卡后，银行卡内的存款由购买者(迟某)占有。银行工作人员具有处分本行银行卡债权的权限，原卡主人(陈某)采取挂失补办的行为欺骗了银行工作人员，使其陷入认识错误，处分了买卡者迟某的债权(迟某对银行的取款权)。因此，陈某构成诈骗罪，即陈某以非法占有为目的，欺骗银行的工作人员，成立诈骗罪。

(3)陈某的行为构成盗窃罪。用于存款的银行卡及密码均在买卡者(迟某)的手中，买卡者对该存款属于事实上的支配状态，对该笔存款具有占有权、控制权。陈某以非法占有为目的，在迟某不知情的情况下，以挂失补卡的方式转移了存款的占有，属于秘密窃取行为，构成盗窃罪。

(4)我支持侵占罪的观点。由于我国对银行卡实行实名制，无论谁持有银行卡，卡内资金都应认为由申领人占有。申领人挂失后将资金取出的，属于侵吞本人占有的他人财物，成立侵占罪。

3. 事实三中，洪某、吕某和覃某的行为各犯何罪？各自的犯罪数额是多少？

(1)洪某的行为成立行贿罪，行贿金额为100万元。洪某为了谋求不正当利益，向国家工作人员吕某行贿，成立行贿罪。本案中，洪某将100万元的银行卡交给吕某，二人就已经完成了行贿、受贿行为，系权钱交易，应认定为行贿罪既遂。事后吕某将60万元银行卡退回的行为，也不影响行贿罪、受贿罪犯罪数额的认定。因此，行贿、受贿金额均为100万元。

(2)吕某的行为成立受贿罪(斡旋受贿)，受贿金额为100万元。斡旋受贿是指国家工作人员利用本人职权或者地位形成的便利条件，通过其他国家工作人员职务上的行为，为请托人谋取不正当利益，索取请托人财物或者收受请托人财物的行为。在本案中，吕某身为财政局局长，通过覃某为洪某谋取不正当利益，成立受贿罪(斡旋受贿)。洪某第一次行贿时交付吕某100万元的银行卡，因此，受贿数额应以100万元计算。吕某后续收受60万元现金的行为，不应当作为新的受贿行为进行累加计算。

(3)覃某的行为构成徇私枉法罪。徇私枉法罪是指司法工作人员徇私枉法、徇情枉法，对明知是无罪的人而使他受追诉，对明知是有罪的人而故意包庇不使他受追诉，或者在刑事审判活动中故意违背事实和法律作枉法裁判的行为。本案中，覃某身为公安局局长，属于司法工作人员，为了包庇陈某，故意以陈某不清楚事实为由作无罪处理并解除强制措施。因此，覃某的行为成立徇私枉法罪。在本案中，覃某只是猜测吕某可能收受了贿赂，与吕某之间并无通谋的共同故意。因此，覃某的行为不成立受贿罪的共犯。

4. 事实四中，如何认定吕某和覃某的量刑情节？

(1)吕某的行为成立自首。犯罪嫌疑人在接到监察机关的电话通知后，其人身自由尚未受到限制，可以选择拒不到案，甚至可以选择逃跑，其能主动到案接受调查，表明其具有认罪悔改、接受惩罚的主观心态，具有归案的自动性和主动性，属于自动投案。因此，吕某的行为属于“主动投案”，其如实供述，成立自首，可以从轻或减轻处罚。其中，犯罪较轻的，可以免除处罚。

(2)覃某的行为成立坦白和立功。本案中，覃某在已经被采取了强制措施后，如实供述了自己受吕某请托将陈某释放的事实。因此，覃某的行为成立坦白，可以从轻处罚。此外，覃某揭发吕某收受贿赂事实的行为成立立功。由于覃某和吕某不成立受贿罪的共犯，覃某揭发吕某受贿的事实，不属于坦白自己与同案犯的共同犯罪的事实。因此，覃某的行为成立立功，可以从轻或减轻处罚。

五、2022年真题(回忆版)与解析

| 案 情 |

王某与郑某成立了一家公司，但经营不善，一直亏损。某日，二人合谋骗取银行贷款。王某让郑某伪造各种贷款材料，郑某伪造了部分材料，同时欺骗某保险公司的工作人员，让保险公司对其贷款提供保险。保险公司因未能识破骗局而同意。王某与郑某从银行取得600万元贷款后逃匿。

贷款到期后，银行向保险公司追偿，保险公司就银行贷款本息进行了赔付。事后查明，王某对郑某欺骗保险公司的事情完全不知情。（事实一）

王某与郑某逃往外地后，侵入陈某所有的长期无人居住的住宅内，在该住宅生活多日。（事实二）

某日，王某趁郑某熟睡时打开郑某的手机支付宝，发现支付宝余额有3000元，而且支付宝绑定了一张银行卡。王某将郑某银行卡中的2万元转入郑某的支付宝余额，然后从支付宝余额中将2万元转入自己的支付宝，并删除了郑某手机上的相关短信和信息。（事实三）

次日，郑某发现银行卡里少了2万元，就问王某，王某矢口否认。郑某将王某反锁在一个房间内近50个小时，不让王某吃喝。待王某无力反抗后，郑某逼迫王某承认未果，遂将王某从二楼推下，致使王某重伤，郑某随后逃走。（事实四）

｜问　题｜

1. 就事实一中郑某行为的认定，主要有两种观点：第一种观点认为，郑某仅对保险公司成立保险诈骗罪；第二种观点认为，郑某既对银行成立贷款诈骗罪，也对保险公司成立保险诈骗罪，二者为牵连犯，应当从一重罪处罚。请说明两种观点的理由与不足（如果认为有）；你持什么观点（可以是两种观点之外的观点）？理由是什么？

2. 就事实一中王某行为的定性（包括犯罪形态），可能存在哪些观点？各种观点的理由是什么？

3. 关于事实二，王某与郑某的行为是否构成非法侵入住宅罪？理由分别是什么？

4. 就事实三的认定，主要存在两种观点：第一种观点认为，王某的行为构成信用卡诈骗罪；第二种观点认为，王某的行为构成盗窃罪。请说明两种观点的理由与不足（如果认为有）；你持什么观点（可以是两种观点之外的观点）？理由是什么？

5. 就事实四的认定，一种观点认为，对郑某的行为只能认定为故意伤害（重伤）罪。请问这种观点的理由与不足是什么？

｜参考答案｜

1. 观点一：郑某仅对保险公司成立保险诈骗罪。理由：郑某基于欺诈的故意，实施了欺骗的行为；保险公司基于认识错误同意郑某的投保行为，最终赔付银行600万元及利息。因银行财产没有受损，故只定保险诈骗罪一罪。

此种观点的不足：直接将银行没有受损的结果归因于行为人，属于错误定性。银行没有受损的原因是被害人（银行）的自救行为，不影响郑某非法占有贷款的目的，因此郑某对银行成立贷款诈骗罪。

观点二：郑某既对银行成立贷款诈骗罪，也对保险公司成立保险诈骗罪，二者为牵连犯，应当从一重罪处罚。理由：郑某基于非法占有贷款的目的，通过虚构材料的方式获得600万元的贷款，虽然实际上银行没有受损，但银行没有受损的原因是被害人（银行）的自救行为，不影响郑某的非法占有目的，因此郑某对银行成立贷款诈骗罪。同时，郑某基于欺诈的故意，对保险公司实施了欺骗的行为；保险公司基于认识错误同意郑某的投保行为，最终赔付银行600万元，符合保险诈骗罪的构成要件。两者是手段与目的的关系，故构成牵连犯，从一重罪论处。

此种观点的不足：郑某构成保险诈骗罪与贷款诈骗罪不属于牵连犯，虽然两者是手段与目的的关系，但两个行为之间不具有法律上的牵连性。

我的观点是，郑某的行为应构成保险诈骗罪与贷款诈骗罪的想象竞合犯，从一重罪处罚。理由：郑某的行为属于同一个伪造资料诈骗的行为侵犯数个法益，符合想象竞合犯的构成要件。

2. 观点一：王某仅构成贷款诈骗罪既遂。理由：如果认为虽然银行没有实际受损，但原因是银行的自救行为，郑某和王某具有非法占有的目的，则郑某和王某共谋构成贷款诈骗罪，并取得银行的贷款，贷款已经在两人的控制之下，构成既遂。由于王某对郑某欺诈保险公司的行为不知情，郑某属于实行过限，故王某不需要对保险诈骗行为承担责任。

观点二：王某构成贷款诈骗罪（未遂）。理由：由于600万元及利息已经由保险公司垫付，银行并没有实际受损，王某构成贷款诈骗罪（未遂）。

3. 观点一：郑某和王某的行为构成非法侵入住宅罪。理由：如果认为非法侵入住宅罪所侵害的法益是所有人的财产权，则本案中虽然陈某长时间没有居住，但这个房子依然由陈某所有和占有，郑某和王某的行为侵犯了陈某的财产权益，符合非法侵入住宅罪的构成要件。

观点二：郑某和王某的行为不构成非法侵入住宅罪。理由：非法侵入住宅罪所侵害的法益是居住人的安宁权。本案中，虽然房子属于陈某所有，但其长时间没有居住，郑某和王某的行为并没有侵害到所谓"居住人"的安宁权，因此不构成非法侵入住宅罪。

4. 观点一：王某的行为构成信用卡诈骗罪。理由：王某利用郑某手机支付宝与银行卡的绑定关系，将郑某银行卡中的2万元转入郑某的支付宝余额，再将郑某支付宝余额中的2万元转入王某自己的支付宝中。由于这2万元源自郑某的银行卡，王某将郑某银行卡中的2万元转出的行为属于"冒用他人信用卡"，所以，应对王某以信用卡诈骗罪定罪处罚。

该观点的不足之处：首先，王某将郑某银行卡中的2万元转入郑某的支付宝，这一行为只不过是将郑某银行卡里的钱变成了支付宝账户里的钱，郑某并没有财产损失，因此，王某的这一行为并不构成犯罪。其次，王某将郑某支付宝余额中的2万元转入王某自己的支付宝中，王某的这一行为并没有利用郑某银行卡的信息资料（账号+密码），不属于"冒用他人信用卡"，因此，王某不构成信用卡诈骗罪。

观点二：王某的行为构成盗窃罪。理由：王某将郑某银行卡中的2万元转到郑某的支付宝这一行为并没有使郑某遭受财产损失，真正使郑某遭受财产损失的是将郑某支付宝里的2万元转到王某自己的支付宝的行为。如果认为支付宝不具有信用卡的性质，王某完全违背郑某的意志，通过平和手段，将郑某支付宝里占有的财物转移为自己占有，符合盗窃罪的构成要件，应认定为盗窃罪。

该观点的不足之处：这个判断其实否定了支付宝的独立支付的地位。

我认为，王某的行为应该构成盗窃罪。理由：王某基于非法占有的目的，将郑某银行卡中的2万元通过支付宝的方式转账到其支付宝账户上，属于盗划行为，故构成盗窃罪。

5. 对郑某的行为只能认定为故意伤害（重伤）罪。理由：非法拘禁他人，使用暴力致人伤残、死亡的，应分别以故意伤害罪、故意杀人罪论处。本案中，郑某将王某反锁在一个房间内近50个小时，郑某的行为侵犯了王某的人身自由权，构成非法拘禁罪。然后，郑某将王某从二楼推下，致使王某重伤。郑某属于在非法拘禁过程中，使用暴力致人伤残，对郑某应以故意伤害罪定罪处罚。

不足：此种观点并不能够做到罪责刑相适应。"非法拘禁过程中，使用暴力致人伤残、死亡的，以故意伤害罪、故意杀人罪定罪处罚"属于法律拟制，要求必须是非法拘禁之外的暴力，过失导致被害人伤残的，才能拟制为故意伤害罪。本案中，郑某属于逼迫王某未果，遂将王某从二楼推下，致使王某重伤，并非过失导致被害人伤残。

结论：本案中，郑某属于在非法拘禁过程中另起伤害故意而实施的故意伤害行为。由于郑某对王某的伤害结果是出于故意而非过失，所以不能适用该拟制性规定。对郑某应以非法拘禁罪和故意伤害罪（致人重伤）实行数罪并罚。

六、问答式主观题预测与演练

1 CASE | 案 情 |

王某在半年前被他人宠物犬咬伤，在事件处理过程中，涉事宠物犬被主人赠与其他第三方，导致事件不了了之。民警遂叮嘱王某日后若发现该犬,就及时拍照留证并报案。一日,王某果然在路边看见吴某牵着该犬散步,遂赶紧上前用手机对该犬拍照。吴某误以为王某在偷拍自己,侵犯自己的隐私,要求王某删除照片。王某不从,要求报警。吴某认为王某不配合自己的要求,为保护自己的隐私权,动手夺取王某手机。王某反抗,两人扭打在一起。此时,王某的邻居陈某路过,陈某与吴某素有仇怨,见王某与吴某扭打,误以为王某在侵害吴某,遂为趁机"教训"吴某而出手与王某一起殴打吴某。王某则误以为陈某在帮助自己维权,也与陈某一起殴打吴某。打斗中,王某被吴某打成轻伤,吴某也被王某与陈某打成轻伤,但无法查清吴某的伤势是由王某还是陈某造成的。(事实一)

吴某伤愈后,感觉自己在上次事件中吃了大亏,心存怨愤,遂企图利用穷困潦倒的黄某致陈某毁容(重伤)并劫取陈某的财物。吴某将一瓶具有极强腐蚀性的发烟硫酸谎称为"迷药"交给黄某,欺骗黄某称,将该"迷药"泼洒至陈某脸上即可致陈某昏迷而后轻松洗劫陈某的财物。吴某要求黄某当即前往数公里外的陈某家袭击陈某,并与自己平分犯罪所得。黄某信以为真,从吴某处接过"迷药"后赶往陈某家。途中,黄某出于好奇打开瓶子验证"迷药"是否有效,发烟硫酸刺鼻的气味使黄某感觉到这瓶"迷药"应该是危险化学品,遂将之抛弃,也未再找陈某。(事实二)

吴某报复陈某不成,心情烦闷时收到旧友刘某的短信。刘某问吴某是否能将其银行卡、密码、U盾、身份证"四件套"借给自己使用一段时间,并允诺给吴某2000元租金。吴某曾通过新闻报道了解到电信诈骗集团经常租借他人银行卡转移赃款,感觉刘某借自己银行卡应该也是用于相同用途,但为了赚取租金,仍然欣然同意。数日后,吴某忽然想到,既然汇到自己银行卡的钱来路不正,自己将钱取走刘某应该也不敢报警,遂起意"黑吃黑"。吴某通过网络银行查看,发现卡中果然有刘某诈骗所得80万元,遂起意挂失补办银行卡将资金全部取出。吴某持临时身份证赶到银行,对银行工作人员谎称自己银行卡丢失,挂失补办了新的银行卡并重新设置了密码。因取款数额较大,银行工作人员通知吴某第二天再来取款。次日,吴某又到银行企图将账户中的80万元取走,不料却被银行工作人员告知,其账户因涉嫌电信诈骗已被公安机关冻结。(事实三)

求财不得的吴某最终决意利用为张某(买方)和李某(卖方)介绍房产交易之机牟利。三方约定,李某以300万元的价格向张某出售自己的房产,张某先向李某支付200万元首付款,李某将自己房产过户给张某,张某再以房产为抵押向小额贷款公司即甲公司贷款100万元交给李某作为尾款。吴某自始便企图将交易中的100万元尾款据为己有,遂在撮合李某将房产过户给张某后,又谎称替张某申请贷款并向李某支付尾款。张某同意。吴某以张某的名义将该房产抵押给甲公司,让后者放款100万元到自己账户(吴某的账户)。100万元到账后,吴某立即将之全部用于个人消费。(事实四)

| 问 题 |

请根据《刑法》的相关规定与刑法原理,从以上四个事实分析涉案人员的刑事责任。要求说明理由,并同时回答出不同观点和理由。

2 CASE | 案 情 |

甲召集乙、丙等人经合谋和踩点，于6月初某日凌晨，采用翻墙、撬窗的方法进入某科技有限公司仓库内，窃得各种型号的手机摄像头2万余个，价值80余万元。将赃物装车返回的途中，甲因故中途下车离开。其他人待其下车后商议返回仓库盗窃剩余摄像头，于是又成功窃取1万余个摄像头。事后甲发现摄像头多了很多，但并没有说什么，仍联系买家将上述所有摄像头进行销赃，所获款项由整个团伙共同分赃。（事实一）

甲用上述分得的赃款开了一家烧烤摊。由于生意不是很好，很多串好的肉制品禁不住长时间存放，且时间一长肉的色泽就变得暗淡。某日，甲来到李某经营的调味品店进货，双方聊到上述情况，李某向其推荐亚硝酸钠（食品添加剂），称此调料可以增色，并建议甲在烧烤中使用此调料。于是，甲购买一包亚硝酸钠后离开。甲将购得的亚硝酸钠取出部分用水稀释后加入腌制的鸡腿中，并于次日将鸡腿出售。王某等人食用后，先后出现中毒症状被送往医院抢救，王某抢救无效死亡。经查，鸡腿中亚硝酸钠含量达到86mg/kg（国家规定最大使用量为0.15g/kg，残余量要求≤30mg/kg）。（事实二）

乙、丙二人创办豪门经贸有限公司（以下简称豪门公司），该公司无摩托车生产资质。豪门公司未经行政主管部门批准，与拥有摩托车生产资质的通凯公司签订协议，约定豪门公司为通凯公司的第三生产车间，豪门公司独立核算、独立经营、自负盈亏，自行采购、销售。同时该公司伪造排气量较小的燃油助力车合格证，使销售的摩托车获得上牌资质。时至案发，乙、丙控制经营的豪门公司生产并销售摩托车1万余辆，销售金额达到4000余万元。（事实三）

没过多久，甲、乙、丙因为事实一的犯罪事实被抓捕归案。甲为了争取宽大处理，交代了在2012年夏天的一个晚上，其伙同张某等人在一处房屋内盗窃的过程中，张某使用铁棒打死一个老人的犯罪事实。此案中，甲一直负责为盗窃放哨。（事实四）

| 问 题 |

1. 事实一中，甲、乙、丙等人构成何罪？甲对自己下车离开后乙、丙等人实施的行为是否需要负责？请说明理由。

2. 事实二中，对于甲和李某的行为应该如何评价？请说明理由。

3. 事实三中，乙、丙的行为成立何罪？请说明理由。

4. 事实四中，甲检举本人与他人共同盗窃中他人超出犯意致人死亡的行为是否构成立功或者自首？请说明理由。

3 CASE ｜案 情｜

甲和乙是生意上的合作伙伴，乙向甲借款100万元，约定1年后归还。借款期间，甲的孩子得了重病住院，花光了家里所有的积蓄。1年期满后，甲多次找到乙，让其归还欠款，乙每次都是以“等两天”为由搪塞甲，甲怒火中烧。一日，甲将乙的孩子弄到自己家中，给乙打电话，说乙不给钱就不释放其子，还威胁乙不能报警。乙向甲交代，自己的钱全部因做生意赔掉了，确实无法还钱。但是甲不管，并提出可以通过贩卖毒品快速还钱。乙最后按照甲的要求，去外地贩卖毒品。

乙在外地贩毒的过程中，需要一辆汽车作为交通工具使用。乙在二手车市场以买车的名义要求试驾某二手车。车主同意并陪同乙在某路段试驾。在试驾过程中，乙要求车主进行试驾，以更好地了解该车的性能。利用车主下车不备之机，乙迅速驾车逃离。车主拦住一辆出租车进行追赶，但是仍然被乙甩掉。之后车主使用手机，根据车辆上安装的全球卫星定位系统对自己的车辆进行定位，并叫上一帮好友协助追赶。按照定位，车主等一行人很快在10公里之外的某偏僻处找到乙。乙见状掏出砍刀对车主一行人进行威胁，车主等人不敢接近，乙遂再次驾车逃离。

由于该地对毒品犯罪进行严打，乙实在不敢再铤而走险；但是自己的孩子又在甲手中，赚不到钱无法解救自己的孩子。此时，乙的妻子丙为了减轻丈夫的压力，便提议可以弄点贵重金属赚钱。之后，丙利用自己导游的特殊身份，多次通过带团的机会从国外携带贵重金属逃避海关检查入境，然后进行变卖。

与此同时，乙的电脑水平十分了得，其通过技术手段启动当地某景区负责人的电脑，盗取了该景区检售票系统源程序和服务器密码。之后乙编写程序，秘密侵入景区检售票系统，修改景区门票，将允许进入人数从一人改成多人。随后，乙、丙二人购买一张一人次的景区原始电子门票卡(价值190元)，由乙侵入检售票系统，根据卡号将人数修改为6～8人，之后再以每人150元的价格带游客进入景区。通过这种方法，乙、丙二人非法获利20余万元。

就在乙、丙二人即将赚得100万元时，妻子丙被抓获，而存钱的卡也在妻子丙手中，一并被公安机关拿下。乙濒临崩溃，决定结束自己的生命，于是在出租房内割断天然气软管，自己躺在卧室床上静静等待死亡到来。刚躺下没多久，乙突然接到儿子打来的电话，说是自己从甲处逃了出来，让乙去某地接自己。乙喜出望外，马上出门，跑到楼下突然想起天然气还在泄漏，但是接儿子最重要，于是决定不再理睬，便急忙跑出小区。天然气长时间泄漏，周围气体浓度不断升高，而楼上张某家傍晚准备做饭，触动厨房开关，一下子引发了爆炸，造成整个单元楼部分楼层坍塌，3人死亡，2人重伤。

｜问 题｜

请根据《刑法》的相关规定与刑法原理分析上述人员的刑事责任(要求说明理由)。

没有播种，何来收获；没有辛苦，何来成功；没有磨难，何来荣耀；没有挫折，何来辉煌。

4 CASE | 案 情 |

社会闲散人员赵某,生性好吃懒做且贪财贪色,平时靠拉货为生。某日,赵某驾驶货车在一家日化厂卸货后,在该厂门口遇见孙某。孙某告知赵某有货要运去外地,运费1万元(基本符合市场正常运费标准)。赵某询问所运何物,孙某未告知,但是为挣得这1万元,赵某仍应允。第二日,赵某开车来到约定的地点后将车交给孙某,然后在原地等待。2个小时后孙某驾车归来,将车交还赵某,同时给了其一部专用于运货的手机和5000元运输费,并反复告知赵某该手机只能用于与自己联系,并要求接到电话后才能准时发车。赵某静等一天后接到孙某电话,按照指定地点出发。路途中,赵某在某高速收费站被警察抓获。经查,所运货物"苏烟"20000条全部为假冒注册商标的商品且为劣质卷烟。此批卷烟总价值为210万余元。(事实一)

上述事实一问题解决完后,赵某身心疲惫,来到当地的娱乐城洗澡放松。洗澡等一系列项目结束后,赵某在该娱乐城锅炉房附近闲逛。锅炉房当班工人甲问其做什么,赵某谎称自己是前面厨房的工人。两人交谈中,赵某提出要骑停放在锅炉房前的摩托车。甲说该车不是自己的,是丙(前一班锅炉工,已下班回家)的。但是,赵某仍然用随身携带的钥匙捅开该车的点火开关并将车发动,再次提出想骑车被甲拒绝。下午4时,另一锅炉工乙来接班,甲将摩托车推进锅炉房内就与赵某一同离去。没过多久,赵某又返回锅炉房对乙说:"我骑我哥的车去银行取点钱,一会儿就回来,头盔在哪放着?"乙见其刚刚和甲一起闲聊,又听他和甲聊天时称呼丙为哥,误以为赵某是丙的弟弟,就说:"在锅炉房内的柜子里。"赵某进去拿上头盔,将摩托车用自带的钥匙点火后骑走。当丙前来接班,问乙自己的车在哪里时,乙还开玩笑说:"你啥时候把你弟弄来娱乐城干活?他骑走办事去了。"(事实二)

之后的某一天,赵某在马路上闲逛时捡到一部手机,解锁后发现机主为女性,而且手机里存有该女的大量裸露照片。赵某随即用该手机给自己打电话并获知了手机号码。手机丢失后,该女主人挂失后重新办理了手机卡,继续使用原手机号。隔了几天,赵某将该女的裸露图片发给她,并要求她去某酒店为嫖客提供一次卖淫服务,费用2000元,否则就在网上将照片公布。该女无奈,只好按照赵某的要求来到指定酒店。赵某乔装成嫖客,顺利和该女发生了性关系,并按照之前的承诺,支付了2000元。(事实三)

经过事实三的事情后,赵某对该女念念不忘,对其展开了疯狂的追求。得知该女喜欢开车技术好的男人后,赵某心中暗喜(因为赵某平时经常开快车,车技十分了得),便从朋友那里借来非法改装的轿车,载着该女从机场路出发,前往西城区某广场(途中一直遵守交通信号指示灯)。后赵某在通过某小区门口人行横道时,未注意观察路面行人动态,将路人谭某撞倒。赵某立即拨打急救电话和交通事故报警电话,但是谭某被送往医院后经抢救无效死亡。事后,经警方认定,赵某对事故承担全部责任。赵某与被害人亲属达成民事赔偿协议,赔偿50万元。(事实四)

面对巨额的赔偿,赵某十分无奈,找到了自己的表哥李某(某高校副校长)帮忙。表哥十分疼爱自己的表弟,说是想尽办法也要帮他筹钱。正好赶上高校招生录取工作,李某负责招生领导小组的工作,学生处处长孟某具体负责收取和保管"点招费"(国家行政主管部门明令禁止学校在招生工作中收取"点招费")。招生工作结束后,除用于招生工作的开支,"点招费"剩余44万元。李某、孟某二人商议后决定,只向学校上缴14万元,剩下部分的20万元打入李某之子的私人账户,其余的部分孟某以现金的方式取走,并放入孟某在"幸福小区"的家中。李某将上述20万元和自己的存款30万元,共计50万元全部借给了表弟赵某,对其从宽量刑起到了较大的作用。(事实五)

| 问　题 |

1. 事实一中，赵某的行为是否成立掩饰、隐瞒犯罪所得罪？请说明理由。

2. 事实二中，不考虑数额，赵某的行为构成盗窃罪还是诈骗罪？请说明理由。

3. 事实三中，赵某的行为是否构成强迫卖淫罪？请说明理由。

4. 事实四中，赵某的行为构成危险驾驶罪、交通肇事罪还是以危险方法危害公共安全罪？请说明理由。

5. 事实五中，违规收取的“点招费”是否属于公共财产的范畴？李某和孟某的行为应该如何定性？请逐一说明理由。

没有播种，何来收获；没有辛苦，何来成功；没有磨难，何来荣耀；没有挫折，何来辉煌。

5 CASE | 案 情 |

郑某和李某为亲密"毒友",二人因为无钱吸食毒品而想弄点钱。某日,二人在经过被害人甲家时,发现大门未关,产生盗窃念头。二人进入室内窃得摩托车钥匙一把、一字起子一把,并用窃得的车钥匙在门口试开车辆。在打开摩托车的电子锁后,二人因认为当时盗车容易被发现,遂先行离开。当晚9时,二人再次来到被害人家门口用车钥匙将该车偷走。经鉴定,该车价值人民币800元。

二人逃回住处后格外欣喜,商议第二天将该车卖掉。第二天一大早,郑某(无摩托车驾驶证)骑着偷来的摩托车载着李某赶往销赃地点。行驶至某十字路口时,撞倒行人乙(正常过马路),摩托车倒地,郑某当场昏迷。李某拨打"120"急救电话后,将乙拽入路边沟中,后驾驶该摩托车载着郑某逃离现场。后抢救人员到达现场,因没发现被害人而拨打李某报警时所用的电话号码,李某明知可能是医生所打电话而不接。后经鉴定,乙因为交通事故颅脑损伤死亡,即使及时救助,救活的可能性也不大。郑某被送往医院救治得以苏醒,苏醒后知道以上全部事实,但什么也没说。

之后李某瞒着郑某将摩托车卖掉,买来冰毒吸食;但是由于一次吸食过量,其出现被警察追捕的幻觉。李某产生该幻觉后跑入某化妆品公司的仓库,手持一把西瓜刀劫持了仓库管理员丙,并将仓库卷闸门锁上,企图"逃避警察的追捕"。之后,公司负责人丁报警并打开卷闸门,民警才冲入仓库将李某抓获。后经法医鉴定,李某案发时患精神活性物质(甲基苯丙胺)所致精神障碍。

李某在被刑事拘留的过程中交代了其伙同郑某盗窃他人摩托车以及撞死行人的事实。公安机关根据李某提供的信息(二人共同的住所)将郑某抓获。

| 问 题 |

请根据《刑法》的相关规定与刑法原理分析郑某和李某的刑事责任(要求说明理由)。

6 CASE | 案 情 |

疫情期间，甲失去了较为固定的收入来源。其平时花钱大手大脚习惯了，便通过伪造收入来源分别在中信银行、交通银行、广发银行办理了信用卡。其在交通银行办理信用卡时，还依附该卡办理了信用卡“好享贷”业务（该业务是单独临时消费信贷额度，不可重复使用，分期需要手续费）。甲利用手中的信用卡进行高消费，总数额达到15万元整（其中“好享贷”数额为5万元）。三家银行在甲超过还款期限后进行了多次催收，但是甲通过搬家和改变联系电话的方式逃避，从此开始了自己的逃亡生涯。3个月后，银行仍不见甲还款，遂报警。（事实一）

甲逃亡的过程中来到自己老同学张三的城市，便打电话约其吃饭。吃饭的时候，张三需要修改自己的支付宝密码，但操作不好，便请甲帮忙。甲在帮忙修改的过程中记住了账号和密码。饭后甲与张三告别，第二天，甲通过记住的账号和密码登录张三的支付宝，先后三次在小商店通过该支付宝“花呗”套现人民币10000元整，给了商家手续费500元，其余赃款挥霍一空。（事实二）

某日，甲结交了一位“志同道合”的兄弟乙，二人商议绑架索财。一日，二人以租车到郊区为由，电话约司机王某在某中学门口见面。到达郊区后，甲、乙二人将司机王某捆绑至车的后排座位，谎称是受他人委托对其实施控制，以20万元买其性命。王某答应给二人15万元以求保命，并以出交通事故为由电话通知妻子准备银行卡。二人同意。在控制的过程中，甲、乙二人还将王某随身携带的600多元现金劫取。二人带着王某去取款的过程中偶遇警察检查，二人不敢冒险，弃车逃跑。（事实三）

二人一路猛跑，逃窜到下一个城市已经是凌晨1时，因饥饿难耐而找到一家烧烤店大吃大喝起来。大量饮酒之后，二人为了更好地逃跑，将路边的一辆轿车偷偷开走。甲在严重醉酒且无驾照的情况下，驾车在某省道上以90公里/小时的速度行驶（该路段限速70公里/小时）。由于夜间视线不好，甲行驶到某一路段时，撞上了刘某等8位菜农和一辆小型皮卡车。甲当即采取制动措施，车辆滑行20余米后停了下来。此次事故造成2人当场死亡、2人被送往医院经抢救无效死亡、1人重伤、1人轻伤、皮卡车严重受损（损失价值1万元）的结果。（事实四）

甲、乙二人慌忙逃逸后，乙决定不再和甲同行，自己去找丙讨债。要债过程中，乙、丙二人发生争执，继而相互厮打。在厮打过程中，乙用拳击中丙的下颚致其昏迷，乙见状害怕，连忙和丙公司的同事将丙送至医院抢救。抢救过程中，乙向抢救的医生孙某反映了自己用拳击打丙下颚的事实，拜托医生努力抢救丙。医生孙某觉得事情严重，当着乙的面报了警（最终丙因为伤势过重死亡）。公安人员赶到后询问情况，乙称其与丙发生争执，相互推搡，后用手“推了”丙的下颚部致其倒地。民警遂带乙至派出所询问做笔录。在公安机关侦查过程中，乙共有4次供述，直到第3次询问时才供述了伤害丙的真实过程。（事实五）

| 问 题 |

1. 事实一中，甲的行为属于何种类型的信用卡诈骗罪？其中，关于“好享贷”的数额部分该如何评价？请详细说明理由。

2. 事实二中，甲的“花呗”套现行为构成何罪？请说明理由。

3. 事实三中，甲、乙二人的行为应如何评价？请说明理由。

4. 事实四中，甲的行为构成交通肇事罪还是以危险方法危害公共安全罪？为什么？

5. 事实五中，乙的行为是否可以认定为“视为自动投案”？

没有播种，何来收获；没有辛苦，何来成功；没有磨难，何来荣耀；没有挫折，何来辉煌。

7 CASE | 案 情 |

甲毕业于国内著名财经高校，具有国外留学经历，擅长经济、金融领域的研究，尤其在理财方面更是专家。甲受聘于国资委，专门负责国资委名下上百万元资金的经营和管理。在某段时间内，甲从其管理的资产中拿出30万元购买股票用于投资，然后在特殊时间段低价抛售，并用另一个账号迅速吃掉所抛售的股票。通过此种方式，甲共计获利20万元。

20万元很快被甲挥霍完。之后，甲挪用其管理的现金4万元进行赌博，挪用6万元为自己购买国债。上述10万元在3个月内归还。

后来，甲的行为被任职于国资委的乙实名举报，司法机关很快介入并展开调查，甲闻讯逃亡。在逃亡的日子中，甲越想越窝火，心想反正自己也身败名裂了，便决心除掉举报自己的乙。于是甲购买了一桶汽油，于某日深夜潜入乙家，在其客厅和卧室泼洒汽油并点燃后迅速离开。最终造成乙一家三口全部死亡，也给乙家所在的单元楼其他部分家庭财产造成大小不同的损失。

逃亡过程中，甲很快花光身上带的钱，为了继续维持逃亡日子的开销，甲决心凭借自己的"劳动"赚点小钱。某日，甲身穿道袍，以道士会"作法"为由，跟某小区的不少老人说自己会一种仙术，能将10元变成100元，来到这里就是为了帮助大家"发家致富"。不少老人相信，于是一个个回家取出自己家所有的10元，排队一个个交给甲，要求其帮忙变钱。甲分别将每位老人递给自己的一沓10元钱装于信封中，然后进行"作法"，待结束后让老人们带着信封回家，称放在枕头下睡一晚，第二天一大早便会惊喜连连。通过此次"作法"活动，甲共计收入上万余元。

过了些日子，甲为了进一步掩饰自己的身份，便更改了个人信息，并成功进入某电力公司（非国有）任职，成为该公司的一位收费工作人员。有一次，甲来到某工厂收取电费，发现该厂需要缴纳6万元电费。该厂厂长和甲私下合谋后，由甲少记载该厂用电量，并将电表上的数字回拨，使该厂少交4万元电费。事后，甲从厂长处索取好处费2万元。

法网恢恢，疏而不漏，甲很快便被司法机关抓获。

| 问 题 |

请根据《刑法》的相关规定与刑法原理分析甲的刑事责任（要求说明理由）。

8 CASE ｜案 情｜

甲(无业游民)因上网没钱而尾随被害人乙。乙在路边摊购买东西时,甲也假装看货,趁乙不注意从其口袋中捏出200元人民币。此时小摊老板孙某向乙使眼色示意,乙发现后迅速起身,甲随之逃跑,乙追赶。甲体力较差,为了摆脱乙的追捕,掏出随身携带的水果刀将乙捅伤倒地,随后迅速逃离。(事实一)

被告人黄某,原系某县公安局政委。被告人袁某,系个体汽车司机。黄某、袁某二人为了偿还因赌博欠下的债务,共谋设计赌局圈套,通过打假牌弄钱。二人约定由黄某物色被骗对象,由袁某负责约请帮助打假牌的人刘某和方某。此后,黄某联系被害人姚某,谎称要与姚某当面商谈买卖煤矿的有关事宜。某日下午,被告人刘某、方某应邀找到黄某。黄某即按照事前的预谋,于当晚请姚某、刘某、方某一起吃饭,并向姚某介绍刘、方二人是经营煤炭生意的老板。席间,黄某又打电话叫袁某前来共进晚餐。饭后黄某邀请已有醉意的姚某到茶楼喝茶打牌,其间各被告人以欺诈手段控制牌局,致姚某输掉58万余元。次日,黄某等人找姚某结算赌债,姚某只得将其所有的两部车估价43万元,连同15万元现金抵偿赌债。之后,黄某等人将上述赃款分赃。(事实二)

某日,某机关服务中心机械加工部临时工李某在一单元楼下,将王某的品牌摩托车(价值35000元)的车锁锯开,推回自己工作的机械加工部,用铁锤将该车的基侧大板、转向灯、前仪表盘等砸坏,损坏物品价值12000元。后李某将摩托车放置于院内的楼群中。(事实三)

乙欲杀死丙,正要开枪时,被窗外的甲开枪打死。甲没有认识到乙正要杀人,甲只有杀害乙的故意。经事后查明,若甲当时不将乙打死,乙就会将丙打死。(事实四)

被告人李某、王某、何某均为男性,是某县无业青年。某日晚,三人得悉某旅店有人卖淫嫖娼,遂起歹心。随后三人冒充警察来到该店,以打击卖淫嫖娼为名,抓住正在嫖娼的外地老板马某和卖淫女钱某。三人对马某实施殴打,勒令马、钱二人各交罚款8000元。同时扬言,若不交罚款,就把他们送到公安局和告诉他们的家属,胁迫他们交清罚款。此后,三人又以同样的手段,先后三次冒充警察,获得他人财物4万余元。(事实五)

｜问 题｜

1. 事实一中,转化型抢劫成立的前提条件“犯盗窃、诈骗、抢夺罪”,是否要求盗窃、诈骗、抢夺的财物数额较大且构成犯罪?请写出至少2种观点,并且说明你更认可哪种观点,且说明理由。

2. 关于事实二的案件定性存在一定分歧,请写出2种定性可能,且说明理由。

3. 关于事实三的案件定性存在一定分歧,请写出2种定性可能,且说明理由。

4. 事实四在理论上被称为什么?请写出至少3种观点来论证其是否成立正当防卫。如果不成立,还要判断其犯罪形态。

5. 关于事实五的案件定性,请写出3种不同的可能,并说明理由。

9 CASE | 案 情 |

2022年11月初，张某权、张某普预谋到偏僻地段对单身女性行人实施抢劫。11月9日晚，两人提出如果遇到漂亮女性，就先抢劫后强奸，并用抓阄的方式确定张某权先实施强奸行为。11月11日晚，两人商定：发现作案目标后，由张某普持一把尖刀将被害人逼至路边，张某权用胶带将其捆绑后实施抢劫。当晚，两人寻找作案目标未果。11月12日晚，两人在某镇寻找抢劫目标时遇公安巡逻，张某普逃跑，张某权被抓。

2022年12月，张某普逃到A市，预谋抢劫出租车司机。某日15时许，张某普携带卡簧刀骗乘周某驾驶的本田出租车，要求周某将车开往某地。行至某地，周某起疑，拒绝前行，要求张某普下车。张某普担心立即实施抢劫可能被人发觉，遂下车。当晚10时，张某普见过来一骑自行车的人，顿生歹意，将坐在自行车上的刘某拽下，按翻在地，欲行强奸。不料刘某居然是其多年未见的中学校友。刘某认出张某普后，说“我认识你，你要敢，我就报案”，张某普闻言遂起身逃走，强奸未成。

次日凌晨3时许，张某普路过陈某住处，见陈某独自在房内睡觉，遂产生强奸念头。张某普从窗户进入室内，从室内拿了一根绳子将陈某捆绑并实施了奸淫。后张某普因害怕陈某报警，用手掐其颈部，意图灭口。又因发现陈某面部恐怖，心生恐惧，不忍心下手，遂解开被害人手脚上的绳子，逃离现场（对被害人勒颈的行为造成被害人颈部勒痕等轻微伤）。

随后，张某普担心刘某会报警，决定杀人灭口。张某普携带含致命毒剂的弓弩，找到刘某家，瞄准正在洗菜的“刘某”。正欲射杀时，张某普发现被瞄准的并非刘某，而是刘某的姐姐丙。张某普于是放弃，在离开的过程中，遇见巡逻警察被抓获归案。

| 问 题 |

1. 张某权、张某普意欲对单身女性实施抢劫并强奸的行为是否构成犯罪？如果构成，属于何种犯罪形态？应当如何处理？

2. 张某普抢劫出租车的行为是否构成犯罪？如果构成，属于何种犯罪形态？应当如何处理？

3. 张某普意图强奸刘某的行为是否构成犯罪？如果构成，属于何种犯罪形态？应当如何处理？

4. 张某普对陈某的侵害行为构成哪些犯罪？属于何种犯罪形态？应当如何处理？

5. 张某普意图杀害刘某的行为是否构成犯罪？如果构成，属于何种犯罪形态？应当如何处理？

10 CASE ｜案 情｜

甲是A国有银行某市支行的业务部主任。某日，甲在市支行机房登录其下属某县支行的中间业务系统时，利用该系统出现的漏洞，向自己的账户中转账300余万元。随后的日子中，甲任意挥霍上述犯罪所得的赃款。

某日，甲在某酒吧聚会过程中向周边的朋友炫耀自己的财富。乙女生性爱财，便主动搭识甲，不久二人便确定了恋爱关系，并开始同居生活。同居没几天，甲的母亲因病需要输血，甲在献血过程中被检测出来是艾滋病患者。甲得知此消息后十分崩溃，为了继续保持和乙的爱情及同居关系，没有将上述情况告知乙。同居期间，甲为了自己的私欲，多次故意不采取任何保护措施和乙发生性关系。不久之后，乙在公司体检中被查出患上艾滋病。

公司同事知道乙的事情后，背后都对其议论纷纷。乙无奈辞职，回到农村老家躲避（除正常去医院治疗外，均不外出，其间与甲分手）。乙怀疑自己得艾滋病和甲有关，便将同居之事与父亲（张某）、母亲（李某）、弟弟（张小某）诉说；乙的父母和弟弟听后对甲恨之入骨。思念心切的甲开车来到乙家村子找乙复合。乙的父母和弟弟叫上村子中的其他几位近亲属，将甲关在乙家老宅的院子里，询问是否是其将艾滋病传染给乙的。甲因为害怕便如实交代了。乙的家人确定了之前的猜想，心里更加有了底气，要求甲赔偿乙损失50万元，并在控制甲的3天时间里多次对其进行暴力殴打。甲在一次被殴打之后晕死过去，虽然乙弟张小某给甲服药，乙父张某找来村医为甲治疗，但是甲最终仍死亡。经鉴定，甲为创伤性休克死亡。

村医回家后报案，张某、李某等多人被捕，而弟弟张小某外逃。逃亡路上为了维持生计，张小某在某工地打工，并结交了当地一小混混丙（二人很快成为挚友）。某晚，张小某由于天热而失眠，便去附近的马路上闲逛，发现某自助取款机的营业厅里空调开放，便走了进去。张小某发现一台取款机的页面没有退出，猜到应该是有人着急离开而把信用卡丢在这里，随即操作取现。被害人（家住附近小区）到家后发现自己的手机不断提示有取现记录，马上跑回取款处，正好遇见正在装钱的张小某。被害人要求张小某归还钱，否则不让其离开。张小某推搡被害人后，二人扭打起来。其间张小某电话联系丙，说有人欺负他，需要报仇。丙很快赶到，和张小某将被害人一顿暴打后离开。张小某为了表示感谢，请丙吃了烧烤，但对于自己之前的行为只字未提。经鉴定，被害人被打成轻伤。

公安机关接到上述被打的被害人报案后，很快将张小某抓获，但是很难掌握丙的行踪，多次抓捕行动均落空。为了争取宽大处理，张小某向公安机关提供了丙有可能藏身的某个废弃建筑群的线索。公安机关经过隐秘的侦查和踩点工作，顺利在此建筑群内将丙抓获。

｜问 题｜

请用刑法理论知识全面评析上述所有行为人的刑事责任，要求说明理由。

11 CASE | 案　情 |

甲和乙经过预谋，假借租房的名义约房主王某某见面看房。甲事前准备好弹簧刀、封口胶带等物品，二人随王某某进入房间后，即拿出弹簧刀对王某某进行威胁、恐吓，并用封口胶带封住了王某某的嘴巴，用绳子将其捆绑在板凳上，随后抢走王某某手提包内的现金500元和苹果7手机一部（经鉴定价值1500元）。

之后三天，甲独自一人去朋友张某家，准备找其叙旧。但张某没有在家，只有其母秦某和两个小孩在家。甲走路而来很是辛苦，便要求在张某家休息，秦某爽快答应。后秦某出去买菜，甲闲来无聊随意打开抽屉翻看，发现现金1000元。甲正欲将现金装进自己口袋时，被买菜回来的秦某发现并抓住。甲强行挣脱，并捡起一根木棒和尼龙绳，对秦某以殴打和捆绑相威胁，从而阻止了秦某追赶，甲拿着现金逃离现场。张某到家后随即报警。

沉寂一周后，乙独自一人前往某小区住宅楼，发现王某一家出行后，便撬开房门，窃取金手镯一只（价值9000元）、男士手表一块（价值1000元）以及现金500元。乙准备离开时，被回来拿表的主人王某碰个正着。王某遂抓住乙的衣领将其推到墙上，击打其面部致乙鼻子流血。乙为尽快脱逃，在王某抓住其衣领不放的情形下，与王某从室内拉扯到楼道内。其间，王某狠踹乙导致二人均摔倒。王某因脚部扭伤而不能起身，乙趁机逃离现场。

甲作案后，在亲属的规劝下，表示先回家和妻子告别再去投案。但是甲回家后发现妻子还没有从娘家回来，便独自一人喝闷酒等待，一不小心喝醉睡着。深夜回家后的妻子从其他亲属那里得知丈夫犯罪的事实后主动报案，并协助公安人员将昏睡的甲带至公安机关。次日，甲酒醒后即如实供述了自己的犯罪事实。

| 问　题 |

1. 甲、乙针对房东王某某实施的行为构成何罪？是否存在该罪的加重法定刑情形？请说明理由。

2. 甲在张某家的行为构成何罪？是否存在该罪的加重法定刑情形？请说明理由。

3. 乙在王某家的行为是否构成抢劫罪？为什么？

4. 最后一段的事实中，甲的行为是否可以认定为自首？请说明理由。

没有播种，何来收获；没有辛苦，何来成功；没有磨难，何来荣耀；没有挫折，何来辉煌。

12 CASE | 案 情 |

甲、乙、丙是从小一起长大的好兄弟，三人感情十分要好。一日，大哥甲拉来一车钢铁给二弟乙，并告知这车钢铁是其从外地费了九牛二虎之力才窃得的，让乙赶紧联系买家将其转手，以免节外生枝。为了迅速出手，甲负责销售一半，乙负责销售另外一半。乙按照甲的要求迅速找到买主丁。丁获知该钢铁的价格明显低于市场价，便询问原因得知真相，但由于价格诱人仍然从乙手中购买。甲没有像乙那样，而是说该钢铁是自己的，按照市场价格顺利将自己手中的一半货卖给了不知情的戊。(事实一)

三弟丙得知两位哥哥赚了钱，便急匆匆地从外地赶回来，要求哥仨儿干一票大的。某日中午，三人跟踪一位刚从银行取了巨额现金的女性黄某，见黄某将装钱的包放进了车的副驾驶。后黄某发现手机遗落在银行大厅，便赶忙回去拿。趁此机会，兄弟三人将车玻璃砸碎取出包便跑，正好被从大厅出来的黄某看见，于是黄某大喊："抓小偷！"闻讯的保安和周围的群众对三人展开了追捕。

大哥甲为了抗拒抓捕，顺手抓起旁边水果摊上的西瓜刀，朝着自己的胳膊猛砍三刀并大声斥问抓捕人员："你们觉得疼吗？再敢过来也让你们尝尝这是啥感觉！"然后迅速逃离消失。二弟乙被黄某一路大骂，被彻底激怒，停下脚步拿起路边的板砖朝着黄某头部狠拍过去，将其拍成重伤。然后乙不紧不慢地离开，嘴里还念叨着："叫你骂，叫你骂！"三弟丙则被群众顺利抓获并扭送至公安机关。丙为了争取宽大处理，交代了之前甲、乙盗窃钢铁的犯罪事实。(事实二)

丙过了几年的牢狱生活后被刑满释放，痛恨当初甲、乙不解救自己的往事，决定杀死他们。殊不知甲、乙这几年也因为分赃不均等而变成了死敌。经过多方打探，一日，丙来到了乙藏身的某废墟建筑物，看到乙在建筑物的二层便举枪射击。乙应声倒地，丙看到乙倒地之后便连忙逃窜了。事后公安机关赶到现场，发现甲被捆绑在这里，询问得知当时的乙正准备将甲杀死，甲不清楚是谁救了自己。(事实三)

| 问 题 |

1. 事实一中，关于赃物的善意取得问题，在理论上有几种处理意见？请按照不同的处理意见写出不同的分析过程及结论。

2. 请全面评析事实二中甲、乙、丙三人的刑事责任。

3. 事实三的案例，在理论上被称为什么？有几种处理结论，请分别阐述。

13 CASE | 案 情 |

甲为某县民政福利中心主任,每年率县福利企业年审检查小组到乙所经营的电气制造厂检查。乙明确告诉甲自己在正常员工人数上弄虚作假,瞒报企业员工人数,使残疾员工人数占全部员工人数的比例符合福利企业全额退款的标准,并伪造虚假的福利企业材料应付检查。甲发现问题后,不履行自身职责,不对企业正常员工人数进行检查,不将问题在年审表中如实反映,仍以企业的虚假材料为准进行检查,致使该企业顺利通过福利企业的年检审查,在5年期间中享受了本不应该享受的退税优惠政策,造成国家税款损失大约700万元人民币。同时,甲在这5年期间多次向乙索要财物,共计人民币20万元。(事实一)

之后乙和甲翻脸,乙找到甲,想要回送出去的20万元。甲十分气愤,直接将乙赶出自家大门。乙给甲发短信,威胁如果甲不归还20万元,就去举报甲,让甲的仕途就此结束。甲本来就对仕途产生反感,于是拿着多年“积攒”的财物逃匿了。乙为了避免不必要的麻烦,对这20万元也就不了了之了。(事实二)

甲逃到朋友丙处,和丙说自己休年假专门来看看他,顺便住上几天。丙愉快答应。甲在丙家住着的某日,丙收拾屋子时无意中发现甲的皮箱中有巨款,心生疑惑便暗中观察,通过偷听甲打电话确认其是犯罪潜逃,但是仍然对甲热心招待。一晚,丙提前将安眠药放入甲所吃的饭菜中,待其熟睡后,将其皮箱内巨款中的2万元现金偷偷取走。次日,甲向丙告别离开。(事实三)

甲带着这么多钱跑路心有余悸,于是在经过某市的时候,找到自己的表弟丁,告知丁情况后,将其中10万元现金交由丁保管,并约定甲需要用钱时,丁及时打钱给甲。丁看表哥实属不易,就答应下来。后来丁做生意失败,便偷偷使用了10万元中的5万元,事后和甲说是被小偷偷走的。(事实四)

甲在亡命天涯的日子中,化名张三,为了生计,购买一辆货车拉货(载重量15吨)。甲为了节约成本,对车进行了一定改装,每次拉货都是40吨以上,这样收入就明显增加不少。某日,甲同样拉货40吨经过某路段,被执勤交警拦下。经认定,甲的行为属于严重超载行为。执勤交警在对甲进行处理的时候,发现甲是逃犯,便交由公安机关处理。(事实五)

| 问 题 |

1. 事实一中,对甲、乙的行为应如何评价?为什么?
2. 事实二中,对乙的行为怎么评价?为什么?
3. 事实三中,对丙的行为怎么评价?为什么?
4. 事实四中,对丁的行为怎么评价?请说出两种观点。
5. 事实五中,对甲的超载行为怎么评价?为什么?

14 CASE | 案 情 |

甲、乙是村子里一起长大的挚友，二人初中没毕业就进城打工，后二人用从家里和亲戚处借来的几十万元买了大货车做拉货生意，准备大干一场。二人经人介绍做起了收购碎布料的生意，但是生意只能勉强维持生活。后来二人商议，事先在货车上装入1.5吨的石头，同卖家"空车"过磅，后偷偷将石头卸掉才去装碎布料，然后再次过磅。通过这种手段，二人先后7次多获得布料10.5吨，价值5.5万元。(事实一)

二人的这种行为遭到了整个行业的抵制，很快二人便没有生意做了，在出租房内天天无所事事。某日，甲出来闲逛时，发现某胡同刘某家的窗户未关，随即翻窗入室。刘某家的邻居张三和李四发现这一情况马上报警，二人一直守候在刘某家窗外和门外。甲在室内窃得手机一部，价值500元，以及现金300元，出门后被张三和李四抓获。随即赶到的公安人员将甲带回派出所。(事实二)

甲刑满释放后认识了女朋友丙(服装店老板)。某日，丙怀疑徐某在自己店里试衣服时偷了一件衣服，便将徐某在店里的视频截图配上"穿花花衣服的是小偷"等字幕后，上传至网络平台，并要求以"人肉搜索"等方式对徐某进行侮辱。强大的网友仅仅用了一个多小时就搜索到徐某的姓名、所在学校、家庭住址、个人照片甚至感情经历等个人信息，随之曝光于网络。一时间，网络上对徐某的批评和谩骂铺天盖地席卷而来。徐某是一名来自农村的普通女孩，这个事件对其打击极大，第二天晚上便跳河自杀。(事实三)

之后甲、乙、丙三人在乙家吃饭闲聚，甲在上网时发现一条"用绳子勒脖子会让人产生快感"的信息，决定邀请乙、丙一起试一试。乙、丙同意后，甲解下自己的皮带，和乙各拉一头；丙则平躺在床上，被二人用皮带勒住脖子向后拉。其间，丙挣扎、呼救。邻居闻声敲窗询问，甲答称丙在说梦话，后甲、乙发现丙死亡。甲随之逃跑，乙则装作没事人似的回到自己的家中。(事实四)

甲不久后被缉拿归案，但拒绝承认自己是犯罪分子，一直声称抓错人了，也没有交代同案犯乙。乙作为唯一在现场的人，就被当作证人，依照公安机关的安排去指认了甲，乙始终隐瞒自己是同案犯的事实。(事实五)

| 问 题 |

1. 事实一中，甲、乙二人的行为成立诈骗罪还是盗窃罪？请说明理由。
2. 事实二中，甲属于犯罪既遂还是未遂？请说明理由。
3. 事实三中，如何评价丙的行为，其行为是否构成刑事犯罪？为什么？
4. 事实四中，甲、乙二人的行为成立何罪？请说明理由。
5. 事实五中，乙如果事后被抓获，那么其之前的指认行为能否被评价为立功表现？请说明理由。

七、问答式主观题预测与演练参考答案

1 CASE | **参考答案** |

一、对事实一的分析

(一)吴某构成假想防卫

吴某误认为王某侵犯自己隐私而对王某进行反击,造成王某轻伤,构成假想防卫。正当防卫中的不法侵害并不以侵害行为符合刑法构成要件为前提,即不法侵害也包括违法行为。

观点一:认为假想防卫阻却故意犯罪的成立,故吴某不能构成故意伤害罪。同时,由于吴某仅造成王某轻伤,根据我国刑法的规定,过失导致他人重伤的才构成犯罪,因此,在事实一中不能认定吴某构成犯罪。

观点二:严格责任说认为假想防卫并不阻却犯罪故意,从而会得出吴某在事实一中构成故意伤害罪的结论。

(二)王某构成正当防卫

本案中,吴某误以为王某侵犯自己隐私而企图夺取王某的手机,构成对王某财产权益的不法侵害;王某对吴某进行反击并最终制止吴某的侵害行为,构成正当防卫。基于防卫限度的立场,王某为防卫自己的财产权益而造成吴某轻伤的行为不构成防卫过当。因为,王某未造成吴某重伤、死亡,不可能属于防卫过当。

(三)陈某构成偶然防卫

陈某虽无防卫意思,但其行为客观上却起到了制止不法侵害的效果,从而构成偶然防卫。通说对偶然防卫采犯罪未遂说,若可以肯定吴某的轻伤结果是由陈某的行为造成的,则应认定陈某成立故意伤害罪(未遂)。若对偶然防卫采犯罪未遂说,但认为吴某的轻伤结果实际上系王某的行为造成的,也应当认定陈某成立故意伤害罪(未遂)。

二、对事实二的分析

第一,教唆未遂的问题。吴某教唆黄某实施抢劫行为,引起了黄某实施抢劫罪基本犯的犯罪决意,但是黄某却并未真正着手实施抢劫。一种见解肯定教唆未遂的可罚性,认为根据我国《刑法》第29条第2款的规定,被教唆的人没有犯被教唆的罪时,对于教唆犯仍然应当予以处罚,只是可以从轻或者减轻处罚而已。因此,吴某教唆黄某实施抢劫的基本犯而未能得逞,应当构成抢劫罪基本犯的教唆未遂。另一种见解则坚持共犯从属性,认为只有在正犯着手实施犯罪时才能够肯定教唆犯的可罚性,故教唆未遂不可罚。据此,既然黄某并未着手实施抢劫,吴某也就不因其教唆黄某实施抢劫的基本犯而构成犯罪。

第二,结果加重犯的性质问题。在事实二中,吴某还企图利用黄某对陈某造成重伤结果。一种见解认为,结果加重犯即基本犯罪加上加重结果,抢劫致人重伤也同样是抢劫的基本犯和重伤结果的集合。就抢劫基本犯而言,吴某对黄某仅实施了教唆行为,但就故意伤害致人重伤而言,吴某应当属于间接正犯。另一种见解认为,结果加重犯并非由基本犯与加重结果简单叠加而成,而是两者的有机结合。换言之,结果加重犯不能被拆解为基本犯加上加重结果并对其分别予以评价,其自身就是一个有机、不可拆分的整体。在事实二中,吴某企图利用黄某以抢劫方式造成陈某重伤,吴某就应当在整体上构成抢劫致人重伤的间接正犯。在罪数方面,若肯定吴某对抢劫罪基本犯构成教唆未遂并构成抢劫致人重伤或故意伤害致人重伤的未遂或者预备,也不能对其数罪并罚。鉴于吴某在事实二中仅实施了一个行为(尽管该行为同时具有教唆犯和间接正犯的性质),应当肯定吴某

构成想象竞合犯，对其从一重罪论处。

三、对事实三的分析

（一）出借银行卡等“四件套”的行为

观点一：吴某已经意识到刘某可能在从事电信诈骗活动而将自己的银行卡等“四件套”出借给刘某，卡中流水至少达到80万元，应认定吴某构成帮助信息网络犯罪活动罪。吴某虽然明知刘某从事电信诈骗活动而为其提供自己的银行卡，但刘某与吴某之间并不具有共同实施电信诈骗的通谋，故不能认定吴某成立诈骗罪的帮助犯。

观点二：根据认定共同犯罪的基本学理，行为人明知他人实施犯罪行为而为其提供帮助，就可以构成共犯，在涉及电信诈骗犯罪时同样如此。因此在事实二中，应该肯定吴某构成诈骗罪的帮助犯。由于吴某还构成帮助信息网络犯罪活动罪，对其应根据想象竞合犯的处理原则从一重罪论处。

（二）企图挂失取款而未得逞的行为

1. 对80万元存款债权的犯罪

(1)规范标准说认为，对于银行账户存款的所有和占有关系，都应当依据规范的标准进行判断。该说认为，既然银行账户存款本质上是账户所有人相对于银行的债权，就应当认为记载于银行账户的存款由账户所有人占有且所有。

(2)实质标准说认为，对于银行账户存款的所有和占有关系，都应当依据实质、事实性的标准进行判断。只有对账户存款实质上享有正当权利的人，才是账户存款的所有人，也只有真正支配、使用银行账户的人，才是账户存款的占有人。若银行账户的实际控制人与银行账户所有人相分离，但账户所有人仍然可以通过挂失等手段恢复对银行账户的控制，则二者可能构成对账户存款的共同占有。

(3)折中说认为，对于账户存款的所有关系，应当采取实质的判断标准，即对账户存款享有正当权利的人才是相应债权的所有者；对于银行账户内存款的占有关系，则应当依据规范的标准进行判断，即认定账户所有人占有账户存款。

依规范标准说，在事实二中，吴某占有并所有自己银行账户中的80万元，故其企图通过挂失取走相关款项的行为不能对账户存款债权本身构成任何犯罪。该说并不否认吴某可能就相应的80万元现金构成财产犯罪。

依实质标准说，吴某对自己银行账户中的80万元并不具有正当权利，故该80万元债权并不由吴某所有。同时，由于吴某将其银行卡、密码、U盾和身份证都交给刘某使用，应当认为刘某才是账户的实际控制人，故应肯定账户中的80万元由刘某占有或者至少是由刘某和吴某共同占有。因此，吴某通过挂失手段排除刘某对相应债权的占有，构成盗窃罪。

依折中说，仍然应当认定吴某系自己银行账户中的80万元债权的占有者，但相应存款并不由吴某所有。因此，吴某企图通过挂失手段取得相应存款，构成侵占罪。基于与上述采规范标准说的场合相同的理由，吴某不因欺骗银行工作人员而构成诈骗罪。

2. 对80万元现金的犯罪

针对银行占有并且所有的80万元现金，吴某还可能构成诈骗罪。若采取形式审查说，就应当认为银行工作人员并不关心吴某账户上80万元的来源，故吴某提出取款请求时既未就相关款项的来源进行虚假陈述，也未致使银行工作人员就此陷入认识错误，其行为不符合诈骗罪的构成要件，不能构成诈骗罪（未遂）。相反，若采取实质审查说，就应当认为吴某在提出取款请求时即对银行工作人员就账户款项的来源进行了欺骗，构成诈骗的实行行为。

四、对事实四的分析

吴某自始就存在将100万元尾款据为已有的意图，其隐瞒内心的真实意思促使李某将房产过户给张某,是欺骗李某进行了财产处分,造成李某的财产损失。由于李某获得了200万元首付款,故李某的财产损失数额为100万元。在事实四中,吴某意图使张某获得李某的房产,但却计划不向李某支付购房尾款,这就导致张某对李某房产的取得缺乏充分的法律依据,故也应当肯定吴某对李某的房产具有非法占有的目的。吴某虽然同样是隐瞒了将100万元据为己有的意图,欺骗甲公司发放贷款,但却不因此对甲公司构成诈骗罪或者骗取贷款罪。因为,吴某是在张某的授权下将张某名下的房产抵押给甲公司的,甲公司对张某的房产享有抵押权,必要时可以处分张某名下的房产优先受偿,故不宜认定甲公司因受欺骗而遭受了财产损失。但是,吴某仍然可以就甲公司提供的100万元贷款构成对张某的诈骗。该笔100万元资金实质上是张某的财产,吴某却通过对甲公司的欺骗使甲公司将该笔资金发放至自己(吴某)的账户,从而获得该笔资金,构成诈骗罪。

一种见解认为,吴某对李某的诈骗最终是为了实现对张某的诈骗,两起诈骗犯罪之间存在目的和手段的关联性,故对吴某应当仅以一罪论处,即认定吴某的犯罪数额仅为100万元。

另一种见解则认为,吴某的两起诈骗犯罪针对的是不同的被害人(李某和张某),其所侵犯的也是不同类型的财物(李某的房产和张某的贷款),故应当数罪并罚。在我国司法实务中,财产犯罪同种数罪不并罚但累计犯罪数额,故应当认定吴某在事实四中犯诈骗罪,犯罪数额200万元。

2 CASE | 参考答案 |

1. 第一,甲、乙、丙等人的行为构成盗窃罪。

因为甲、乙、丙等人违背被害人意志,秘密窃取转移被害人财物(摄像头3万余个),价值百万元以上,符合盗窃罪的犯罪构成。需要强调的是,甲、乙、丙等人盗窃后销赃的行为不成立掩饰、隐瞒犯罪所得罪,因为本犯不具有期待可能性。

第二,甲对自己下车离开后乙、丙等人实施的行为同样需要负责。

理由:甲是整个盗窃团伙的召集人和组织者,主观上对盗窃财物的数量存在概括的故意。甲虽未实施第二次盗窃行为,但主观上并不排斥乙、丙等人的再次盗窃行为。而且,甲事后看到盗窃所得的摄像头远远超过第一次盗窃的数量时,并没有质疑,而是事后积极参与销赃、分赃。因此,甲对这两次的盗窃行为均承担刑事责任。

2. 甲和李某的行为构成生产、销售不符合安全标准的食品罪,二人属于共犯关系。

理由:(1)本案在认定上,关键需要认定和判断亚硝酸钠是否属于"有毒、有害的非食品原料"。如果属于,则可以成立生产、销售有毒、有害食品罪。

根据最高人民法院、最高人民检察院《关于办理危害食品安全刑事案件适用法律若干问题的解释》第9条的规定,下列物质应当认定为"有毒、有害的非食品原料":①因危害人体健康,被法律、法规禁止在食品生产经营活动中添加、使用的物质;②因危害人体健康,被国务院有关部门列入《食品中可能违法添加的非食用物质名单》、《保健食品中可能非法添加的物质名单》和国务院有关部门公告的禁用农药、《食品动物中禁止使用的药品及其他化合物清单》等名单上的物质;③其他有毒、有害的物质。

亚硝酸钠并不是上述①②中规定的物质,其本身仍属于食品添加剂,这在国家有关食品添加剂的标准中是明确的。所以二人不成立生产、销售有毒、有害食品罪。

(2)生产、销售不符合安全标准的食品罪,是指生产、销售不符合食品安全标准的食品,足以造成严重食物中毒事故或者其他严重食源性疾病的行为。

根据《关于办理危害食品安全刑事案件适用法律若干问题的解释》第1条的规定,生产、销售不符合食品安全标准的食品,具有下列情形之一的,应当认定为《刑法》第143条规定的"足以造成严重食物中毒事故或者其他严重食源性疾病":①含有严重超出标准限量的致病性微生物、农药残留、兽药残留、生物毒素、重金属等污染物质以及其他严重危害人体健康的物质的；②属于病死、死因不明或者检验检疫不合格的畜、禽、兽、水产动物肉类及其制品的；③属于国家为防控疾病等特殊需要明令禁止生产、销售的；④特殊医学用途配方食品、专供婴幼儿的主辅食品营养成分严重不符合食品安全标准的；⑤其他足以造成严重食物中毒事故或者严重食源性疾病的情形。

本案中，甲在生产、销售的食品中加入国家允许的食品添加剂，但是严重超出允许使用的范围、用量和残余量，而且造成食用者一人死亡、多人中毒住院治疗的严重后果，其行为符合生产、销售不符合安全标准的食品罪的犯罪构成，也满足上述司法解释中的内容。同时，调味品销售者李某在明知甲生产、销售不符合安全标准的食品的情况下，仍然向其推荐和提供亚硝酸钠，可以按照生产、销售不符合安全标准的食品罪的共犯定罪处罚。

3. 乙、丙的行为成立非法经营罪。

(1) 乙、丙二人非法生产、销售摩托车的行为违反了国家规定。我国对摩托车的生产实行生产准入制度，个人和企业必须获得国家行政主管部门的许可才能从事摩托车的生产活动。乙、丙的豪门公司本身无摩托车生产资质，其通过与其他企业签订挂靠合同的方式异地生产摩托车的行为没有获得行政主管部门的批准，且其挂靠行为也不能使其获得生产摩托车的合法资质。

(2) 乙、丙的豪门公司生产、销售数量和金额巨大，且违法生产摩托车的行为对公共安全造成了很大的隐患。在销售的过程中，乙、丙伪造合格证，以摩托车冒充燃油助力车，规避国家对机动车和非机动车的分类管理，使本应该上牌、取得驾照方能上路行驶的摩托车轻松取得上路资格；这样不仅破坏了交通秩序，更增加了交通事故隐患，严重危及公共安全。

(3) 以燃油助力车为幌子销售摩托车，对消费者而言是很有吸引力的，这种行为严重扰乱正常的摩托车和助力车生产、销售的市场秩序。

综上所述，乙、丙可成立非法经营罪。

4. 不构成立功和自首，仅构成坦白。

(1) 不构成立功的理由：归案后，甲揭发本人与他人共同盗窃中他人超出犯意致人死亡的行为，应纳入"揭发检举"类型的立功加以探讨分析。"揭发检举"类型的立功大致分为两种：①犯罪分子到案后揭发案外人的犯罪行为；②犯罪分子到案后揭发同案犯共同犯罪以外的其他犯罪行为。显然，本案中对甲的行为需要探讨是否满足上述②的情况，进而判断其是否属于立功表现。

一般而言，对于②中的"共同犯罪以外的其他犯罪"的界定，只要坚持一点即可，即检举人是否参与。参与的话不属于其他犯罪，没有参与的话则属于其他犯罪。

共同犯罪事实不仅仅指共同犯罪人共同实施的犯罪行为，也应包括共同犯罪人所实施的实行过限的行为。因为实行过限的行为并不是完全游离于共同犯罪之外的完全独立的行为，其与共同犯罪行为之间存在紧密的事实关系。本案中，如果没有甲等人的共同盗窃行为就没有张某实行过限的杀人行为。所以该过限行为仍属于应当供述的与共同犯罪具有密切联系的事实，不属于其他犯罪事实。所以甲的行为不能认定为立功表现。

(2) 不构成自首的理由：根据《刑法》第 67 条第 2 款的规定，"被采取强制措施的犯罪嫌疑人、被告人和正在服刑的罪犯，如实供述司法机关还未掌握的本人其他罪行的，以自首论"。最高人民法院《关于处理自首和立功具体应用法律若干问题的解释》第 2 条规定："根据刑法第六十七条第二款的规定，被采取强制措施的犯罪嫌疑人、被告人和已宣判的罪犯，如实供述司法机关尚未掌握的罪行，与司法机关已掌握的或者判决确定的罪行属不同种罪行的，以自首论。"

本案中，甲交代的犯罪事实属于司法机关还未掌握的犯罪事实，但是其交代的是盗窃事实，与被采取强制措施的犯罪事实(同样是盗窃罪)不属于异种罪行，仍属于同种罪行，所以不符合自首的要求，不成立自首。

甲的行为属于被动归案后交代司法机关还未掌握的同种罪行，可以按照坦白加以认定。

3 CASE | 参考答案 |

1. 甲的刑事责任：

(1)甲为了索取债务而拘禁债务人乙的孩子，构成非法拘禁罪。《刑法》第238条第3款规定："为索取债务非法扣押、拘禁他人的，依照前两款的规定处罚。"其中，"他人"包括与债务人有共同财产关系、抚养关系、扶养关系的第三人。

乙的孩子属于"他人"的范畴，因此，甲成立非法拘禁罪。

(2)甲还构成贩卖毒品罪的教唆犯。甲怂恿乙贩卖毒品赚钱用于还债，具有唆使他人贩卖毒品的教唆行为和主观故意，根据主客观相一致原则，甲成立贩卖毒品罪的教唆犯。

(3)对甲按照非法拘禁罪和贩卖毒品罪的教唆犯进行数罪并罚。

2. 乙的刑事责任：

(1)第一段事实中，乙按照甲的教唆去实施贩卖毒品的行为，成立贩卖毒品罪。

(2)第二段事实中，乙的行为构成抢劫罪。

转化抢劫要求具备三个条件：第一，之前的行为构成盗窃、抢夺、诈骗。第二，主观上是为了窝藏赃物、抗拒抓捕、毁灭罪证。第三，当场实施了足以压制反抗的暴力或者以暴力相威胁。乙之前利用车主不备开走汽车的行为可以评价为盗窃行为，其主观上也是为了抗拒抓捕，并拿出砍刀以暴力相威胁。问题重点在于10公里外属不属于"当场"。

"当场"是指在犯盗窃、抢夺、诈骗罪的现场，或者刚一离开现场就被人及时发觉而立即追捕的过程，也可以被视为现场的延伸。本案车辆被盗后，车主追赶并用全球卫星定位系统定位，证明追捕行为一直处于持续状态中，所以乙在10公里之外被找到也属于"当场"。因此，可以认定乙构成转化抢劫。

(3)第四段事实中，乙、丙二人的行为构成盗窃罪，属于共犯。

根据《刑法》第287条的规定，凡是利用计算机实施金融诈骗、盗窃、贪污、挪用公款、窃取国家秘密或者其他犯罪的，应当直接认定成立相关犯罪，而不再认定为相关计算机犯罪。虽然乙的行为符合破坏计算机信息系统罪，但是乙的行为属于盗取景区门票债权利益的行为，构成盗窃罪。因此根据上述法条的规定，乙直接成立盗窃罪即可。

(4)第五段事实中，乙的行为成立以危险方法危害公共安全罪。

乙为求自杀而置公共安全于不顾，其明知这种释放天然气自杀的方式对整个单元房的其他无辜群众和财产是一种极大的安全隐患，一旦爆炸，势必造成多人死亡、重伤以及重大的财产损失，仍然对此放任不管，最终导致3人死亡、2人重伤以及部分楼层坍塌的重大损失。根据同类解释原则，这种行为与放火、爆炸等行为的危险性相当，足以危害公共安全，故乙成立以危险方法危害公共安全罪。

(5)对乙按照上述成立的犯罪进行数罪并罚。

3. 丙的刑事责任：

(1)第三段事实中，丙走私贵重金属入境，成立走私普通货物、物品罪。

走私贵重金属罪的成立，要求将境内的贵重金属走私至境外，反之由境外走私至境内的，只成立走私普通货物、物品罪。

(2)第四段事实中，乙、丙二人的行为构成盗窃罪，属于共犯。理由同上，不再赘述。

(3)对丙按照上述成立的犯罪进行数罪并罚。

4 CASE | 参考答案 |

1. 赵某的行为不构成掩饰、隐瞒犯罪所得罪。理由如下：

根据最高人民法院《关于审理掩饰、隐瞒犯罪所得、犯罪所得收益刑事案件适用法律若干问题的解释》第10条第1款的规定，"犯罪所得"是指通过犯罪直接得到的赃款、赃物。本案中，假冒"苏烟"并非犯罪所得，而是货主生产、销售伪劣产品犯罪的犯罪对象。只有假冒"苏烟"销售成功后所得货款才是生产、销售伪劣产品犯罪的犯罪所得。因此，赵某的行为不构成掩饰、隐瞒犯罪所得罪。

2. 赵某的行为构成诈骗罪。理由如下：

(1) 从本案的案情来看，应当将乙认定为摩托车的代为保管者。车主丙和甲、乙二人为三班轮倒的工友，相互认识，关系密切。丙不在的这段时间，将摩托车放在锅炉房门前，甲、乙二人全部知情。在赵某多次提出要骑走摩托车的时候，甲多次加以拒绝，而且甲、乙交班之时，甲将摩托车推进锅炉房。这一系列行为都显示出甲、乙对丙的摩托车是代为保管的关系，即使没有丙的正式委托，轮流值班的甲、乙在值班时同样对该摩托车有事实上的处分权。

(2) 乙是本案的受骗者。当乙来接班时，赵某通过伪装和甲熟悉以及声称自己是车主丙的弟弟等手段，取得乙的完全信任，使乙默认其将摩托车骑走。该行为不是乘人不备的秘密窃取，而是当着摩托车保管者的面采用欺骗的方式把车骗走，最终造成车主丙的财产损失。这完全符合三角诈骗的特征。

所以，赵某构成三角诈骗类型的诈骗罪。

3. 赵某的行为不构成强迫卖淫罪。理由如下：

强迫卖淫的核心在于违背被害人意志，迫使其向他人提供相关性服务。但本案中，赵某乔装成嫖客来接受这种性服务，其行为本质就是通过胁迫、欺骗手段使妇女不敢反抗进而与其发生性关系的强奸行为。所以赵某应成立强奸罪。

4. 赵某的行为构成交通肇事罪。理由如下：

(1) 危险驾驶罪要求不能出现重大交通事故。本案中，赵某撞死一名行人，显然不属于危险驾驶罪的探讨范畴，即使符合本罪的犯罪构成，也会因为与其他两罪构成竞合关系而被排除。

(2) 本案成立交通肇事罪还是以危险方法危害公共安全罪的关键，在于确定赵某行为时的主观心态是故意还是过失。本案中，赵某平时习惯开快车，车技十分了得，而且在本案中一直遵守交通信号指示灯指令，遇红灯能停车，只是因为没有注意观察前方路面情况而撞上人行道的被害人。而且发现撞人后，赵某立即踩刹车并下车查看被害人伤势情况，随即拨打急救电话并报警，留在现场等候处理。通过上述情形可以看出，赵某属于过于自信的过失心态，不属于放任的故意心态。

综上所述，赵某成立交通肇事罪。

5. 关于事实五的分析。

(1) 违规收取的"点招费"属于公共财产的范畴。理由如下：

首先，贪污罪保护的法益包括财产法益，即公共财物。

其次，如今理论界的主流观点认为：财产犯罪的保护法益除合法的所有权外，还包括对财物平稳的占有事实。例如，李四对张三盗窃的赃物秘密窃取，李四同样可以构成盗窃罪，即禁止"黑吃黑"的行为。因此无论是合法所得的财物，还是像"点招费"这种违法所得的财物，只要国家对其存在平稳占有的事实，那么这种事实就应受到法律的保护，其他人包括国家的内部工作人员无权侵犯。

综上所述，"点招费"同样属于公共财产的范畴。

(2)李某和孟某的行为构成贪污罪。贪污罪的犯罪构成由四部分组成,如下所示。

项目	内　容
主体身份	国家工作人员
主观目的	非法占有
行为方式	利用职务上的便利(主管、管理、经营、经手的权力和便利条件),侵吞、窃取、骗取或者以其他手段
财物性质	公共财物(不包括个人私有财物)

①李某和孟某为公立高校领导,同时负责高校的招生工作,属于履行公务的行为,因此可以认定为国家工作人员。

②二人将上述“点招费”交给李某的表弟用于赔偿和私藏孟某家中,很明显具有非法占有的目的。

③李某负责招生领导小组的工作,学生处处长孟某具体负责收取和保管“点招费”,二人的行为均属于利用职务便利的范畴。

④根据对前面问题的作答,“点招费”属于公共财产的范畴。

综上所述,李某和孟某的行为完全符合贪污罪的犯罪构成,二人构成贪污罪。

5 CASE | **参考答案** |

1. 郑某的刑事责任:

(1)郑某入户盗窃钥匙并将户外的摩托车盗走的行为成立盗窃罪,而且与李某成立盗窃罪的共犯。郑某的行为属于入户盗窃,虽然犯罪数额达不到“数额较大”的标准,但是入户类型的盗窃不要求犯罪数额即可成立盗窃罪。

理由:郑某入户盗窃钥匙的目的是盗窃“户”外的摩托车,两者系一个行为的两个阶段。车钥匙作为控制和使用摩托车的载体,入户盗窃车钥匙的行为在整个盗窃行为中起决定性作用。故郑某的整体行为属于入户盗窃,成立盗窃罪,在户外窃取的摩托车的价值应计入入户盗窃数额。

(2)郑某骑车将乙撞倒并最终致乙死亡的行为构成交通肇事罪(且属于逃逸情形)。

理由:郑某无证驾驶摩托车并载人,发生交通事故,致使行人乙被撞倒并因颅脑损伤死亡。郑某负事故全部责任,构成交通肇事罪。

交通肇事逃逸是指肇事后为了逃避法律责任的追究而逃跑的行为。其中,“逃逸”没有严格的时间和场所限制,即使郑某昏迷后被动离开,但是其苏醒后有条件报警却不为之,也应当被评价为“为了逃避法律责任的追究而逃跑的行为”。

(3)对郑某应按照上述构成的犯罪进行数罪并罚。

2. 李某的刑事责任:

(1)李某也成立入户类型的盗窃罪,与郑某成立共犯。理由同上,不再赘述。

(2)李某将乙拽入路边沟中且不接医护人员电话的行为成立故意杀人罪。

理由:最高人民法院《关于审理交通肇事刑事案件具体应用法律若干问题的解释》第5条第2款规定:“交通肇事后,单位主管人员、机动车辆所有人、承包人或者乘车人指使肇事人逃逸,致使被害人因得不到救助而死亡的,以交通肇事罪的共犯论处。”第6条规定:“行为人在交通肇事后为逃避法律追究,将被害人带离事故现场后隐藏或者遗弃,致使被害人无法得到救助而死亡或者严重残疾的,应当分别依照刑法第二百三十二条、第二百三十四条第二款的规定,以故意杀人罪或者故意伤害罪定罪处罚。”

首先,李某属于乘车人,根据举轻以明重的原理,既然指使逃逸的行为都可以被认定为交通肇事罪,那么比指使逃逸性质更严重的搭载肇事者逃逸的行为更应当成立交通肇事罪。

其次,虽然本案中乙死亡的原因主要是交通事故,乙即使得到救助也可能死亡,但是乙得到救助而存活的概率并不是绝对没有。李某在明知乙还没完全死亡的情况下将其拽入沟中,从而使其完全丧失被抢救的可能,其行为属于“致使被害人因得不到救助而死亡”。

最后,根据上述解释第6条的规定,李某转化为故意杀人罪。

(3)李某劫持人质的行为仅仅构成非法拘禁罪而非绑架罪。

理由:根据原因自由行为理论,行为人吸毒导致精神失常而丧失辨认控制能力的,仍需对自己之后的行为负刑事责任。

绑架罪的主观目的是“勒索财物”或者“以人质安全为挟,谋取财物之外的利益”。本案中,李某劫持人质是想摆脱警察的抓捕,这只是其吸毒产生精神障碍后的假想,其被警察追捕的状态是不真实、非客观存在的。由此引起的“躲避警察追捕”等所谓犯罪目的并不具有客观真实性,即李某客观事实上并不具备绑架丙作为人质以满足其不法要求的目的,故排除绑架罪的成立。

虽然李某不具有上述绑架罪的目的,但是李某的行为至少符合非法拘禁罪的主观目的和客观行为,因此将其认定为非法拘禁罪。

(4)李某构成特殊自首。因为李某在被刑事拘留的过程中交代了其伙同郑某盗窃他人摩托车以及撞死行人的事实,这些都属于公安机关尚未掌握的其他犯罪事实。

但是李某不构成协助抓捕的立功行为。根据司法解释的规定,提供犯罪前、犯罪中掌握、使用的同案犯联络方式、藏匿地址,司法机关据此抓捕同案犯的,不属于立功。郑某的藏匿地址属于李某在犯罪中掌握的同案犯藏匿地址。

(5)对李某应按照上述构成的犯罪进行数罪并罚。

6 CASE | 参考答案 |

1.第一,甲的行为属于恶意透支类型的信用卡诈骗罪。理由如下:

(1)恶意透支是指持卡人以非法占有为目的,超过规定限额或者规定期限透支,并且经发卡银行催收后仍不归还的行为。根据司法解释的规定,持卡人以非法占有为目的,超过规定限额或者规定期限透支,并且经发卡银行两次有效催收后超过3个月仍不归还的,才属于恶意透支。本案中,甲通过信用卡进行高消费,发卡银行对其进行多次催收,其仍不归还,满足恶意透支的客观要件。

(2)甲主观上具有非法占有的目的。首先,甲在失去固定来源的情况下伪造收入来源办卡。其次,在发卡银行催收的情况下,甲通过搬家和改变联系电话的方式逃避催收。根据司法解释的规定,根据上述行为均可认定甲具有非法占有的目的。

综上所述,甲属于恶意透支类型的信用卡诈骗罪。

第二,“好享贷”的数额部分同样应认定为信用卡诈骗罪的数额,不能将其认定为贷款诈骗或普通的民间借贷关系。“好享贷”和普通贷款业务是存在区别的,理由如下。

(1)标的不同。贷款业务是给消费者特定欠款,而“好享贷”是给消费者特定额度。

(2)权利归属不同。贷款业务转移的是货币所有权,而“好享贷”只是给予一定的额度,即一定的权限。

(3)审批程序不同。贷款业务审批程序严格,而“好享贷”审查征信,程序简单。

(4)是否支付利息不同。贷款业务收取利息而“好享贷”不收取利息,只存在分期手续费。

综上所述,可以论证得出“好享贷”的数额部分也属于信用卡恶意透支的数额,不能将其认定为贷款诈骗罪或普通借贷款息。

2. 甲的“花呗”套现行为构成盗窃罪。理由如下。

(1)首先要了解什么是“花呗”。“花呗”是蚂蚁金服推出的一款消费信贷产品,用户申请开通后,将获得一定的消费额度。用户在消费时,可以预支“花呗”的额度,享受“先消费、后付款”的购物体验。其体验的过程类似于信用卡的透支功能,都是为了鼓励消费。

(2)但是“花呗”并不具有信用卡的含义。因为根据立法解释的规定,信用卡是指由商业银行或者其他金融机构发行的具有消费支付、信用贷款、转账结算、存取现金等全部功能或者部分功能的电子支付卡。支付宝公司不属于金融机构,“花呗”也不是电子支付卡片,所以二者不能完全等同。

(3)其实“花呗”就是支付宝公司对信用好的用户的一种借款消费服务。所谓一定程度的透支额,无非就是支付宝公司借给用户的钱。行为人将他人“花呗”的额度加以消费使用,无异于行为人将支付宝公司借给他人的钱偷出来使用掉,该行为就是盗窃罪。不成立信用卡诈骗罪还有一个主要的理由,就是甲的行为没有侵犯金融领域的法益,即信用卡的管理秩序。如果是通过不法方式获得他人信用卡信息资料,再通过支付宝绑定信用卡,进而转移其中的财物,则可以成立信用卡诈骗罪。

3. 甲、乙二人的行为属于在绑架过程中又当场实施抢劫行为,同时触犯绑架罪和抢劫罪,应择一重罪定罪处罚。本案综合来看,二人成立绑架罪既遂。理由如下:

(1)甲、乙二人主观上以勒索财物为目的,且客观上实施了绑架他人作为人质的行为,符合绑架罪的犯罪构成。虽然在这个过程中,二人索要财物的行为有一定的隐晦性,但不影响绑架罪的成立。

(2)甲、乙二人在绑架过程中对王某实施抢劫行为,触犯抢劫罪的犯罪构成。

(3)但是本案认定时不能将绑架罪和抢劫罪并罚。依据是最高人民法院印发的《关于审理抢劫、抢夺刑事案件适用法律若干问题的意见》第9条,其指出:“绑架过程中又当场劫取被害人随身携带财物的,同时触犯绑架罪和抢劫罪两罪名,应择一重罪定罪处罚。”结合本案具体情况,绑架罪不属于情节较轻的情况,相较于抢劫罪量刑更重,所以认定为绑架罪更合适。

(4)绑架罪的既遂以控制人质为标准,不要求实际获取财物。

综上所述,甲、乙成立绑架罪既遂。

4. 甲的行为构成交通肇事罪。理由如下。

(1)交通肇事罪是过失犯罪,以危险方法危害公共安全罪是故意犯罪。如何区分行为人是过失还是故意,关键的因素包括:①事故是否属于一次撞击;②行为人是否采取紧急制动措施;③行为人是否在繁华人多路段高速或高速逆向行驶。

(2)本案中,甲存在醉驾、超速、无证驾驶等多个违章行为,重大伤亡结果是一次性撞击导致,故认定为过失心态更为适宜。

(3)发生交通事故后,常人的反应应是采取紧急制动措施,使车辆尽快停下。本案中,甲在发生事故后是有采取紧急制动措施的,可以反映出行为人对结果的反对心态。如果行为人的醉酒程度已经达到完全失去控制能力的程度,则说明其对发生的结果是一种无所谓的心态。

(4)根据同类解释原则,只有在繁华人多路段高速或高速逆向行驶的行为造成了和放火、爆炸等行为相当的对公共安全的具体危险,才有成立以危险方法危害公共安全罪的余地。本案的发生时间为凌晨1时多,正常来讲当时路上车辆和行人较少,只是相对巧合地出现多人集中在一起,不能因此就认定甲的行为对公共安全产生了极大的危险。

综上所述,甲的行为成立交通肇事罪。

5. 乙向医生陈述犯罪事实，且明知医生报警而没有逃跑，接受公安人员询问，最终承认犯罪事实的行为，可以认定为“视为自动投案”的自首表现。理由如下。

(1)根据司法解释的规定，“犯罪嫌疑人向其所在单位、城乡基层组织或者其他有关负责人员投案的”，应视为自动投案。其中，“其他有关负责人员”在司法解释中并没有明确其外延范围，在此需要做较为宽泛的理解，既包括担任一定职务的人，也包括普通的社会群体。犯罪嫌疑人只要具有表明其交代犯罪事实的本质意愿即可，不能过分缩小“其他有关负责人员”的范围，否则不利于鼓励犯罪嫌疑人的自首表现。本案中，负责救治患者的医生属于相关负责人的范围，乙向其交代犯罪事实符合上述司法解释的要求。

(2)司法解释同样规定，“明知他人报案而在现场等待，抓捕时无拒捕行为，供认犯罪事实的”，应视为自动投案。本案中，乙完全符合上述内容。

(3)在警察一开始的询问过程中，乙虽然存在一定程度上的避重就轻问题，但是最终在警察的不断追问下交代了犯罪事实。而且综合全案来看，由于乙主动将被害人送往医院救治、向医生陈述犯罪事实、明知报警而不逃跑、向警方供述时也并不否认自己与被害人存在身体接触致其倒地的事实等，不能轻易认定乙避重就轻、否认犯罪事实而逃避制裁，仍应认定其自动投案且如实供述，属于自首表现。

7 CASE | 参考答案 |

1.《刑法》第382条第2款规定，受国家机关、国有公司、企业、事业单位、人民团体委托管理、经营国有财产的人员，利用职务上的便利，侵吞、窃取、骗取或者以其他手段非法占有国有财物的，以贪污论。这类人本不属于国家工作人员，但是该款将他们拟制为国家工作人员。因此，甲可以成为贪污罪的主体。

本案中，甲低抛买进的行为，属于侵吞国有资产的贪污行为，符合上述法律拟制内容，成立贪污罪。

2. 由于挪用公款罪要求行为人具备国家工作人员身份，而且没有与上述内容类似的法律拟制，故上述法条中规定的该类人员的挪用行为是不能构成挪用公款罪的。如果符合挪用资金罪的犯罪构成，则可以成立挪用资金罪。

甲挪用4万元进行赌博(非法活动)，挪用6万元为自己购买国债(营利活动)，虽然按照司法解释没有达到相关的数额要求，但是按照降格评价的思维，可以将4万元非法活动降格评价为营利活动，那么营利活动的数额就是10万元，满足司法解释的数额要求。因此，甲成立挪用资金罪。

3. 甲放火杀乙的行为符合故意杀人罪的犯罪构成，同时该行为严重危及不特定人的人身、财产安全，满足放火罪的犯罪构成。因此，甲属于故意杀人罪和放火罪的想象竞合犯，择一重罪处罚。

4. 甲的“作法”行为构成盗窃罪。

表面上此行为应属于诈骗，其实不然。诈骗的逻辑构成是被害人基于错误认识而在具有处分意思的情况下处分财物。本案中的老人貌似被骗，但这些老人将钱交给甲后还在甲的身边，此时老人仍然占有自己的钱，并没有进行真正意义上的处分。这些老人的钱没了是缘于“作法”过程中的调包行为，而这种调包行为的本质就是通过平和手段转移老人对财物的占有。故甲成立盗窃罪。

5. 甲免除电费并收取好处费的行为分别构成盗窃罪和非国家工作人员受贿罪。

本案中，甲和工厂厂长合谋，为了使工厂少交电费而将电表回拨。此时二人共同实施了隐瞒事实真相的欺骗行为，但是此时电力公司并没有受到欺骗(因为电力公司压根就不在场，不可能被骗)。有人说甲代表电力公司被骗，这种说法就大错特错了，因为甲从一开始就是实施欺骗行为的行为人,他和厂长是一伙的,根本就谈不上被骗,他在实施欺骗行为的时候也表明他此时不代表电力公司。退一步说,即使电力公司被骗了,电力公司也没有基于错误认识而处分财产。注意:甲此时根本就没有权利代表电力公司放弃相应债权,所以甲的放弃不等于电力公司的放弃,因此根本不可能成立诈骗罪。本题的实质其实是甲和厂长合谋,利用甲所拥有的职权而免除工厂的债务,相当于二人合谋盗窃电力公司的财产,所以二人属于盗窃罪的共犯。对于甲收受好处费2万元的行为,由于甲不具有国家工作人员的身份,所以成立非国家工作人员受贿罪。

请将本题与以下两个案例进行对比。

案例1:工厂老板一开始就让本厂的电工在电表上做了手脚,使电表转的速度很慢,1个月下来电表显示的数字比实际应该显示的数字少了1万度,工厂进而少交电费5000元。该案属于一开始就让电表转慢,该种行为属于在用电过程中偷电的行为,数额达到盗窃罪要求的话,成立盗窃罪。

案例2:工厂1个月的用电量在电表上已经显示为2万度,厂长为了少交电费,让本厂的电工将电表回调,显示用了1万度电,抄表员按照显示的数字少收费5000元。该案中回调电表的行为属于隐瞒事实真相的欺骗行为,这个时候抄表员代表电力公司被骗,从而放弃相应债权,当然也就符合诈骗罪的构成要件。

对于以上案例,考生一定要仔细分析和体会案情的本质,从而更好地判断构成何种罪名。

8 CASE | 参考答案 |

注意:本题为观点展示题,各事实为独立案例,无关联。

1. 观点一:先前的盗窃、诈骗、抢夺行为,必须在达到数额较大即构成犯罪的情况下才能转化为抢劫,否则不能转化。

上述观点是从罪刑法定主义原则出发,认为《刑法》明确表述为"犯盗窃、诈骗、抢夺罪",而不是"盗窃、诈骗、抢夺行为",故应当将"数额较大"作为成立盗窃、诈骗、抢夺罪的法定标准,这是罪刑法定主义原则的必然要求。但是此种观点存在以下问题:

(1)普通抢劫罪的成立并没有数额的限制,而转化型抢劫和普通抢劫本质上没有区别,只是在暴力、胁迫和取财的先后顺序上有差别。因此对二者在犯罪成立条件上进行区别是不合适的,这样会促使犯罪人选择以转化型方式去实施抢劫行为。可见,如果数额不大就不认定为转化型抢劫,会使转化型抢劫的规定形同虚设。

(2)在盗窃、诈骗、抢夺财物数额不大,行为人为了窝藏赃物、抗拒抓捕、毁灭罪证而当场实施伤害或者杀害行为的情况下,如果认为其不能转化为抢劫罪,而只能认定为故意伤害罪或者故意杀人罪,将不能同时反映行为既侵犯了人身权利又侵犯了财产权利的犯罪性质,也会造成量刑上的重大偏差。例如,行为人将他人打成重伤,若转化为抢劫罪,则属于抢劫致人重伤的结果加重犯,量刑幅度为10年以上有期徒刑、无期徒刑或者死刑;而故意伤害致人重伤的量刑幅度为3年以上10年以下有期徒刑。

观点二:先前的盗窃、诈骗、抢夺行为既不要求数额较大,也不要求构成犯罪,即不论财物数额大小均可转化。

对转化的前提条件不应有"数额较大"的限制,只要行为人具有犯盗窃罪、诈骗罪、抢夺罪的故意和行为,就存在转化的可能。这样做就可以避免上述第一种观点的各种不足、不合理之处。

观点三:不应以"数额较大"为转化的限定条件,有时虽然财物的数额不是较大,但是暴力行为严重,甚至造成严重后果,此时应认为具备转化的条件。

主张先行的盗窃等行为不必达到数额较大的观点基本上是正确的,但是这种观点又主张先前盗窃等的数额不能太小,否则就依后行为的暴力定故意伤害罪或者故意杀人罪。这种主张值得商榷,因为这样会导致标准不统一,不利于司法实践。

综上所述,观点二更合理。

2. 第一种定性可能:成立赌博罪。理由是:根据最高人民法院《关于对设置圈套诱骗他人参赌又向索还钱财的受骗者施以暴力或暴力威胁的行为应如何定罪问题的批复》的精神,本案被告人以营利为目的,设置圈套诱骗他人参赌,纠集多人进行赌博,属于《刑法》规定的聚众赌博行为。在赌博中使用欺诈手段是赌博罪的特点,打假牌仅是被告人在赌博过程中采用的一种手段行为,仍然是服务于赌博行为的,所以成立赌博罪更为适宜。

第二种定性可能:成立诈骗罪。理由是:赌博是用财物作注比输赢,这种输赢是存在偶然性的,对当事人来说是具有不确定性的。如果一方当事人对胜败结果了然于胸,那么就不能称其为赌博。本案中各被告人从赌博之初就在主观上具有明确的非法占有他人财物的目的,并客观上实施了诱使他人参与假赌博以骗取钱财的行为。此时的输赢结果已属必然,行为人事实上是以赌博之名行诈骗之实,完全符合诈骗罪的犯罪构成要件。

3. 第一种定性可能:成立盗窃罪。理由是:

(1) 盗窃罪中的非法占有目的,是指非法控制他人财物的目的。对于基于毁坏目的而非法占有他人财物的行为,应认定为具有非法占有目的。所以要区分两种情况.基于毁坏目的直接毁坏他人财物的,属于不具有非法占有目的,成立故意毁坏财物罪;基于毁坏目的而非法占有(窃取)他人财物的,无论事后是破坏、隐匿还是利用,都构成盗窃罪。

(2) 基于毁坏目的盗窃他人财物后予以毁坏,属于手段行为与目的行为的牵连犯。手段行为是窃取他人财物,构成盗窃罪;目的行为是毁坏财物,构成故意毁坏财物罪。由于盗窃罪更重,故成立盗窃罪。

(3) 本案中,李某秘密地将车主摩托车车锁锯开,推回自己工作的加工部,不仅使该车脱离了车主的占有和控制,而且自己控制了该车,其行为符合盗窃罪的构成要件,且属于盗窃既遂。至于其之后又将摩托车毁坏的行为,则属于不可罚的事后行为。

第二种定性可能:成立故意毁坏财物罪。理由是:行为人李某秘密将他人摩托车推回自己工作的加工部,该行为虽然排除了权利人对自己财物的支配,但是李某并没有遵从摩托车的用途和可能的用途加以使用(后面将车弃于楼群中也证明了此点),而仅仅是用铁锤将车的部分部位和零件砸坏,减少和降低了摩托车的使用价值。因此不能基于非法转移财物占有的行为就认定其具有非法占有的目的。第一种定性可能对非法占有目的的认定坚持的是"意图控制说",该说认为,只要行为人占有和控制了财物,就可以认定行为人具有非法占有的目的。这样的话,故意毁坏财物罪就仅限于没有转移占有的场合,过于缩小了故意毁坏财物罪的犯罪成立范围。

4. 该案例在理论上被称为偶然防卫。偶然防卫的案例中,偶然防卫者没有防卫认识和防卫意思。对于偶然防卫能否成立正当防卫,存在下述三种理论观点。

观点一:偶然防卫成立正当防卫。理由是:违法的本质是法益侵害,偶然防卫保护了优越法益,因而阻却违法性。行为是否侵害法益是一种客观事实;故意、过失是责任要素,而不是违法要素。与之相应,所谓的防卫意思也不是影响违法性的要素。因此,成立正当防卫不以防卫人主观上具有防卫意思为前提,偶然防卫可成立正当防卫。

观点二:偶然防卫不成立正当防卫。理由是:我国《刑法》第20条第1款关于正当防卫的规定使用了"为了……免受正在进行的不法侵害"这种主观色彩浓厚的用语。如今理论界绝大多数学者坚持正当防卫的成立需要具备完整的防卫意思。本案中的偶然防卫者甲没有防卫意思,其行为恰好救了一个人的结果不能成为阻却违法的理由,所以甲不成立正当防卫。甲在当时具有杀人的故意和杀人的行为,且将其想杀的人杀死,应构成故意杀人罪既遂。

观点三:偶然防卫不成立正当防卫。该观点同样认为偶然防卫的成立需要具有防卫意思,所以甲不成立正当防卫。甲有杀人故意和杀人的行为,根据主客观相一致的定罪原则,甲成立故意杀人罪。但是本案具有复杂性和重合性,因为本案不是仅存在一个案情,而是两个案情的交织,即甲杀乙,同时乙在杀丙。对于这样一个具有复杂性、重合性的案例,就不得不考虑综合性的对比结果了。观点二中只看到了甲杀死了乙,就认定甲成立故意杀人罪既遂,这有点属于孤立、片面地看待问题。不能否认的整体结果是,甲把乙杀了,但是却救了更加无辜的丙。所以前后整体比较就会发现,甲属于坏的行为造成一个相对好的结果。那么在案件的认定过程中就需要两个层面的肯定:既需要肯定甲的坏行为(构成故意杀人罪),又需要肯定甲造成好的结果,即救了丙。好结果的出现意味着坏结果的消亡。所以最后整理得出的结论就是,坏的行为并没有让坏的结果出现,本案成立故意杀人罪未遂。

5. 第一种定性可能:构成招摇撞骗罪与诈骗罪的想象竞合犯。理由是:李某等人冒充警察,使卖淫嫖娼者信以为真,害怕被抓和被家人知道,从而交了罚款。李某等人的行为侵犯了国家机关的正常管理活动,损害了国家机关的威信,符合招摇撞骗罪的犯罪构成。同时,三人的行为也是一种欺骗行为,使得被害人因被欺骗而交付财物,符合诈骗罪的犯罪构成。一行为同时符合两罪的犯罪构成,属于想象竞合犯,择一重罪处罚。

第二种定性可能:成立敲诈勒索罪。理由是:李某等人冒充警察是想通过恐吓的方式让卖淫嫖娼者害怕自己的行为被家属知道,害怕自己被拘留,进而交付财物。李某等人的行为中虽然有一定的欺骗成分,但是主要是勒索恐吓,而且被害人也主要是因为害怕而交钱,所以成立敲诈勒索罪更合适。

第三种定性可能:成立抢劫罪。理由是:李某等人对嫖客实施了殴打行为,随后逼迫其交罚款。殴打行为属于抢劫罪的暴力行为,与取得财物之间具有因果关系,因此李某等人成立抢劫罪。

9 CASE | 参考答案 |

1. 第一,张某权、张某普对强奸罪属于犯意表示,不构成强奸罪。因为,张某权、张某普提出如果遇到漂亮女性,就先抢劫后强奸,后续对于强奸并没有做好准备工作,故不构成强奸罪。第二,张某权、张某普构成抢劫罪的犯罪预备形态。张某权、张某普意欲对单身女性实施抢劫,并准备了工具,进入预备阶段。由于寻找作案目标未果,属于犯罪预备。因此对两人的抢劫犯罪预备行为,可以比照既遂犯从轻、减轻处罚或者免除处罚。

2. 张某普构成抢劫罪预备阶段的中止。本案中,张某普在抢劫的预备阶段,担心立即实施抢劫可能被人发觉,遂放弃,属于在预备阶段自动放弃犯罪的行为,成立抢劫罪预备阶段的犯罪中止。由于没有造成损害结果,应当免除处罚。

3. 张某普构成强奸罪的犯罪中止。本案中,张某普对刘某的强奸行为已经着手,但是担心对方是校友认识自己会举报而放弃强奸行为,是在实行阶段自动放弃,属于犯罪中止。由于没有造成损害结果,应当免除处罚。

4. 张某普构成强奸罪(既遂)和故意杀人罪(犯罪中止)。本案中,张某普从窗户进入室内,从室内拿了一根绳子将陈某捆绑实施了奸淫,构成强奸罪的犯罪既遂。后因害怕陈某报警,便用手掐其颈部,意图灭口,构成故意杀人罪;但是,其最后不忍心自我主动放弃,是犯罪中止。同时,行为人故意杀人的中止行为造成被害人轻微伤,不属于刑法意义上的损害,所以对张某普的故意杀人罪应当免除处罚。

5. 张某普意图杀害刘某的行为构成故意杀人罪,但系犯罪未遂。《刑法》第23条规定:"已经着手实行犯罪,由于犯罪分子意志以外的原因而未得逞的,是犯罪未遂。对于未遂犯,可以比照既遂犯从轻或者减轻处罚。"张某普将含有毒剂的弓弩瞄准他人,已经着手实施了犯罪,但是发现所瞄准的对象并非所欲杀之人;这是一种意志以外的原因,任何一个理性的犯罪人在此情况下都不会继续行凶,所以行为人成立犯罪未遂,可以比照既遂犯从轻或者减轻处罚。

10 CASE | **参考答案** |

1. 甲的刑事责任

(1)甲利用系统漏洞转账300余万元的行为成立盗窃罪,而非贪污罪。理由如下:

①贪污罪的成立条件有四:一是行为人具有国家工作人员的身份;二是行为人具有非法占有的目的;三是行为人利用了职务上的便利;四是侵犯的是公共财物。本案中,甲是国有银行支行的业务部主任,满足条件一;甲将这笔国有银行的钱转至自己账户并进行挥霍,说明其具有非法占有的目的,满足条件二;相关财产也是国有银行的,满足条件四。所以本案分析的核心就是判断甲的行为是否属于利用职务上的便利。

②所谓"利用职务上的便利",是指利用职务上主管、管理、经营、经手公共财物的权力及方便条件。只有当国家工作人员现实地对公共财物享有支配权、决定权或对具体支配财物的人员处于领导、指示、支配地位,进而利用职务便利时,才能认定为贪污罪。

本案中,甲是利用银行内部系统出现漏洞而秘密将银行的钱转到自己账户,该笔钱并不是基于甲的职务行为而主管、管理、经营、经手;其只是利用了作案环境属于工作环境而容易接近作案目标,以及利用自身银行工作人员的身份容易进入银行系统等与职务行为无关的便利条件将公共财物非法占有,所以谈不上利用职务便利。

综上所述,甲成立盗窃罪而非贪污罪。

(2)甲明知自己患有艾滋病仍不采取措施与乙发生性关系,并致乙感染艾滋病的行为成立故意伤害罪,且程度属于重伤。理由如下:

最高人民法院、最高人民检察院《关于办理组织、强迫、引诱、容留、介绍卖淫刑事案件适用法律若干问题的解释》第12条规定:"明知自己患有艾滋病或者感染艾滋病病毒而卖淫、嫖娼的,依照刑法第三百六十条的规定,以传播性病罪定罪,从重处罚。具有下列情形之一,致使他人感染艾滋病病毒的,认定为刑法第九十五条第三项'其他对于人身健康有重大伤害'所指的'重伤',依照刑法第二百三十四条第二款的规定,以故意伤害罪定罪处罚:(一)明知自己感染艾滋病病毒而卖淫、嫖娼的;(二)明知自己感染艾滋病病毒,故意不采取防范措施而与他人发生性关系的。"

本案中,甲属于上述情况,应按照故意伤害罪定罪处罚。

(3)应当对甲按照上述罪名进行数罪并罚,但由于甲最终死亡,所以无法再追究其刑事责任。

2. 张某、李某等人的刑事责任

张某、李某等人将甲拘禁长达3天,向其索要赔偿费并对其实施殴打致其死亡的行为,应成立故意杀人罪。理由如下:

(1)根据《刑法》第238条第3款的规定,为了索取债务而非法拘禁、扣押他人的,按照非法拘禁罪定罪处罚。而且,司法解释规定,"债务"的含义包括合法之债和非法之债。

(2)张某、李某等人将甲拘禁长达3天且向其索要赔偿费的行为成立非法拘禁罪而非绑架罪。

以索取债务为目的的非法拘禁罪和绑架罪的主要区别有:①前者是为了索取债务而拘禁他人,被害人与行为人有某种债权债务关系(合法或者非法),且被害人存在一定过错,行为人常表现出事出有因的样子;而绑架罪的行为人和被害人通常无特殊关系,索要财物往往属于无中生有。②前者主观恶性相对较低,主要是为了实现要回自己应得的财物的目的,而非凭空索取;而绑架罪的行为人多以无故索取他人财物为目的。

本案中，乙被甲故意传染上艾滋病，张某、李某等、乙的亲属向甲索要“赔偿费”属于事出有因，主观恶性相对较低，也并不是凭空捏造，应认定属于非法拘禁罪而非绑架罪。

(3)同时，根据《刑法》第238条第2款的规定，在非法拘禁的过程中，使用暴力致人死亡的，成立故意杀人罪，不实行数罪并罚。本案中，张某等人在之前的行为符合非法拘禁罪构成要件的前提下，实施故意伤害行为，不小心将甲殴打致死，对死亡结果属于过失心态，应拟制为故意杀人罪。

张某、李某等人并不是直接实施故意杀人行为(否则需要并罚)，不能单纯以结果来判断行为人行为的性质。案例中清楚表达了行为人给甲服药和找医生治疗的情节，这说明行为人并不希望甲死亡，不具有非法剥夺甲生命的故意，只能按照故意伤害行为认定。

综上所述，张某、李某等人构成：非法拘禁+故意伤害(属于拘禁之外多余的暴力)+过失致人死亡=拟制的故意杀人罪。

3.张小某的刑事责任

(1)张小某和父亲张某、母亲李某成立故意杀人罪的共犯。理由同上，不再赘述。

(2)张小某拾得被害人信用卡取现并将被害人打伤的行为，成立抢劫罪，与丙成立共同犯罪。理由如下：

①转化型抢劫要求具备三个条件：首先，之前的行为构成盗窃、抢夺、诈骗。其次，主观上是为了窝藏赃物、抗拒抓捕、毁灭罪证。最后，当场实施了足以压制反抗的暴力或者以暴力相威胁。

②其中对前提条件“犯盗窃、诈骗、抢夺罪”的理解，包括具有财产属性，与普通盗窃、诈骗、抢夺罪之间存在法条竞合关系的特殊盗窃、诈骗与抢夺罪。本案中，信用卡诈骗罪明显具有侵犯财产的属性，可以对张小某适用转化抢劫的规定。

综上所述，张小某拾得信用卡并使用(属于信用卡诈骗)，后为了抗拒抓捕，当场将被害人打伤，完全可转化为抢劫罪。

(3)张小某向警方提供同案犯丙可能的藏身之地，帮助警方顺利抓捕同案犯的行为，构成《刑法》规定的立功表现，可以从宽处罚。理由如下。

①根据司法解释的规定，犯罪分子提供司法机关尚未掌握的其他案件犯罪嫌疑人的联络方式、藏匿地址，使司法机关抓获其他犯罪嫌疑人的，属于“协助司法机关抓捕其他犯罪嫌疑人”。如果仅仅提供同案犯姓名、住址、体貌特征等基本情况，或者提供犯罪前、犯罪中掌握、使用的同案犯联络方式、藏匿地址，司法机关据此抓捕同案犯，不能认定为协助司法机关抓捕同案犯。

②上述内容表明，能否成立协助抓捕类型的立功，关键在于犯罪分子提供的信息是否能在公安机关的抓捕行动中起到实际帮助作用。

③本案中，在公安机关很难掌握丙的行踪且多次抓捕行动落空的情况下，张小某提供的信息对之后同案犯的抓捕十分重要，为公安机关的抓捕行动提供了实质帮助，应认定其属于立功表现，可以从宽处罚。

4.丙的刑事责任

丙和张小某将被害人打成轻伤的行为，成立故意伤害罪，不成立抢劫罪，但不影响二者之间成立共犯关系。理由如下。

(1)丙是出于情义帮张小某出头，张小某对之前的行为和丙只字未提，所以虽然丙的行为符合抢劫罪压制反抗的构成要件，但是其主观上没有抢劫的故意，不能按照抢劫罪认定。丙将被害人打成轻伤的行为成立故意伤害罪。

(2)不能否认丙和张小某之间存在意思联络，共同实施故意犯罪行为，二人成立共犯关系，只是每个人的罪名依据各自的犯罪构成要件不同而已。

11 CASE | 参考答案 |

1. 甲、乙通过实施足以压制反抗的暴力行为进而取得财物，构成抢劫罪。

甲、乙不存在加重法定刑情形。本案中，甲、乙不属于入户抢劫。入户抢劫的“户”有2个基本特征：一是供他人居住生活的居住性，二是与外界的相对隔离性。这个无人居住的待租房屋显然不具备居住性，不满足“户”的特征。因此，甲、乙二人不属于入户抢劫，不适用抢劫罪的加重法定刑。

2. 甲构成抢劫罪（转化抢劫）。因为甲之前的行为构成盗窃行为，之后为了抗拒抓捕而当场以实施足以压制反抗的暴力相威胁，所以成立抢劫罪。

甲不存在加重法定刑情形。本案中，甲不属于入户抢劫。入户抢劫认定的关键是看行为人是合法入户还是非法入户，以及入户的动机。如果是以侵害户内人员的人身、财产为目的而入户，即不仅限于以实施抢劫为目的而非法入户，如在户内实施抢劫，或者实施盗窃、诈骗等犯罪而转化为抢劫的入户，都应当认定为“入户抢劫”。

本案中，甲只有做客之意，因此属于合法入户。甲在户内临时起意实施抢劫的行为，仅仅构成基本的抢劫罪，而非加重的“入户抢劫”。

3. 乙不构成抢劫罪，应成立盗窃罪。乙入户窃取他人财物的行为符合盗窃罪的犯罪构成。乙不成立转化型抢劫，原因在于转化型抢劫的成立条件要求行为人实施足以压制反抗的暴力或者以暴力相威胁。本案中，乙一直没有主动出击，而是采取躲闪逃跑等行为。虽然乙和王某有一定的拉扯行为，但是该行为达不到足以压制反抗的暴力程度；王某脚部扭伤不能起身的结果也是其自己踹乙摔倒而致。因此，乙只成立盗窃罪，不成立抢劫罪。

4. 可以认定甲的行为成立自首。自首 = 自动投案 + 如实供述。本案中，认定甲确已准备去投案强调的不仅仅是甲的心理活动，更重要的是甲已经为投案实施了一定的准备活动，其客观行为已经能够清楚地反映其准备投案的主观心态。甲在亲属规劝下，准备和妻子告别后再去投案，有准备投案的客观行为。此行为系为投案解除后顾之忧、安排后续事宜，属于与投案相关的必要行为。甲酒醒后即如实供述犯罪事实，其投案意愿是明确、连续的。因此，甲的行为可认定为自首表现。

12 CASE | 参考答案 |

1. 关于事实一的分析

观点一：否认赃物的善意取得。

甲成立盗窃罪与诈骗罪，应数罪并罚。甲盗窃钢铁，成立盗窃罪。后甲谎称钢铁是自己的，使被害人戊购买。在否认赃物善意取得的前提下，戊是有损失的。因此甲还成立诈骗罪，应与盗窃罪实行数罪并罚。

乙成立掩饰、隐瞒犯罪所得罪，因为乙明知是赃物仍然销售。

丁成立掩饰、隐瞒犯罪所得罪，因为丁明知是赃物仍然购买。

戊无罪。戊没有犯罪故意，因此不成立犯罪。

观点二：承认赃物的善意取得。

甲成立盗窃罪一罪。虽然甲谎称钢铁是自己的，使被害人戊购买，但在承认赃物善意取得的前提下，戊是没有损失的。因此甲不成立诈骗罪，只成立盗窃罪一罪。

乙成立掩饰、隐瞒犯罪所得罪，因为乙明知是赃物仍然销售。

丁成立掩饰、隐瞒犯罪所得罪，因为丁明知是赃物仍然购买。

戊无罪。戊没有犯罪故意，因此不成立犯罪。

2. 关于事实二的分析

甲成立转化型抢劫。因为甲之前的行为构成盗窃罪,然后为了抗拒抓捕而当场使用暴力相威胁,从而转化为抢劫罪。

乙成立盗窃罪和故意伤害罪,数罪并罚。乙伤害黄某的行为不是为了窝藏赃物、抗拒抓捕或者毁灭罪证,仅仅是被黄某激怒后的报复行为,因此不转化为抢劫罪,而是构成故意伤害罪,与之前的盗窃罪数罪并罚。

丙构成盗窃罪,但是有立功表现,可以从轻、减轻处罚。丙没有实施转化抢劫的行为,所以只成立盗窃罪。之后,丙交代了司法机关还未掌握的甲、乙盗窃钢铁的犯罪行为,成立刑法上的立功,可以从轻、减轻处罚。

3. 关于事实三的分析

(1)在理论上被称为偶然防卫。

(2)关于偶然防卫,理论上的处理意见共计三种,分别如下。

观点一:成立正当防卫要求具有防卫意识,偶然防卫不成立正当防卫,可以成立故意犯罪。

丙没有防卫意识,只有杀人故意,所以构成故意杀人罪,并且属于既遂,因为丙将想杀的人杀死了。

观点二:成立正当防卫要求有防卫意识。丙没有防卫意识,所以构成故意杀人罪,但是属于未遂。因为行为对法益是否具有危险性,应站在行为时的角度考虑,用整体、联系、类型性的眼光看,而不能从事后、孤立的结果看。丙制造了好的结果(无辜的甲的生命更值得去保护),但是这种偶然性的好结果,并不能否定丙的行为在当时具有类型上的危险性。分开来看:丙坏的行为产生了好的结果,故需退一步,成立未遂。

观点三:成立正当防卫不要求有防卫意识,丙不构成故意杀人罪,并成立正当防卫。事后判断,最终好的结果掩盖了其坏的行为,丙的行为被正当化。

13 CASE | 参考答案 |

1. 甲构成受贿罪和滥用职权罪,应数罪并罚。乙构成行贿罪。

甲索取贿赂的行为成立受贿罪,受贿罪的犯罪数额为20万元。

根据《刑法》第397条的规定,国家机关工作人员滥用职权,致使公共财产、国家和人民利益遭受重大损失的,成立滥用职权罪。本案中,甲身为国家机关工作人员,明知企业不具有相关福利资格,相关材料也全部为伪造,仍然审查通过,属于滥用职权,并造成了国家税款700多万元的重大损失,属于情节特别严重,成立滥用职权罪。

甲的两个行为构成不同罪名,应数罪并罚。

乙虽属于被索要财物,但是获取了不正当利益,仍然成立行贿罪。

2. 乙构成敲诈勒索罪,属于未遂。

虽然甲的钱属于受贿所得(非法所得),但是这种非法占有的状态只有通过正常的司法程序才能改变,其他人对该笔财物不能偷、抢、骗、夺、诈,否则直接按照相关犯罪定罪。乙属于敲诈勒索该笔财物,因此构成敲诈勒索罪,只不过并没有获取财物,属于未遂形态。

3. 丙成立窝藏罪和抢劫罪,数罪并罚。

明知是犯罪的人而为其提供隐藏处所、财物,帮助其逃匿的行为,属于窝藏行为。丙虽然一开始并不知道甲是犯罪的人,但是知情后,仍然让甲继续在自己家中居住,此时就能认定其具有窝藏的故意,成立窝藏罪。

之后丙通过暗中下安眠药的方式让甲睡熟,并转移其皮箱中的2万元现金,属于麻醉式抢劫,成立抢劫罪。

4. 观点一：丁成立掩饰、隐瞒犯罪所得罪。丁明知是赃物仍然代为保管，具有掩饰、隐瞒犯罪所得罪的犯罪故意，而侵占行为也属于本罪的行为方式，所以只按照掩饰、隐瞒犯罪所得罪定罪即可。

观点二：丁成立侵占罪。合法持有他人财物是侵占罪成立的前提，这既说明了持有行为的法律性质，也说明了持有的对象范畴。丁代为保管的钱是赃物，虽然其所有人不是甲，但仍是他人的财物，丁和真正的财物主人之间仍旧是保管关系，所以丁可以成立侵占罪。

5. 甲的超载行为不成立刑事犯罪，仅对其行政处罚即可。

有人认为甲的行为属于严重超载，根据《刑法修正案（九）》的规定，应成立严重超载、超速类型的危险驾驶罪。但严重超载、超速类型的危险驾驶罪的成立前提，是校车或者营运客车，并不包括拉货的货车，所以甲不成立危险驾驶罪。

14 CASE | 参考答案 |

1. 甲、乙的行为成立诈骗罪。盗窃罪是完全违背被害人意志而转移被害人对财物的占有，诈骗罪则是基于被害人的错误认识而转移财物。因此，两罪的关键区别在于被害人对财物是否存在处分行为。按照基本的处分意识原则，被害人至少需要认识到所处分的财物的种类、名称等外观物理特征。简单来说就是被害人知道自己是在对什么东西进行处分即具有处分意识；在该意识支配下的行为为处分行为。本案中，行为人通过事前增加车身重量的方式，使被害人陷入对财物重量的错误认识，同时被害人知道自己处分的是碎布料，因此被害人具有处分行为，可以认定甲、乙二人成立的是诈骗罪。

2. 甲属于盗窃罪既遂。盗窃罪是财产犯罪，是结果犯。关于盗窃罪的既遂标准，通说为失控加控制说。根据通说的观点，在行为人为了实施盗窃而入户的情况下，只有行为人取得了被害人的财物，被害人失去对财物的控制时，才能认定为盗窃既遂。本案中，甲入户盗窃手机、现金等体积较小的财物，走出门后就已经取得对窃取的财物的控制，而被害人对其失去了控制。虽然甲在盗窃过程中一直被邻居监视，但是其他人在户外的监视不能等同于被害人对财物的控制，所以甲依旧成立盗窃罪既遂。

3. 丙的行为构成侮辱罪。理由如下。

(1) 因被害人死亡无法查清行为人是否实施捏造、虚构事实行为的，不成立诽谤罪。

(2) 丙实施的通过在网络平台上传截图、辱骂等方式要求“人肉搜索”的行为，使模糊、分散的线索在集中的过程中失控。社会舆论和评价使被害人无法正常生活、学习和工作，面临各种辱骂和质疑、批评，被害人的人格、名誉受到严重损害。因此，丙的行为可以认定为侮辱行为。

(3)“人肉搜索”的侮辱行为，导致被害人内心压力极大而自杀，具有刑法上的因果关系。

(4) 侮辱行为只有情节严重才能定罪，而被害人自杀属于侮辱罪中的情节严重类型。

综上所述，丙构成侮辱罪。

4. 本案属于社会热点问题，即“危险游戏”致人死亡该如何定罪。

(1) 本案中，甲、乙在游戏前，对其行为所面临的高度危险是明知的。虽然二人只有追求刺激和快感的本意，但是用皮带勒颈部具有高度危险性，是人所共知的常识。

(2) 游戏进行时，甲、乙对其行为的危险性也是明知的。丙在这个过程中挣扎和呼救，但是甲、乙仍继续进行，显然是对他人生命被剥夺的一种放任。

综上所述，甲、乙二人具有间接故意，成立故意杀人罪。

5. 乙之前的指认行为不能被认定为立功表现。根据最高人民法院《关于处理自首和立功具体应用法律若干问题的解释》第5条的规定，犯罪分子到案后有检举、揭发他人犯罪行为经查证属实的，应当认定为有立功表现。乙在作为证人指认期间，公安机关虽然有条件对其进行约束和控制，但那时并未发现其有犯罪嫌疑而且客观上没有对其采取强制措施，乙也没有任何投案的意思。因此，乙不属于“到案”的情形，不属于立功。

第二节 民 法

一、历年真题考点分析

年份	所涉考点		考查方向
2023	总则编	法人人格否认	财产混同
	物权编	抵押权	抵押权的预告登记
	合同编	保证合同的类型	一般保证与连带责任保证
		违约责任	不履行与迟延履行
		合同解除	通过诉讼解除合同
	婚姻家庭编	夫妻共同债务	生产经营型夫妻共同债务
2022	总则编	合同效力	债券回购协议的效力
	物权编	权利质权	应收账款债权质权
	合同编	债权人的撤销权	债权平等受偿原则
		公司对外担保	公司对外担保的决议程序
		保证合同	保证的类型与保证责任
		违约金	违约金的支付条件
2021	合同编	租赁合同	转租
			买卖不破租赁
			承租人的优先购买权
		保证合同	保函、公司对外担保的决议
	侵权责任编	侵权责任	物件致人损害(树木折断)的侵权责任
			侵权责任的赔偿范围(责任范围的因果关系)
2020	总则编	可撤销合同	合同是否存在可撤销事由
	物权编	动产抵押	动产浮动抵押的登记对抗
	合同编	债的保全中的撤销权	无偿转让财产是否影响债权的实现
		无权处分	无权处分时的合同效力与违约责任
		保证合同	担保人的追偿权
		合同相对性	财产混同情形的合同相对性
2019	总则编	法人人格否认	财产混同
	物权编	担保物权	有价证券权利质权的设立
	合同编	合同保全	代位权诉讼中各当事人的诉讼地位
			撤销权的构成要件
		合同履行	履行期届满前达成的以物抵债协议效力的认定
	婚姻家庭编	夫妻债务	共同债务与个人债务的认定

续表

年份	所涉考点		考查方向
2018	总则编	表见代理	构成要件
	合同编	合同解除	任意解除权(委托合同)
			法定解除权(根本违约)
		委托合同	效力认定(表见代表对委托合同效力的影响)
		民间借贷	名为买卖合同关系实为民间借贷合同关系的处理
		建设工程施工合同	法定优先受偿权

二、必考点解读与预测

考点一 民事法律行为的效力

(一)有效的民事法律行为

《民法典》总则编第143条规定,具备下列条件的民事法律行为有效:

1. 行为人具有相应的民事行为能力(客观);
2. 意思表示真实(主观);
3. 不违反法律、行政法规的强制性规定,不违背公序良俗。

(二)可撤销的民事法律行为

1. 重大误解。
2. 欺诈。
3. 胁迫。
4. 显失公平。

注意:(1)狭义的动机错误(内心起因)针对重大误解和欺诈的效果不同。前者不构成重大误解,但是后者构成欺诈。

(2)第三人胁迫和第三人欺诈后果不同。相对人不知情,不能撤销欺诈,但是能够撤销胁迫。

(三)效力待定的民事法律行为

1. 限制民事行为能力人依法不能独立实施的民事行为。
2. 狭义无权代理。
3. 相对人的催告权:权利人自收到通知之日起30日内进行追认,权利人沉默的,视为拒绝追认。
4. 善意相对人的撤销权:善意相对人有权在权利人追认之前,对效力待定的民事法律行为进行撤销。撤销以通知方式行使。

考点二 交付方式

项目		内容
现实交付(正常交易)		现实给付完成后,风险转移
观念交付	简易交付	买卖合同生效时完成交付,风险转移
	占有改定	继续占有,约定生效时完成交付,风险转移
	指示交付	通知到达第三人时完成交付,风险转移
	拟制交付	交付标的物的单证(仓单、提单)即完成交付,风险转移

考点三 善意取得制度

（一）善意取得构成要件

善意取得 = 无权处分 + 受让人善意 + 以合理价格受让 + 完成公示 + 动产是占有委托物

（二）善意取得的法律效果

1. 物权效果。

2. 债权效果。

原物权人可以去找无权处分人请求赔偿损失（无权处分人基于侵害所有权承担侵权责任/基于违反合同关系承担违约责任）或返还不当得利。

考点四 按份共有人的优先购买权

1. 规则：按份共有人对外转让份额 + 其他共有人以同等条件主张优先购买。

同等条件：综合价款、支付方式、支付期限确定。

2. 侵犯优先购买权的后果。

按份共有人对外转让份额时，未依法通知享有优先购买权的其他按份共有人的，被侵犯优先购买权的其他按份共有人的救济规则如下：

（1）其他按份共有人知道后，在除斥期间（15 天/6 个月），仍有权主张优先购买权；

（2）其他按份共有人不得仅请求撤销共有份额转让合同或者认定该合同无效；

（3）其他按份共有人知道时已超过除斥期间的，不再享有优先购买权，但有权以权利受侵犯为由主张侵权损害赔偿。

3. 优先购买权竞合的处理。

（1）两个以上按份共有人同时主张行使优先购买权的，协商确定各自的购买比例；协商不成的，按转让时各自的共有份额比例购买。

（2）按份共有人的优先购买权大于房屋承租人的优先购买权。

考点五 担保

（一）担保的一般效力

情形	过错		担保人责任承担
	债权人	担保人	
主合同有效，担保合同无效	有错	有错	不应超过债务人不能清偿部分的 1/2
	没错	有错	债务人不能清偿的部分
	有错	没错	不承担
主合同无效导致担保合同无效	无须讨论	没错	不承担
	无须讨论	有错	不应超过债务人不能清偿部分的 1/3

（二）让与担保

最高人民法院《关于适用〈中华人民共和国民法典〉有关担保制度的解释》（以下简称《担保制度解释》）第 68 条规定：

债务人或者第三人与债权人约定将财产形式上转移至债权人名下，债务人不履行到期债务，债权人有权对财产折价或者以拍卖、变卖该财产所得价款偿还债务的，人民法院应当认定该约定有效。当事人已经完成财产权利变动的公示，债务人不履行到期债务，债权人请求参照《民法典》关于担保物权的有关规定就该财产优先受偿的，人民法院应予支持。

债务人或者第三人与债权人约定将财产形式上转移至债权人名下，债务人不履行到期债务，财产归债权人所有的，人民法院应当认定该约定无效，但是不影响当事人有关提供担保的意思表示的效力。当事人已经完成财产权利变动的公示，债务人不履行到期债务，债权人请求对该财产享有所有权的，人民法院不予支持；债权人请求参照《民法典》关于担保物权的规定对财产折价或者以拍卖、变卖该财产所得的价款优先受偿的，人民法院应予支持；债务人履行债务后请求返还财产，或者请求对财产折价或者以拍卖、变卖所得的价款清偿债务的，人民法院应予支持。

债务人与债权人约定将财产转移至债权人名下，在一定期间后再由债务人或者其指定的第三人以交易本金加上溢价款回购，债务人到期不履行回购义务，财产归债权人所有的，人民法院应当参照《担保制度解释》第68条第2款的规定处理。回购对象自始不存在的，人民法院应当依照《民法典》第146条第2款的规定，按照其实际构成的法律关系处理。

1. 所谓让与担保，就是指债务人、第三人与债权人约定将财产从形式上转移至债权人名下，债务人不履行到期债务，债权人有权将财产折价或者以拍卖、变卖该财产所得价款偿还债务。（先让与担保是物权，后让与担保是债权）

2. 若约定让与的物直接归债权人所有，属于流押（质）条款，该项约定本身无效，但不影响该让与担保合同的效力以及权利变动公示后的担保物权效力；如果双方约定将财产转移至债权人名下，在一定期间后再由债务人或者其指定的第三人以交易本金加上溢价款回购，债务人到期不履行回购义务，财产归债权人所有的，视为流押（质）条款，该约定本身无效。

【总结】流押条款和流质条款无效和让与担保合同的效力无关。

考点六 一般保证与连带保证

注意：当事人在保证合同中对保证方式没有约定或者约定不明确的，按照一般保证承担保证责任。认定连带保证时，应采取实质解释的思路，虽然没有出现“约定连带保证”的字眼，根据《担保制度解释》第25条第2款的规定，当事人在保证合同中约定了保证人在债务人不履行（注意：不是“不能履行”）债务或者未偿还债务时即承担保证责任、无条件承担保证责任等类似内容，不具有债务人应当先承担责任的意思表示的，人民法院应当将其认定为连带责任保证。

1. 诉讼上的区别。连带保证：诉诸债务人；单独诉保证人；可共同被告。一般保证：诉诸债务人；不可单独诉保证人；可共同被告。

（1）一般保证中，保证人向债权人提供债务人可供执行财产的真实情况，债权人放弃或者怠于行使权利致使该财产不能被执行的，保证人在相应的范围内免责。

（2）债权人未对债务人的财产申请保全，或者保全的债务人的财产足以清偿债务，债权人申请对一般保证人的财产进行保全的，人民法院不予准许（不得过度保护债权人）。

（3）一般保证中，债权人以债务人为被告提起诉讼的，人民法院应予受理。债权人未就主合同纠纷提起诉讼或者申请仲裁，仅起诉一般保证人的，人民法院应当驳回起诉。

2. 实体上的区别：强调被执行的先后。

一般保证的保证人在债务人的财产被依法强制执行仍不能履行债务前，有权拒绝承担保证责任。有下列情形之一的，不得行使先诉抗辩权：其一，债务人下落不明，且无财产可供执行。其二，人民法院受理债务人已经破产的案件。其三，债权人有证据证明债务人的财产不足以履行全部债务或者丧失履行债务能力。其四，保证人书面放弃先诉抗辩权。

另外，《担保制度解释》第27条规定，一般保证的债权人取得对债务人赋予强制执行效力的公证债权文书后，在保证期间内向人民法院申请强制执行，保证人以债权人未在保证期间内对债务人提起诉讼或者申请仲裁为由主张不承担保证责任的，人民法院不予支持。

考点七 抵押权

(一)不动产抵押权设立

一般规则：不动产抵押权设立 = 合同有效 + 登记。

1. 合同有效，但未登记，不享有抵押权，但不影响合同效力。

举例：甲向乙借款，丙用自己的房屋给甲作抵押，签订了抵押合同，但是事后没有去登记。

结论：抵押合同有效，但是抵押权并没有设立。

2. 未办理登记的不动产抵押合同：

(1)有权请求办理抵押登记。

(2)如果抵押财产因不可归责于抵押人的原因不能办理抵押登记，如邻居放火烧、政府征收等，债权人不能请求抵押人在约定的担保范围内承担责任。但是如果抵押人已经获得保险金、赔偿金或者补偿金等，债权人可以请求抵押人在其所获金额范围内承担赔偿责任。

(3)如果抵押财产因可归责于抵押人的原因不能办理抵押登记，如抵押财产转让等，债权人可以请求抵押人在约定的担保范围内承担责任(违约责任)，但是不得超过抵押权能够设立时抵押人应当承担的责任范围。

(二)动产抵押权设立

动产抵押权设立 = 合同有效。

1. 合同为要式(书面)。

2. 抵押合同生效，抵押权即设立。动产抵押权的设立无须登记，也无须交付。

3. 未经登记，不得对抗善意第三人：

(1)不得对抗善意受让人，善意受让人取得所有权后，抵押权消灭。

(2)不得对抗善意承租人，已经占有抵押财产的善意承租人可以主张买卖不破租赁。

(3)不得对抗担保人的查封、扣押债权人。

(4)不得对抗破产担保人的债权人。例如，甲欠乙钱，丙公司以汽车提供抵押，但未进行抵押登记。后丙公司破产，乙的抵押权不得对抗丙的其他债权人而优先受偿。

考点八 买卖不破租赁

情形	内容
先租后抵 (租赁要转移占有)	适用买卖不破租赁，新的所有权人法定承受原租赁合同，承租人有权继续承租 **举例**：甲将房屋出租给乙且乙入住后，甲又将房屋抵押给丙，此时丙的抵押权不能对抗乙的租赁权
先抵后租	抵押权已登记：不适用买卖不破租赁，新的权利人有权要求解除租赁关系
	抵押权未登记： (1)善意承租人适用买卖不破租赁(不知道有抵押)； (2)恶意承租人不适用买卖不破租赁(知道有抵押)

考点九 缔约过失责任

(一)构成要件

1. 行为发生在订立合同过程中(缔约中)。

注意：缔约过失责任具有相对性：谁缔约，谁承担（如甲派乙以乙个人名义去恶意磋商，则乙承担缔约过失责任，因为乙是缔约者）。

2. 一方因过错违反基于诚信原则的告知、照顾、保密等先合同义务。

3. 另一方因此受到损失。

（二）适用范围

1. 适用阶段：合同不成立、合同成立但未生效、合同无效、合同被撤销、合同未被追认等。

2. 适用情形：

（1）假借订立合同，恶意进行磋商；

（2）故意隐瞒与订立合同有关的重要事实或提供虚假情况；

（3）泄露或不正当使用对方商业秘密或其他应当保密的信息。

注意：如合同有效，行为人承担的是违约责任。

考点十 合同解除的类型

1. 协议解除：双方协商一致后解除。

2. 约定解除：合同事先约定了解除事由，解除事由发生时，解除权人有权解除。

（1）限制：如果违约程度显著轻微，不影响合同目的的实现，不能解除合同。

（2）区别于附解除条件的合同：附解除条件的合同的条件成就时，合同自动解除；约定解除的解除事由发生，还需要通知才能解除。具体是附解除条件还是约定解除，看合同约定。

3. 法定解除：出现法定事由，当事人依法解除。

（1）一般法定解除权——根本违约，适用于所有合同。

①不可抗力致使合同目的不能实现（双方都有解除权）：不能预见、不能避免、不能克服的事由。

②预期违约（仅守约方有解除权）：履行期限届满前，一方明确表示不履行或者以自己的行为表明不履行主要债务。

③迟延履行（仅守约方有解除权）：第一，迟延履行主要债务，经催告后在合理期限内仍不履行；第二，迟延履行导致合同目的不能实现。

④其他根本违约（仅守约方有解除权）：债务人违约导致合同目的不能实现。如出卖人没有履行从给付义务致使合同目的不能实现，买受人也可以主张解除合同。

（2）特殊法定解除权——任意解除权：随时可以解除。

双方享有任意解除权	特定方享有任意解除权
①委托合同； ②不定期持续性合同； ③不定期租赁合同； ④不定期物业服务合同； ⑤不定期保管合同； ⑥不定期合伙合同； ⑦不定期肖像使用合同	①承揽合同的定作人； ②货运合同的托运人； ③保管合同的寄存人； ④定期物业服务合同的业主

三、答题模板

法考主观题与司考时代的主观题相比，具有极强的综合性，如通过一个案例综合考查民法、商法、民事诉讼法这三个学科，这一特征在2024年的主观题中应该会有所延续。有些考生看到这种题目就怕了,觉得太难了。其实,万变不离其宗,只要理论知识掌握得足够熟练,再配合适当的练习,应对综合性试题也不在话下。

通过上述对历年主观题考点的分析可以发现,民事法律行为的效力认定累计考查了多次。对于这类问题,我们完全可以总结出一个答题模板,这个模板可以简述为:特殊+一般=答案。详言之:

第一,所谓特殊,指的是案例中出现的一些可能会对效力产生影响的特殊因素。然而,这些特殊因素往往不会对效力产生影响,因为绝大多数情况下我们的回答是有效。这些特殊因素包括无权处分、预告登记、异议登记、多重买卖、单纯的知情、未办理物权登记、管理性强制规定。

第二,所谓一般,指的是决定行为效力的普适性实质要件。这些普适性实质要件包括:行为人具有相应的民事行为能力;意思表示真实;不违反法律、行政法规的效力性强制性规定,不违背公序良俗。

模板示例如下:

问:甲、庚的房屋买卖合同是否有效?为什么?

答:有效,理由如下。根据相关规定:

(1)虽然庚对甲、乙签订房屋买卖合同一事知情,但是单纯的知情并不构成恶意串通,故该合同的效力不因庚知情而有瑕疵。【特殊】

(2)甲、庚双方在签订该合同时均具备相应的民事行为能力,该合同体现了双方的真实意思表示,未违反法律、行政法规的效力性强制性规定,亦未违背公序良俗,故该合同有效。【一般】

2024年的主观题考试中,还极有可能会有一问涉及民事法律行为的效力认定,希望届时上述举例能给考生提供帮助。

除此之外,在重者恒重和新增必考两大规律的指引下,考生在2024年主观题的备考过程中,应重点掌握以下两类考点:

第一,重者恒重类。除前述民事法律行为的效力认定这一考点外,还包括特别的物权变动之善意取得、担保物权、让与担保、保证、双务合同三大履行抗辩权、合同的约定解除权和法定解除权、违约责任的相对性和承担方式、买卖合同、租赁合同、民间借贷合同、无名合同等。

第二,新增必考类。《民法典》新增的及发生重大变化的规定,以及最高人民法院《关于适用〈中华人民共和国民法典〉合同编通则若干问题的解释》(以下简称《合同编通则解释》)、最高人民法院《关于适用〈中华人民共和国民法典〉总则编若干问题的解释》(以下简称《总则编解释》)、最高人民法院《关于适用〈中华人民共和国民法典〉物权编的解释(一)》(以下简称《物权编解释(一)》)、最高人民法院《关于适用〈中华人民共和国民法典〉合同编通则若干问题的解释》(以下简称《合同编总则解释》)、最高人民法院《关于适用〈中华人民共和国民法典〉有关担保制度的解释》(以下简称《担保制度解释》)、最高人民法院《关于适用〈中华人民共和国民法典〉婚姻家庭编的解释(一)》(以下简称《婚姻家庭编解释(一)》)等司法解释中所涉及的一些前沿、争议、疑难问题,将是2024年法考主观题可能的重点考查对象。

接下来,笔者将通过若干道预测题来和考生分享更具体的预测考点,望诸君能够严格要求自己,写完之后再看答案。谨记:光看不写假把式!

四、2023年真题(回忆版)与解析

案 情

2023年3月,乙公司以甲公司为被告向西河区法院提起诉讼,要求解除与甲公司的设备买卖合同,并要求甲公司承担相应的责任。西河区法院受理后向甲公司送达了起诉状副本,甲公司应诉

答辩，诉讼中甲公司一直反对合同解除。后法庭审理过程中，乙公司发现甲公司实际上并没有什么财产，胜诉也没有实质意义，于是申请撤诉。法院在未征得甲公司的同意的情况下即裁定准予撤诉。1个月后，乙公司又向西河区法院提起诉讼，这次是以甲公司、王某和李某为共同被告，提出诉讼请求如下：

(1)要求甲公司继续履行设备买卖合同，一次性支付全部剩余价款，赔偿迟延履行损失。同时要求甲公司的股东王某、王某的配偶李某对此承担连带责任。

(2)要求甲公司支付培训合同费用20万元，同时要求甲公司的股东王某、王某的配偶李某对此承担连带责任。

诉讼过程中，甲公司向法院提出以下抗辩：

(1)甲公司认为西河区法院没有管辖权，此案应该由自己所在地东山区法院管辖，因为设备已经完成安装，无法拆除，应属于不动产，协议管辖无效，河西区法院没有管辖权。

(2)甲公司认为设备买卖合同约定的管辖法院是西河区法院，但是培训合同中并没有约定管辖，合同履行地与被告住所地都是东山区法院，因此西河区法院对培训合同没有管辖权。

(3)设备买卖合同和培训合同没有实质关联，法院不能合并审理。

(4)乙公司的起诉状副本已经送达甲公司，故在第一次起诉时，甲公司与乙公司的设备买卖合同已经解除，乙公司第二次起诉要求履行合同是不成立的，且乙公司并非适格原告。

王某同意甲公司的抗辩，承认自己对设备买卖合同承担连带保证责任，但主张自己不应承担培训合同的连带责任。

李某同意甲公司的抗辩，并且认为自己在两份合同中都没有签字，不应当承担连带责任，自己不是适格被告。

法院查明的事实如下：王某于2017年设立甲公司，且是甲公司唯一股东。后王某与李某结婚，李某即进入甲公司，担任甲公司的财务负责人。2022年2月，为了扩大经营，增加生产线，甲公司需要购买生产设备，于是与乙公司签订设备买卖合同：甲公司购买乙公司价值200万元的生产设备，甲公司先支付100万元，其余100万元分10期支付，每个月支付10万元，12月底前全部完成付款。合同中约定如发生纠纷由西河区法院管辖。同时王某为该买卖合同提供担保，表示："甲公司不能清偿款项，王某无条件承担担保责任。"对此李某没有签字。

甲公司支付了4个月价款后，第5个月并未按期付款，后乙公司了解到甲公司停止付款是因为所买设备无法正常使用。经查，设备不能运转的原因在于甲公司工人不熟悉机器操作从而操作失误。针对此种情况，乙公司提出为甲公司的员工进行培训的建议，后双方协商达成培训合同，约定乙公司为甲公司提供设备使用培训，乙公司要到甲公司所在的东山区培训，培训费20万元，由甲公司于12月底付清。甲公司如约参加培训，但到12月底并没有支付培训费。乙公司反复催告甲公司支付设备价款和培训费，但甲公司并不配合，只在2023年1月给乙公司转账15万元，注明"履行合同款"。乙公司询问这笔款项是哪一笔价款，甲公司并未回应。

诉讼过程中，乙公司提出了保全申请，申请查封A房屋。法院经审查发现，2021年12月，王某曾与丁房地产开发商签订A房屋买卖合同，该合同价款为600万元，王某支付了400万元首付款，剩余房款在丙银行办理了按揭贷款，并为丙银行办理了A房屋抵押权预告登记。2022年1月，房屋建成，丁公司办理了所有权首次登记。乙公司申请保全时，房屋尚未过户给王某，且查明王某是故意拖延不办过户。于是法院作出准予查封房屋裁定，但由于王某没有取得房屋所有权，故无法进行查封登记，法院只进行了公告。法院还查明，王某曾经转移甲公司的财产用于A房屋的装修等。

后A房屋被乙公司申请执行，丙银行提出异议，认为该房屋有自己的抵押预告登记，不能被执行。另外王某的律师也提出抗辩：认为该房屋属于王某的唯一住房（属实）。

| 问　题 |

1. 乙公司第一次起诉后申请撤销，法院没有经过甲公司同意就裁定准许撤销的做法是否合法？

2. 请结合民事诉讼法的管辖、诉的合并、当事人等原理，判断甲公司、李某、王某的各项异议理由是否成立，请进行分析。

3. 人民法院对 A 房屋的查封有没有生效？

4. 乙公司要求王某、李某对设备买卖合同债务承担连带责任的请求能否得到支持？

5. 乙公司要求王某、李某对培训合同债务承担连带责任的请求能否得到支持？

6. 对于丙银行提出的关于 A 房屋的执行异议，要求中止执行，法院是否应当支持？

7. 乙公司要求甲公司一次性支付剩余的 60 万元以及承担迟延履行责任的主张能否得到支持？

8. 乙公司要求甲公司支付 20 万元培训费以及承担迟延履行的赔偿责任能否得到支持？

9. 王某的律师提出唯一住房的抗辩对丙银行的优先受偿权是否产生影响？

| **参考答案** |

本题属于民法、民事诉讼法的综合考查，以下仅就民法部分的问题进行解答与分析。

2. 第一，关于甲公司的抗辩：

甲公司的前 3 个抗辩纯粹属于民事诉讼法的问题，答案从略。

甲公司提出的第 4 个抗辩也是不成立的。《民法典》第 565 条第 2 款规定："当事人一方未通知对方，直接以提起诉讼或者申请仲裁的方式依法主张解除合同，人民法院或者仲裁机构确认该主张的，合同自起诉状副本或者仲裁申请书副本送达对方时解除。"可见，通过诉讼解除合同，需要法院确认解除权成立。本案中，乙公司在法院首次开庭前撤诉，并未有效通过诉讼解除合同，所以甲公司以合同解除而拒绝付款的异议不成立。

另外，《民诉解释》第 214 条第 1 款规定，原告撤诉或者人民法院按撤诉处理后，原告以同一诉讼请求再次起诉的，人民法院应予受理。乙公司再次起诉不属于后诉实质否认前诉，并不构成重复起诉，满足《民事诉讼法》第 122 条的起诉条件；乙公司作为合同当事人，有直接利害关系，属于适格当事人。故甲公司的抗辩不成立。

第二，王某对培训合同不承担连带责任的抗辩得不到支持。《民法典》第 83 条第 2 款规定："营利法人的出资人不得滥用法人独立地位和出资人有限责任损害法人债权人的利益；滥用法人独立地位和出资人有限责任，逃避债务，严重损害法人债权人的利益的，应当对法人债务承担连带责任。"同时，《公司法》第 23 条第 3 款规定："只有一个股东的公司，股东不能证明公司财产独立于股东自己的财产的，应当对公司债务承担连带责任。"本题中，甲公司属于王某的一人公司，且王某有转移公司财产归个人使用的情形，有人格否认的事实，故王某应当对公司债务承担连带责任。

第三，李某的抗辩理由也不成立。虽然甲公司是王某的一人公司，但李某作为其配偶担任公司重要职务，实质参与公司经营管理，故甲公司实际上属于夫妻共同事业，即便李某未签字，也不可否认两个债务都属于夫妻共同债务。

4. 能够得到支持。《民法典》第 687 条第 1 款规定："当事人在保证合同中约定，债务人不能履行债务时，由保证人承担保证责任的，为一般保证。"根据《民法典》第 688 条第 1 款规定："当事人在保证合同中约定保证人和债务人对债务承担连带责任的，为连带责任保证。"到底当事人约定的是一般保证还是连带责任保证，实践中不太好判断。《担保制度解释》第 25 条规定："当事人在保证合同中约定了保证人在债务人不能履行债务或者无力偿还债务时才承担保证责任等类似内容，具有债务人应当先承担责任的意思表示的，人民法院应当将其认定为一般保证。当事人在保证合同中约定了保证人在债务人不履行债务或者未偿还债务时即承担保证责任、无条件承担保证责任等类似内容，不具有债务人应当先承担责任的意思表示的，人民法院应当将其认定为连带责任保证。”本题中，王某在买卖合同中签字表示，“甲公司不能清偿款项，王某无条件承担担保责任”。该约定到底是一般保证还是连带责任的表示，确实难以判断：“不能清偿款项”表明王某承担一般保证责任，“无条件承担担保责任”表明王某承担连带责任保证，总的来看认定王某承担连带责任保证更为合适。另外，就李某的责任而言，虽然甲公司是王某婚前成立的，但是，婚后李某进入公司工作，并担任财务负责人。对于公司来说，财务负责人的重要性自不待言。因此，应当认定甲公司属于王某与李某夫妻共同经营的事业。王某为甲公司的合同履行承诺担保之前，该公司属于夫妻共同的事业，故该债务应该属于夫妻共同债务，应由夫妻共同财产承担责任，因此李某也需要承担连带责任。

5. 能够得到支持。依据前述《民法典》第 83 条第 2 款和《公司法》第 23 条第 3 款的有关规定，甲公司属于王某的一人公司，且王某有转移公司财产归个人使用的情形，有人格否认的事实，故王某应当对公司债务承担连带责任。同时，李某与王某是夫妻，李某负责甲公司财务，参与甲公司经营，而甲公司财产与王某财产混同，应当根据《民法典》第 1064 条的规定认定培训合同中的付款义务属于夫妻共同生产经营所负的债务，属于夫妻共同债务，故而李某也应当承担连带责任。

6. 不支持。根据《担保制度解释》第 52 条的规定，当只存在抵押预告登记时，经审查已经办理建筑物所有权首次登记，且不存在预告登记失效等情形的，人民法院应予支持，并应当认定抵押权自预告登记之日起设立。本题中房屋已经办理首次登记，王某拖延过户导致无法办理抵押权正式登记；由于预告登记并未失效，故丙银行享有对 A 房屋的抵押权。因此丙银行确实可以提出执行异议，对此虽然法院会受理，但法院并不会中止对该房屋的执行，因为享有担保物权等优先权的异议人，享有的是一种顺位权，完全可以通过参与分配等方式保证其利益。根据《民诉解释》第 508 条第 2 款的规定，丙银行享有的权益不属于足以排除强制执行的民事权益，法院不能中止执行。

7. 均能得到支持。根据《民法典》第 634 条的规定，分期付款的买受人未支付到期价款的数额达到总价款的 1/5 时，出卖人即可要求一次性付清剩余价款或者主张解除合同。本题中，乙公司并没有发出有效的解除意思，故其后主张一次性付清价款能够得到支持。甲公司无正当理由迟延履行，应当承担迟延履行责任。《民法典》第 577 条规定，当事人一方不履行合同义务或者履行合同义务不符合约定的，应当承担继续履行、采取补救措施或者赔偿损失等违约责任。针对买受人迟延付款的损失，根据最高人民法院《关于审理买卖合同纠纷案件适用法律问题的解释》（以下简称《买卖合同解释》）第 18 条第 4 款的规定，在当事人没有约定迟延付款的违约金时，可以一年期贷款市场报价利率标准为基础，加计 30% ~50% 计算逾期付款损失。对于金钱之债，在没有约定迟延履行的损失赔偿标准时，应参照民间借贷不得超过一年期贷款市场报价利率的 4 倍支付迟延履行部分利息，该利息本质上属于法定违约金。

8. 只能支持 5 万元部分的请求。《民法典》第 560 条规定：“债务人对同一债权人负担的数项债务种类相同，债务人的给付不足以清偿全部债务的，除当事人另有约定外，由债务人在清偿时指定其履行的债务。债务人未作指定的，应当优先履行已经到期的债务；数项债务均到期的，优先履行对债权人缺乏担保或者担保最少的债务；均无担保或者担保相等的，优先履行债务人负担较重的债务；负担相同的，按照债务到期的先后顺序履行；到期时间相同的，按照债务比例履行。”本案中，两笔款项都已经到期，第一笔款项由王某提供了连带责任保证，而第二笔款项是没有担保的，故这 15 万元应视为对第二个合同的履行，即该 15 万元部分因履行而消灭。因此，乙公司请求支付 20 万元培训费无法得到支持，法院只能判决支持 5 万元的培训费。该债务依然属于金钱债务，故迟延履行的损失即为迟延履行利息，该利息也是可以得到支持的。

9. 不会产生影响。唯一住房抗辩不能影响强制执行程序，更不影响抵押权的实现。需要注意的是，最高人民法院《关于商品房消费者权利保护问题的批复》第 2 条第 1 款规定：“商品房消费者以居住为目的购买房屋并已支付全部价款,主张其房屋交付请求权优先于建设工程价款优先受偿权、抵押权以及其他债权的,人民法院应当予以支持。”根据该规定,是购房人对开发商享有的权利优先于开发商的债权人对系争房屋的抵押权,以贯彻现行法律秩序对购房人的特别保护。本题中,王某虽然没有完成系争房屋的登记过户,但王某已经实际占用房屋并对房屋进行了装修,进而将房屋抵押给丙银行(预告登记)。丙银行是王某的债权人而不是房地产开发商丁公司的债权人。王某作为房屋的所有权人(消费者)行使对系争房屋的权利(抵押房产),不存在为了保护消费者而牺牲银行权利的正当理由,所以本案并不适用最高人民法院《关于商品房消费者权利保护问题的批复》第2条第1款的规定,丙银行可以就王某的房屋主张抵押权。

五、2022年真题(回忆版)与解析

| 案 情 |

2021年1月,南峰市鹿台区的甲公司因扩大经营需要,拟发行公司债券融资。平远市凤凰区乙公司的大股东兼法定代表人李某也是甲公司股东。为帮助甲公司销售债券,李某找到平远市金龙区丙公司的总经理吴某,要求丙公司帮忙购买甲公司债券。

2021年4月,甲公司债券(3年期,年利率8%)正式发行。4月5日,甲公司与丙公司在南峰市鹿台区签订债券认购及回购协议,约定:丙公司认购甲公司5000万元债券;甲公司承诺1年后将以5500万元的价格回购,如逾期未回购,甲公司向丙公司支付1000万元的违约金。二者同时约定,因本合同产生的一切纠纷均应提交甲公司所在地的南峰市鹿台区法院解决。

4月8日,李某代表乙公司与丙公司在平远市金龙区签订担保合同,约定乙公司为甲公司的回购义务及违约责任等提供“充分且完全的担保”。该担保合同载明,“因本合同发生的纠纷,双方应友好协商,协商无法解决的,应提交平远仲裁委员会解决”。在签约前,丙公司询问李某是否获得股东会的同意,李某向丙公司展示了微信群聊天记录,显示李某曾就担保一事征求乙公司其他两位股东张某、孙某意见,二人均微信回复“无异议”。同日,李某个人应丙公司请求就甲公司回购义务向丙公司提供担保,并明确约定担保方式为:丙公司曾向李某个人借款3000万元,将于2021年7月31日到期;到期后,丙公司可以暂不返还该借款,以此作为李某对甲公司回购义务的担保。2021年7月31日,丙公司未向李某返还该笔借款。

2022年4月,回购日期届至,甲公司未履行回购义务。丙公司沟通无果,向鹿台区法院起诉甲公司、乙公司,提出诉讼请求一:甲公司履行回购义务并支付违约金1000万元。提出诉讼请求二:乙公司对甲公司上述义务承担连带责任。甲公司在答辩期间提交答辩状,认为违约金过高,请求法院予以减少。乙公司在答辩期间也提交了答辩状,未提出管辖权异议,但在开庭中提出,担保合同中存在仲裁协议,鹿台区法院对案件无管辖权。乙公司其他两位股东张某、孙某知悉该诉讼的消息后,向法院表示,依照公司章程,公司对外担保应经过股东会决议,乙公司为甲公司提供的保证,仅为李某个人的意思,未经公司股东会决议,应为无效。李某则表示,虽没有召开股东会,但李某通过微信聊天征求过张某和孙某的意见,他们均未表示反对,并提供了一份三人微信聊天记录截图的纸质打印件,表示因为手机更换,只能提供当时聊天记录截图的纸质打印版。丙公司另行向平远市金龙区法院起诉李某,请求确认李某对其3000万元债权已因承担担保责任而消灭。

后在执行过程中,法院查明乙公司已无可供执行的财产,但其下属丁公司为乙公司的全资子公司。丙公司认为,丁公司长期与乙公司混用财务人员、其他工作人员和工作场所,账目不清,其财产无法与乙公司财产相区分,应与乙公司承担连带责任;丁公司承揽的戊公司的建设工程已竣工验收,但戊公司尚未依照合同约定的时间支付价款1000万元,因此丙公司希望追加执行丁、戊两公司。

| 问　题 |

1. 根据丙公司的诉讼请求一，甲公司是否应当履行回购义务？为什么？如甲公司主张该回购协议违反了债权人平等受偿的原则，应为无效，则甲公司的主张是否合理？为什么？

2. 根据丙公司的诉讼请求一，甲公司是否应当支付违约金？为什么？关于甲公司请求法院予以减少违约金的主张能否得到法院支持？为什么？

3. 张某和孙某提出乙公司担保合同无效的主张是否成立？为什么？

4. 根据丙公司的诉讼请求二，乙公司应当承担何种担保责任？为什么？

5. 请具体分析李某向丙公司提供的担保的性质是什么？

6. 丙公司是否有权要求丁公司承担连带责任？为什么？

| 参考答案 |

1. (1)应当。甲、丙公司之间签订了回购协议，且签订该协议的甲、丙公司具有相应的民事行为能力，意思表示真实且不违反法律法规的强制性规定或者公序良俗，那么该协议为有效。基于一份有效的合同，甲公司应当按照合同的约定履行。

(2)不合理。债权人平等受偿原则是指债权人在没有担保的情形下，应当平等地按照各自的债权比例获得清偿。若该协议违反了债权人平等受偿的原则，将有可能导致债权人不能根据自己的债权比例获得清偿或者无法获得清偿，那么甲公司签订协议的行为将有极大的可能损害其他债权人的利益。但这一情形不属于合同无效的法定理由。此时甲公司所签订的协议属于有效的合同，而非无效的合同，只不过债权人享有撤销权。所以，甲公司主张协议无效不合理。

2. (1)甲公司应当支付部分违约金。甲、丙公司之间根据回购协议，加入了违约金条款。该违约金属于双方当事人的意思自治范畴，不违反法律的强制性规定即为有效。同时，由于甲公司到期没有履行回购义务，违约金条款可以适用。

(2)能够得到法院支持。因为根据《民法典》第 585 条第 2 款的规定，约定的违约金过分高于造成的损失的，人民法院或者仲裁机构可以根据当事人的请求予以适当减少。甲、丙公司之间根据回购协议，加入了违约金条款。但是该 1000 万元的违约金过分高于因违约造成的实际损失，人民法院可以根据当事人甲公司的申请予以适当减少。

3. 观点一：不成立。本案中，张某、孙某以及李某三人作为丙公司股东，对外为甲公司提供担保经过了股东会的决议而且为全票通过，虽然该决议以微信的方式作出，但是没有违反法律的强制性规定以及公司章程的规定。股东会的召开方式只要全体股东达成一致意见即可，在此条件下，无论是以现场会议的形式还是微信群的形式召开均可。在乙公司的股东会决议有效的情形下，乙公司对外提供的担保合同没有法律规定的其他无效事由，所以也是有效的。

观点二：成立。公司法明确规定，股东会的议事方式和表决程序，除公司法有规定的外，由公司章程规定。本案中，乙公司的公司章程中并没有说明股东会的议事方式可以通过微信的形式召开以及表决，所以乙公司为甲公司提供担保的决议违反公司章程的程序规定。

4. 观点一：承担一般保证责任。乙公司提供充分且完全的担保意味着乙公司将以自己的全部财产对甲公司的该笔债务提供担保，该担保方式为保证。乙公司为甲公司提供的担保中写作提供充分且完全的担保，但是该约定不能够明确担保人意欲承担何种担保责任，属于保证方式约定不明的情形，因此保证人乙公司承担一般保证责任。

观点二：承担连带保证责任。乙公司提供充分且完全的担保意味着乙公司将以自己的全部财产对甲公司的该笔债务提供担保，该担保方式为保证。乙公司为甲公司提供的担保中写作提供充分且完全的担保，该约定不具有债务人应当先承担责任的意思表示，所以应当将其认定为连带责任保证。在现实商业实践中，一般商事主体实践中的担保一般是连带担保，从而保障交易安全。

5. 属于非典型性担保。本案中，李某用与丙公司的3000万元债权为甲公司的回购义务做担保，如果甲公司没有履行回购义务，那么丙公司对李某的债务消灭，属于将原属于李某的债权通过债权消灭的方式转移给丙公司，属于非典型性担保。

6. 丙公司有权要求丁公司承担连带责任。因为《公司法》规定，公司股东滥用股东权利，对公司债权人造成损害的，应当对公司债务承担连带责任。本案中，丁公司长期与乙公司混用财务人员、其他工作人员和工作场所，账目不清，其财产无法与乙公司财产相区分，属于法人人格混同。故丁公司应当对乙公司债务承担连带责任。

六、问答式主观题预测与演练

1 CASE ｜案　情｜

瑞士佳吉公司（以下简称佳吉公司）与中国金石集团（以下简称金石集团）存在商业合作关系，现双方在履行大豆买卖合同的过程中发生争议。

2017年6月26日，双方在国际油类、种子和脂类联合会仲裁过程中达成和解协议，约定金石集团将在5年内分期偿还债务。另外，金石集团旗下的广州金石公司与佳吉公司签订抵押协议，约定广州金石公司将其国有建设用地使用权、建筑物以及地上定着物，现有的以及将有的生产设备、原材料、半成品、产品抵押给佳吉公司作为偿还债务的担保。但是，广州金石公司未配合佳吉公司进行财产抵押登记。

2018年5月8日，广州金石公司与田源公司签订一份《国有建设用地使用权及资产买卖合同》，约定广州金石公司将其国有建设用地使用权、建筑物以及地上定着物、现有的生产设备等全部固定资产以2000万元的价格转让给田源公司，王乙和柳某分别作为广州金石公司与田源公司的法定代表人在合同上签名。

2018年5月10日，广州金石公司与田源公司对买卖合同项下的标的物进行了交接；同年6月15日，田源公司通过其在中国农业银行广州支行的账户向广州金石公司在同一银行的账户转入2000万元。

2021年10月15日，田源公司分立为中田公司和中源公司，双方约定由中田公司承担田源公司在分立前的一切债务。因广州金石公司已无可供执行的财产，佳吉公司遂向广东省高级人民法院提起诉讼。

后经查明：广州金石公司、田源公司及金石集团旗下其他公司的直接或间接控制人均为王甲、王乙、柳某；王甲与王乙是父子关系，王乙和柳某是夫妻关系；广州金石公司的国有建设用地使用权、建筑物以及地上定着物、现有的生产设备等固定资产的净值为3200万元。

｜问　题｜

1. 因涉案国有土地使用权、建筑物以及地上定着物未办理抵押登记，故广州金石公司与佳吉公司的抵押协议中关于该部分抵押的约定无效。这种说法正确吗？为什么？

2. 广州金石公司将其现有的以及将有的生产设备、原材料、半成品、产品抵押给佳吉公司的行为该如何定性？该抵押权自何时设立？抵押登记的效力如何？

3. 若广州金石公司将其现有的一套生产设备出卖给夏某，则在满足哪些条件后，佳吉公司不得对抗夏某？

4. 广州金石公司与田源公司签订的《国有建设用地使用权及资产买卖合同》效力如何？为什么？

5. 中田公司和中源公司关于“由中田公司承担田源公司在分立前的一切债务”的约定对田源

公司的债权人有约束力吗？为什么？

6. 若佳吉公司欲要求王甲、王乙、柳某对金石集团的债务承担连带责任，则佳吉公司应如何证明？

第3天

不求与人相比，但求超越自己，要哭就哭出激动的泪水，要笑就笑出成长的性格！

2 CASE | 案 情 |

甲和乙订立了一份买卖农用三轮车的合同，约定甲在8月底将一部已行驶2万公里的农用三轮车交付乙，价款为5万元；乙交付甲定金1万元，交车后15日内付清余款。合同还约定，甲晚交车一天，扣除车款100元，乙晚交款一天，多交车款100元；一方有其他违约情形的，应向对方支付违约金8000元。合同订立后，该农用三轮车因外出运货耽误，未能在8月底前返回。9月1日，该三轮车在途经山路时，因遇暴雨，被一块落下的石头砸中，车头受损。甲对三轮车进行了修理，并于9月10日交付乙。10天后，乙在运货时发现三轮车发动机有毛病，经检查，该发动机经过大修理，遂请求退还三轮车，并要求甲双倍返还定金，支付8000元违约金，赔偿其因不能履行对第三人的运输合同而造成的经营收入损失5000元。甲意识到对自己不利，便提出三轮车未办理过户手续，合同无效，双方只需返还财产。

| 问 题 |

1. 农用三轮车买卖合同是否有效？为什么？
2. 三轮车受损后，损失应由谁承担？为什么？
3. 乙能否要求退车？为什么？
4. 乙能否请求甲赔偿经营损失？并说明原因。
5. 乙能否同时请求甲支付8000元违约金和每天100元的迟延履行违约金？为什么？
6. 乙能否要求甲双倍返还定金并支付8000元违约金？为什么？

3 CASE | 案 情 |

2010 年至 2017 年,盐化总厂与建设银行先后签订 6 份借款合同。经双方核对,至 1999 年 9 月 20 日,盐化总厂共欠建设银行本息 2600 万元。金帆公司应盐化总厂的请求与建设银行签订保证合同,约定金帆公司仅对建设银行承担保证责任。

2019 年 10 月,建设银行将该债权全部转让给信达公司,并于同年 11 月将债权转让事宜通知盐化总厂和金帆公司,盐化总厂和金帆公司均表示收到该通知。

2020 年 11 月,盐化总厂、信达公司、亚盛公司、金霞公司签订债务重组协议,约定信达公司减免盐化总厂的债务,减免后的数额为 1600 万元;若盐化总厂未按期偿还,则应按原债权数额清偿。亚盛公司和金霞公司均承诺对原债权承担保证责任。后盐化总厂按期支付了第一期和第二期的欠款各 200 万元,但第三期的欠款迟迟未付。

2021 年 12 月,因盐化总厂未按期支付第三期欠款,盐化总厂、信达公司、亚盛公司、金霞公司签订债务重组补充协议,约定信达公司同意保持原债务重组协议继续有效,现盐化总厂的欠款数额为 1200 万元;若盐化总厂仍未按期偿还,则应按原债权数额清偿。亚盛公司将其对金霞公司的股权(该股权登记于证券登记结算机构)质押给信达公司,以担保原债权;盐化总厂将其建设用地使用权以及现有厂房抵押给信达公司,以担保原债权,双方已办理抵押登记。后盐化总厂未按期归还剩余欠款。

| 问 题 |

1. 建设银行将债权转让给信达公司且将债权转让事宜通知金帆公司后,金帆公司是否还应承担保证责任?为什么?

2. 建设银行将债权转让事宜通知盐化总厂会产生哪些法律效果?为什么?

3. 如何确定亚盛公司和金霞公司的保证方式和范围?为什么?若亚盛公司向信达公司清偿了全部欠款,则亚盛公司的追偿权该如何实现?为什么?

4. 信达公司对亚盛公司的股权质权何时设立?该股权质权设立后,亚盛公司对该股权的转让受到何种限制?

5. 面对众多的担保人,该如何确定信达公司在实现债权时的顺序?为什么?

6. 若盐化总厂将其建设用地使用权以及现有厂房抵押给信达公司后又在该土地上新建了 3 间厂房,则对于新建的 3 间厂房,信达公司有权申请拍卖并就拍卖所得的价款主张优先受偿吗?为什么?

4 CASE ｜案　情｜

七天公司与松江公司签订房屋租赁合同一份，约定松江公司将其自有的一栋大厦出租给七天公司从事酒店经营活动，租期为25年，年租金为100万元，每年3月1日支付。后经查明，松江公司用于出租的大厦虽然取得了建设工程规划许可证，但是尚未通过竣工验收。

租期内，七天公司发现该大厦顶层有漏水现象，遂通知松江公司进行维修。松江公司接到维修通知后，派刘某前去维修；刘某在维修过程中因工作失误致工具坠落，将行人胡某砸伤。

为满足高端客户的住宿需求，七天公司经松江公司同意，对该大厦的第八层进行了豪华装修，为此共花费装修款200万元；但是，双方对装修费用的负担问题未作明确约定。

随着七天公司经营规模的扩大，该大厦现有的餐厅已经不能满足客户的用餐需求，于是七天公司在征得松江公司同意后，在大厦的一侧扩建了一个简易餐厅，为此共花去扩建造价费30万元；但是，双方未明确约定扩建造价费的负担问题。

租期届满前，松江公司因资金周转问题将该栋大厦出卖给华安公司。出卖之前，松江公司未通知七天公司。现该大厦已经过户到华安公司名下。

｜问　题｜

1. 房屋租赁合同中关于租期的约定的效力如何？为什么？经查证，根据《建筑法》第61条第2款的规定，建筑工程未经验收或者验收不合格的，不得交付使用。既然如此，七天公司能否以该大厦未通过竣工验收为由主张该合同无效？为什么？

2. 若七天公司未按时支付第五年的租金，则松江公司是否有权直接解除该合同？为什么？

3. 若维修影响了七天公司的正常经营，则七天公司对松江公司享有何种权利？

4. 若刘某是松江公司的工作人员，则对胡某的人身损害赔偿责任应由谁来承担？为什么？若刘某是专门从事房屋维修业务的个体户，则对胡某的人身损害赔偿责任应由谁来承担？为什么？

5. 租期届满后，七天公司有权要求松江公司补偿装修款吗？为什么？

6. 简易餐厅的扩建造价费由谁来承担？

7. 七天公司能否以优先购买权受到侵犯为由，主张松江公司和华安公司签订的买卖合同无效？该大厦过户到华安公司名下后，七天公司可以主张哪些权利？

5 CASE | 案 情 |

2020 年 5 月 9 日，利通公司与益泰公司签订《工程车辆买卖合同》。双方约定：益泰公司从利通公司购买 10 辆欧曼牌汽车，每辆售价 57 万元，总价共计 570 万元，付款期限为 6 个月，益泰公司应于 2020 年 6 月 9 日前支付车款 70 万元，于 2020 年 7 月 9 日、8 月 9 日、9 月 9 日、10 月 9 日、11 月 9 日前分别支付车款 100 万元；在益泰公司付清全部车款及相关费用之前，利通公司保留车辆的所有权；若益泰公司逾期付款超过 30 日，则利通公司有权解除合同；合同解除后，益泰公司应按全部车价款的 1.5% 向利通公司支付违约金。李小伟自愿对合同项下全部给付义务承担连带保证责任，保证期间为益泰公司履行期限届满之日起 2 年，保证的范围包括但不限于：购车款、利息、违约金、经济损失，以及利通公司为实现债权所产生的全部费用。

合同签订后，利通公司与益泰公司、李小伟于当日签署还款协议一份，约定：鉴于本协议所购车辆由利通公司保留所有权，故利通公司有权依法收回车辆并将车辆另行出售，若所得价款不足以清偿全部购车款，则由益泰公司补足差额部分；李小伟对差额部分承担一般保证责任。

利通公司于 2020 年 5 月 13 日向益泰公司交付了 10 辆欧曼牌汽车，益泰公司接收车辆后，向利通公司出具收条一份，载明“车况良好”。2020 年 6 月 17 日，益泰公司分两次向利通公司支付车款共计 100 万元，利通公司给益泰公司出具收据一张。后益泰公司未按期支付余款。

2021 年 6 月 14 日，利通公司将出售给益泰公司的 10 辆欧曼牌汽车收回。2021 年 12 月 14 日，利通公司将涉案 10 辆欧曼牌汽车出售给第三人李永红，每辆单价为 20 万元。

| 问 题 |

1. 在益泰公司未按期支付剩余 5 期车款时，利通公司对益泰公司享有哪些权利？这些权利的依据分别是什么？

2. 若益泰公司逾期付款超过 30 日，则利通公司享有何种权利？为什么？在利通公司行使该权利时，益泰公司享有何种权利？益泰公司行使该权利受到何种限制？

3. 若益泰公司未按期支付车款，利通公司的实际损失为 6 万元，则益泰公司享有何种权利？为什么？

4. 若利通公司自益泰公司付款期限届满之日起 2 年内未要求李小伟承担保证责任，则 2 年后李小伟享有何种权利？若利通公司曾在 2020 年 12 月 20 日要求李小伟承担保证责任，但随后的 3 年里，利通公司未再向李小伟主张过任何权利，则 3 年后李小伟享有何种权利？

5. 在益泰公司付清车款前，若其将 10 辆中的 1 辆欧曼牌汽车出卖给周某，则在满足哪些条件下，利通公司无权从周某处取回该车？

6. 利通公司取回汽车后，有权直接出卖该汽车吗？为什么？若利通公司依法出卖该汽车后，所得价款不足以补足差额，则利通公司有权直接要求李小伟支付该差额吗？为什么？

6 CASE | 案 情 |

甲公司从乙公司购买价值50万元的彩电，合同约定甲公司先预付20万元货款，其余30万元货款在提货后3个月内付清，并由丙公司提供连带保证担保，但未约定保证范围和保证期间。提货1个月后，甲公司在征得乙公司同意后，将30万元债务转移给尚欠其30万元货款的丁公司。对此，丙公司完全不知情。

至债务清偿期届满时，乙公司要求丁公司偿还30万元货款及其利息，而丁公司因违法经营被依法查处；法定代表人不知去向，公司的账户被冻结。于是，乙公司找到丙公司，要求其承担保证责任；丙公司至此才知道甲公司已将其债务转让给丁公司，遂以此为由拒绝承担责任。双方为此发生争议，乙公司诉至法院。

| 问 题 |

1. 若乙公司收到甲公司20万元预付款之后、发货之前，发现甲公司经营状况严重恶化，乙公司可否拒绝发货？为什么？

2. 丙公司保证担保的范围应如何确定？为什么？

3. 丙公司承担保证责任的保证期间如何确定？为什么？

4. 甲公司转让债务的行为是否有效？为什么？

5. 丙公司是否应继续承担保证责任？为什么？

6. 若乙公司将其30万元债权依法转让给戊公司，而未经保证人丙公司同意，则丙公司是否应继续承担保证责任？为什么？

7 CASE | 案 情 |

2013 年 11 月 30 日，南门工行与筹备处签订一份《最高额授信借款合同》，约定南门工行向筹备处发放 6000 万元的最高额授信借款，期限自 2013 年 11 月 30 日至 2018 年 12 月 27 日；贷款发放采取逐笔核贷的方式。合同签订后，南门工行先后向筹备处发放 5 笔贷款：

1. 2013 年 11 月，南门工行向筹备处发放贷款 1000 万元，到期日为 2015 年 6 月 27 日。民天公司作为保证人，为该笔借款提供连带责任保证，但双方未约定保证期间。该笔贷款到期后，因筹备处无法按期还款，故南门工行为其展期 1 年。民天公司对展期一事并不知情。展期届满后，筹备处仍未偿还借款。

2. 2014 年 12 月，南门工行向筹备处发放贷款 1500 万元，到期日为 2016 年 12 月 13 日。该笔借款由筹备处提供自有建设用地使用权作抵押担保，双方办理了抵押登记。合同签订后，南门工行依约发放贷款，但筹备处未按期偿还借款。

3. 2015 年 11 月，南门工行向筹备处发放贷款 700 万元，到期日为 2017 年 11 月 23 日。该笔借款由台江公司提供别墅一栋作抵押担保，双方未办理抵押登记，后该别墅因其他案件被法院依法查封。合同签订后，南门工行依约发放 700 万元贷款，但筹备处未按期偿还借款。

4. 2016 年 4 月，南门工行向筹备处发放贷款 150 万元，到期日为 2018 年 4 月 3 日。该笔借款由润发公司向南门工行交付 3 辆混凝土搅拌车作质押担保。合同签订后，南门工行依约发放 150 万元贷款，但筹备处未按期偿还借款。

5. 2016 年 12 月，南门工行向筹备处发放贷款 200 万元，到期日为 2017 年 12 月 26 日。该笔借款由颐丰公司提供一般保证担保，明确约定颐丰公司仅对南门工行承担保证责任；同时，筹备处提供自有房产一处作抵押担保，双方办理了抵押登记。合同签订后，南门工行依约发放 200 万元贷款，但筹备处未按期偿还借款。

2020 年 6 月 21 日，南门工行与华融公司签订债权转让协议，约定南门工行将其对筹备处所享有的前述 5 笔债权全部转让给华融公司。南门工行已将债权转让事宜通知筹备处及相应担保人。

| 问 题 |

1. 如何确定民天公司的保证期间？第一笔借款的展期届满后，南门工行是否有权要求民天公司继续承担保证责任？为什么？

2. 第二笔借款到期后，若南门工行连续 3 年都未曾向筹备处主张过该笔借款，则 3 年后筹备处享有哪些权利？为什么？

3. 在第三笔借款中，南门工行有权要求台江公司继续办理抵押登记吗？为什么？南门工行有权要求台江公司承担何种责任？为什么？

4. 第四笔借款到期后，若南门工行怠于行使质押权，则润发公司享有何种权利？

5. 第五笔借款到期后，南门工行应如何实现该笔债权？

6. 南门工行将 5 笔债权全部转让给华融公司后，每笔债权的原担保人还需要继续承担担保责任吗？为什么？

8 CASE | 案 情 |

2020年9月27日,同伟公司法定代表人李某与鸿建公司法定代表人唐某分别以各自公司名义签订《陶瓷加工承揽合同》,约定:同伟公司负责加工并向鸿建公司交付特定规格的陶瓷产品,合同总金额为40万元;交货地点为通泰小区郦城项目部工地,交货方式为分批送货上门;鸿建公司应支付10万元的定金和4万元的预付款;同伟公司先按期供货,鸿建公司在收到每批货物并验收合格后再付清该批货款。

合同签订3日后,鸿建公司调整了本公司的股权结构,股东会决定解除唐某的法定代表人职务,并重新选举宋某为本公司的新任法定代表人。

合同签订后,同伟公司立即进购原材料并组织工人加工。为赶进度,同伟公司将部分非主要工作交给新明珠公司完成。

2020年10月16日,同伟公司按照鸿建公司的要求为工地提供了第一批货物,鸿建公司接收货物并验收合格,但未依约支付货款。

2020年11月11日,同伟公司又按期提供了第二批货物,鸿建公司接收货物并验收后,认为该批陶瓷的部分彩绘图案与第一批货物差异较大,无法正常使用。经查,该部分彩绘工作系由新明珠公司完成。

2020年11月14日,同伟公司按期将符合约定的第三批货物运至指定地点,但鸿建公司无正当理由拒绝受领;同伟公司卸下货物后,开车返回。返回途中,同伟公司得知该批货物被百年不遇的洪水悉数冲走。

| 问 题 |

1.《陶瓷加工承揽合同》中关于定金的约定效力如何?为什么?若同伟公司未依约交付任何产品,则鸿建公司有权要求同伟公司返还多少定金?为什么?

2.宋某能否以原法定代表人唐某超出公司章程的代表权限为由拒绝履行《陶瓷加工承揽合同》?为什么?

3.鸿建公司能否以同伟公司擅自外包为由解除《陶瓷加工承揽合同》?为什么?鸿建公司是否有权要求新明珠公司承担相应的违约责任?为什么?

4.第三批货物毁损、灭失的风险由谁承担?为什么?

5.若同伟公司将第三批货物运至指定地点并卸货后,鸿建公司验收合格但拒绝支付货款,故同伟公司又将第三批货物拉回,则此时鸿建公司有权以何种理由拒绝支付该笔货款?为什么?

6.若鸿建公司迟迟未支付第一批和第二批货物的货款,且同伟公司亦未交付第三批货物,则同伟公司有权对第三批货物行使何种权利?为什么?

9
CASE

案情

2019年12月18日，原制药厂与甲市工行签订最高额抵押合同，约定原制药厂以其国有建设用地使用权及地上建筑物、附属设施，对其自2019年12月18日至2022年12月18日向甲市工行的贷款在380万元限额内提供抵押担保，双方办理了抵押登记。

2021年5月13日，在征得甲市工行同意并经原制药厂上级主管部门遵义市红花岗工业局批准后，原制药厂将其全部资产（包括厂名、商标等无形资产和国有建设用地使用权及地上建筑物、附属设施等有形资产）以及债权债务转让给了瑞康公司。

2021年11月5日，瑞康公司与百花公司签订《瑞康公司出让原制药厂协议书》，约定瑞康公司将其收购的原制药厂的全部资产出让给百花公司，原制药厂的全部债务亦由百花公司承担。同年11月8日，双方将该协议书寄送至甲市工行，甲市工行当日即表示同意。

2021年12月12日，百花公司与浩鑫公司签订资产转让协议书，约定百花公司将原制药厂的国有建设用地使用权及地上建筑物、附属设施转让给浩鑫公司，浩鑫公司向百花公司支付450万元的转让款。签订资产转让协议书时，百花公司既未通知甲市工行，也未将财产抵押情况告知浩鑫公司。

2023年1月15日，因百花公司未能清偿其自2019年12月18日至2022年12月18日所欠甲市工行的500万元贷款，甲市工行请求就原制药厂的建设用地使用权及地上建筑物、附属设施行使抵押权。此时，浩鑫公司才得知原制药厂的建设用地使用权及地上建筑物、附属设施已抵押给甲市工行。

问题

1. 若原制药厂曾在2019年11月11日向甲市工行借款50万元，则通过何种方式才能将该50万元纳入最高额抵押所担保的债权范围？若甲市工行将2020年4月14日对原制药厂取得的300万元债权转让给百合公司，则最高额抵押权是否随之转移？

2. 若原制药厂曾在2019年11月11日与相邻的众康公司签订一份地役权合同，约定由众康公司在原制药厂的建设用地使用权上修建一条道路供众康公司通行，则该地役权自何时设立？2021年5月13日以后，众康公司能否继续对瑞康公司主张该地役权？

3. 瑞康公司与百花公司之间关于转让原制药厂所欠甲市工行债务的约定何时生效？请分别全面分析。

4. 百花公司与浩鑫公司签订的资产转让协议书效力如何？为什么？

5. 浩鑫公司如何才能最终取得原制药厂的国有建设用地使用权及地上建筑物、附属设施的所有权？为什么？

6. 若百花公司未与浩鑫公司签订资产转让协议书，则甲市工行在2022年12月18日之后如何实现其抵押权？若原制药厂的建设用地使用权及地上建筑物、附属设施最终拍得600万元，则甲市工行有权就多少债权主张优先受偿？

10 CASE | 案 情 |

出于对某高速公路项目建设资金的需要，甲高速公司于2014年7月14日向乙银行申请办理长期贷款，双方签订借款合同一份，约定甲高速公司向乙银行借款1亿元整，借款期限为5年，自2014年7月15日至2019年7月14日；合同项下贷款本息及其他一切相关费用由新华闻公司作为保证人，该公司须出具不可撤销担保书；合同项下贷款由甲高速公司以其有权处分的徽杭高速公路安徽段收费权作质押，双方另行签订质押合同。

当日，甲高速公司与乙银行签订质押合同，约定甲高速公司将安徽段部分公路收费权质押给乙银行。随后，双方依法向信贷征信机构办理了出质登记。

同日，新华闻公司向乙银行出具了不可撤销担保书，承诺：保证担保的范围为借款合同项下借款本金人民币1亿元和利息及其他一切有关费用；本保证人对保证范围内的全部债务承担连带责任；保证期间为2年；如借款人未及时偿还贷款本息及相关费用，贵行有权直接向本保证人追索；即使有借款人或其他第三人为借款合同提供的担保物权，贵行仍有权选择先行向本保证人进行追索。新华闻公司为确保其将来追偿权的实现，要求甲高速公司为其提供反担保；甲高速公司将其自有办公大楼抵押给新华闻公司，双方办理了抵押登记。

嗣后，乙银行于2014年7月15日向甲高速公司放款1亿元。贷款期满，甲高速公司因资金周转问题而不能还款。乙银行与甲高速公司于2019年7月10日就该笔贷款签订借款合同展期协议书，约定展期至2020年7月14日。后展期届满，甲高速公司仍未按约还本付息，新华闻公司也未承担担保责任。乙银行经多次致函催讨欠款未果，于2020年11月25日向安徽省高级人民法院提起诉讼。

经查明：乙银行为提起该案诉讼，于2020年11月22日与安天行律师事务所签订一份律师委托合同，约定安天行律师事务所接受委托并指定朱律师担任本案件一审代理人，本合同有效期限自签订之日起至本案终结止。

| 问 题 |

1. 甲高速公司有权在徽杭高速公路安徽段收费权上设立质权吗？质押合同自何时生效？该质押权自何时设立？

2. 乙银行在面对甲高速公司自己提供的质权以及新华闻公司提供的保证时，可以如何实现自己的债权？为什么？

3. 若乙银行放弃了对甲高速公司享有的质权，则新华闻公司享有何种权利？

4. 若乙银行与甲高速公司在签订借款合同展期协议书时未经新华闻公司书面同意，则展期届满后，新华闻公司的保证期间还剩多少？为什么？

5. 若甲高速公司最终向乙银行清偿了全部债务，则新华闻公司对甲高速公司享有的抵押权是否消灭？为什么？

6. 朱律师若想取得本案的代理权，还应办理什么手续？

7. 若本案审理过程中，安天行律师事务所认为本案异常复杂，本所难以胜任，则安天行律师事务所享有何种权利？若安天行律师事务所行使了前述权利，则乙银行又享有何种权利？

11 CASE

案 情

2021年3月23日，尚未取得建设工程规划许可证的华隆公司与建安公司签订《建设工程施工合同》，约定：由建安公司承建长安小区工程，开工时间为2021年4月1日，竣工时间为2021年11月30日；若华隆公司未能按约定时间向建安公司支付工程价款，则应按银行同期贷款利率向建安公司支付所欠工程价款的利息。

2021年3月25日，建安公司与国银公司签订《融资租赁合同》，约定由国银公司向陕重公司购买混凝土搅拌车15辆，出租给建安公司使用，国银公司办理了混凝土搅拌车的所有权登记。建安公司收到混凝土搅拌车后，发现其中5辆因存在严重质量问题而无法正常使用，建安公司因此损失惨重。后经查明，建安公司本欲选择三一重工公司的混凝土搅拌车作为租赁物，但后在国银公司的干预下，不得已才选择陕重公司的混凝土搅拌车。

2021年4月15日，建安公司将1辆混凝土搅拌车以合理的价格转让给不知该车系融资租赁物的昊天公司，双方当场将钱物交割完毕。因昊天公司急于使用，故未来得及依法进行融资租赁登记查询。后国银公司得知此事，请求昊天公司返还该车。昊天公司以自己为该车所有权人为由拒绝返还。

2021年4月23日，建安公司与城建公司签订《建设工程施工转包合同》，约定建安公司将其承建的长安小区工程的非主体结构施工转包给城建公司。后经查明，《建设工程施工转包合同》实际上是由不具备任何建筑施工资质的张某借用城建公司的名义与建安公司签订的。

2021年5月17日，经相关部门批准，华隆公司依法取得建设工程规划许可证。2021年11月30日，该工程如期竣工。经验收，该工程主体结构的施工全部合格，但非主体结构的施工部分不合格，需进行修复，华隆公司因此受到一定损失。后经结算，华隆公司尚欠建安公司工程价款800万元，工程价款逾期利息180万元。此外，建安公司尚欠张某工程价款100万元；虽然张某多次催讨，但是建安公司仍迟迟未能支付。

2021年12月3日，华隆公司与龙发公司签订《装饰装修合同》，约定由龙发公司承揽长安小区所有住宅楼的装饰装修工程，工程价款待完工后据实结算。2021年12月5日，龙发公司将部分高处作业工程转包给个体户胡某。后胡某雇用未取得高处作业证的高某从事高处作业，高某因安全绳未系牢而从6楼坠落，恰巧砸中了正常行走的王某，高某和王某均受到严重损害。

2022年4月15日，装饰装修工程全部竣工。经结算，华隆公司尚欠龙发公司工程价款60万元。2022年4月27日，因华隆公司迟迟未能支付其欠付建安公司、龙发公司的工程价款，建安公司、龙发公司将华隆公司诉至法院，请求拍卖长安小区1号楼，并主张就拍卖所得的价款优先受偿。

2022年5月16日，尚未取得预售许可证的华隆公司将长安小区9号楼7单元202室以180万元的价格出卖给李某，双方在《商品房预售合同(一)》中约定李某先支付首付款100万元，余款在办理完过户手续后1个月内支付。为确保余款的支付，华隆公司要求李某提供担保。

2022年5月18日，为筹集首付款，李某与马某签订借款合同，约定李某向马某借款100万元，借款期限为1年。双方未对借期内利息进行约定。为担保该债权的实现，应李某的请求，赵某、钱某与马某签订三方协议，约定：当李某不能履行债务时，由赵某、钱某承担保证责任。三方未对保证份额进行约定。

2022年5月20日，李某与华隆公司签订抵押合同，约定李某将自有宝马汽车抵押给华隆公司，以担保余款的支付。后双方一直未办理抵押登记。同日，于某向华隆公司出具保证函，承诺：当李某不能按期支付余款时，由其承担保证责任。华隆公司接收保证函后，未提出异议。后双方亦未对其他保证事项另作约定。

2022 年 6 月 1 日，华隆公司在取得预售许可证后，隐瞒了其已将长安小区 9 号楼 7 单元 202 室出卖给李某的事实，又与孙某签订《商品房预售合同(二)》，约定：华隆公司将长安小区 9 号楼 7 单元 202 室以 200 万元的价格出卖给孙某。孙某当场付清全部价款，但双方未依照《城市房地产管理法》第 45 条第 2 款的规定，将该预售合同报县级以上人民政府房产管理部门和土地管理部门登记备案。

2022 年 8 月 16 日，华隆公司将长安小区 9 号楼 7 单元 202 室过户给李某。孙某此时才得知华隆公司早已将该商品房出卖给李某，孙某旋即将华隆公司诉至法院。

2023 年 3 月 20 日，李某仍未依约支付余款，华隆公司在未对李某采取任何法律措施的情况下直接要求于某承担保证责任。于某以保证函系其单方出具而非双方合意且保证期间已经经过为由，拒不承担保证责任。

| 问　题 |

1. 建安公司能否以华隆公司未取得建设工程规划许可证为由，请求法院确认《建设工程施工合同》无效？为什么？

2. 建安公司是否有权以国银公司交付的 5 辆混凝土搅拌车存在严重质量问题而无法正常使用为由，主张减轻其相应的租金支付义务？为什么？

3. 昊天公司拒绝返还混凝土搅拌车的理由是否成立？为什么？

4.《建设工程施工转包合同》的效力如何？为什么？因部分非主体结构施工不合格而受到的损失，华隆公司有权请求谁来承担？

5. 若建安公司怠于主张其对华隆公司的到期工程价款，则张某是否有权对华隆公司提起代位之诉？为什么？

6. 若张某以华隆公司为被告主张工程价款，则法院应如何处理？

7. 建安公司是否有权请求其工程价款及逾期利息就拍卖长安小区 1 号楼所得的价款优先受偿？为什么？

8. 龙发公司能否请求其装饰装修工程价款就拍卖长安小区 1 号楼所得的价款优先受偿？为什么？

9. 张某是否有权请求对建安公司尚欠张某的工程价款就拍卖长安小区 1 号楼所得的价款优先受偿？为什么？

10. 华隆公司能否以其在签订《商品房预售合同(一)》时未取得预售许可证为由，主张该合同无效？为什么？

11. 若马某诉至法院请求李某按银行同期贷款利率向其支付借期内利息，则法院是否支持该请求？为什么？

12. 若李某未依约还款，则马某应如何实现其债权？若赵某承担了保证责任，则其追偿权该如何实现？

13. 华隆公司是否对李某的宝马汽车享有抵押权？为什么？若享有，则该抵押权的存续期间该如何确定？

14. 华隆公司能否以双方未依照《城市房地产管理法》第 45 条第 2 款的规定办理登记备案为由，主张《商品房预售合同(二)》无效？为什么？

15. 在李某未依约支付余款时，华隆公司应如何实现其债权？为什么？

16. 于某拒不承担保证责任的理由能否成立？为什么？

不求与人相比，但求超越自己，要哭就哭出激动的泪水，要笑就笑出成长的性格！

12 CASE | 案 情 |

通达公司经销吉祥公司的吉祥牌汽车，在销售过程中，就 4 辆吉祥牌汽车分别订立了 4 份合同。具体案情如下。

3 月 1 日，通达公司就一辆 2.0 排量汽车与张三签订买卖合同，双方约定：价款为 20 万元，当即交车并办理过户登记；张三首付 5 万元，剩余款项分 3 期付完，每 3 个月付款一次，分别为 4 万元、5 万元、6 万元，在付清所有款项后张三方可取得所有权。后张三付清首期后未付第二期。9 月 5 日，通达公司通知张三将汽车返还，张三提出通达公司一直未交付与该汽车有关的保修单、产品合格证等单据，所以拒付该款项并拒绝返还汽车。后张三将汽车以自己的名义卖给不知情的远房亲戚，得款 16 万元。该亲戚在开车回去的路上，因驾驶失误撞向路边的大树，导致在该树上睡觉的人从树上摔下受伤，花去医疗费若干元。

3 月 2 日，通达公司就一辆 2.5 排量汽车与李四签订买卖合同，价款为 25 万元。次日，李四前来付款提车，此时通达公司提出：由于该型号的汽车仅剩 1 辆，需要放在公司展厅再展览 1 周才能提走，但本公司可以赠送 1 套坐垫以抵偿 1 周的使用费。李四应允。同时，双方还约定：任何一方违约，应该支付 1 万元的违约金。3 月 8 日，客户王五看中了这辆汽车，通达公司一位新业务员不知道与李四的约定，将汽车当场卖与王五。王五付款提车后，随即将车赠与自己的女友。后女友开车第一次上路即发生车祸并身受重伤。经查：该辆汽车的刹车系统在车速超过 120 迈时有失灵的隐患，吉祥公司虽然知道，但抱着侥幸的心态一直没有召回这批产品，也没有通知其经销商。

3 月 3 日，通达公司就一辆 3.0 排量的二手汽车与某大学签订第一份协议，协议内容如下：双方将在 1 周后签订一份正式的汽车买卖合同。1 周后双方签订第二份协议，该协议约定：汽车价款为 30 万元；自签字之日起 10 天内付款提车；任何一方违约应该支付违约金 3 万元。某大学当场交付通达公司定金 2 万元。然而，3 月 11 日，通达公司又将该汽车卖给出价 35 万元的马六。马六提出：由于是二手车，需要开走试用 1 周再行决定购买与否，通达公司允诺其试用 5 天。3 天后，马六的表弟见到该车后很是喜欢，提出加价 1 万元购买，马六见有利可图就卖给表弟并交付。3 月 21 日，某大学前来提车，但无货可提，双方于是发生纠纷。

3 月 4 日，通达公司就一辆 4.0 排量的越野汽车与外地 A 市的某私企签订一份买卖协议，协议约定：汽车价款 50 万元，某私企当场交付定金 2 万元，通达公司代办托运在 10 日之内送达对方，验货期为 20 天。几天后，通达公司与四方物流公司签订运输协议，委托后者将越野车运送到 A 市，但忘记将与该汽车有关的保修单、普通发票、增值税专用发票、产品合格证、质量保证书、质量鉴定书等单据资料一并送出。四方物流公司派出的司机因酒后驾驶而将货车开入河中，导致该越野车被河水浸泡，但表面上该车看不出有什么损害。某私企收货、验货时没有发现瑕疵，后来使用 1 个月后才发现发动机受损较为严重，于是提出质量异议。通达公司认为：该私企已经支付价款并使用该汽车，况且验货期已过，这意味着其已经放弃对质量提出异议。双方因此发生纠纷。

| 问 题 |

1. 就 2.0 排量汽车买卖合同，回答以下问题：

(1)张三提出的抗辩是否有法律依据？为什么？

(2)张三的远房亲戚是否可以取得汽车所有权？为什么？

(3)假设睡在树上的人后来到车管所查明汽车登记在张三名下，于是要求张三承担赔偿责任，这种要求有无道理？为什么？

2. 就 2.5 排量汽车买卖合同，回答以下问题：

(1)李四何时取得汽车所有权？为什么？

(2)假设通达公司违约致李四遭受损失，且被法院认可的损失额度为1.6万元，法院应该如何判决通达公司的赔偿责任？

(3)通达公司与王五的买卖合同效力如何？为什么？

(4)王五的女友可否取得汽车所有权？为什么？

(5)王五的女友可以请求谁来承担赔偿责任？其中要求谁来赔偿对自己更为有利？

3.就3.0排量汽车买卖合同，回答以下问题：

(1)通达公司与某大学签订的第一份协议是合同吗？违反该协议的法律责任是什么？

(2)通达公司违约后，就第二份协议所约定的违约金与定金条款，某大学该如何向通达公司主张违约责任？怎样主张对自己更有利？

(3)通达公司与马六的试用买卖合同的试用期是多少天？为什么？如马六最终决定不购买，通达公司可否要求马六支付此期间的使用费？

(4)对于马六与其表弟的买卖合同应该如何定性？为什么？

4.就4.0排量汽车买卖合同，回答以下问题：

(1)某私企该如何救济自己的损失？

(2)如某私企向通达公司主张赔偿，且其能举证证明自己的各类损失为3万元，那么结合已经支付的定金，其有权主张通达公司赔偿多少金额？

(3)关于质量异议的争议，你认为两方的意见谁有道理？为什么？

(4)假设在送货的路上，四方物流公司派出的货车遭遇百年不遇的泥石流，该越野车因此受损，则该损失应该由谁承担？为什么？

(5)就上问所设情形，若某私企抗辩说因汽车的单据资料未予交付，所以不承担该损失，你认为该抗辩有道理吗？为什么？

13 CASE | 案 情 |

2021 年 4 月 20 日，甲银行与柏冠公司签订小企业借款合同，约定：柏冠公司向甲银行借款 300 万元，借款期限为 7 个月，自实际提款日起算；2021 年 11 月 26 日还 100 万元，2021 年 12 月 3 日还 200 万元。同年 4 月 24 日，甲银行向柏冠公司发放了该笔借款。

2021 年 4 月 23 日，为担保该笔债权的实现，甲银行与柏冠公司签订不动产抵押合同，约定柏冠公司将已经出租给航嘉公司（剩余租期为 3 年）的自有 A 房产抵押给甲银行。随后，双方对该抵押房产办理了抵押登记。

2021 年 4 月 24 日，闽航公司应柏冠公司请求，向甲银行出具担保书，承诺：当柏冠公司不能履行债务时，由闽航公司承担保证责任。甲银行接受后，未提出异议，双方事后亦未再对保证期间及其他事项进行约定。

2021 年 10 月 24 日，甲银行与凯盛公司签订最高额抵押合同，约定凯盛公司以自有 B 房产为自 2021 年 10 月 19 日至 2024 年 10 月 19 日，在 4000 万元的最高限额内，甲银行对凯盛公司享有的债权承担担保责任。同日，双方对该抵押房产办理了抵押登记。

2021 年 11 月 3 日，凯盛公司与甲银行签订补充协议，明确双方签订的最高额抵押合同的担保范围包括 2021 年 4 月 20 日甲银行对柏冠公司享有的债权。但是，双方事后未就该最高额抵押办理变更登记。

2021 年 11 月 28 日，甲银行将其对柏冠公司享有的 100 万元债权转让给金亿达公司。同年 11 月 29 日，甲银行将该笔债权转让一事通知了柏冠公司、闽航公司以及凯盛公司，柏冠公司、闽航公司以及凯盛公司均于当日回复收到。

2021 年 12 月 5 日，因柏冠公司未按期偿还该笔借款，甲银行将柏冠公司诉至宣城市中级人民法院。甲银行胜诉后，依法请求就 A 房产实现抵押权，后 A 房产被腾飞公司购得。

另查明：2021 年 12 月 4 日，凯盛公司擅自与金顺公司就 B 房产签订房屋买卖合同，并且金顺公司对该房产已抵押一事知情。

| 问 题 |

1. 甲银行与柏冠公司之间的小企业借款合同自何时成立并生效？为什么？

2. 若甲银行与柏冠公司未对 A 房产办理抵押登记，则双方签订的不动产抵押合同能否生效？为什么？

3. 如何确定闽航公司的保证方式？为什么？如何确定闽航公司的保证期间？为什么？甲银行在实现了对柏冠公司所享有的 A 房产的抵押权后，就剩余债权要求闽航公司承担保证责任，闽航公司是否有权拒绝？为什么？

4. 凯盛公司与甲银行之间的补充协议效力如何？为什么？2021 年 4 月 20 日甲银行对柏冠公司享有的 300 万元债权是否属于该最高额抵押所担保的债权范围？为什么？

5. 债权转让通知到达柏冠公司、闽航公司以及凯盛公司后，分别产生怎样的法律效果？

6. 债权到期后，若当事人之间未明确约定债权的实现顺序，则甲银行应该如何实现其债权？为什么？

7. 柏冠公司在与甲银行协议实现抵押权时，负有何种义务？为什么？在腾飞公司购得 A 房产后，航嘉公司与柏冠公司之间的租赁合同效力如何？各当事人享有何种权利，承担何种义务？

8. 凯盛公司与金顺公司之间的房屋买卖合同效力如何？为什么？

第 / 天

再长的路，一步步也能走完；再短的路，不迈开双脚也无法到达。

14 CASE ｜案 情｜

2020 年 6 月,甲与乙签订房屋租赁合同,租赁期限是 5 年。2022 年 7 月,甲将房屋卖给自己的哥哥,但未通知乙。

2022 年 8 月,甲想购买自己单位附近的房屋,房屋中介丙将丁介绍给甲。丁的房屋登记在丁父亲的名下,丁说能够得到自己父亲的授权。同时为了打消甲的疑虑,丙向甲保证丁可以得到丁父亲的同意。2022 年 9 月,甲与丁签订房屋买卖合同,丙在买卖合同上签字,承诺"如果丁无法履行合同则由丙承担责任"。事实上,丁的父亲拒绝同意。甲要求丁履行合同,丁拒绝履行;甲便要求丁赔偿谈判签约过程中支出的费用 1 万元,并要求丙承担保证责任。

其后,乙得到甲将房屋卖给哥哥的事实,要求行使优先购买权。

｜问 题｜

1. 乙能否行使优先购买权?
2. 甲的哥哥购买房屋后,可否收回房屋自己居住?
3. 甲是否有义务向丙支付报酬?
4. 丙承担何种类型的保证责任?
5. 甲与丁之间的合同效力如何?
6. 甲是否有权要求丁承担违约责任?
7. 甲是否有权通过强制执行要求丁向自己交付房屋?

15 CASE | 案 情 |

2021年9月10日，甲汽车销售公司（以下简称甲公司）与乙汽车生产公司（以下简称乙公司）签订买卖合同。双方约定：甲公司以25万元/辆的价格，向乙公司购买20辆某型号的汽车；在甲公司支付100万元定金后，乙公司先行代办托运，甲公司在收到车辆后的1个月内付清价款；一方违约应向对方支付300万元的违约金。

在交付定金后，乙公司委托丙运输公司（以下简称丙公司）运输该批汽车。丙公司指派司机丁、戊分别驾驶一辆货车运送。9月15日，乙公司将车辆交给丁、戊，因工作人员失误，多交付1辆汽车。9月17日，因客户已急需购买车使用，甲公司通知丁将车运往己处。不料，在去往己处的途中，丁驾驶的货车与庚驾驶的货车相撞，所载10辆汽车严重毁损。经交警认定，庚负全责。9月20日，戊将11辆车安全送交甲公司。甲公司在清点时发现多交1辆车，但未通知乙公司。

9月25日，甲公司将1辆汽车以32万元的价格出售给辛，并于当日交付，约定质量检验期为半年。9月27日，甲公司将剩余10辆汽车以30万元/辆的价格卖给申公司，双方约定：9月29日申公司在支付首期100万元款项后即可提车，剩余款项分别于10月29日、11月29日支付；在付清全部款项之前，甲公司保留对该批汽车的所有权。后申公司如期支付首付款。提车时，鉴于国庆销售旺季，双方约定申公司留1辆车给甲公司用于展销。

10月3日，甲公司又将该辆车卖给卯，卯要求试用1个月，甲公司同意。10月5日，卯的朋友结婚，卯将该车借给朋友使用，后卯在1个月后要求将该车退还甲公司。辛于2022年8月1日发现汽车有质量瑕疵。甲公司一直未向乙公司付款，己也未向甲公司付款，申公司亦未向甲公司支付余款。

| 问 题 |

1. 乙公司有权要求甲公司支付多少辆汽车的价款？为什么？
2. 就甲公司未支付价款的行为，乙公司可否没收甲公司的定金，并要求甲公司支付违约金？为什么？
3. 若乙公司起诉要求甲公司支付违约金，甲公司坚持认为自己没有违约，法院是否必须判决按约定数额支付违约金？
4. 就撞毁车辆的损失，甲公司如何主张其权利？为什么？
5. 甲公司可否要求己支付价款？为什么？
6. 辛可否要求甲公司承担违约责任？为什么？
7. 甲公司应如何向申公司主张权利？为什么？
8. 卯可否要求退还车辆？为什么？

16 CASE | 案 情 |

张某欲寻找一处供瑜伽授课用的场所，于是与甲公司于2021年4月12日签订了房屋租赁合同。租赁合同约定：甲公司将其沿街二层楼房出租给张某，租赁期限为30年，自甲公司交付楼房的次日开始计算；年租金为10万元，张某于甲公司交付楼房的次日付清第一年的房租，以后于每一年的同一日付清该年度房租；若遇节假日，则付款日期为节假日后的第一个工作日。

2021年5月12日，甲公司交付楼房给张某。5月13日，张某付清了第一年度的租金。

2022年6月5日，甲公司通知张某称：因资金紧张欲出卖楼房，若张某有意购买，则须在2022年7月5日前一次性付清房款250万元，并可以扣除张某已支付的2022年度租金10万元。张某对甲公司的通知提出异议，要求甲公司履行合同。

2022年7月8日，甲公司以250万元的价款将楼房卖给乙公司，根据双方约定，乙公司一次性付清了全部购房款250万元。乙公司在办理房屋过户登记时，发现该楼房上登记了两个抵押权。经查：2020年6月6日，甲公司将该楼房抵押给丙公司，为丁公司欠丙公司的200万元货款提供担保；2021年12月6日，甲公司就自己欠戊公司的150万元货款设定抵押。经评估，该楼房的实际价值为300万元。

| 问 题 |

1. 张某与甲公司之间关于租赁期限的约定是否有效？应当如何认定该租赁合同的租赁期限？

2. 如果甲公司于2022年6月5日通知张某，告知其3个月后要出卖该楼房，但张某表示无论如何都不购买。3个月后，甲公司将楼房卖给李某。交付后，李某要求张某搬出楼房。针对该情形，张某可以提出何种主张？

3. 如果丙公司因为丁公司不履行还款义务，于2021年7月6日依法行使抵押权，该楼房经法院拍卖，最终由己公司购得。该事实对张某的租赁权是否有影响？

4. 如果戊公司因为甲公司不履行还款义务，于2022年2月6日依法行使抵押权，该楼房经法院拍卖，最终由庚公司购得。该事实对张某的租赁权是否有影响？

17 CASE | 案 情 |

R 市居民甲、乙二人系夫妻，现欲购买一套房屋。根据 R 市的有关政策规定，教师购房可享受税费减免等优惠政策。因甲、乙均不是教师，遂双方与在 R 市某中学任教的乙母签订了代购商品房协议，约定由乙母出面与开发商签订房屋买卖合同，但房款由甲、乙支付，房屋的所有权由甲、乙享有。

2020 年 1 月 1 日，乙母与开发商签订房屋买卖合同，甲、乙二人支付了全部房款。次日，开发商与乙母办理了过户登记。

2021 年 1 月 1 日，甲、乙离婚，甲要求分割其与乙共同购买的房屋。乙母得知此事后，当日即与 S 市居民丙签订了买卖该房屋的合同，双方约定：房屋价款为 100 万元，由丙负担因过户而产生的一切税费。为少支付税费，丙与乙母旋即又签订了一份价款为 70 万元的房屋买卖合同，并于次日依该合同办理了过户登记。

在从登记机关回家的途中，丙被丁驾驶的汽车撞死。后查明，丁对事故负全部责任，且该车系丁从张三处所盗。被盗时，张三去邻近的便利店购买香烟，未关车门，也未取走车钥匙。该车投保了机动车交通事故强制责任保险，事发时尚在保险期内。

2021 年 2 月 1 日，丙唯一的继承人戊向己借款 20 万元，并以该房屋设定抵押，双方在抵押合同中约定：合同生效后次日办理抵押登记手续；若到期不能清偿债务，该房屋所有权即自动由己取得。

2021 年 3 月 1 日，戊将该房屋过户登记到自己名下。当天，其与庚口头约定，由庚租赁该房屋，租期为 2 年。

2022 年 3 月 1 日，戊将房屋出卖并过户给申。次日，申要求庚搬离房屋。己则将债权转让给李四，但未通知债务人戊。

| 问 题 |

1. 甲、乙与乙母之间的协议属于何种性质的合同？该合同是否有效？
2. 在开发商将房屋过户给乙母之后，该房屋属于谁所有？
3. 在乙母将房屋过户登记给丙后，甲可以通过哪些手段维护自己的合法权益？为什么？
4. 乙母与丙签订的两份房屋买卖合同效力如何？为什么？
5. 丙被丁撞死，戊如何主张权利？为什么？
6. 戊、己之间的抵押合同效力如何？为什么？
7. 戊将房屋出卖并过户给申时，申能否要求庚搬离房屋？为什么？
8. 己与李四之间的债权转让是否发生效力？为什么？
9. 若己将债权转让一事通知戊，则该通知是否对该债权的诉讼时效产生影响？为什么？
10. 若戊不能清偿到期债务，且怠于对丙的死亡进行索赔，则李四能否行使债权人的代位权？为什么？

18 CASE | 案 情 |

甲汽车制造公司(以下简称甲公司)与乙汽车销售公司(4S店,以下简称乙公司)签订一份关于100辆某品牌汽车的购销合同,双方约定送货方式为代办托运。甲公司委托丙运输公司(以下简称丙公司)通过陆运方式将汽车由S市高新区送往M市。为担保货款的实现,乙公司在自有4S店建筑物上设定抵押并办理抵押登记。另经书面协议约定,乙公司全资控股的某生态养殖公司以其价值300万元的现有的以及将有的生产设备、原材料、养殖物、相关农产品等设定抵押,并在当地工商行政管理部门办理了抵押登记。

丙公司派司机丁等承担运输任务。后丁高速超车时发生了交通事故,导致其运输的10辆汽车不同程度受损;在经过某山区险要路段时,又由于遭遇百年不遇的山体滑坡,落下的巨石砸中1辆运输的汽车,受损较严重。

乙公司接收汽车后,对于上述11辆汽车的质量提出异议,要求甲公司、丙公司、丁承担连带责任,并拒付全部车款。因各方一直争执不下,故乙公司决定动用自己的维修力量将汽车翻修如新,并加快出售。因交通事故受损的10辆汽车经过翻修后,出售给了戊物流公司(以下简称戊公司)。合同签订后,乙公司便将汽车交付戊公司并办理了过户登记手续,但双方约定:在车款付清之前,所有权仍然属于乙公司。戊公司使用后不久,得知该批车经过翻修的实情,甚为恼怒,径直将其中的数辆汽车转卖给运输个体户己。

乙公司的销售非常顺利,新来的员工庚有意购买最后一辆车。乙公司董事长表示,员工价可比标价便宜,但在新车到位之前,乙公司继续将这辆车用于展示与顾客试驾。庚表示同意并付款。在此期间,顾客辛登门买车,试驾并看中这辆汽车,愿按标价购买。董事长果断决定卖与辛,交付并登记。

辛开回去不久就发现,该车的发动机、刹车系统都有大修痕迹,后经鉴定,该车就是被巨石砸中的那辆汽车。辛怒不可遏,驱车赶往乙公司讨说法,但在路上刹车部分失灵,导致车毁人伤。

此前,乙公司由于经营资金紧张,曾与当地富豪壬在合同中约定:乙公司出售20辆汽车给壬,价款600万元并当即支付,壬不得使用汽车;1年后乙将这些车辆以700万元买回,一手付款一手交车。1年后,陷入资金困顿的乙公司拒绝买回汽车。

此外,乙公司曾将其中的8辆车卖给当地一家民企,后者全额付款并取走车,但未办理过户登记。后壬向乙公司追债,乙公司无力付款。壬遂向法院起诉,要求拍卖乙公司出售给民企的这8辆车。

| 问 题 |

1. 针对11辆车受损引发的纠纷,乙公司要求甲公司、丙公司、丁承担连带责任的诉求有无法律依据?该纠纷应如何处理?

2. 乙公司可否拒付全部车款?为什么?对此,甲公司应该如何实现其债权?

3. 假设某生态养殖公司在抵押登记后,未经甲公司同意将出栏的1万只肉鸡以合理的价格出售给某肉食品公司并履行完毕,甲公司可否主张该交易无效?为什么?

4. 己以自己受到欺诈为由请求法院撤销了其与戊公司的汽车买卖合同,后又发现戊公司无力返还款项。此时,己可否继续主张对汽车的善意取得?为什么?

5. 辛取得汽车所有权了吗?为什么?

6. 辛对于自己的损失,如何获得救济?

7. 乙公司与壬的合同是否有效?该纠纷应如何处理?

8. 壬对于8辆车的诉求应否得到支持?为什么?

19 CASE ｜案 情｜

何某2017年丧偶，其子女甲、乙二人均已工作。2018年5月，何某在邻居张律师的见证下，当着甲、乙的面书写了遗嘱：本人去世后，名下两套房产由甲、乙分别继承。同年6月，何某因在报纸上读到有关遗产税的新闻，便找来甲、乙二人，与其虚构了房屋买卖文书。2018年7月，何某将房产分别过户至甲、乙名下。

此后，何某一直与儿子甲共同生活。2021年10月，何某因遭受甲的虐待，向甲表示撤回遗嘱，并要求甲返还房屋。甲声称何某将房产过户给自己是3年前的事情，已过诉讼时效，拒绝归还房屋。

2021年11月，为免夜长梦多，甲将房屋卖给李某，并于11月24日将房屋过户给李某。何某知道后，伤心欲绝，突然发病住进医院。病危之际，何某立下口头遗嘱，将自己所有的财产都捐献给国家。

何某的女儿乙听闻何某住院，从外地赶回医院照顾何某。何某逐渐转危为安，又立下自书遗嘱一份，将所有的遗产都留给女儿乙。

｜问 题｜

1. 何某是否有权在张律师不在场的情况下撤回遗嘱？
2. 何某撤回遗嘱后，甲是否享有房屋的所有权？
3. 何某将房屋过户给甲3年之后，是否有权要求甲归还房屋？
4. 何某是否有权要求李某返还房屋？
5. 何某如何防止甲转卖房屋？
6. 何某在病危之际将遗产捐献给国家的遗嘱是否有效？需要满足什么条件？
7. 何某的遗产应当如何处理？

七、问答式主观题预测与演练参考答案

1 CASE | 参考答案 |

1. 不正确。根据《民法典》第215条的规定，广州金石公司未配合办理抵押登记仅仅导致佳吉公司未取得国有建设用地使用权、建筑物以及地上定着物的抵押权，而不会导致双方抵押协议中关于前述财产抵押的约定无效，物权变动与合同的效力是相分离的。

2. 根据《民法典》第396条的规定，该行为属于设立动产浮动抵押权的行为；该抵押权自广州金石公司与佳吉公司的抵押协议生效时设立；抵押登记的效力在于对抗善意第三人。

3. 根据《民法典》第404条的规定，在满足夏某和广州金石公司是在正常的经营活动中购买该生产设备，夏某已经依约支付合理价款，广州金石公司已经依约交付该生产设备并转移该生产设备的所有权于夏某这三项条件后，佳吉公司不得对抗夏某。

4. 该合同无效。根据《民法典》第154条的规定，因两公司的直接或间接控制人均为王甲、王乙、柳某，且王甲与王乙是父子关系，王乙和柳某是夫妻关系，故在签订该合同时双方对于金石集团欠佳吉公司债务一事是知情的；同时，因广州金石公司的固定资产净值为3200万元，故双方约定以2000万元的价格转让明显不合理。因此，该合同因双方恶意串通损害佳吉公司的合法权益而无效。

5. 没有约束力。根据《民法典》第67条第2款的规定，因该约定系田源公司分立后的中田公司和中源公司之间的内部约定，故该约定仅具有内部约束力，对田源公司分立前的债权人没有当然的约束力，除非事后征得债权人的同意。

6. 根据《民法典》第83条第2款的规定，佳吉公司应证明王甲、王乙、柳某实施了滥用金石集团、田源公司的独立地位和出资人有限责任的行为，且该行为对自身的合法权益造成了严重损害。同时，佳吉公司也可以根据《公司法》第23条第1款主张权利。该款规定："公司股东滥用公司法人独立地位和股东有限责任，逃避债务，严重损害公司债权人利益的，应当对公司债务承担连带责任。"司法实践中，主要是根据《全国法院民商事审判工作会议纪要》第10～12条的规定，从人格混同、过度支配与控制、资本显著不足等角度进行举证和判断。

2 CASE | 参考答案 |

1. 该买卖合同有效。《民法典》第136条第1款规定，民事法律行为自成立时生效，但是法律另有规定或者当事人另有约定的除外。车辆是动产买卖合同标的物，动产买卖合同自买卖双方订立合同时生效。依照《民法典》第224条、第225条的规定，三轮车的所有权发生变动，不以办理登记手续为要件，交付即可。故本案的买卖合同有效。

2. 三轮车受损后，损失应由甲承担。因为《民法典》第604条规定，标的物毁损、灭失的风险，在标的物交付之前由出卖人承担，交付之后由买受人承担，但是法律另有规定或者当事人另有约定的除外。本案农用三轮车受损时，甲尚未向乙交付三轮车，因而三轮车所受的损失应由甲承担。

3. 乙能要求退车。《民法典》第582条规定，履行不符合约定的，应当按照当事人的约定承担违约责任。对违约责任没有约定或者约定不明确，依据《民法典》第510条的规定仍不能确定的，受损害方根据标的的性质以及损失的大小，可以合理选择请求对方承担修理、重作、更换、退货、减少价款或者报酬等违约责任。因发动机故障是重大质量瑕疵，所以，乙可以选择退车这种违约责任形式。

4. 乙能请求甲赔偿经营损失。《民法典》第584条规定，当事人一方不履行合同义务或者履行

合同义务不符合约定,造成对方损失的,损失赔偿额应当相当于因违约所造成的损失,包括合同履行后可以获得的利益;但是,不得超过违约一方订立合同时预见到或者应当预见到的因违约可能造成的损失。乙5000元的经营收入损失可视为甲履约不符合约定而给乙造成的可得利益的损失,且这种损失能为甲在订约时所预见。因此,甲对该5000元经营收入损失应当赔偿。

5. 乙可以同时请求甲支付8000元违约金和支付每天100元的迟延履行违约金。因为这两种违约金适用的情形并不相同,而甲同时构成了瑕疵履行和迟延履行两种违约行为,故这两种违约金责任可以并用。《民法典》第585条规定:当事人可以约定一方违约时应当根据违约情况向对方支付一定数额的违约金,也可以约定因违约产生的损失赔偿额的计算方法。约定的违约金低于造成的损失的,人民法院或者仲裁机构可以根据当事人的请求予以增加;约定的违约金过分高于造成的损失的,人民法院或者仲裁机构可以根据当事人的请求予以适当减少。当事人就迟延履行约定违约金的,违约方支付违约金后,还应当履行债务。

6. 乙不能既要求甲双倍返还定金又要求甲支付违约金8000元,因为定金罚则与违约金不能并用。《民法典》第588条第1款规定,当事人既约定违约金,又约定定金的,一方违约时,对方可以选择适用违约金或者定金条款。

3 CASE | 参考答案 |

1. 金帆公司不再承担保证责任。根据《民法典》第696条第2款的规定,因金帆公司与建设银行在保证合同中明确约定仅对建设银行承担保证责任,故建设银行将其对盐化总厂的债权转让后,金帆公司不再承担保证责任。

2. 根据最高人民法院《关于审理民事案件适用诉讼时效制度若干问题的规定》第17条及《民法典》第546条第1款的规定,该通知到达盐化总厂后,会产生两个法律效果:第一,盐化总厂与新债权人信达公司之间债务的诉讼时效发生中断;第二,该债权转让对盐化总厂发生效力,之后盐化总厂应向信达公司清偿债务。

3. 第一,根据《民法典》第686条、第691条的规定,因亚盛公司和金霞公司未与信达公司明确约定承担保证责任的方式,故其保证方式为一般保证;同时,因当事人之间也未明确约定保证所担保的债务的范围,故双方均应对全部债务承担保证责任。

第二,根据《民法典》第700条的规定,亚盛公司有权向盐化总厂追偿,除非当事人之间另有约定。

4. 第一,根据《民法典》第443条第1款的规定,信达公司对该股权所享有的质权自双方办理出质登记时设立。

第二,根据《民法典》第443条第2款的规定,亚盛公司转让其已设立质权的股权时,应征得信达公司的同意,并且应将转让所得的价款提前向信达公司清偿或提存。

5. 根据《民法典》第392条的规定,因信达公司的债权同时存在盐化总厂的抵押担保、亚盛公司的质押担保以及亚盛公司和金霞公司的保证担保,并且当事人之间对如何实现债权未作约定,故信达公司应先就盐化总厂的抵押担保实现债权;对于剩余债权,信达公司可任意选择质押担保和保证担保中的一个或数个来实现。

6. 根据《民法典》第417条的规定,信达公司有权申请将新建的3间厂房与建设用地使用权一并拍卖;但是,信达公司对于新建的3间厂房拍卖所得的价款,无权优先受偿。

4 CASE | 参考答案 |

1. 第一,关于租期的约定部分有效,部分无效。根据《民法典》第705条第1款的规定,因七天公司与松江公司约定的租期为25年,故其中20年以内的租期有效,超过20年的5年这部分无效。

第二,七天公司不能以该大厦未通过竣工验收为由主张该合同无效。《民法典》第153条第1款规定:"违反法律、行政法规的强制性规定的民事法律行为无效。但是,该强制性规定不导致该民事法律行为无效的除外。"据此,违法合同不一定无效,需要根据法律的规范目的进行综合判断。考察《建筑法》第61条第2款的立法意图,该条款规定工程尚未竣工验收合格的,不得交付使用,其规范重心在于合同的履行而非合同效力;不能完成竣工验收的,可能产生违约责任,但不影响合同效力。故七天公司不能以该大厦未通过竣工验收为由主张合同无效。

2. 不能。根据《民法典》第722条的规定,松江公司应先履行催告义务,催告七天公司在合理期限内支付;只有当七天公司被催告后仍未按期支付租金时,松江公司才可解除合同。

3. 根据《民法典》第713条第1款的规定,七天公司有权要求松江公司相应地减少租金或延长租期。

4. 第一种情况下,应由松江公司承担。根据《民法典》第1191条第1款的规定,因刘某侵犯胡某的人身权利发生在执行职务过程中,故应由其用人单位松江公司来承担责任。

第二种情况下,应由刘某承担。若松江公司在定作、指示或者选任上有过失,则亦应承担相应的赔偿责任。根据《民法典》第1193条的规定,因刘某和松江公司之间是承揽关系,且刘某侵犯胡某的人身权利发生在承揽过程中,故应由承揽人刘某来承担责任。

5. 无权。根据最高人民法院《关于审理城镇房屋租赁合同纠纷案件具体应用法律若干问题的解释》(以下简称《租赁合同解释》)第10条的规定,因七天公司在装修时未与松江公司明确约定装修费由谁负担,故该部分费用应由七天公司自行负担。

6. 根据《租赁合同解释》第12条的规定,若扩建该简易餐厅时,当事人依法办理了扩建手续,则扩建造价费由松江公司来承担;反之,由七天公司和松江公司按照各自的过错来分担。

7. (1)七天公司无权主张合同无效。根据《民法典》第728条的规定,虽然松江公司未通知七天公司便出卖该大厦,侵犯了七天公司的优先购买权,但是七天公司无权以此为由主张松江公司与华安公司签订的买卖合同无效。

(2)根据《民法典》第728条的规定,首先,七天公司可以其优先购买权受到侵犯为由,要求松江公司承担损害赔偿责任;其次,其有权要求华安公司继续履行租赁合同至租期届满。

5 CASE | 参考答案 |

1. 首先,根据《民法典》第634条的规定,利通公司有权催告益泰公司在合理期限内支付到期价款,若其仍未支付,则有权选择要求益泰公司支付剩余全部价款或解除合同并要求益泰公司支付使用费。因为益泰公司仅支付了100万元的车款,其未支付的车款金额已经超过到期全部车款的1/5。

其次,根据《买卖合同解释》第26条第1款的规定,利通公司有权取回其交付的10辆欧曼牌汽车。因为利通公司与益泰公司约定了所有权保留,现益泰公司仅支付了100万元的车款,尚未达到全部车款的75%。

2. 第一,根据《民法典》第562条第2款的规定,利通公司有权单方通知益泰公司解除《工程车辆买卖合同》,因为双方在合同中明确约定了解除合同的条件,并且现在该条件已经成就。

第二,根据《民法典》第565条第1款的规定,益泰公司对于利通公司解除合同的权利享有异议权。但该权利应在异议期内行使,超过异议期再行使的,法院不予支持。

3. 根据《民法典》第585条第2款及最高人民法院印发的《全国法院贯彻实施民法典工作会议纪要》第11条第3款的规定,因利通公司的实际损失仅为6万元,而双方约定的违约金为全部车价款的1.5%(8.55万元),该数额超出了实际损失的30%(7.8万元),故益泰公司有权要求适当减少违约金。

4. 第一种情况下，李小伟享有以保证期间届满为由拒绝承担保证责任的权利。根据《民法典》第693条第2款的规定，因李小伟系连带责任保证人，故利通公司应在约定的保证期间内直接要求李小伟承担保证责任，否则李小伟有权拒绝。

第二种情况下，李小伟享有以诉讼时效期间届满为由拒绝履行保证债务的权利。根据《民法典》第694条第2款及《民法典》第192条第1款的规定，利通公司要求李小伟承担保证责任后，保证债务的诉讼时效即开始起算；若利通公司在未来的3年里未再向李小伟主张任何权利，则李小伟有权拒绝。

5. 根据《买卖合同解释》第26条第2款及《民法典》第311条第1款的规定，因在益泰公司付清车款前利通公司保留欧曼牌汽车的所有权，故益泰公司将其中一辆出卖给周某属于无权处分；此时，若周某不知益泰公司无权处分且无重大过失，双方以合理的价格转让该车，同时益泰公司已将该车交付周某，则利通公司无权从周某处取回该车。

6. 第一，利通公司无权直接出卖该汽车。根据《民法典》第643条的规定，因益泰公司在利通公司取回汽车后，享有回赎该汽车的权利，故只有在益泰公司未在回赎期内回赎该汽车时，利通公司才可以另行出卖该汽车。

第二，利通公司无权要求李小伟支付差额。根据《民法典》第687条第2款的规定，因李小伟为差额提供的是一般保证，故只有在利通公司就益泰公司的财产依法强制执行后仍不能补足差额时，才能要求李小伟支付剩余的差额。

6 CASE | **参考答案** |

1. 乙公司可以行使不安抗辩权，拒绝发货。《民法典》第527条第1款规定，应当先履行债务的当事人，有确切证据证明对方有下列情形之一的，可以中止履行：(1)经营状况严重恶化；(2)转移财产、抽逃资金，以逃避债务；(3)丧失商业信誉；(4)有丧失或者可能丧失履行债务能力的其他情形。本题中，虽然甲公司支付了20万元的预付款，但乙公司有证据证明甲公司经营状况严重恶化，有可能无法支付剩余的30万元货款，所以乙公司有权行使不安抗辩权。

2. 丙公司应对全部债务承担责任。《民法典》第691条规定：保证的范围包括主债权及其利息、违约金、损害赔偿金和实现债权的费用。当事人另有约定的，按照其约定。本案中，丙公司与乙公司在保证合同中对保证范围未作约定，因此依本条规定，丙公司应对全部债务承担责任，即丙公司应对甲公司欠乙公司的30万元主债务及利息等承担全部保证责任。

3. 丙公司承担保证责任的保证期间为6个月，自甲公司的付款义务履行期间届满之日起开始计算。《民法典》第692条第2款规定：债权人与保证人可以约定保证期间，但是约定的保证期间早于主债务履行期限或者与主债务履行期限同时届满的，视为没有约定；没有约定或者约定不明确的，保证期间为主债务履行期限届满之日起6个月。

4. 有效。《民法典》第551条第1款规定，债务人将债务的全部或者部分转移给第三人的，应当经债权人同意。本案中，甲公司经乙公司同意，将其欠乙公司的债务转让给丁公司，因此，甲公司与丁公司间的债务转让具有法律效力。

5. 丙公司不继续承担保证责任。《民法典》第697条第1款规定，债权人未经保证人书面同意，允许债务人转移全部或者部分债务，保证人对未经其同意转移的债务不再承担保证责任，但是债权人和保证人另有约定的除外。本案中，乙公司许可甲公司转让债务给丁公司，但未取得保证人丙公司的同意，所以丙公司不继续承担保证责任。

6. 丙公司在原保证担保的范围内对戊公司承担保证责任。根据《民法典》第696条的规定，债权让与不需要征得保证人的同意。在保证期间,债权人依法将主债权转让给第三人的,保证债权同时转让,保证人在原保证担保的范围内对受让人承担担保责任。但是,保证人与债权人事先约定仅对特定的债权人承担保证责任或者禁止债权转让的,保证人不再承担保证责任。本案中,当事人之间没有此种约定,故丙公司应在原保证担保的范围内对戊公司承担保证责任。

7 CASE | **参考答案** |

1. 第一,根据《民法典》第692条第2款的规定,民天公司的保证期间为自第一笔借款履行期届满之日起6个月。

第二,南门工行无权要求民天公司继续承担保证责任。根据《民法典》第695条第2款的规定,因南门工行在对第一笔借款展期时未经民天公司书面同意,故民天公司的保证期间依然为自第一笔借款原履行期届满之日起6个月。现展期1年已经届满,原保证期间早已经过,因此,民天公司无须再承担保证责任。

2. 根据《民法典》第188条第1款、第192条第1款、第419条的规定,因南门工行连续3年未曾向筹备处主张过第二笔借款的还款,故该笔借款的诉讼时效期间届满,筹备处享有拒绝偿还该笔借款的诉讼时效抗辩权。此外,因筹备处还以自有建设用地使用权为该笔借款提供了抵押担保,而现在主债权的诉讼时效期间已经届满,故筹备处享有拒绝南门工行行使抵押权的权利。

3. 第一,南门工行无权要求台江公司继续办理抵押登记。根据《民法典》第399条第5项的规定,因台江公司提供抵押的别墅已被法院依法查封,故该别墅不得再用于抵押,进而南门工行也就无权要求继续办理抵押登记。

第二,根据《民法典》第580条第1款第1项、第580条第2款、第399条第5项的规定,因台江公司未依约办理抵押登记构成违约,且该别墅已无法继续办理抵押登记,故南门工行有权要求台江公司承担违约损害赔偿责任。

4. 根据《民法典》第437条的规定,因南门工行怠于行使质押权,故润发公司有权请求法院将该3辆混凝土搅拌车拍卖、变卖;若润发公司还因南门工行怠于行使质押权而遭受损害,则其有权要求南门工行承担赔偿责任。

5. 根据《民法典》第392条、第687条第2款的规定,因该债权同时存在筹备处自己提供的房产抵押和颐丰公司提供的保证,故南门工行应先就筹备处的房产抵押来实现该债权;同时,因颐丰公司系一般保证人,故南门工行还应先就筹备处的其他财产依法强制执行,然后才能就仍未实现的债权要求颐丰公司承担保证责任。

6. 除民天公司和颐丰公司外,其他担保人仍需继续承担担保责任。根据《民法典》第407条、第695条第2款、第696条第2款的规定,因担保具有从属性,故即使南门工行将全部债权转让给华融公司,原则上每笔债权的原担保人仍应继续对华融公司承担担保责任。但是,因民天公司的保证期间已经经过,故其无须继续承担保证责任;因颐丰公司明确约定仅对南门工行承担保证责任,故第五笔债权转让后,颐丰公司无须继续承担一般保证责任。

8 CASE | **参考答案** |

1. 第一,该合同中关于定金的约定在8万元以内的部分有效,超过8万元的部分无效。根据《民法典》第586条第2款的规定,因同伟公司与鸿建公司所签主合同的标的额为40万元,故其定金最多为主合同标的额的20%,即8万元。

第二,鸿建公司有权要求同伟公司返还定金18万元。根据《民法典》第587条的规定,因同伟公司作为收受定金的一方未依约交货,故其应双倍返还定金。根据前述分析,其所收定金中只有8

万元以内的部分能适用定金罚则，故该部分应返还16万元；余下的2万元不适用定金罚则，故该部分原数返还即可。

2. 不能。根据《民法典》第61条第3款的规定，因鸿建公司法人章程对法定代表人代表权限的限制属于内部限制，故其不得对抗不知情的同伟公司，进而宋某也就不能以此为由拒绝履行该合同。

3. 第一，鸿建公司不能以同伟公司擅自外包为由解除合同。根据《民法典》第772条第2款的规定，因同伟公司仅仅是将部分非主要工作交给新明珠公司完成，故鸿建公司无权以此为由解除合同。

第二，鸿建公司不能要求新明珠公司承担违约责任。根据《民法典》第773条的规定，因鸿建公司与新明珠公司之间并不存在任何合同关系，故其只能要求同伟公司承担违约责任。

4. 由鸿建公司承担。根据《民法典》第608条的规定，因同伟公司已经按照约定的期限将约定的货物运至指定交货地点，鸿建公司未依约收取，故从鸿建公司未依约收货之日起该批货物毁损、灭失的风险由鸿建公司承担。

5. 鸿建公司有权通过行使顺序履行抗辩权来拒绝支付该笔货款。根据《民法典》第526条的规定，因鸿建公司和同伟公司在合同中明确约定了履行的先后顺序，即同伟公司先交货，鸿建公司后支付货款，但现同伟公司将货物拉回，即其最终并未实际履行交付第三批货物的义务，故鸿建公司有权拒绝支付该笔货款。

6. 同伟公司享有对第三批货物的留置权。根据《民法典》第447条第1款的规定，因鸿建公司未依约支付第一批和第二批货物的货款，故同伟公司有权对其合法占有的第三批货物行使留置权。

9 CASE | 参考答案 |

1. 第一，根据《民法典》第420条第2款的规定，甲市工行在征得原制药厂的同意后，即可把最高额抵押权设立前既存的50万元债权纳入最高额抵押担保的债权范围。

第二，最高额抵押权不随的转移。根据《民法典》第421条的规定，即使甲市工行将其在最高额抵押期间产生的债权转让，最高额抵押权也不得转让。

2. 第一，根据《民法典》第374条的规定，该地役权自原制药厂与众康公司签订的地役权合同生效时设立。登记不是该地役权的生效要件，而是对抗要件。

第二，根据《民法典》第374条的规定，众康公司能否继续对瑞康公司主张该地役权应根据该地役权在设立时是否办理登记以及瑞康公司是否知情而分别分析：若办理了登记，则能够继续主张；若未办理登记但瑞康公司知情，则能够继续主张；若未办理登记且瑞康公司不知情，则不能继续主张。

3. 首先，根据《民法典》第502条的规定，对瑞康公司与百花公司而言，只要双方在达成该约定时均具备相应的民事行为能力，意思表示真实且不存在违反法律、行政法规的强制性规定以及公序良俗的情形，那么该约定自成立时即对双方生效。

其次，就甲市工行而言，根据《民法典》第551条的规定，只有在瑞康公司与百花公司征得甲市工行同意后，该约定才对甲市工行生效。

4. 该协议书有效。根据《民法典》第406条第1款的规定，百花公司在抵押期间内可以转让抵押财产；再者，双方在签订该协议书时均具备相应的民事行为能力，意思表示真实且不存在违反法律、行政法规的强制性规定以及公序良俗的情形，故该协议书有效。

5. 根据《民法典》第209条第1款、第406条第2款的规定，浩鑫公司与百花公司办理完相关登记手续后，浩鑫公司即可取得原制药厂的国有建设用地使用权及地上建筑物、附属设施的所有权。

6. 第一，根据《民法典》第410条的规定，甲市工行可以先与百花公司协议以抵押财产折价或者以拍卖、变卖该抵押财产所得的价款优先受偿;若双方未能达成协议,则甲市工行可请求法院拍卖、变卖抵押财产。

第二,根据《民法典》第690条第1款的规定,甲市工行只能就380万元的债权主张优先受偿。因为,甲市工行和原制药厂在最高额抵押合同里明确约定的最高债权额即为380万元。

10 CASE | 参考答案 |

1. 第一,有权。根据《民法典》第440条第6项及《动产和权利担保统一登记办法》第3条第2款第3项的规定,该公路收费权在性质上属于应收账款,而应收账款属于权利质权的客体,故甲高速公司有权在该公路收费权上设立权利质权。

第二,根据《民法典》第136条的规定,质押合同自成立时生效,登记并非该合同的生效要件。

第三,根据《民法典》第445条第1款的规定,该质权自双方在信贷征信机构办理出质登记时设立,登记是该质权的设立要件。

2. 乙银行可以任意选择甲高速公司的质权或新华闻公司的保证来实现其债权。根据《民法典》第392条的规定,因新华闻公司向乙银行出具的不可撤销担保书中明确约定乙银行有权直接要求新华闻公司承担保证责任,故乙银行在实现债权时没有顺序上的限制。

3. 根据《民法典》第435条的规定,新华闻公司有权请求在乙银行丧失优先受偿权益的范围内免除自己的保证责任;新华闻公司也有权放弃该免责的权利,继续就全部债权承担保证责任。

4. 新华闻公司的保证期间还剩1年。根据《民法典》第695条第2款的规定,若双方在签订该协议书时未经新华闻公司书面同意,则新华闻公司的保证期间依然是自原主债务履行期届满之日起2年,即自2019年7月15日至2021年7月14日;故在展期届满后,新闻华公司的保证期间仅剩自2020年7月15日至2021年7月14日的1年。

5. 该抵押权消灭。一旦甲高速公司清偿了全部债务,主债权即消灭,新华闻公司的保证责任亦随之消灭;既然新华闻公司无须承担保证责任,那么其也就无法取得对甲高速公司的追偿权;既然新华闻公司不享有追偿权,那么用来担保该追偿权实现的抵押权自然也就消灭。

6. 根据《民法典》第163条、第165条的规定,朱律师还应取得乙银行的授权;若该授权采书面形式,则乙银行出具的授权委托书应当载明朱律师的姓名、代理事项、权限和期限,并由乙银行签名或者盖章。

7. 第一,根据《民法典》第933条的规定,作为委托合同中的受托人,安天行律师事务所享有随时解除律师委托合同的权利。

第二,根据《民法典》第933条的规定,若安天行律师事务所任意解除合同给乙银行造成了实际损失,则乙银行有权要求安天行律师事务所赔偿。

11 CASE | 参考答案 |

1. 不能。理由:根据最高人民法院《关于审理建设工程施工合同纠纷案件适用法律问题的解释(一)》(以下简称《建设工程施工合同解释(一)》)第3条第1款的规定,当事人以发包人未取得建设工程规划许可证为由请求确认建设工程施工合同无效的,法院应予支持,但发包人在起诉前取得的除外。本案中,虽然华隆公司在该合同签订时尚未取得建设工程规划许可证,但是因其在建安公司起诉前已取得,故建安公司不能再以此为由请求法院确认该合同无效。

2. 有权。理由:根据《民法典》第742条的规定,出租人干预选择租赁物的,承租人有权主张减轻其相应的租金支付义务。本案中,因国银公司曾干预建安公司选择混凝土搅拌车,故当5辆混凝土搅拌车存在严重质量问题而无法正常使用时,建安公司有权主张减轻其相应的租金支付义务。

3. 不成立。理由：根据《民法典》第 311 条、第 745 条关于善意取得的规定可知，出租人对租赁物享有的所有权，未经登记，不得对抗善意第三人。本案中，因出租人的混凝土搅拌车已进行备案登记，而昊天公司在交易时未依法进行融资租赁登记查询，故其不能善意取得该车所有权，进而其以自己为该车所有权人为由拒绝返还的理由不成立。

4. 第一，该合同无效。理由：根据《建设工程施工合同解释（一）》第 1 条第 1 款的规定，没有资质的实际施工人借用有资质的建筑施工企业名义签订的建设工程施工合同无效。本案中，《建设工程施工转包合同》系由不具备任何建筑施工资质的张某借用城建公司的名义与建安公司签订的，故该合同无效。

第二，华隆公司有权请求张某与城建公司承担连带责任。理由：根据《建设工程施工合同解释（一）》第 7 条的规定，缺乏资质的个人借用有资质的建筑施工企业名义签订建设工程施工合同，出借方与借用方应对因出借资质而造成的损失承担连带责任。本案中，华隆公司就部分非主体结构施工不合格而受到的损失，有权请求张某与城建公司承担连带责任。

5. 有权。根据《建设工程施工合同解释（一）》第 44 条的规定，实际施工人有权以转包人怠于向发包人行使到期债权对其造成损害为由，对发包人提起代位权诉讼。本案中，因建安公司欠张某的工程价款经张某多次催讨未果，故当建安公司怠于主张其对华隆公司的到期工程价款时，张某有权对华隆公司提起代位之诉。

6. 根据《建设工程施工合同解释（一）》第 43 条第 2 款的规定，法院应当追加建安公司为本案第三人，在查明华隆公司欠付建安公司工程价款的数额后，判决华隆公司在欠付工程价款范围内对张某承担责任。

7. 第一，建安公司有权请求其工程价款优先受偿。理由：根据《建设工程施工合同解释（一）》第 38 条、第 39 条的规定，建设工程质量合格的，与发包人订立合同的承包人有权请求其工程价款就工程拍卖的价款优先受偿。本案中，因建安公司承建的工程质量合格，故作为与华隆公司订立合同的承包人，建安公司有权请求其工程价款优先受偿。

第二，建安公司无权请求其逾期利息优先受偿。理由：根据《建设工程施工合同解释（一）》第 40 条第 2 款的规定，逾期支付建设工程价款的利息不属于优先受偿的范围。本案中，建安公司无权请求其逾期利息优先受偿。

8. 能。理由：根据《建设工程施工合同解释（一）》第 37 条的规定，装饰装修工程的承包人有权请求装饰装修工程价款就该装饰装修工程拍卖的价款优先受偿，除非装饰装修工程的发包人不是该建筑物的所有权人。本案中，因发包人华隆公司是该建筑物所有权人，故承包人龙发公司有权请求其工程价款优先受偿。

9. 无权。理由：根据《建设工程施工合同解释（一）》第 35 条的规定，只有与发包人订立建设工程施工合同的承包人，才有权请求对其工程价款就工程拍卖的价款优先受偿。本案中，因张某并未与发包人华隆公司签订建设工程合同，故其无权请求就拍卖长安小区 1 号楼所得价款优先受偿。

10. 不能。理由：根据最高人民法院《关于审理商品房买卖合同纠纷案件适用法律若干问题的解释》（以下简称《商品房买卖合同解释》）第 2 条的规定，对出卖人未取得商品房预售许可证明即与买受人订立的商品房预售合同，应当认定无效，但出卖人在起诉前取得的除外。本案中，虽然华隆公司在该合同签订时尚未取得预售许可证，但是其后来已取得，故其不能再以此为由请求法院确认该合同无效。

11. 不予支持。理由：根据最高人民法院《关于审理民间借贷案件适用法律若干问题的规定》（以下简称《民间借贷案件规定》）第 24 条第 1 款的规定，民间借贷的双方没有约定利息，出借人主张支付借期内利息的，法院不予支持。本案中，因李某与马某并未约定借期内利息，故当马某请求李某支付利息时,法院不予支持。

12. 第一,根据《民法典》第 687 条的规定,因三方协议中明确约定当李某不能履行债务时,由赵某、钱某承担保证责任,故赵某、钱某为一般保证人。因一般保证人享有先诉抗辩权,故马某应先对李某提起诉讼或申请仲裁,并对李某的责任财产依法强制执行;在仍不能履行债务时,再要求赵某、钱某承担保证责任。

第二,根据《民法典》第 699 条、第 700 条的规定,因三方协议中没有约定保证份额,故赵某与钱某为连带共同保证人;若赵某承担了保证责任,则其应向李某追偿,除非当事人另有约定。

13. 第一,华隆公司享有对该车的抵押权。理由:《民法典》第 403 条规定,以动产抵押的,抵押权自抵押合同生效时设立;未经登记,不得对抗善意第三人。本案中,因宝马汽车属于动产,故华隆公司自抵押合同生效时对该车享有抵押权;未办理抵押登记,不影响该抵押权的设立。

第二,根据《民法典》第 419 条的规定,该抵押权的存续期间为华隆公司对李某享有的主债权的诉讼时效期间。

14. 不能。理由:根据《商品房买卖合同解释》第 6 条第 1 款的规定,当事人以商品房预售合同未依法办理登记备案手续为由,请求确认合同无效的,法院不予支持。本案中,虽然双方未依法对该合同办理登记备案,但是华隆公司不能以此为由主张该合同无效。

15. 华隆公司应先就李某的抵押实现债权,再依法强制执行李某除抵押财产外的责任财产,最后要求于某承担保证责任。理由:(1)根据《民法典》第 392 条的规定,被担保的债权既有物的担保又有人的担保,债务人不履行到期债务且未约定如何实现债权时,若债务人自己提供物的担保,则债权人应当先就该物的担保实现债权。本案中,因余款既存在李某自己提供的抵押,又存在于某的保证,且未约定如何实现债权,故华隆公司应先就李某的抵押实现债权。(2)根据《民法典》第 687 条的规定,当事人约定在债务人不能履行债务时由保证人承担保证责任的,为一般保证,而一般保证人享有先诉抗辩权。本案中,因于某为一般保证人,故华隆公司在就李某的抵押实现债权后,还应再依法强制执行李某除抵押财产外的责任财产,就仍未实现的债权,再要求于某承担保证责任。

16. 首先,于某以保证函系其单方出具为由拒不承担保证责任不能成立。理由:《民法典》第 685 条第 2 款规定,第三人单方以书面形式向债权人作出保证,债权人接收且未提出异议的,保证合同成立。本案中,虽然保证函系于某单方出具的,但是因华隆公司接收该保证函且未提出异议,故保证合同成立;于某应依约承担保证责任,该理由不能成立。

其次,于某以保证期间经过为由拒不承担保证责任能成立。理由:根据《民法典》第 692 条第 2 款、第 693 条第 1 款的规定,一般保证的保证期间未约定的,为主债务履行期届满之日起 6 个月;在一般保证的保证期间内,债权人未对债务人提起诉讼或申请仲裁的,保证人免除保证责任。本案中,因于某未与华隆公司约定保证期间,故保证期间为 2022 年 9 月 17 日至 2023 年 3 月 16 日。因在前述期间内,华隆公司未对李某采取任何法律措施,故于某以保证期间经过为由拒不承担保证责任能成立。

12 CASE | 参考答案 |

1. 关于 2.0 排量汽车买卖合同的问题:

(1)没有。根据相关民法理论,张三主张通达公司未交付相关单据的抗辩,不构成对主给付义务的抗辩。

(2)可以取得。根据《民法典》第 311 条第 1 款的规定,张三与远房亲戚的买卖属于无权处分,后者可以主张善意取得。

(3)没有道理。根据《民法典》第 1209 条的规定,机动车侵权的,由机动车使用人承担侵权责任,所以本案应该由张三的远房亲戚来承担侵权责任。

2. 关于2.5 排量汽车买卖合同的问题:

(1)3 月 3 日。根据《民法典》第 228 条的规定,因为双方在这一天达成了占有改定协议且该协议于当天生效,该汽车已经完成交付,故其所有权转移给买受人。

(2)判决通达公司向李四支付 1.6 万元。根据《民法典》第 585 条第 2 款的规定,约定的违约金低于造成的损失时,受害人李四可以要求法院增加,将违约金增加到损失额度的水平。

(3)有效。根据《民法典》第 597 条的规定,无权处分不能影响买卖合同的效力。

(4)可以。根据《民法典》第 311 条第 1 款的规定,因为王五已通过善意取得的方式取得汽车所有权,其将该车赠与女友,女友即通过继受取得的方式取得该汽车所有权。

(5)可以请求销售者通达公司或者生产者吉祥公司承担赔偿责任,其中要求吉祥公司赔偿更有利。根据《民法典》第 1203 条、第 1207 条的规定,因为本案生产者吉祥公司属于明知产品存在缺陷仍然生产,故其依法应承担惩罚性赔偿责任,所以女友要求吉祥公司赔偿对自己最为有利。

3. 关于3.0 排量汽车买卖合同的问题:

(1)是,属于预约合同。根据《民法典》第 495 条的规定,违反该协议的,对方有权请求违约方承担预约合同的违约责任。

(2)根据《民法典》第 587 条、第 588 条第 1 款的规定,违约金与定金只能择一主张。本案中,某大学选择主张对方支付违约金对自己更有利,因为这样就可以主张对方支付自己 5 万元(包括自己已交付的 2 万元定金),而选择定金罚则只能主张对方返还自己双倍定金 4 万元。

(3)通达公司与马六的试用买卖合同的试用期为 5 天。根据《民法典》第 637 条的规定,对试用期约定不明的,由卖方决定。如马六最终决定不购买,通达公司不能要求马六支付此期间的使用费。根据《民法典》第 639 条的规定,试用期内是免费使用的,除非有相反约定。

(4)属于有权处分的买卖合同,合同有效。因为马六通过自己的行为表明其决定购买该汽车,其与通达公司的买卖合同有效且完成交付,故马六取得了该车所有权。其再转售给表弟的行为属于有权处分,故买卖合同有效。

4. 关于4.0 排量汽车买卖合同的问题:

(1)根据相关民法理论,发生不真正连带责任时,该私企既可以选择要求通达公司承担违约赔偿责任,也可以选择要求四方物流公司承担侵权赔偿责任。

(2)根据《民法典》第 588 条第 2 款的规定,该私企有权主张通达公司双倍返还定金共 4 万元,同时再主张对方支付 1 万元的损害赔偿金。因为其向通达公司支付定金 2 万元,通达公司作为接受定金的一方,存在根本违约,应当向其双倍返还定金共 4 万元,实际上相当于赔偿其损失 2 万元,所以还需要赔偿其超过定金数额的损失 1 万元。

(3)某私企有道理。根据《民法典》第 622 条的规定,对于隐蔽瑕疵,买受人可以在约定的验货期外主张质量异议;若买受人在验货期外的合理期间内提出异议,出卖人以买受人已经支付价款、使用标的物等为由主张买受人放弃异议,法院不予支持,除非当事人另有约定。

(4)由买受人承担。根据《民法典》第 607 条的规定,此损失属于风险,由于双方约定通过代办托运的方式进行交付,故货交承运人之后,风险即由买受人承担。

(5)没有道理。根据《民法典》第 609 条的规定,标的物的单据资料未予交付的,不影响风险的转移。

13 CASE | **参考答案** |

1. 该合同自 2021 年 4 月 20 日成立并生效。理由如下:根据《民法典》第 502 条、第 679 条的规定，只有自然人之间的借款合同才是自贷款人提供借款时生效。本案中，甲银行与柏冠公司之间的借贷系商业借贷，故该合同自2021年4月20日，而非2021年4月24日成立并生效。

2. 能生效。理由如下：根据《民法典》第215条的规定，我国《民法典》承认债权行为的效力与物权行为的效力相互分离。本案中，抵押合同的设立系债权行为，不动产抵押权的设立系物权行为，办理抵押登记系不动产抵押权的设立要件，而非抵押合同的生效要件，故该抵押合同自成立时即生效。

3. 第一，保证方式为一般保证。理由如下：《民法典》第687条第1款规定，当事人在保证合同中约定，债务人不能履行债务时，由保证人承担保证责任的，为一般保证。本案中，闽航公司在担保书中承诺，当柏冠公司不能履行债务时，由闽航公司承担保证责任，甲银行接受且未提出异议，故为一般保证。

第二，保证期间为自主债务履行期届满之日起6个月。理由如下：根据《民法典》第692条第2款的规定，一般保证的保证人与债权人未约定保证期间的，保证期间为主债务履行期届满之日起6个月。本案中，甲银行与闽航公司并未就保证期间进行明确约定，故保证期间为自主债务履行期届满之日起6个月。

第三，闽航公司有权拒绝。理由如下：根据《民法典》第392条及第687条第2款的规定，当债务人自己的物保与第三人的保证并存时，若当事人之间对于债权的实现未作约定，则应先实现债务人自己的物保；若第三人提供的是一般保证，则其享有先诉抗辩权。本案中，因柏冠公司自己提供了房产抵押且未约定债权的实现顺序，故甲银行应先实现该抵押权；因闽航公司享有先诉抗辩权，故甲银行只有在强制执行柏冠公司除该房产外的剩余财产后，才能就尚未实现的剩余债权要求闽航公司承担保证责任。

4. 第一，该补充协议有效。理由如下：根据《民法典》第143条的规定，该补充协议体现了双方的真实意思表示，所约定的内容未违反法律、行政法规的效力性强制性规定，亦未违背公序良俗，故依法成立并有效。

第二，该300万元债权属于最高额抵押所担保的范围。理由如下：《民法典》第420条第2款规定，最高额抵押权设立前已经存在的债权，经当事人同意，可以转入最高额抵押担保的债权范围。本案中，双方在补充协议中明确2021年4月20日甲银行对柏冠公司享有的300万元债权属于最高额抵押所担保的债权范围，该意思自治应被尊重。

5. 第一，该通知到达柏冠公司后，债权转让对柏冠公司生效；与此同时，甲银行对柏冠公司享有的债权请求权的诉讼时效发生中断。

第二，该通知到达闽航公司后，闽航公司依然应对被转让以及未被转让的债权承担保证责任，因为其在担保书中并未明确约定仅对特定的债权人承担保证责任。

第三，该通知到达凯盛公司后，甲银行对凯盛公司享有的最高额抵押权并不随之转让。

6. 其应先实现对柏冠公司享有的抵押权，再要求凯盛公司或闽航公司承担担保责任。理由如下：根据《民法典》第392条的规定，当债务人自己的物保、第三人的物保以及第三人的保证并存且当事人之间并未约定债权的实现顺序时，应先实现债务人自己的物保，再要求第三人承担担保责任。本案中，该笔债权同时存在柏冠公司的抵押、凯盛公司的抵押以及闽航公司的保证，故应先实现柏冠公司的抵押，然后要求凯盛公司或闽航公司承担担保责任。

7. 第一，柏冠公司应在合理期限内通知航嘉公司，因为承租人航嘉公司在同等条件下享有优先购买权。

第二，租赁合同继续有效，因为买卖不破租赁，该合同发生法定的概括承受效力。

第三，航嘉公司在租期内享有作为承租人所应享有的一切权利，如使用权、请求维修权等，同时其也应继续承担作为承租人所应负担的一切义务,如支付租金、合理使用等。腾飞公司作为该房产的新所有权人兼出租人,享有作为出租人的一切权利,如请求支付租金等,并承担作为出租人的一切义务,如适租义务等。

8. 该合同有效。理由如下:首先,根据《民法典》第406条第1款的规定,抵押期间,抵押人可以转让抵押财产。其次,根据《民法典》第154条的规定,恶意串通损害他人合法权益的民事法律行为无效;但是单纯的知情并不构成恶意串通,故该合同不会因为金顺公司知情而无效。最后,该合同体现了双方的真实意思表示,其内容未违反法律、行政法规的效力性强制性规定,亦未违背公序良俗。综上,该合同有效。

14 CASE | 参考答案 |

1. 乙不能行使优先购买权。《民法典》第726条第1款规定:"出租人出卖租赁房屋的,应当在出卖之前的合理期限内通知承租人,承租人享有以同等条件优先购买的权利;但是,房屋按份共有人行使优先购买权或者出租人将房屋出卖给近亲属的除外。"本题中,由于甲将房屋卖给近亲属,承租人乙不能行使优先购买权。

2. 不能,因为乙可以主张买卖不破租赁。《民法典》第725条规定:"租赁物在承租人按照租赁合同占有期限内发生所有权变动的,不影响租赁合同的效力。"2022年7月,甲的哥哥购买房屋后,甲与乙之间的租赁合同并未到期,乙可以要求甲的哥哥继续履行租赁合同。

3. 甲有义务向丙支付报酬。甲与丙之间存在中介合同,根据《民法典》第963条的规定,中介人促成合同成立的,委托人应当按照约定支付报酬。本题中,甲与丁签订房屋买卖合同,甲应当向丙支付报酬。甲与丁之间的买卖合同没有实际履行不影响丙促成了甲与丁之间的合同成立。

4. 丙承担一般保证责任。《民法典》第687条第1款规定:"当事人在保证合同中约定,债务人不能履行债务时,由保证人承担保证责任的,为一般保证。"本题中,丙在买卖合同中签字,承诺"如果丁无法履行合同则由丙承担责任",可以认为双方明确约定了一般保证责任。即使认为双方对于保证责任的性质约定不明,根据《民法典》第686条第2款的规定,"当事人在保证合同中对保证方式没有约定或者约定不明确的,按照一般保证承担保证责任",也应当认定丙的责任是一般保证责任。

5. 甲与丁之间的买卖合同有效。《民法典》第597条第1款规定:"因出卖人未取得处分权致使标的物所有权不能转移的,买受人可以解除合同并请求出卖人承担违约责任。"据此,无权处分不影响买卖合同的效力。虽然丁没有房屋的所有权,但丁将房屋卖给甲的买卖合同有效。

6. 甲有权要求丁承担违约责任。《民法典》第577条规定:"当事人一方不履行合同义务或者履行合同义务不符合约定的,应当承担继续履行、采取补救措施或者赔偿损失等违约责任。"甲与丁之间的买卖合同有效,丁拒绝履行合同,甲自然可以追究丁的违约责任。

7. 甲无权通过强制执行要求丁向自己交付房屋。根据《民法典》第580条的规定,丁出售给甲的房屋属于丁父亲的房屋,由于丁的父亲拒绝出售房屋,故该合同属于法律上不能履行,甲无法通过强制执行程序要求丁将房屋交付自己,只能要求丁赔偿损失。

15 CASE | 参考答案 |

1. 21辆。根据《民法典》第629条的规定,甲公司通过事后出卖汽车的行为表示其接收了乙公司多交的1辆汽车,故其应支付21辆汽车的价款。

2. 不可以。根据《民法典》第588条第1款的规定,定金条款和违约金条款并存时,非违约方只能择一主张。

3. 不是。根据《民法典》第585条第2款的规定，若违约方有证据证明双方约定的违约金过分高于实际损失，则可要求人民法院适当减少约定的违约金。

4. 首先，向庚主张侵权责任。根据《民法典》第607条的规定，该汽车在交给第一承运人后，其所有权即转移给甲公司。庚驾驶机动车将甲公司的汽车撞毁，侵犯了甲对该车的所有权，应承担侵权责任。

其次，向乙公司主张违约责任。根据《民法典》第593条的规定，"因第三人的原因造成违约的"，基于合同的相对性原理，应由当事人向非违约方承担违约责任。

5. 可以。根据《民法典》第606条的规定，在途货物买卖合同成立后，标的物毁损、灭失的风险自合同成立时起转移给买受人。即使标的物确因风险而毁损，也不能免除买受人的付款义务。

6. 不可以。根据《民法典》第621条第1款的规定，该汽车检验期时间约定适当，且买受人未在约定的检验期内提出质量异议，应视为标的物的质量符合约定。

7. 根据《民法典》第634条的规定，因为申公司未支付价款的金额达到了分期付款总金额的20%，故甲公司可催告申公司在合理期限内支付；如申公司仍未支付，则甲公司可以选择解除合同，要求申公司返还汽车并支付使用费，或选择要求申公司一次性付清剩余全部价款。

8. 不可以。根据《民法典》的相关规定，试用买卖是一种附条件的买卖，指当事人双方约定由买受人试用或者检验标的物，以买受人认可标的物为条件的买卖合同。试用买卖的买受人卯在试用期内可以购买标的物，也可以拒绝购买。试用期间届满，买受人卯对是否购买标的物未作表示的，视为购买。卯在试用期内并没有表示拒绝购买，而是通过自己的行为表明其决定购买该车，在试用期满后才提出，故其无权请求退还该车。

16 CASE | 参考答案 |

1. 双方约定的租期为30年，其中超过20年的部分无效，未超过20年的部分有效。根据《民法典》第705条第1款的规定，租赁期限不得超过20年，故张某与甲公司的租赁合同的租赁期限实际上是20年。

2. 张某可以主张原租赁合同依然有效，李某须继续履行租赁合同。根据《民法典》第725条的规定，承租人在租期内可基于"买卖不破租赁"对抗新的所有权人，即租赁合同对李某依然有约束力。

3. 有影响。根据《租赁合同解释》第14条的规定，抵押权人将已抵押的财产出租的，抵押权实现后，租赁合同对受让人不具有约束力。抵押人将已抵押的财产出租时，若其未书面告知承租人该财产已抵押，其应对承租人承担损害赔偿责任；若其已书面告知承租人该财产已抵押，因抵押权实现而造成承租人损失的，由承租人自己承担。由此可知，在该种情形下，张某的租赁合同对楼房的买受人己公司来说已经不具有约束力。

4. 没有影响。根据《民法典》第405条的规定，抵押人将已出租的财产抵押的，应当书面告知承租人，原租赁合同继续有效；抵押权实现后，租赁合同在有效期内对抵押物的受让人继续有效。由此可知，在该种情形下，张某的租赁合同对楼房的买受人庚公司来说依然具有约束力。

17 CASE | 参考答案 |

1. 属于委托合同，有效。该委托合同以代购商品房为内容，并不违反法律、行政法规的强制性规定，亦不违背公序良俗，加上当事人具备完全民事行为能力且意思表示真实，故该合同有效。即使认为甲、乙无权享有以乙母名义购房的税费优惠政策，也只是产生向税务机关补缴相关税费的问题，不影响甲、乙与乙母之间委托合同的效力。《民法典》第919条规定："委托合同是委托人和受托人约定，由受托人处理委托人事务的合同。"委托合同属于民法上的口袋合同，很多合同都可以归入委托合同的范畴,因为处理事务包含无限的可能性。现实生活中常见的借名买房合同中有关借名购房的约定,可以认为属于委托合同的内容。借名买房的效力问题属于我国司法实践中的疑难争议问题,近年来我国法院通常认定合同有效。

2. 在开发商将房屋过户给乙母之后,该房屋归乙母所有。因为房屋买卖合同在开发商与乙母之间有效成立,乙母是房屋的买受人。之后,开发商将房屋过户至乙母名下,满足了《民法典》第209条第1款规定的登记要求,完成了物权变动。至于甲、乙与乙母之间借名购房协议中以乙母名义购买的房屋归甲、乙所有的约定,只有合同效力,不具有物权效力。甲、乙可以要求乙母将该房屋过户到甲、乙名下,但甲、乙不能直接对乙母名下的房屋享有所有权。关于借名买房中房屋的归属,民法理论与司法实践对此一直富有争议。《物权编解释(一)》第2条规定:"当事人有证据证明不动产登记簿的记载与真实权利状态不符、其为该不动产物权的真实权利人,请求确认其享有物权的,应予支持。"既往数年,不少法院认为借名买房的借名人(实际购房人)属于真正的物权人,但近年来法院改变了思路,通常认为借名购房人并非物权人,而只是债权人,并严格维护物权法的形式主义与物权变动的公示公信原则。

3. 第一,甲有权要求乙母承担违约责任。《民法典》第929条第1款规定了受托人的过错责任。本题中,乙母违反了委托合同的约定,擅自出卖甲、乙实际购买的房屋,应当承担违约赔偿责任。第二,甲有权要求乙母返还不当得利,因为乙母无权处分甲、乙的房屋,其收受的价款构成不当得利。虽然在物权归属上,基于物权形式主义的考虑,乙母是房屋的物权人,但甲、乙二人才是房屋的实际购买人,乙母有义务将房屋过户至甲、乙名下,所以乙母擅自出卖甲、乙实际购买的房屋而获得价款,构成不当得利。

4. 首先,第一份房屋买卖合同有效。从法律上说,乙母是房屋的所有权人,乙母将房屋卖给丙,属于有权处分,所以买卖合同有效。退一步说,即使认为乙母是无权处分,根据《民法典》第597条的规定,无权处分也不影响买卖合同的效力。其次,第二份房屋买卖合同无效,因为该合同属于乙母与丙之间的虚假法律行为,同时属于恶意串通损害国家利益的合同。根据《民法典》第146条第1款的规定,虚假的法律行为无效。根据《民法典》第154条的规定,恶意串通损害他人合法权益的法律行为无效。

5. 根据《民法典》第1212条的规定,未经允许驾驶他人机动车,发生交通事故造成损害,属于该机动车一方责任的,由机动车使用人承担赔偿责任。因为丁为该机动车的实际使用人,其驾驶机动车侵权,应承担无过错责任;戊有权要求丁承担机动车侵权的侵权责任。关于责任承担的具体规则,《民法典》第1213条规定:机动车发生交通事故造成损害,属于该机动车一方责任的,先由承保机动车强制保险的保险人在强制保险责任限额范围内予以赔偿;不足部分,由承保机动车商业保险的保险人按照保险合同的约定予以赔偿;仍然不足或者没有投保机动车商业保险的,由侵权人赔偿。本题中,事故发生在交强险承保期间,首先由保险公司承担责任;不足部分,由机动车实际使用人丁向戊承担赔偿责任。(当然,保险公司承担责任后,可以向肇事者丁进行追偿。)

6. 部分有效,部分无效。抵押合同中的"流押条款"无效,但是该条款无效,不影响抵押合同其他部分的效力。就此,《民法典》第401条特别规定:"抵押权人在债务履行期限届满前,与抵押人约定债务人不履行到期债务时抵押财产归债权人所有的,只能依法就抵押财产优先受偿。"

7. 不能。根据《民法典》第725条的规定,买卖不破租赁,庚有权依据有效的租赁合同对抗该房屋新的所有权人申。关于戊与庚之间租赁合同的租赁期,根据《民法典》第707条的规定,租赁期限6个月以上的,应当采用书面形式。当事人未采用书面形式,无法确定租赁期限的,视为不定期租赁。本题中,虽然戊与庚口头约定租期2年,并未采用书面形式,但双方对租期有明确约定,并不属于"无法确定租赁期限"的情形,所以不能视为不定期租赁。故而,原出租人戊或者新的出租人申都不享有任意解除权，不能要求庚搬离房屋。

8. 发生效力。根据《民法典》第546条第1款的规定，债权让与的生效不以通知债务人为要件。解释说明：通知债务人是债权让与对债务人产生对抗效力的要件，而不是债权让与的生效要件。

9. 产生影响。债权让与的通知到达债务人时，诉讼时效中断。就此，最高人民法院《关于审理民事案件适用诉讼时效制度若干问题的规定》第17条第1款规定，债权转让的，应当认定诉讼时效从债权转让通知到达债务人之日起中断。

10. 不能。根据《民法典》第535条第1款的规定，专属于债务人自身的债权，债权人不得代位。本题中，丙被丁撞死，戊作为丙的近亲属，享有损害赔偿请求权。该请求权属于人身伤害的损害赔偿请求权，专属于戊自身，戊的债权人不得代位行使该权利。

18 CASE | 参考答案 |

1. 没有依据，乙公司不能要求甲公司、丙公司、丁承担连带责任。针对受损的11辆汽车，需要进行不同的处理。对于被巨石砸中的1辆汽车，根据《民法典》第607条第2款的规定，代办托运的情况下，货交第一承运人后，风险转移；所以应由乙公司自己承担风险，其不得拒付该车的价款。对于因交通事故受损的10辆汽车，因为这不属于风险问题，乙公司可以选择请求甲公司承担购销合同的违约责任，也可以选择请求丙公司承担侵权责任，但只能选择其中的一个来主张。至于丁，因为丁的行为属于职务行为，根据《民法典》第1191条第1款的规定，雇员致人损害的，由用人单位承担责任；所以应当由丙公司向乙公司承担责任，丁不对乙公司承担侵权责任。

2. 第一，乙公司不可以拒付全部车款。根据《民法典》第526条的规定，先履行一方履行债务不符合约定的，后履行一方有权拒绝其相应的履行要求。本案中，甲公司只是部分履行不符合约定，乙公司仅享有相应的先履行抗辩权，故甲公司有权请求乙公司支付无瑕疵车辆的相应货款。

第二，甲公司实现债权的手段是：根据《民法典》第579条的规定，当事人一方未履行金钱债务的，可以要求其履行，所以甲公司可以请求乙公司支付无瑕疵车辆的相应货款。根据《民法典》第410条的规定，甲公司可以实现其抵押权。甲公司可以协商拍卖、变卖乙公司4S店建筑并优先受偿，以实现其抵押权；也可以协商拍卖、变卖某生态养殖公司名下的所有动产并优先受偿，以实现其抵押权。

3. 不可以。根据《民法典》第404条的规定，即使动产浮动抵押进行了登记，也不得对抗在正常经营活动中支付了合理价款并取得抵押动产的买受人。

4. 不可以。根据《物权编解释(一)》第20条的规定，善意取得的前提是无权处分的合同有效存在，若出于其他原因该买卖合同被认定无效或被撤销，则买受人不得主张善意取得。

5. 已经取得。根据《民法典》第311条第1款的规定，乙公司与庚以占有改定的方式交付该车，乙公司出售该车给辛系无权处分，善意的辛在支付合理对价并受领交付后，即通过善意取得的方式取得该汽车的所有权。

6. 根据《民法典》第186条、第1203条第1款的规定，辛的损失救济路径是：第一，追究乙公司的违约责任或者侵权责任(产品责任)，但只能择一主张；第二，追究制造商甲公司的侵权责任(产品责任)。

7. 有效。根据《民间借贷案件规定》第23条的规定，该合同名为买卖合同，实为借贷合同，应该按照借贷合同处理；而其作为借贷合同合法有效，利息的约定也没有超出法律的上限。

8. 不应该。根据《物权编解释(一)》第6条的规定，出卖人的债权人，不属于可以对抗已经完成交付但尚未完成过户登记的机动车买受人的“善意第三人”。

19 CASE | **参考答案** |

1. 有权。何某所立遗嘱尚未生效，何某有权撤回；该遗嘱为自书遗嘱，撤销自书遗嘱并不需要原遗嘱见证人在场。《民法典》第 1142 条第 1 款规定，遗嘱人可以撤回、变更自己所立的遗嘱。根据《民法典》第 1134 条的规定，自书遗嘱并不需要律师见证，撤回自书遗嘱，更不需要律师见证，所以不需要张律师在场。

2. 何某撤回遗嘱后，甲不再享有对房屋的所有权。具体说明如下：(1) 何某在与两个子女甲、乙签订虚假的房屋买卖合同后办理房屋过户时，已经撤回了 2018 年 5 月所立的遗嘱。《民法典》第 1142 条第 2 款规定，立遗嘱后，遗嘱人实施与遗嘱内容相反的民事法律行为的，视为对遗嘱相关内容的撤回。本题中，何某为了规避所谓的遗产税，通过虚假的买卖合同将房屋过户给甲和乙，已经对遗嘱中的财产进行了处理。虽然最终效果仍然是由两个子女甲和乙获得相应房屋的所有权，但是何某在生前已经处分了遗嘱中的房屋，两个房屋没有办法再通过遗嘱由甲、乙继承。因此从法律上看，是何某撤回了遗嘱。(2) 何某通过虚假的买卖合同向甲、乙过户房屋，名为买卖，实为赠与。根据《民法典》第 146 条的规定，表面的买卖合同因属于虚假行为而无效；买卖合同所隐含的赠与合同，并不违反法律、行政法规的强制性规定，也不违背公序良俗，所以赠与合同是有效的。在何某完成房屋过户后，甲、乙二人基于有效的赠与合同获得了房屋的所有权。(3) 当何某因为受到甲的虐待，向甲表示撤回遗嘱时，何某表达的法律意思是要撤销自己对甲的房屋赠与。根据《民法典》第 663 条第 1 款的规定，受赠人对赠与人有扶养义务而不履行的，赠与人享有撤销权。本题中，甲虐待何某，不适当履行扶养义务，可以解释为甲不履行对何某的扶养义务，所以何某享有赠与合同的撤销权。(4) 在何某行使撤销权撤销赠与合同之后，甲丧失对房屋的所有权，需要将房屋返还何某。

3. 有权。何某要求甲返还房屋，不受诉讼时效限制。根据《民法典》第 196 条的规定，不动产物权的返还原物请求权不适用诉讼时效。

4. 何某无权要求李某返还房屋，因为李某构成对房屋的善意取得。在何某“撤回遗嘱”后，其法律后果是何某撤销了其对甲的房屋赠与，甲丧失了对房屋的所有权。所以，甲擅自将房屋转卖给李某，属于无权处分。但是因为李某对此不知情，而且甲和李某之间完成了登记过户，根据《民法典》第 311 条的规定，李某构成善意取得。

5. 何某可以通过办理异议登记阻止甲擅自转卖房屋，排除其他人善意取得房屋所有权的可能。根据《民法典》第 220 条第 2 款的规定，何某可以办理异议登记，并在办理异议登记 15 日内及时起诉，这样就可以对房屋权属的争议状况进行公示，避免不知情的第三人善意取得房屋所有权。

6. 何某可以通过口头遗嘱的形式将遗产捐赠给国家。根据《民法典》第 1138 条的规定，口头遗嘱需要 2 个以上无利害关系的见证人在场。

7. 何某的遗产应当按照遗嘱由乙继承。根据《民法典》第 1138 条的规定，口头遗嘱在遗嘱人危急情况消除后，自然失效。本题中，何某立有数份遗嘱，第一份 2018 年 5 月设立的遗嘱被何某撤销，第二份病危之际所立的口头遗嘱后来失效，因此目前只有最后一份遗嘱是有效的。因此应当以何某最后所立的自书遗嘱为准，其所有遗产由乙继承。

再长的路，一步步也能走完；再短的路，不迈开双脚也无法到达。

第三节　刑事诉讼法

一、历年真题考点分析

年份	所涉考点	考查方向
2023	认罚认罚从宽制度、刑事附带民事诉讼、证据、二审改判	1. 法院对量刑建议的不当的处理 2. 附带民事诉讼的范围 3. 证据的采信 4. 二审改判的情形
2022	强制措施	传唤和拘传的区别
	审判程序	普通程序和简易程序转换
	证据	传闻证据、录音录像
2021（延考卷）	认罪认罚从宽制度	1. 比例原则 2. 认罪认罚的从宽
	证据制度	非法证据排除规则
	审判程序	1. 庭前会议中的提出回避的处理 2. 公开审理 3. 司法鉴定
2021（全国卷）	审判程序	1. 单位犯罪 2. 并案审理 3. 7 人合议庭的人民陪审员 4. 自首和立功
	值班律师制度	值班律师的权利和义务
2020（全国卷）	管辖	网络犯罪管辖
	证据制度	1. 收集、提取电子数据的审查 2. 讯问笔录 3. 录音录像 4. 专家辅助人的意见 5. 举证质证的方式
2019	管辖	1. 管辖竞合 2. 监察委员会立案管辖
	回避	回避的法定理由
	认罪认罚从宽制度	认罪认罚从宽原则
2018	证据制度	1. 有罪的认定标准 2. 不同种类证据的审查与认定 3. 非法证据排除规则

再长的路，一步步也能走完；再短的路，不迈开双脚也无法到达。

二、必考点解读与预测

1. 综合性强、跨度大、知识点细。

主观题看似是一个简单的案例处理，实际上往往是以整个程序为主线将案例搭建起来，即先立案侦查，后审查起诉，再进入法庭审理，最后进入执行阶段。不同的阶段还会穿插进具体制度的考点，如在侦查阶段会融进强制措施、辩护、证据的获取等。每一个程序、每一个制度都可以直接成为命题点，所以考生既要有宏观层面较强的框架意识，又要非常注重细节点的把控。例如，主观题曾经考查过一个设问：刑事附带民事诉讼的原告人可以对案件的被告人进行发问，其具体发问的内容是只能针对附带民事部分还是也可以针对刑事部分？如果考生平时的复习范围相对完整的话，就能反应过来其只能针对附带民事诉讼部分发问，但是如果复习不够细致，3 分就丢了！所以要求考生在基础复习的时候必须既要注重复习的广度，又要注重复习的深度。

主观题通常以现实生活中的实际案例为素材，知识点考查上呈现综合性、集中性和理论性，但考点基本上是部门法的重要章节的知识。案例出题并不求新、不求深、不求偏，只是个别年份注重对热点问题、新增考点的考查。

2. 注重对新增考点及热点知识点的考查。

2013 年至 2023 年刑事诉讼法主观题都考查了与证据制度有关的题目，这既是证据制度在刑事诉讼法中越来越受到关注的结果，也是相关证据规则相继出台的结果。例如，2014 年 10 月党的十八届四中全会通过《中共中央关于全面推进依法治国若干重大问题的决定》，其中涉及多项与刑事诉讼法相关的改革措施，“推进以审判为中心的诉讼制度改革”即为其中的重点内容。可以说，该决定颁布后，整个学界都在讨论如何“推进以审判为中心的诉讼制度改革”，该知识点在 2015 年马上出现在主观题里。再如，2017 年考查了审判监督程序，这与 2016 年年底至 2017 年年初聂树斌案再审这一热点不无关系。

2018 年 10 月《刑事诉讼法》修改后，2019 年 10 月最高人民法院、最高人民检察院、公安部、国家安全部、司法部联合颁布了《关于适用认罪认罚从宽制度的指导意见》，2019 年 12 月最高人民检察院颁布了《人民检察院刑事诉讼规则》（以下简称《高检规则》），具体而言，刑事诉讼法修改及增加的考点有：审查起诉阶段认罪认罚从宽制度的适用、人民陪审员制度、捕诉合一的相关内容、值班律师的职责等。这些新增考点也成了后续几年考查的重点。

2024 年要尤其注意《人民检察院、公安机关羁押必要性审查、评估工作规定》，其新增和修改部分，都会成为命题关注的重点。

应当说，近 10 年刑事诉讼法考查热点问题的趋向十分明显，这要求考生在复习刑事诉讼法时应关注当年刑事诉讼法的热点问题，做到有的放矢。

3. 刑事诉讼法与其他学科交叉考查加强。

2018 年法考中首次出现了实体法和程序法相结合的考题（民商法与民事诉讼法），2019 年刑事诉讼法的考题中出现了《刑事诉讼法》与《监察法》相结合的情况，这是以往没有出现过的新题型，对考生而言难度更大。两个学科之间交叉，甚至是多学科交叉将会是未来命题的一个大方向。考生在复习时应当注意对刑事诉讼法与其他学科交叉结合的复习。

考点一 不同阶段认罪认罚的处理

项目	内容		
侦查阶段	权利告知		侦查人员在讯问犯罪嫌疑人的时候，应当告知犯罪嫌疑人享有的诉讼权利，如实供述自己罪行可以从宽处理和认罪认罚的法律规定
	认罪认罚的处理		犯罪嫌疑人自愿认罪的，应当记录在案，随案移送，并在起诉意见书中写明有关情况
			犯罪嫌疑人自愿如实供述涉嫌犯罪的事实，有重大立功或者案件涉及国家重大利益的，经最高人民检察院核准，公安机关可以撤销案件
审查起诉阶段	权利告知		犯罪嫌疑人认罪认罚的，人民检察院应当告知其享有的诉讼权利和认罪认罚的法律规定
	应当听取意见		犯罪嫌疑人认罪认罚的，人民检察院应当听取犯罪嫌疑人、辩护人或者值班律师、被害人及其诉讼代理人对下列事项的意见，并记录在案： (1)涉嫌的犯罪事实、罪名及适用的法律规定； (2)从轻、减轻或者免除处罚等从宽处罚的建议； (3)认罪认罚后案件审理适用的程序； (4)其他需要听取意见的事项。 人民检察院依照前两款规定听取值班律师意见的，应当提前为值班律师了解案件有关情况提供必要的便利
	认罪认罚具结书		犯罪嫌疑人自愿认罪，同意量刑建议和程序适用的，应当在辩护人或者值班律师在场的情况下签署认罪认罚具结书。犯罪嫌疑人认罪认罚，有下列情形之一的，不需要签署认罪认罚具结书： (1)犯罪嫌疑人是盲、聋、哑人，或者是尚未完全丧失辨认或者控制自己行为能力的精神病人的； (2)未成年犯罪嫌疑人的法定代理人、辩护人对未成年人认罪认罚有异议的； (3)其他不需要签署认罪认罚具结书的情形
	处理	起诉	犯罪嫌疑人认罪认罚的，人民检察院应当就主刑、附加刑、是否适用缓刑等提出量刑建议。量刑建议一般应当为确定刑。对新类型、不常见犯罪案件，量刑情节复杂的重罪案件等，也可以提出幅度刑量刑建议(《高检规则》第275条)
		不起诉	(1)自愿认罪认罚，且符合酌定不起诉条件的，可以作出不起诉决定。 (2)犯罪嫌疑人自愿如实供述涉嫌犯罪的事实，有重大立功或者案件涉及国家重大利益的，经最高人民检察院核准，人民检察院可以作出不起诉决定，也可以对涉嫌数罪中的一项或者多项不起诉。 **注意**：前款规定的不起诉，应当由检察长决定。决定不起诉的，人民检察院应当及时对查封、扣押、冻结的财物及其孳息作出处理
审判阶段	权利告知		被告人认罪认罚的，审判长应当告知被告人享有的诉讼权利和认罪认罚的法律规定，审查认罪认罚的自愿性和认罪认罚具结书内容的真实性、合法性
	处理		对于认罪认罚案件，人民法院依法作出判决时，一般应当采纳人民检察院指控的罪名和量刑建议，但有下列情形的除外： (1)被告人的行为不构成犯罪或者不应当追究其刑事责任的； (2)被告人违背意愿认罪认罚的； (3)被告人否认指控的犯罪事实的； (4)起诉指控的罪名与审理认定的罪名不一致的； (5)其他可能影响公正审判的情形。

再长的路，一步步也能走完；再短的路，不迈开双脚也无法到达。

续表

项目	内容	
		对认罪认罚案件,人民法院经审理认为量刑建议明显不当,或者被告人、辩护人对量刑建议提出异议的,人民检察院可以调整量刑建议。人民检察院不调整量刑建议或者调整量刑建议后仍然明显不当的,人民法院应当依法作出判决。 适用速裁程序审理认罪认罚案件,需要调整量刑建议的,应当在庭前或者当庭作出调整;调整量刑建议后,仍然符合速裁程序适用条件的,继续适用速裁程序审理。(《刑诉解释》第353条) 判断量刑建议不当的标准: 对量刑建议是否明显不当,应当根据审理认定的犯罪事实、认罪认罚的具体情况,结合相关犯罪的法定刑、类似案件的刑罚适用等作出审查判断。(《刑诉解释》第354条) 对认罪认罚案件,人民法院一般应当对被告人从轻处罚;符合非监禁刑适用条件的,应当适用非监禁刑;具有法定减轻处罚情节的,可以减轻处罚。 对认罪认罚案件,应当根据被告人认罪认罚的阶段早晚以及认罪认罚的主动性、稳定性、彻底性等,在从宽幅度上体现差异。 共同犯罪案件,部分被告人认罪认罚的,可以依法对该部分被告人从宽处罚,但应当注意全案的量刑平衡。(《刑诉解释》第355条) 被告人在人民检察院提起公诉前未认罪认罚,在审判阶段认罪认罚的,人民法院可以不再通知人民检察院提出或者调整量刑建议。 对前款规定的案件,人民法院应当就定罪量刑听取控辩双方意见,根据刑事诉讼法第十五条和本解释第三百五十五条的规定作出判决。(《刑诉解释》第356条) 对被告人在第一审程序中未认罪认罚,在第二审程序中认罪认罚的案件,应当根据其认罪认罚的具体情况决定是否从宽,并依法作出裁判。确定从宽幅度时应当与第一审程序认罪认罚有所区别。(《刑诉解释》第357条) 案件审理过程中,被告人不再认罪认罚的,人民法院应当根据审理查明的事实,依法作出裁判。需要转换程序的,依照本解释的相关规定处理(《刑诉解释》第358条)

考点二 法定不予追诉的情形

不同阶段处理方式	公安机关/检察院		检察院(审查起诉)	法院	
	(立案)	(侦查)		(庭前审查)	(审理阶段)
情节显著轻微、危害不大,不认为是犯罪的	不立案	撤销案件	不起诉	—	宣告无罪
犯罪已过追诉时效期限的(实体法规定时效,无限期追诉报最高人民检察院)	不立案	撤销案件	不起诉	退回检察院/终止审理	终止审理
经特赦令免除刑罚的	不立案	撤销案件	不起诉	退回检察院/终止审理	终止审理
依照刑法告诉才处理的犯罪,没有告诉或者撤回告诉的【侮辱、诽谤、暴力干涉婚姻自由、虐待、侵占】	不干预	撤销案件	不起诉	退回检察院/终止审理	终止审理
犯罪嫌疑人、被告人死亡的	不立案	撤销案件	不起诉	退回检察院/终止审理	终止审理或宣告无罪(确认无罪)
其他法律规定免予追究刑事责任的	不立案	撤销案件	不起诉	退回检察院/终止审理	终止审理

再长的路,一步步也能走完;再短的路,不迈开双脚也无法到达。

考点三 立案管辖与交叉管辖

（一）人民检察院直接受理的刑事案件

1. 人民检察院在对诉讼活动实行法律监督中发现的司法工作人员利用职权实施的非法拘禁、刑讯逼供、非法搜查等侵犯公民权利、损害司法公正的犯罪，可以由人民检察院立案侦查。

注意：司法工作人员，是指有侦查、检察、审判、监管职责的工作人员。（《刑法》第94条）

2. 对于公安机关管辖的国家机关工作人员利用职权实施的重大犯罪案件，需要由人民检察院直接受理的，经省级以上人民检察院决定，可以由人民检察院立案侦查。

注意：对此类案件，人民检察院需要直接立案侦查的，应当层报省级人民检察院决定。省级人民检察院可以决定由设区的市级人民检察院立案侦查，也可以自行立案侦查。

（二）交叉管辖

被调查人既涉嫌严重职务违法或者职务犯罪，又涉嫌其他违法犯罪的，一般应当由监察机关为主调查，其他机关予以协助。

注意：《高检规则》第17条　人民检察院办理直接受理侦查的案件，发现犯罪嫌疑人同时涉嫌监察机关管辖的职务犯罪线索的，应当及时与同级监察机关沟通。

经沟通，认为全案由监察机关管辖更为适宜的，人民检察院应当将案件和相应职务犯罪线索一并移送监察机关；认为由监察机关和人民检察院分别管辖更为适宜的，人民检察院应当将监察机关管辖的相应职务犯罪线索移送监察机关，对依法由人民检察院管辖的犯罪案件继续侦查。

人民检察院应当及时将沟通情况报告上一级人民检察院。沟通期间不得停止对案件的侦查。

考点四 值班律师制度

项目	内容
法律规定	法律援助机构可以在人民法院、看守所等场所派驻值班律师。犯罪嫌疑人、被告人没有委托辩护人，法律援助机构没有指派律师为其提供辩护的，由值班律师为犯罪嫌疑人、被告人提供法律咨询、程序选择建议、申请变更强制措施、对案件处理提出意见等法律帮助。人民法院、人民检察院、看守所应当告知犯罪嫌疑人、被告人有权约见值班律师，并为犯罪嫌疑人、被告人约见值班律师提供便利（《刑事诉讼法》第36条）
基本内涵	（1）值班律师制度是对我国辩护制度的重要补充； （2）值班律师制度是我国法律援助制度的重要组成部分，值班律师的派驻由法援机构负责，并由法援机构确定人选、进行指导和管理； （3）值班律师在具体案件中的身份不是辩护人，不提供出庭辩护的服务； （4）值班律师制度的适用范围覆盖所有案件的所有诉讼阶段中犯罪嫌疑人、被告人没有辩护人的情形
值班律师的职责	值班律师依法提供以下法律帮助： （1）提供法律咨询； （2）提供程序选择建议； （3）帮助犯罪嫌疑人、被告人申请变更强制措施； （4）对案件处理提出意见； （5）帮助犯罪嫌疑人、被告人及其近亲属申请法律援助； （6）法律法规规定的其他事项。

续表

项目	内容
	值班律师在认罪认罚案件中,还应当提供以下法律帮助: (1)向犯罪嫌疑人、被告人释明认罪认罚的性质和法律规定; (2)对人民检察院指控罪名、量刑建议、诉讼程序适用等事项提出意见; (3)犯罪嫌疑人签署认罪认罚具结书时在场。 值班律师办理案件时,可以应犯罪嫌疑人、被告人的约见进行会见,也可以经办案机关允许主动会见;自人民检察院对案件审查起诉之日起可以查阅案卷材料、了解案情。 **注意:**值班律师持律师执业证或者律师工作证、法律帮助申请表或者法律帮助通知书到看守所办理法律帮助会见手续,看守所应当及时安排会见。危害国家安全犯罪、恐怖活动犯罪案件,侦查期间值班律师会见在押犯罪嫌疑人的,应当经侦查机关许可
	侦查阶段,值班律师可以向侦查机关了解犯罪嫌疑人涉嫌的罪名及案件有关情况;案件进入审查起诉阶段后,值班律师可以查阅案卷材料,了解案情,人民检察院、人民法院应当及时安排,并提供便利。已经实现卷宗电子化的地方,人民检察院、人民法院可以安排在线阅卷
值班方式	值班方式可以采用现场值班、电话值班、网络值班相结合的方式。现场值班的,可以采取固定专人或轮流值班,也可以采取预约值班
被追诉人拒绝帮助	依法应当通知值班律师提供法律帮助而犯罪嫌疑人、被告人明确拒绝的,公安机关、人民检察院、人民法院应当记录在案。前一诉讼程序犯罪嫌疑人、被告人明确拒绝值班律师法律帮助的,后一诉讼程序的办案机关仍需告知其有权获得值班律师法律帮助的权利,有关情况应当记录在案
法律帮助的衔接	对于被羁押的犯罪嫌疑人、被告人,在不同诉讼阶段,可以由派驻看守所的同一值班律师提供法律帮助。对于未被羁押的犯罪嫌疑人、被告人,前一诉讼阶段的值班律师可以在后续诉讼阶段继续为犯罪嫌疑人、被告人提供法律帮助

考点五 非法证据排除

项目		内容
言词证据	供述	(1)采用刑讯逼供等非法方法收集的犯罪嫌疑人、被告人供述,应当予以排除。(《刑事诉讼法》第56条第1款) **注意:**采用殴打、违法使用戒具等暴力方法或者变相肉刑的恶劣手段,使被告人遭受难以忍受的痛苦而违背意愿作出的供述应当予以排除。(《刑诉解释》第123条第1项) (2)采用刑讯逼供或者冻、饿、晒、烤、疲劳审讯等非法方法收集的被告人供述,应当排除。(《关于建立健全防范刑事冤假错案工作机制的意见》第8条第1款) (3)除情况紧急必须现场讯问以外,在规定的办案场所外讯问取得的供述,应当排除。(《关于建立健全防范刑事冤假错案工作机制的意见》第8条第2款) (4)未依法对讯问进行全程录音录像取得的供述,以及不能排除以非法方法取得的供述,应当排除。(《关于建立健全防范刑事冤假错案工作机制的意见》第8条第2款) **注意:**依法应当对讯问过程录音录像的案件,相关录音录像未随案移送的,必要时,人民法院可以通知人民检察院在指定时间内移送。人民检察院未移送,导致不能排除属于《刑事诉讼法》第56条规定的以非法方法收集证据情形的,对有关证据应当依法排除;导致有关证据的真实性无法确认的,不得作为定案的根据。(《刑诉解释》第74条)

续表

项目		内容
		总结：以下案件应当全程录音录像：无期徒刑、死刑案件以及职务犯罪案件。 (5)采用以暴力或者严重损害本人及其近亲属合法权益等进行威胁的方法，使犯罪嫌疑人、被告人遭受难以忍受的痛苦而违背意愿作出的供述，应当予以排除。(《刑诉解释》第123条、《关于办理刑事案件严格排除非法证据若干问题的规定》第3条) (6)采用非法拘禁等非法限制人身自由的方法收集的犯罪嫌疑人、被告人供述，应当予以排除。(《刑诉解释》第123条、《关于办理刑事案件严格排除非法证据若干问题的规定》第4条) (7)采用刑讯逼供方法使犯罪嫌疑人、被告人作出供述，之后犯罪嫌疑人、被告人受该刑讯逼供行为影响而作出的与该供述相同的重复性供述，应当一并排除，但下列情形除外： ①调查、侦查期间，监察机关、侦查机关根据控告、举报或者自己发现等，确认或者不能排除以非法方法收集证据而更换调查、侦查人员，其他调查、侦查人员再次讯问时告知诉讼权利和认罪的法律后果，被告人自愿供述的； ②审查逮捕、审查起诉和审判期间，检察人员、审判人员讯问时告知诉讼权利和认罪的法律后果，犯罪嫌疑人、被告人自愿供述的(《关于办理刑事案件严格排除非法证据若干问题的规定》第5条、《高检规则》第68条、《刑诉解释》第124条)
	证人证言、被害人陈述	采用暴力、威胁以及非法限制人身自由等非法方法收集的证人证言、被害人陈述，应当予以排除
	注意：以引诱方法取得的犯罪嫌疑人、被告人供述和证人证言、被害人陈述并不排除	
实物证据	收集物证、书证：(1)不符合法定程序；(2)可能严重影响司法公正的，应当予以补正或者作出合理解释；(3)不能补正或者作出合理解释的，对该证据应当予以排除	

考点六 羁押必要性审查(新修改内容)

项目		内容
审查对象	犯罪嫌疑人、被告人被逮捕后，人民检察院应当依法对羁押的必要性进行审查。不需要继续羁押的，应当建议公安机关、人民法院予以释放或者变更强制措施	
审查主体	人民检察院、公安机关开展羁押必要性审查、评估工作，应当分工负责、互相配合、互相制约，以保证准确有效地执行法律： (1)人民检察院依法开展羁押必要性审查，由捕诉部门负责。负责刑事执行、控告申诉、案件管理、检察技术的部门应当予以配合； (2)公安机关对羁押的必要性进行评估，由办案部门负责，法制部门统一审核	
启动方式	依职权	(1)人民检察院在刑事诉讼过程中可以对被逮捕的犯罪嫌疑人、被告人依职权主动进行羁押必要性审查； (2)人民检察院对审查起诉阶段未经羁押必要性审查、可能判处3年有期徒刑以下刑罚的在押犯罪嫌疑人，在提起公诉前应当依职权开展一次羁押必要性审查； (3)公安机关根据案件侦查情况，可以对被逮捕的犯罪嫌疑人继续采取羁押强制措施是否适当进行评估
	依申请	犯罪嫌疑人及其法定代理人、近亲属或者辩护人、值班律师申请变更羁押强制措施的，应当对羁押的必要性进行评估

再长的路，一步步也能走完；再短的路，不迈开双脚也无法到达。

续表

项目	内容	
审查程序	审查方式	(1)审查犯罪嫌疑人、被告人不需要继续羁押的理由和证明材料； (2)听取犯罪嫌疑人、被告人及其法定代理人、近亲属或者辩护人、值班律师意见； (3)听取被害人及其法定代理人、诉讼代理人、近亲属或者其他有关人员的意见，了解和解、谅解、赔偿情况； (4)听取公安机关、人民法院意见，必要时查阅、复制原案卷宗中有关证据材料； (5)调查核实犯罪嫌疑人、被告人身体健康状况； (6)向看守所调取有关犯罪嫌疑人、被告人羁押期间表现的材料； (7)进行羁押必要性审查、评估需要采取的其他方式
	综合评估	开展羁押必要性审查、评估工作，应当全面审查、评估犯罪嫌疑人、被告人涉嫌犯罪事实、主观恶性、悔罪表现、案件进展情况、可能判处的刑罚、身体状况、有无社会危险性和继续羁押必要等因素综合评估
审查结果	应当建议	人民检察院审查后发现犯罪嫌疑人、被告人具有下列情形之一的，应当向公安机关、人民法院提出释放或者变更强制措施建议；审查起诉阶段的，应当及时决定释放或者变更强制措施： (1)案件证据发生重大变化，没有证据证明有犯罪事实或者犯罪行为系犯罪嫌疑人、被告人所为的； (2)案件事实、情节或者法律、司法解释发生变化，犯罪嫌疑人、被告人可能被判处拘役、管制、独立适用附加刑、免予刑事处罚或者判决无罪的； (3)继续羁押犯罪嫌疑人、被告人，羁押期限将超过依法可能判处的刑期的； (4)案件事实基本查清，证据已经收集固定，符合取保候审或者监视居住条件的； (5)其他对犯罪嫌疑人、被告人采取羁押强制措施不当，应当及时释放或者变更的。 公安机关评估后发现符合上述情形的，应当及时决定释放或者变更强制措施
	可以建议	人民检察院审查后发现犯罪嫌疑人、被告人具有下列情形之一的，且具有悔罪表现，不予羁押不致发生社会危险性的，可以向公安机关、人民法院提出释放或者变更强制措施建议；审查起诉阶段的，可以决定释放或者变更强制措施： (1)预备犯或者中止犯； (2)主观恶性较小的初犯； (3)共同犯罪中的从犯或者胁从犯； (4)过失犯罪的； (5)防卫过当或者避险过当的； (6)认罪认罚的； (7)与被害方依法自愿达成和解协议或者获得被害方谅解的； (8)已经或者部分履行赔偿义务或者提供担保的； (9)患有严重疾病、生活不能自理的； (10)怀孕或者正在哺乳自己婴儿的妇女； (11)系未成年人或者已满75周岁的人； (12)系未成年人的唯一抚养人； (13)系生活不能自理的人的唯一扶养人； (14)可能被判处一年以下有期徒刑的； (15)可能被宣告缓刑的； (16)其他不予羁押不致发生社会危险性的情形。 公安机关评估后发现符合上述情形的，可以决定释放或者变更强制措施

再长的路，一步步也能走完；再短的路，不迈开双脚也无法到达。

考点七 刑事速裁程序

<table>
<tr><th>项目</th><th colspan="2">内容</th></tr>
<tr><td rowspan="2">适用条件</td><td>积极条件</td><td>基层人民法院管辖的可能判处 3 年有期徒刑以下刑罚的案件,案件事实清楚,证据确实、充分,被告人认罪认罚并同意适用速裁程序的,可以适用速裁程序,由审判员 1 人独任审判。
人民检察院在提起公诉的时候,可以建议人民法院适用速裁程序</td></tr>
<tr><td>消极条件</td><td>有下列情形之一的,不适用速裁程序:
(1)被告人是盲、聋、哑人;
(2)被告人是尚未完全丧失辨认或者控制自己行为能力的精神病人的;
(3)被告人是未成年人的;
(4)案件有重大社会影响的;
(5)共同犯罪案件中部分被告人对指控的犯罪事实、罪名、量刑建议或者适用速裁程序有异议的;
(6)被告人与被害人或者其法定代理人没有就附带民事诉讼赔偿等事项达成调解或者和解协议的;
(7)辩护人作无罪辩护的;
(8)其他不宜适用速裁程序审理的</td></tr>
<tr><td>速裁程序的特点</td><td colspan="2">(1)只适用于第一审程序。
(2)只适用于基层人民法院。
(3)速裁程序既可以由检察院建议适用,也可以由法院自己决定适用;被告人及其辩护人可以向法院提出适用速裁程序的申请。
(4)速裁程序实行独任审判。
(5)审理期限较短。适用速裁程序审理案件,人民法院应当在受理后 10 日以内审结;对可能判处的有期徒刑超过 1 年的,可以延长至 15 日</td></tr>
<tr><td>速裁程序的审理</td><td colspan="2">(1)适用速裁程序审理案件,一般不进行法庭调查、法庭辩论,但在判决宣告前应当听取辩护人的意见和被告人的最后陈述意见。
(2)适用速裁程序审理的案件,人民检察院应当派员出席法庭。(《高检规则》第 441 条)
(3)适用速裁程序审理案件,可以集中开庭,逐案审理。公诉人简要宣读起诉书后,审判人员应当当庭询问被告人对指控事实、证据、量刑建议以及适用速裁程序的意见,核实具结书签署的自愿性、真实性、合法性,并核实附带民事诉讼赔偿等情况。
(4)适用速裁程序审理案件,应当当庭宣判。裁判文书可以简化</td></tr>
<tr><td>程序转化</td><td colspan="2">适用速裁程序审理案件,在法庭审理过程中,具有下列情形之一的,应当转为普通程序或者简易程序审理:
(1)被告人的行为可能不构成犯罪或者不应当追究刑事责任的;
(2)被告人违背意愿认罪认罚的;
(3)被告人否认指控的犯罪事实的;
(4)案件疑难、复杂或者对适用法律有重大争议的;
(5)其他不宜适用速裁程序的情形。
注意:决定转为普通程序或者简易程序审理的案件,审理期限应当从作出决定之日起计算</td></tr>
<tr><td>二审发回重审的处理</td><td colspan="2">适用速裁程序审理的案件,第二审人民法院依照《刑事诉讼法》第 236 条第 1 款第 3 项的规定发回原审人民法院重新审判的,原审人民法院应当适用第一审普通程序重新审判</td></tr>
</table>

考点八 上诉不加刑原则

项目		内容
上诉不加刑原则	含义	二审法院审判只有被告人或者其法定代理人、辩护人、近亲属上诉的案件，不得加重被告人的刑罚。（控方上诉、抗诉的，不受前款规定的限制） **注意：**一审判决后，被告人上诉，检察院或自诉人对刑事部门没有意见，但附带民事诉讼的原告人对附带民事部分的判决提起上诉，二审法院也不得加刑
	具体要求	1. 审理被告人或者其法定代理人、辩护人、近亲属提出上诉的案件，不得对被告人的刑罚作出实质不利的改判，并应当执行下列规定： （1）同案审理的案件，只有部分被告人上诉的，既不得加重上诉人的刑罚，也不得加重其他同案被告人的刑罚。 （2）原判认定的罪名不当的，可以改变罪名，但不得加重刑罚或者对刑罚执行产生不利影响。 （3）原判认定的罪数不当的，可以改变罪数，并调整刑罚，但不得加重决定执行的刑罚或者对刑罚执行产生不利影响。 （4）原判对被告人宣告缓刑的，不得撤销缓刑或者延长缓刑考验期。 （5）原判没有宣告职业禁止、禁止令的，不得增加宣告；原判宣告职业禁止、禁止令的，不得增加内容、延长期限。 （6）原判对被告人判处死刑缓期执行没有限制减刑、决定终身监禁的，不得限制减刑、决定终身监禁。 （7）原判判处的刑罚不当、应当适用附加刑而没有适用的，不得直接加重刑罚、适用附加刑。原判判处的刑罚畸轻，必须依法改判的，应当在第二审判决、裁定生效后，依照审判监督程序重新审判。 人民检察院抗诉或者自诉人上诉的案件，不受前款规定的限制。（《刑诉解释》第401条） 2. 人民检察院只对部分被告人的判决提出抗诉，或者自诉人只对部分被告人的判决提出上诉的，第二审人民法院不得对其他同案被告人加重刑罚。（《刑诉解释》第402条） 3. 被告人或者其法定代理人、辩护人、近亲属提出上诉，人民检察院未提出抗诉的案件，第二审人民法院发回重新审判后，除有新的犯罪事实且人民检察院补充起诉的以外，原审人民法院不得加重被告人的刑罚。 对前款规定的案件，原审人民法院对上诉发回重新审判的案件依法作出判决后，人民检察院抗诉的，第二审人民法院不得改判为重于原审人民法院第一次判处的刑罚（《刑诉解释》第403条）

考点九 死刑复核程序

项目		内容
复核程序	合议庭	审判员3人组成合议庭进行
	全面审查	对事实认定、法律适用和诉讼程序进行全面审查。 **注意：**共同犯罪案件中，部分被告人被判处死刑的，应当对全案进行审查，但不影响对其他被告人生效判决、裁定的执行；发现对其他被告人已经发生法律效力的判决、裁定确有错误时，可以指令原审人民法院再审
	控辩双方的参与	（1）最高人民法院复核死刑案件，应当讯问被告人。 （2）辩护律师提出要求的，应当听取辩护律师的意见。 **注意：**辩护律师要求当面反映意见的，应当在办公场所听取意见，并制作笔录，具备条件的法院还应当全程录音、录像。辩护律师提出书面意见的，应当附卷。 （3）最高人民检察院可以向最高人民法院提出意见。最高人民法院应当将死刑复核结果通报最高人民检察院

续表

项目		内容
复核结果	裁定核准	(1)直接核准:原判认定事实和适用法律正确、量刑适当、诉讼程序合法的,应当裁定核准; (2)纠正瑕疵后核准:原判认定的某一具体事实或者引用的法律条款等存在瑕疵,但判处被告人死刑并无不当的,可以在纠正后作出核准的判决、裁定
	应当裁定不予核准,并撤销原判,发回重审	(1)原判事实不清、证据不足的;(事实错误) (2)复核期间出现新的影响定罪量刑的事实、证据的;(出现新事实) (3)原审违反法定诉讼程序,可能影响公正审判的,应当裁定不予核准,并撤销原判,发回重新审判(程序错误)
	一般应当发回重审,必要时可依法改判	原判认定事实正确、证据充分,但依法不应当判处死刑的,应当裁定不予核准,并撤销原判,发回重新审判;根据案件情况,必要时,也可以依法改判(量刑错误)
发回重审		(1)最高人民法院裁定不予核准死刑的,根据案件情况,可以发回第二审人民法院或者第一审人民法院重新审判。对最高人民法院发回第二审人民法院重新审判的案件,第二审人民法院一般不得发回第一审人民法院重新审判。(《刑诉解释》第430条第1、2款) (2)第一审人民法院重新审判的,应当开庭审理。第二审人民法院重新审判的,可以直接改判;必须通过开庭查清事实、核实证据或者纠正原审程序违法的,应当开庭审理。(《刑诉解释》第430条第3款) **注意**:高级人民法院依照复核程序审理后报请最高人民法院核准死刑,最高人民法院裁定不予核准,发回高级人民法院重新审判的,高级人民法院可以依照第二审程序提审或者发回重新审判(《刑诉解释》第431条)
		最高人民法院裁定不予核准死刑,发回重新审判的案件,原审人民法院应当另行组成合议庭审理。 **但是**:复核期间出现新的影响定罪量刑的事实、证据的,或者最高人民法院复核后认为原判认定事实正确、证据充分,但依法不应当判处死刑的,应当裁定不予核准,并撤销原判,发回重新审判的,不另行组成合议庭(《刑诉解释》第432条)
最高人民法院发回重审后又判死刑的,高级人民法院审理后不得再发回重审		依照《刑诉解释》第430条、第431条发回重新审判的案件,第一审人民法院判处死刑、死刑缓期执行的,上一级人民法院依照第二审程序或者复核程序审理后,应当依法作出判决或者裁定,不得再发回重新审判。但是,第一审人民法院有《刑事诉讼法》第238条规定的情形(一审程序违法情形)或者违反《刑事诉讼法》第239条规定(二审法院发回重审而原审法院没有另行组成合议庭的情形)的除外

考点十 再审的程序

项目	内容
审判组织	另行组成合议庭进行再审。原来审判该案的合议庭成员,应当回避
适用审级	(1)原来是第一审案件,应当依照第一审程序进行审判,所作的判决、裁定,可以上诉、抗诉。 (2)原来是第二审案件,或者是上级法院提审的案件,应当依照第二审程序进行审判。所作的判决、裁定,是终审的判决、裁定,不可以上诉、抗诉
再审决定书的制作	对决定依照审判监督程序重新审判的案件,人民法院应当制作再审决定书

续表

项目	内容	
再审效力	再审期间不停止原判决、裁定的执行，但被告人可能经再审改判无罪，或者可能经再审减轻原判刑罚而致刑期届满的，可以决定中止原判决、裁定的执行，必要时，可以对被告人采取取保候审、监视居住措施	
指令重审	上级人民法院指令下级人民法院再审的，一般应当指令原审人民法院以外的下级人民法院审理；由原审人民法院审理更有利于查明案件事实、纠正裁判错误的，也可以指令原审人民法院审理	
审理方式	应当开庭	(1)依照第一审程序审理的。 (2)依照第二审程序需要对事实或者证据进行审理的。 (3)人民检察院按照审判监督程序提出抗诉的。 (4)可能对原审被告人(原审上诉人)加重刑罚的。 (5)有其他应当开庭审理情形的
	可以缺席审判	符合《刑事诉讼法》第 296 条、第 297 条规定的，可以缺席审判
中止审理与终止审理	原审被告人(原审上诉人)收到再审决定书或者抗诉书后下落不明或者收到抗诉书后未到庭的，人民法院应当中止审理；原审被告人(原审上诉人)到案后，恢复审理；如果超过 2 年仍查无下落的，应当裁定终止审理	
强制措施	(1)法院决定再审的案件，需要对被告人采取强制措施的，由法院决定。 (2)检察院提出抗诉的再审案件，需要对被告人采取强制措施的，由检察院决定	
再审审限	应当在作出提审、再审决定之日起 3 个月以内审结，需要延长期限的，不得超过 6 个月	
再审不加刑	除人民检察院抗诉的以外，再审一般不得加重原审被告人的刑罚。再审决定书或者抗诉书只针对部分原审被告人的，不得加重其他同案原审被告人的刑罚	

三、答题模板

基本模板：引事实＋找依据＋得结论。

1. 表达尽量专业。除了援引法条之外，语言应当多使用法言法语，少使用生活语言。譬如，“侦查机关、检察机关和审判机关分别在侦查、起诉和审判阶段负有排除非法证据的职责”，这一表述正确。“警察他们都要把违法的证据去掉”，这一表述错误。

2. 回答力求简洁。问题问“是不是”“对不对”，就答“是”或“否”、“对”或“错”。没有问为什么或者要求阐明根据的，无须回答理由。如果需要回答理由，只要不是理论题，则不要掺杂个人观点，而是应当根据法律规定作答。基本答题模式为：“根据《刑事诉讼法》或《刑诉解释》的相关规定，……本案中，……因此，……”案例分析题是踩点给分，不会给所谓的“辛苦分”，即不要指望字写得多老师就多给几分，关键是要回答精准。

3. 援引尽量准确。由于考试提供法律汇编，援引法条时最好能够精确表达，例如：“根据《刑事诉讼法》第 9 条第 2 款的规定……”如果脑海里有法条的印象，却实在检索不到法条时，也可以表达为“根据《刑事诉讼法》相关规定”，后面的内容应当尽量契合法条原文。

此外，在援引法条时需要注意，《刑事诉讼法》和最高人民法院、最高人民检察院、公安部、国家安全部、司法部、全国人大常委会法制工作委员会《关于实施刑事诉讼法若干问题的规定》可以适用于全部诉讼阶段，公、检、法都需要遵守。但是，《公安机关办理刑事案件程序规定》主要适用于公安机关的立案、侦查、执行等工作，《高检规则》只适用于检察院的审查起诉、监督等工作，《刑诉解释》只适用于法院的立案、审判、执行等工作，如果题目考查侦查问题，结果考生引用《刑诉解释》

的规定，就不能得分了。

4. 在熟练掌握客观题基础知识的前提下，以历年主观题真题和高质量的模拟题为素材进行"脚踏实地"地演练，达到用法律思维方式"提高运用法言法语分析事实能力，培养法条检索、释法说理能力"。

学习侦查、审查起诉、审判、执行等程序时，应当理出一条清晰的脉络。为了方便大家学习，下文给大家勾勒出本学科的体系图，帮助大家更好地把握考查的内容（见图4）。

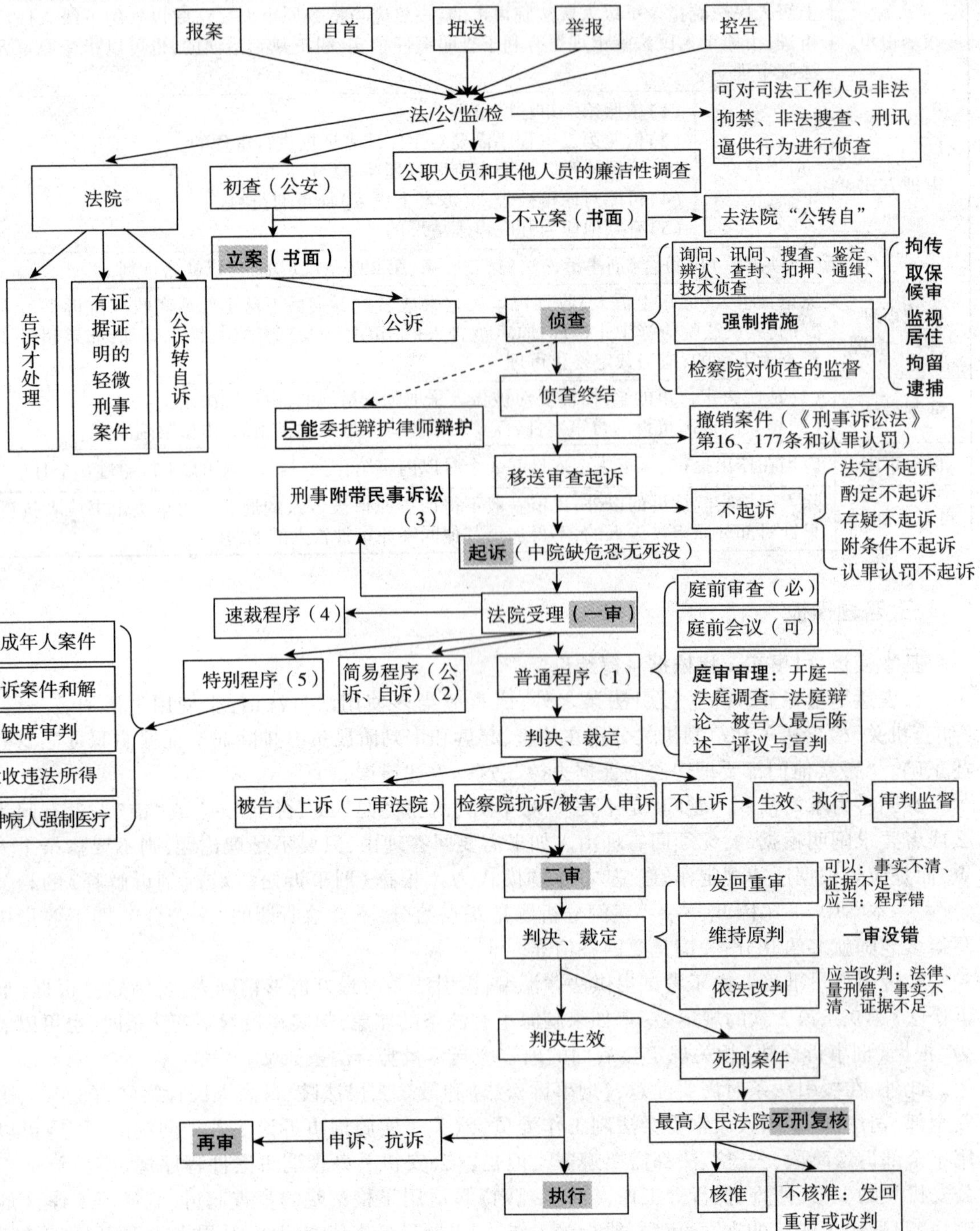

图4　刑事诉讼法体系

四、2023年真题(回忆版)与解析

| **案　情** |

某日晚上甲正在马路上盗窃自行车,被路过的乙丙丁三人看见,随后乙丙丁为了获取钱财,把甲带到路旁的公园暴打一顿,并且强行要甲给予乙丙丁三人2000元。丁因为接到老婆的电话而离开了犯罪现场,乙和丙在取得2000元财物以后才离开犯罪现场。第二天早上在公园散步的路人发现已死亡的甲。公安机关随即对案件展开立案侦查,并将嫌疑人乙丙丁抓捕到案。侦查表明,被害人甲是在前一天20点至23点之间因钝器敲击致死。同时,乙丙丁三人对以暴力的方式强行取得甲2000元钱的犯罪事实供认不讳,并且认罪认罚。但是在法庭审理过程中,乙丙强调他们在丁离开现场以后也同步离开犯罪现场,并未对甲实施故意伤害行为,甲的死亡与乙丙之间不存在直接的因果关系,因此,拒绝认罪认罚。乙丙的辩护律师也主张本案存在事实不清、证据不足的情形,依法作了无罪的辩护。

乙的辩护律师主张乙在犯罪时不满18周岁,理由是,其一,乙的户口本和出生证登记错误;其二,乙的毕业证上记载了其未成年的事实;其三,乙的叔叔是户籍民警,依法提供乙未成年的证人证言。法庭经过审查认为:乙的毕业证由自己保管,缺乏证据的证明力,户口本和出生证登记错误未有相关官方材料予以证明,乙的叔叔和乙具有直接的利害关系,其证人证言的证明力较为薄弱,因此法庭最终未认定乙实施犯罪时系未满18周岁的未成年人。被害人甲的父母在案件刑事部分审理中依法提起附带民事诉讼,要求死亡赔偿金、丧葬费、精神损失等相关赔偿事项。法院判决乙丙丁三人构成抢劫罪,因为没有证据证明乙丙实施的行为和甲的死亡之间存在因果关系,未认定乙丙构成故意伤害罪。

| **问　题** |

1. 本案当事人乙丙对抢劫罪认罪认罚,同时两人认为自己不构成故意伤害行为,对全案可以适用认罪认罚处理吗?

2. 被害人甲的父母可否在案件刑事部分审理的过程中针对死亡赔偿金、丧葬费、精神损失等依法提起附带民事诉讼?

3. 法院未认定被告人乙属于未成年人是否符合法律程序要求?

4. 本案中法院未认定乙丙构成故意伤害罪是否符合法律规定?

5. 如果法院未认定乙是未成年人,乙的法定代理人和辩护律师上诉到二审法院,二审法院应当如何处理?

| **参考答案** |

1. 依据《关于适用认罪认罚从宽制度的指导意见》的规定,犯罪嫌疑人、被告人犯数罪,仅如实供述其中一罪或部分罪名事实的,全案不作“认罪”的认定,不适用认罪认罚从宽制度。因此,乙丙对抢劫罪认罪认罚,对故意伤害行为不认罪认罚,对全案不可以适用认罪认罚处理。

2. 被害人甲的父母可依法针对丧葬费提起附带民事诉讼,但不能针对死亡赔偿金、精神损失提起附带民事诉讼。依据《刑诉解释》第192条第2款的规定,犯罪行为造成被害人人身损害的,应当赔偿医疗费、护理费、交通费等为治疗和康复支付的合理费用,以及因误工减少的收入。造成被害人残疾的,还应当赔偿残疾生活辅助器具费等费用;造成被害人死亡的,还应当赔偿丧葬费等费用。

3. 不符合。《刑诉解释》第146条规定:“审查被告人实施被指控的犯罪时或者审判时是否达到相应法定责任年龄,应当根据户籍证明、出生证明文件、学籍卡、人口普查登记、无利害关系人的证言等证据综合判断。证明被告人已满十二周岁、十四周岁、十六周岁、十八周岁或者不满七十五周岁的证据不足的,应当作出有利于被告人的认定。”

本案中尽管证人证言，毕业证、出生证的证明力弱，但能证明被告人乙已满18周岁的证据不足，依据《刑诉解释》第146条第2款的规定，应作出有利于被告人乙的认定。

4. 符合。《刑事诉讼法》第55条规定："对一切案件的判处都要重证据，重调查研究，不轻信口供。只有被告人供述，没有其他证据的，不能认定被告人有罪和处以刑罚；没有被告人供述，证据确实、充分的，可以认定被告人有罪和处以刑罚。证据确实、充分，应当符合以下条件：(一)定罪量刑的事实都有证据证明；(二)据以定案的证据均经法定程序查证属实；(三)综合全案证据，对所认定事实已排除合理怀疑。"

本案证据不能排除甲的死亡是乙丙离开公园后其他原因所致的合理怀疑。因此，法院能以事实不清、证据不足认定乙丙不构成故意伤害罪。

5. 依据《刑诉解释》第404条第1款规定，二审法院认为第一审判决事实不清、证据不足的，可以在查清事实后改判，也可以裁定撤销原判，发回原审人民法院重新审判。

五、2022年真题(回忆版)与解析

| 案　情 |

钟某系A市网约车司机。某日晚独自在家中饮酒后心存侥幸的钟某主动接单搭载乘客至市内某地。返程途中，因钟某超速行驶，车辆转弯不及冲至人行横道，撞倒路人顾某。顾某当场昏迷、血流不止。钟某害怕酒驾被查，打电话让恰好在附近购物的妻子王某尽快赶至现场。同时，钟某将顾某紧急送医救治后便返回家中。王某到达事故现场后，主动报警，并告知警方自己系肇事车主且伤者已被送医。当日，顾某因伤重不治身亡。经交警部门认定，王某负事故全部责任。公安机关予以刑事立案，并传唤王某接受询问。王某在压力之下承认自己是为钟某顶罪。公安机关随即拘传钟某。钟某到案后，主动承认自己的交通肇事行为。公安机关遂以钟某涉嫌交通肇事罪、王某涉嫌包庇罪并案侦查。

后侦查人员带钟某到案发现场进行指认。其间，侦查人员孙某问钟某当时是否饮酒了，钟某回答"是的"。这一过程被孙某携带的执法记录仪拍摄下来，但未记入笔录。此后，在侦查人员的历次询问中，钟某均承认自己系酒后驾车。案件移送审查起诉后，钟某与王某在审查起诉阶段均签署了认罪认罚从宽具结书。检察院提起公诉后，顾某的近亲属对钟某提起附带民事诉讼，法院决定按照"先刑后民"原则以简易程序进行审理。庭审期间，被告人钟某当庭否认自己存在酒驾及肇事逃逸行为。法院休庭研究后，决定将钟某与王某分案处理。对钟某涉嫌交通肇事罪适用普通程序审理并作以下安排：(1)由公诉机关补充提供指认现场的执法记录仪视频，作为视听资料予以认定；(2)通知孙某出庭作证，证实钟某在指认现场自认酒驾；(3)通知王某作为证人，出庭证实钟某案发后逃逸。在上述证据出示并质证后，钟某再次表示认罪认罚。最终，法院判处钟某有期徒刑5年，并对附带民事诉讼原告人作相应赔偿；判决王某免予刑事处罚。

| 问　题 |

1. 请结合本案中公安机关对拘传与传唤的适用，阐述两种措施的区别。

2. 法院将钟某一案由简易程序转至普通程序审理是否妥当？普通程序与简易程序审理有什么不同？

3. 本案遵循"先刑后民"原则审理应当注意哪些事项？请简要说明。

4. 法院分案审理钟某与王某的决定是否妥当？请说明理由。

5. 法院对于执法记录仪视频的性质认定是否正确？请说明理由。

6. 孙某的证言是否属于传闻证据？请说明理由。

| 参考答案 |

1. 拘传是指公安机关、人民检察院和人民法院对未被羁押的犯罪嫌疑人、被告人，依法强制其

到案接受讯问的一种强制措施。传唤是指人民法院、人民检察院和公安机关使用传票的形式通知犯罪嫌疑人、被告人及其他当事人在指定的时间自行到指定的地点接受讯问、询问或审理的一种措施。拘传和传唤两者的区别表现在:

(1)适用对象不同:拘传适用于未被羁押的犯罪嫌疑人、被告人;传唤适用于所有当事人,包括犯罪嫌疑人、被告人,被害人、自诉人、附带民事诉讼原告人和被告人。

(2)强制力不同:拘传具有强制性,是强制措施,可以使用戒具强制其到案;传唤不具有强制性,不是强制措施,需自动到案。

(3)适用时是否一定需要法律文书不同:拘传时必须出示拘传证;传唤在大多数情况下也需要出示传唤通知书,但《刑事诉讼法》第119条规定,对在现场发现的犯罪嫌疑人,经出示工作证件,可以口头传唤,但应当在讯问笔录中注明。

2. 妥当。简易程序,是指基层人民法院审理某些案件事实清楚,证据充分,被告人承认自己所犯罪行,对起诉书指控的犯罪事实没有异议的刑事案件所适用的比普通程序相对简化的审判程序。

依据《刑诉解释》第368条第1款的规定,适用简易程序审理案件,在法庭审理过程中,具有下列情形之一的,应当转为普通程序审理:(1)被告人的行为可能不构成犯罪的;(2)被告人可能不负刑事责任的;(3)被告人当庭对起诉指控的犯罪事实予以否认的;(4)案件事实不清、证据不足的;(5)不应当或者不宜适用简易程序的其他情形。

本案庭审期间,被告人钟某当庭否认自己存在酒驾及肇事逃逸行为。所以法院休庭研究后,决定对钟某涉嫌交通肇事罪适用普通程序审理符合法律规定。

3. 本案中刑事法律关系和民事法律关系相互交织,容易发生错误判断,容易将民事性质的案件错误认定为刑事犯罪,或者将刑事犯罪错误认定为民事行为,其结果都会导致罪与非罪界限的混淆。因此本案的附带民事诉讼应当注意以下事项:应当同刑事案件一并审判,只有为了防止刑事案件审判的过分迟延,才可以在刑事案件审判后,由同一审判组织继续审理附带民事诉讼;同一审判组织的成员确实不能继续参与审判的,可以更换;附带民事诉讼部分的判决对案件事实的认定不得同刑事判决相抵触;附带民事诉讼部分的延期审理,一般不影响刑事判决的生效。

4. 妥当。刑事案件的合并审理与民事案件的合并审理是有一定的区别的,依据《关于实施刑事诉讼法若干问题的规定》第3条的规定,具有下列情形之一的,人民法院、人民检察院、公安机关可以在其职责范围内并案处理:(1)一人犯数罪的;(2)共同犯罪的;(3)共同犯罪的犯罪嫌疑人、被告人还实施其他犯罪的;(4)多个犯罪嫌疑人、被告人实施的犯罪存在关联,并案处理有利于查明案件事实的。

依据《刑诉解释》第24条的规定,人民法院发现被告人还有其他犯罪被起诉的,可以并案审理;涉及同种犯罪的,一般应当并案审理。人民法院发现被告人还有其他犯罪被审查起诉、立案侦查、立案调查的,可以参照前款规定协商人民检察院、公安机关、监察机关并案处理,但可能造成审判过分迟延的除外。根据前两款规定并案处理的案件,由最初受理地的人民法院审判。必要时,可以由主要犯罪地的人民法院审判。

从上述依据可知,刑事案件的合并审理问题首先是以牵连管辖的形式出现,其次是共同犯罪形式,最后是“被告人实施两个以上犯罪行为,分别属于公诉案件和自诉案件,人民法院可以一并审理”。本案钟某与王某涉嫌的犯罪不属于上述类型,所以法院分案审理钟某与王某的决定是妥当的。

5. 法院将现场的执法记录仪视频作为视听资料予以认定是正确的。因为执法记录仪具备了录音、录像等功能,可以对执法人员执法的全过程进行详细的记录,记录的内容具有权威性。虽然孙某携带的执法记录仪拍摄的内容未记入笔录,但只要将录音录像从存储设备中复制调取,并按照有关要求，制作文字说明材料，注明制作人、提取人、提取时间等信息，将其复制为光盘后附卷，就能充当证据使用。

6. 孙某的证言不属于传闻证据。传闻证据是指用法庭之外的陈述，包括口头陈述、书面陈述以及有意或无意地带有某种意思表示的非语言行为。

(1)传闻证据必须是一项陈述。陈述的主体是广义的证人，包括证人、鉴定人、被害人、进行侦查的警察等。

(2)传闻证据主要包括两种形式：一是书面传闻证据，即亲身感受了案件事实的证人在庭审期日之外所作的书面证人证言及警察、检察人员所作的(证人)询问笔录；二是言词传闻证据，即证人并非就自己亲身感知的事实作证，而是向法庭转述他从别人那里听到的情况。

(3)传闻证据是在法庭外作出的。

依据上述规定，本案中孙某的证言不符合传闻证据要求，因为孙某的证言是其亲身感知的事实，是法庭通知其本人去法庭所作的陈述。

六、问答式主观题预测与演练

1 CASE | 案　情 |

山水公司股东宋某和张某指示王某和肖某带一帮流氓地痞帮助其拆迁，对“钉子户”李某家实施断水、断电、放蛇、放鞭炮等扰乱李某生活的行为。李某报警后，公安机关以寻衅滋事罪将四人抓获，宋某、肖某在侦查期间认罪认罚且肖某有重大立功，公安机关拟撤销肖某的案件。

因宋某没有委托辩护律师，公安机关通知法律援助机构为宋某指派值班律师马律师帮助宋某，并签署了认罪认罚具结书，宋某拟委托马律师为自己的辩护人参加诉讼。

案件移送检察院审查起诉后，检察院在审查起诉期间发现山水公司为取得地块有行贿行为，检察院将线索移送监察委员会调查。一审判决宋某、张某、王某犯寻衅滋事罪，王某不服提起上诉，宋某和张某未上诉，检察院未抗诉，同时监察委员会案件调查终结，认定山水公司行贿罪成立，宋某和张某是直接责任人，检察院向法院提起公诉。

| 问　题 |

1. “重大立功”定义是什么？公安机关对拟撤销肖某的案件需要经过什么法定程序？

2. 本案中山水公司的诉讼代表人，法院应当如何确定？

3. 值班律师在侦查阶段和诉讼阶段的地位和工作职责是什么？如果在开庭时宋某还没有委托律师，值班律师可否为其出庭辩护？

4. 本案是涉及拆迁且具有重大社会影响的案件，一审法院合议庭应当如何组成？成员如何分工？

5. 二审过程中，检察院对山水公司单位行贿一案起诉，二审法院如何处理？

6. 如果二审发现宋某、张某的判决事实清楚、证据充分、适用法律准确、量刑适当，但是，王某的判决事实不清、证据不足，法院该如何处理？

没有口水与汗水，就没有成功的泪水。

2 CASE | 案 情 |

1998 年 2 月，孙某因强奸罪等多项罪名被判处死刑。之后，孙某又在扫黑除恶专项斗争中，被当地列为涉黑涉恶犯罪团伙典型。2010 年起，孙某以“李某某”之名在狱外活动。

2019 年 4 月，中央扫黑除恶督导组进驻云南省期间，昆明市打掉了孙某等一批涉黑涉恶犯罪团伙。5 月 24 日，全国扫黑办将云南昆明孙某涉黑案列为重点案件，实行挂牌督办。6 月 4 日，全国扫黑办派大要案督办组赴云南督办孙某案，进驻昆明。

2019 年 7 月 26 日，云南省高级人民法院依法对孙某案启动再审，被查涉案公职人员和重要关系人增至 20 人。2019 年 10 月 11 日至 12 日，全国扫黑除恶专项斗争第二次推进会在西安召开，会上宣布将开庭再审孙某案。

2019 年 10 月 14 日，云南省高级人民法院依照审判监督程序对孙某涉嫌强奸、强制侮辱妇女、故意伤害、寻衅滋事罪一案依法再审开庭审理。同时，云南省检察机关已对孙某出狱后涉嫌黑社会性质组织犯罪提起公诉，云南省监察机关、检察机关依法将孙某案 19 名涉嫌职务犯罪的公职人员及重要关系人移送审查起诉。11 月 8 日，孙某一审获刑 25 年。

2019 年 12 月 15 日，云南省玉溪市中级人民法院、玉溪市红塔区人民法院、玉溪市通海县人民法院以及曲靖市沾益区人民法院、红河州个旧市人民法院、文山州文山市人民法院、大理州洱源县人民法院、德宏州芒市人民法院分别对 19 名涉孙某案公职人员和重要关系人职务犯罪案公开宣判。

2019 年 12 月 17 日，云南省高级人民法院二审驳回孙某上诉，维持原判。

| 问 题 |

1. 本案侦查终结，侦查机关以孙某涉嫌强奸、强制侮辱妇女、故意伤害、寻衅滋事罪移送审查起诉。人民检察院经审查认为，孙某还涉嫌诈骗罪，应如何处理？

2. 公诉机关以孙某涉嫌强奸、强制侮辱妇女、故意伤害、寻衅滋事罪提起公诉后，在审理过程中，法院认为被告人还涉嫌诈骗罪，应如何处理？

3. 本案中，孙某等人的行为既涉及监察机关管辖的犯罪又涉及公安机关、检察机关管辖的犯罪，关于管辖处理的原则是什么？

4. 如云南省玉溪市中级人民法院在判决宣告前认为孙某不需要判处无期、死刑，如何处理？

5. 结合此案谈谈你对“证据裁判原则”的理解。

3 CASE | 案 情 |

2016年9月，莫某到浙江省杭州市被害人朱某、林某夫妇家从事住家保姆工作。2017年3月至同年6月21日，莫某为筹集赌资，多次窃取朱某家财物，并找借口向朱某借款，上述钱款均被莫某赌博输光。同年6月21日晚，莫某为继续筹集赌资，决定采取在朱某家中放火再帮助灭火的方式骗取朱某的感激，以便再向朱某借钱。6月22日4时55分许，莫某在朱某家客厅用打火机点燃书本，引燃客厅沙发、窗帘等易燃物品，火势迅速蔓延，造成屋内的朱某及其3名未成年子女死亡、该房屋和邻近房屋部分设施损毁的后果。

2017年8月21日，杭州市中级人民法院依法公开审理该案，莫某的辩护律师党某就管辖权和取证过程提出异议，法院宣布中止审理。2018年2月9日，杭州市中级人民法院依法判处被告人莫某死刑，剥夺政治权利终身，并处罚金人民币1万元。后莫某不服一审判决，上诉至浙江省高级人民法院，浙江省高级人民法院作出终审判决：驳回上诉，维持原判。

2018年9月21日，经最高人民法院核准，莫某被执行死刑。该案引起民众较多关注。一方面，案件恶性程度较高，体现了人性之“恶”；另一方面，案件也存在诸多难点、疑点。在莫某案中，司法机关关注舆论，又不为舆论左右，严格依据法律裁判，显示了刑事司法的理性，体现了刑事法律人的冷静。

| 问 题 |

1. 党某可否在审判阶段会见被告人莫某？需要履行什么程序？

2. 人民法院、人民检察院和公安机关如何保障莫某聘请辩护人的权利？

3. 在法庭审理中，党某突然离席，法庭征求被告人意见后，被告人表达了拒绝党某辩护的请求，请问此时法院应如何应对？

4. 结合此案谈谈犯罪嫌疑人、被告人的“辩护权”。

4 CASE | 案 情 |

徐某是国家工作人员,伙同非国家工作人员李某贪污单位的资产,案发后被甲区监察委员会立案调查。调查中徐某被采取留置措施。

案件调查结束,甲区监察委员会将案件移送给甲区检察院审查起诉。审查起诉期间甲区检察院决定逮捕徐某。后甲区检察院发现案件事实不清、证据不足,遂将案件退回给甲区监察委员会补充调查。当案件再次移送给甲区检察院时,甲区检察院发现案件依然事实不清、证据不足,遂欲作出证据不足不起诉的决定。

| 问 题 |

1. 请问李某可否被留置?决定采取留置措施需经过怎样的程序?留置后是否要通知被留置人的家属?留置期间是否可以折抵刑期?刑事诉讼中还有哪些措施也可以折抵刑期?

2. 被采取留置措施的徐某被移送给甲区检察院审查起诉,甲区检察院可否对其采取强制措施?具体应该如何操作?

3. 甲区检察院可否将案件退回监察委员会补充调查?如果可以,请问可退几次?每次多长时间?甲区检察院还有什么选择?

4. 甲区检察院能否直接作出不起诉的决定?如果案件被作出不起诉的决定,甲区监察委员会有何救济权?

5. 如果审查起诉中甲区检察院发现徐某有可能会被判处无期徒刑应如何处理?如果管辖权调整后徐某死亡,此案可否启动没收违法所得程序?启动主体是谁?

5 CASE | 案 情 |

王某因建房等问题与邻居李大发生争执。2013 年 6 月 13 日晚，王某潜入李大家中，趁李大熟睡之机，持锄把击打李大头部数下，还用拳头击打李大眼部数下。李大因被钝器击打头部致轻伤。李大随即向甲县公安局报了案。与此同时，犯罪嫌疑人王某也畏罪投案。甲县公安局对此案以故意伤害罪(轻伤)立案。9 月 28 日，该案侦查终结并移送甲县人民检察院审查起诉。甲县人民检察院于 10 月 24 日向甲县人民法院提起公诉。被害人李大提起附带民事诉讼。

甲县人民法院经过庭前审查认为案件事实清楚，决定开庭。甲县人民法院认为被告人王某有逮捕的必要，决定逮捕被告人王某，甲县人民法院遂要求甲县人民检察院作出逮捕决定，交由甲县人民法院司法警察逮捕王某。但考虑到被告人王某认罪认罚，在征求被告人王某同意后决定对本案适用速裁程序。辩护人张律师以未能得到起诉书副本为由拒绝出庭辩护。人民法院只好通知法律援助机构另行指派律师陈某出庭辩护，并将开庭日推迟。同时，考虑到附带民事诉讼比较复杂，为保证案件审理质量，决定将附带民事案件与刑事案件分开审理，将其交由民事审判庭的合议庭进行审理并作出判决。到了开庭日，甲县人民法院组成合议庭，公开开庭审理了此案。法庭审理中，甲县人民法院不进行法庭调查、法庭辩论，也不听取辩护人的意见和被告人的最后陈述意见。法庭审理后认为，检察机关指控被告人王某构成犯罪成立，并在审理后的第 3 日宣判王某构成故意伤害罪，判处有期徒刑 8 个月。

| 问 题 |

1. 甲县人民法院经过庭前审查认为案件事实清楚，决定开庭。请问该法庭的庭前审查活动是否正确？
2. 甲县人民法院对王某决定逮捕的做法是否符合法律规定？
3. 张律师以未能得到起诉书副本为由拒绝出庭辩护是否正确？
4. 法庭适用速裁程序审理本案的过程中，存在哪些不当之处？
5. 甲县人民法院将刑事案件与附带民事诉讼部分分开审理的做法是否正确？为什么？
6. 运用所学刑事诉讼法学知识，谈谈你对认罪认罚从宽制度的理解。

6 CASE | 案 情 |

2018 年 5 月 5 日晚上，李明珠在执行完飞行任务后，在郑州航空港区通过滴滴平台叫了一辆车赶往市里，结果失踪。5 月 8 日，警方告知家属李明珠的遗体被找到，身中多刀。5 月 10 日，滴滴公司向全社会公开征集线索，寻找一位名为刘振华的顺风车司机。5 月 12 日凌晨 4 时 30 分许，警方在郑州市西三环附近一河渠内打捞出一具尸体。通过 DNA 样本鉴定，其确系杀害李明珠的犯罪嫌疑人刘振华。

| 问 题 |

1. 本案可否提起附带民事诉讼？为什么？

2. 假如犯罪嫌疑人刘振华没有死亡，请问谁有权提起附带民事诉讼？为什么？

3. 假如犯罪嫌疑人刘振华没有死亡，人民法院将刑事案件与附带民事诉讼部分分开审理的做法是否正确？为什么？

4. 假如犯罪嫌疑人刘振华没有死亡，人民法院查封、扣押其财产的做法是否正确？为什么？

5. 假如犯罪嫌疑人刘振华没有死亡，一审判决后如李明珠的近亲属只针对附带民事部分提起上诉后，第二审人民法院发现刑事判决部分有错误，该如何处理？

6. 假如犯罪嫌疑人刘振华没有死亡，李明珠的近亲属提起附带民事诉讼后开庭时没有到庭，怎么处理？审理附带民事诉讼时刘振华没有到庭，怎么处理？

7 CASE | **案 情** |

李某(15周岁)涉嫌故意伤害致人重伤。在审查起诉阶段,检察院主动告知了李某认罪认罚制度的规定,李某对自己的犯罪行为供认不讳。李某在审查起诉中并未委托辩护律师,检察院遂在值班律师在场的情况下,让李某签署了认罪认罚具结书。

县人民法院审查发现本案事实清楚,证据确实、充分,只是就附带民事诉讼赔偿问题还未达成一致意见,后决定适用速裁程序审理本案,在审理阶段李某的母亲代李某委托了律师朱某为其辩护。

| **问 题** |

1. 未成年人可否适用认罪认罚,是否应当签署认罪认罚具结书?

2. 本案检察院的做法是否有不当之处?

3. 本案能否适用速裁程序,根据《刑事诉讼法》的规定适用速裁程序的条件有哪些?

4. 在审理的过程中发现本案不能适用速裁程序应当如何处理?

5. 本案一审时如果用简易程序,则审判组织可能由哪些人组成?用普通程序审理时又由哪些人组成?请简要回答吸收人民陪审员之3人合议庭与7人合议庭之主要区别。

没有口水与汗水,就没有成功的泪水。

8 CASE | 案 情 |

张三明知李四、王五(刑满释放人员)欲实施犯罪而为其提供钓鱼网站,并窃取玩家账号和密码,将账户内的大额资金转走。A市C区公安局侦查后,认为张三明知他人利用信息网络实施犯罪,仍为其提供网站,构成帮助犯,并将案件移送A市C区检察院审查起诉,A市C区检察院向A市C区法院提起公诉。

本案证据有价格认定机构出具的价格认定书、犯罪嫌疑人供述笔录、讯问录音录像等,并邀请有专门知识的人对鉴定意见发表了意见。

| 问 题 |

1. 本案属于利用计算机实施犯罪,利用计算机实施犯罪如何确定管辖?

2. 犯罪嫌疑人供述笔录与讯问时的录音录像有本质性差异,法院应该以哪个为准?讯问时的录音录像能否作为认定案件事实的依据?

3. 价格认定机构出具的价格认定书属于何种证据类型,是否可以作为本案证据?

4. 针对电子数据的收集,法院应审查哪些内容?

5. 试阐述检察院举证、质证的方式。

6. 专家辅助人对鉴定意见提出的意见的性质是什么?是否可以作为案件认定依据?法院应如何处理?

七、问答式主观题预测与演练参考答案

1 CASE | **参考答案** |

1. 依据最高人民法院《关于处理自首和立功具体应用法律若干问题的解释》第7条的规定，“重大立功”是指犯罪分子有检举、揭发他人重大犯罪行为，经查证属实；提供侦破其他重大案件的重要线索，经查证属实；阻止他人重大犯罪活动；协助司法机关抓捕其他重大犯罪嫌疑人(包括同案犯)；对国家和社会有其他重大贡献等表现。此处的“重大犯罪”“重大案件”“重大犯罪嫌疑人”的标准，一般是指犯罪嫌疑人、被告人可能被判处无期徒刑以上刑罚或者案件在本省、自治区、直辖市或者全国范围内有较大影响等情形。

依据《公安机关办理刑事案件程序规定》第188条第1款的规定，公安机关对肖某撤销案件，应当层报公安部，由公安部商请最高人民检察院核准后撤销案件。报请撤销案件的公安机关应当同时将相关情况通报同级人民检察院。

2.《刑诉解释》第336条规定：被告单位的诉讼代表人，应当是法定代表人、实际控制人或者主要负责人；法定代表人、实际控制人或者主要负责人被指控为单位犯罪直接责任人员或者因客观原因无法出庭的，应当由被告单位委托其他负责人或者职工作为诉讼代表人。但是，有关人员被指控为单位犯罪直接责任人员或者知道案件情况、负有作证义务的除外。依据前款规定难以确定诉讼代表人的，可以由被告单位委托律师等单位以外的人员作为诉讼代表人。诉讼代表人不得同时担任被告单位或者被指控为单位犯罪直接责任人员的有关人员的辩护人。

3. 值班律师并非犯罪嫌疑人、被告人的辩护人，根据《法律援助值班律师工作办法》第2条的规定，值班律师是为没有辩护人的犯罪嫌疑人、被告人提供法律帮助的律师。

根据《法律援助值班律师工作办法》第6条第1、2款的规定，值班律师的职责主要包括以下几个方面：提供法律咨询；提供程序选择建议；帮助犯罪嫌疑人、被告人申请变更强制措施；对案件处理提出意见；帮助犯罪嫌疑人、被告人及其近亲属申请法律援助；法律法规规定的其他事项。值班律师在认罪认罚案件中，还应当提供以下法律帮助：向犯罪嫌疑人、被告人释明认罪认罚的性质和法律规定；对人民检察院指控罪名、量刑建议、诉讼程序适用等事项提出意见；犯罪嫌疑人签署认罪认罚具结书时在场。

值班律师不能出庭为宋某辩护。依据《法律援助值班律师工作办法》第6条第1款的规定，值班律师可以依法为犯罪嫌疑人、被告人提供法律咨询，提供程序选择建议，帮助申请变更强制措施，对案件处理提出意见，帮助申请法律援助等。可见，值班律师仅提供基本的法律帮助服务，不是真正的辩护人，值班律师没有出庭辩护的资格。

4. 依据《刑诉解释》第213条第2款的规定，本案涉及征地拆迁，且社会影响重大，由审判员和人民陪审员组成7人合议庭进行审理。一审法院应当由3名法官、4名人民陪审员组成7人合议庭进行审理。

依据《刑诉解释》第215条第2款的规定，人民陪审员应当对事实认定独立发表意见，并与审判员共同表决；对法律适用可以发表意见，但不参加表决。法官对事实问题和法律问题均可进行表决。

5. 依据《刑诉解释》第24、25条的规定，第二审法院发现该单位涉嫌单位行贿罪被审查起诉，可以协商检察院并案处理，但可能造成审判过分迟延的除外。若第二审法院决定并案审理，应当发回第一审法院，由第一审法院作出处理。

6. 二审法院应当将王某的案件发回原审人民法院重新审判。《刑诉解释》第404条第2款的规定,有多名被告人的案件,部分被告人的犯罪事实不清、证据不足或者有新的犯罪事实需要追诉,且有关犯罪与其他同案被告人没有关联的,第二审人民法院根据案件情况,可以对该部分被告人分案处理,将该部分被告人发回原审人民法院重新审判。原审人民法院重新作出判决后,被告人上诉或者人民检察院抗诉,其他被告人的案件尚未作出第二审判决、裁定的,第二审人民法院可以并案审理。因此,原审人民法院重新作出判决后,王某上诉或者检察院抗诉,宋某、张某的案件尚未作出第二审判决、裁定的,第二审人民法院可以并案审理。

2 CASE | **参考答案** |

1. 对于此种情况,检察机关可以退回补充侦查,也可以自行补充侦查,必要时可以要求公安机关提供协助。退回公安机关补充侦查的,应当在1个月内补充侦查完毕。补充侦查以2次为限,补充侦查完毕移送审查起诉后,人民检察院重新计算审查起诉期限。人民检察院自行补充侦查的,应当在审查起诉期限内补充侦查完毕。

2. 在审理过程中,人民法院发现新的事实,可能影响定罪的,可以建议人民检察院补充或者变更起诉;人民检察院发现有新的事实,需要补充、变更、追加起诉的,可以建议人民法院延期审理。补充侦查应当在1个月内完毕。审判期间补充侦查以2次为限。补充侦查完毕重新开庭审理的案件,人民法院重新计算审理期限。在法庭延期审理期间,需要补充提供证据或者补充侦查的,人民检察院应当自行收集证据和进行侦查,不得退回侦查机关补充侦查,必要时可以要求侦查机关协助,也可以书面要求侦查机关补充提供证据。

3. 依据《监察法》第34条的规定,法院、检察院、公安机关、审计机关等国家机关在工作中发现公职人员涉嫌贪污贿赂、失职渎职等职务违法或者职务犯罪的问题线索,应移送监察机关,由监察机关依法调查处置。被调查人既涉嫌严重职务违法或职务犯罪,又涉嫌其他违法犯罪的,一般应当由监察机关为主调查,其他机关予以协助。基于此,本案中孙某等人的行为既涉及监察机关管辖的犯罪又涉及公安机关、检察机关管辖的犯罪,一般应当由监察机关为主调查,其他机关予以协助。

根据《高检规则》第17条第1、2款的规定,人民检察院办理直接受理侦查的案件,发现犯罪嫌疑人同时涉嫌监察机关管辖的职务犯罪线索的,应当及时与同级监察机关沟通。经沟通,认为全案由监察机关管辖更为适宜的,人民检察院应当将案件和相应职务犯罪线索一并移送监察机关;认为由监察机关和人民检察院分别管辖更为适宜的,人民检察院应当将监察机关管辖的相应职务犯罪线索移送监察机关,对依法由人民检察院管辖的犯罪案件继续侦查。《高检规则》第256条第2款规定:经监察机关商请,人民检察院可以派员介入监察机关办理的职务犯罪案件。

4. 根据《刑诉解释》第14条的规定,人民检察院认为可能判处无期徒刑、死刑而向中级人民法院提起公诉的案件,中级人民法院受理后,认为不需要判处无期徒刑、死刑的,应当依法审判,不再交基层人民法院审判。

5. 根据《刑诉解释》第69条的规定,认定案件事实,必须以证据为根据。这就是证据裁判原则的法律依据。犯罪嫌疑人、被告人是否构成犯罪,构成何种犯罪以及罪行的轻重等都必须以证据为认定的根据,不得依靠主观猜测、判断和推定。刑事诉讼中专门机关应该依照法定程序,全面收集、调查、审查、核实、认定犯罪嫌疑人、被告人有罪、无罪、罪行轻重的证据,不得故意隐瞒和伪造证据。证据未经当庭出示、辨认、质证等法庭调查程序查证属实,不得作为定案的根据。认定被告人有罪和对被告人从重处罚,应当达到证据确实、充分的证明标准。

《刑事诉讼法》第52条规定,审判人员、检察人员、侦查人员必须依照法定程序,收集能够证实犯罪嫌疑人、被告人有罪或者无罪、犯罪情节轻重的各种证据。严禁刑讯逼供和以威胁、引诱、欺骗以及其他非法方法收集证据,不得强迫任何人证实自己有罪。第55条第1款规定,对一切案件的判处都要重证据,重调查研究,不轻信口供。只有被告人供述,没有其他证据的,不能认定被告人有罪和处以刑罚;没有被告人供述,证据确实、充分的,可以认定被告人有罪和处以刑罚。

本案中,由于案情重大复杂,涉及孙某强奸、强制侮辱妇女、故意伤害、寻衅滋事等犯罪,认定犯罪事实必须依照法定程序收集、审查、认定证据,不能仅凭主观猜测和推断,或者依靠生活经验的判断加以认定。坚持证据裁判原则,是分析和认定本案的关键之一。

3 CASE ｜参考答案｜

1. 可以。根据《刑事诉讼法》第39条的相关规定,辩护律师可以同在押的犯罪嫌疑人、被告人会见和通信。其他辩护人经人民法院、人民检察院许可,也可以同在押的犯罪嫌疑人、被告人会见和通信。因此,党某作为辩护律师,可以和被告人莫某会见。但是,党某需要持律师执业证书、律师事务所证明和委托书或者法律援助公函要求会见在押的犯罪嫌疑人、被告人的,看守所应当及时安排会见,至迟不得超过48小时。

2. 根据《刑事诉讼法》第34条第1、2款的规定,犯罪嫌疑人自被侦查机关第一次讯问或者采取强制措施之日起,有权委托辩护人;在侦查期间,只能委托律师作为辩护人。被告人有权随时委托辩护人。侦查机关在第一次讯问犯罪嫌疑人或者对犯罪嫌疑人采取强制措施的时候,应当告知犯罪嫌疑人有权委托辩护人。人民检察院自收到移送审查起诉的案件材料之日起3日以内,应当告知犯罪嫌疑人有权委托辩护人。人民法院自受理案件之日起3日以内,应当告知被告人有权委托辩护人。犯罪嫌疑人、被告人在押期间要求委托辩护人的,人民法院、人民检察院和公安机关应当及时转达其要求。本案中,公安机关在第一次讯问犯罪嫌疑人或者对犯罪嫌疑人采取强制措施时,应当告知莫某有权委托辩护人;检察院自收到移送审查起诉的案件材料之日起3日以内,应当告知莫某有权委托辩护人;法院自受理案件之日起3日以内,应当告知莫某有权委托辩护人。

3. 根据《刑事诉讼法》第45条的规定,在审判过程中,被告人可以拒绝辩护人继续为他辩护,也可以另行委托辩护人辩护。根据《刑诉解释》第50条的规定,被告人拒绝法律援助机构指派的律师为其辩护,坚持自己行使辩护权的,人民法院应当准许。属于应当提供法律援助的情形,被告人拒绝指派的律师为其辩护的,人民法院应当查明原因。理由正当的,应当准许,但被告人应当在5日以内另行委托辩护人;被告人未另行委托辩护人的,人民法院应当在3日以内通知法律援助机构另行指派律师为其提供辩护。本案中,莫某有可能被判处死刑或者无期徒刑,属于应当提供法律援助的情形,因此,人民法院应当查明原因再作决定。

4. 辩护人参加诉讼的目的就是帮助犯罪嫌疑人、被告人依法行使辩护权,维护犯罪嫌疑人、被告人的合法权益。为此,我国《刑事诉讼法》第37条规定:"辩护人的责任是根据事实和法律,提出犯罪嫌疑人、被告人无罪、罪轻或者减轻、免除其刑事责任的材料和意见,维护犯罪嫌疑人、被告人的诉讼权利和其他合法权益。"根据这一规定,辩护人的责任主要有三项:

第一,从实体上为犯罪嫌疑人、被告人进行辩护,即根据事实和法律,提出犯罪嫌疑人、被告人无罪、罪轻或者减轻、免除其刑事责任的材料和意见,反驳对犯罪嫌疑人、被告人不正确的指控,帮助司法机关全面了解案情,正确适用法律,依法公正处理案件。这是辩护人的首要任务。

第二,从程序上为犯罪嫌疑人、被告人进行辩护,即帮助犯罪嫌疑人、被告人依法正确行使自己的诉讼权利,并在发现犯罪嫌疑人、被告人的诉讼权利受到侵犯或剥夺时,向司法机关提出意见,要求依法制止,或者向有关单位提出控告。

第三,为犯罪嫌疑人、被告人提供其他法律帮助。辩护人应当解答犯罪嫌疑人、被告人提出的有关法律问题,为犯罪嫌疑人、被告人代写有关文书,案件宣判后,应当了解被告人的态度,征求其对判决的意见以及是否上诉等。

有效辩护原则是辩护权的体现,也是对辩护权的保障。在刑事诉讼中,辩护应当对保护犯罪嫌疑人、被告人的权利具有实质意义,而不仅仅是形式上的,这就是有效辩护原则的基本要求。具体来说,有效辩护原则应当包括以下几个方面的内容:

(1)犯罪嫌疑人、被告人作为刑事诉讼的当事人在整个诉讼过程中应当享有充分的辩护权;

(2)允许犯罪嫌疑人、被告人聘请合格的、能够有效履行辩护职责的辩护人为其辩护,这种辩护同样应当覆盖从侦查到审判甚至执行阶段的整个刑事诉讼过程;

(3)国家应当保障犯罪嫌疑人、被告人自行辩护权的充分行使,并通过设立法律援助制度确保犯罪嫌疑人、被告人能够获得符合最低标准并具有实质意义的律师帮助。

4 CASE | 参考答案 |

1. 李某可以被留置,其属于职务犯罪的共犯。留置决定应该经甲区监察委员会的上一级监察委员会批准后方可作出。留置后24小时内应当通知被留置人的家属和单位,除非出现有碍调查的情形。留置的期间应当折抵刑期,留置1日折抵管制2日,折抵拘役、有期徒刑1日。刑事诉讼中指定居所监视居住、羁押期限都可以折抵刑期。(具体条款可参见《监察法》第22、43、44条)

2. 依据《刑事诉讼法》第170条第2款的规定,对于监察机关移送起诉的已采取留置措施的案件,人民检察院应当对犯罪嫌疑人先行拘留,留置措施自动解除。人民检察院应当在拘留后的10日以内作出是否逮捕、取保候审或者监视居住的决定。在特殊情况下,决定的时间可以延长1日至4日。人民检察院决定采取强制措施的期间不计入审查起诉期限。由此可知,对于监察机关移送起诉的已采取留置措施的案件,人民检察院应当对犯罪嫌疑人先行拘留,留置措施自动解除。人民检察院应当在拘留后的10日以内作出是否逮捕、取保候审或者监视居住的决定。在特殊情况下,决定的时间可以延长1日至4日。

3. 依据《监察法》第47条的规定,对监察机关移送的案件,人民检察院依照《刑事诉讼法》对被调查人采取强制措施。人民检察院经审查,认为犯罪事实已经查清,证据确实、充分,依法应当追究刑事责任的,应当作出起诉决定。人民检察院经审查,认为需要补充核实的,应当退回监察机关补充调查,必要时可以自行补充侦查。对于补充调查的案件,应当在1个月内补充调查完毕。补充调查以2次为限。人民检察院对于有《刑事诉讼法》规定的不起诉的情形的,经上一级人民检察院批准,依法作出不起诉的决定。监察机关认为不起诉的决定有错误的,可以向上一级人民检察院提请复议。

依据《高检规则》第343条的规定,人民检察院对于监察机关移送起诉的案件,认为需要补充调查的,应当退回监察机关补充调查。必要时,可以自行补充侦查。需要退回补充调查的案件,人民检察院应当出具补充调查决定书、补充调查提纲,写明补充调查的事项、理由、调查方向、需补充收集的证据及其证明作用等,连同案卷材料一并送交监察机关。人民检察院决定退回补充调查的案件,犯罪嫌疑人已被采取强制措施的,应当将退回补充调查情况书面通知强制措施执行机关。监察机关需要讯问的,人民检察院应当予以配合。

由此可知,本案可以退回甲区监察委员会补充调查。最多可以退两次。每次不得超过1个月。甲区检察院除了退回补充调查,还可以决定自行补充侦查,但应当在审查起诉期限内完成。

4. 依据《高检规则》第371条的规定,人民检察院直接受理侦查的案件,以及监察机关移送起诉的案件,拟作不起诉决定的,应当报请上一级人民检察院批准。由此可知,甲区检察院不可以直接决定不起诉,应当经过上一级检察院批准才可作出不起诉的决定。甲区监察委员会可以向上一级检察院申请复议。(具体条款可参见《监察法》第47条)

5. 应当将案件移送给上一级检察院。可以，应由检察院启动没收违法所得程序。（具体条款可参见《高检规则》第328条）

5 CASE | 参考答案 |

1. 根据《刑事诉讼法》第186条的规定，法庭的庭前审查只能是程序性审查，而不能是实质性审查。本案中，甲县人民法院经过庭前审查认为案件事实清楚而决定开庭。这表明该法院在庭前审查中进行了实体性审查，否则无法判断案件是否事实清楚。因此，该法院庭前审查的方式和内容都是错误的。

2. 不符合。根据《刑事诉讼法》规定，人民法院审理案件认为需要逮捕的，可以决定逮捕，直接交由公安机关执行。因此，甲县人民法院将逮捕交由甲县人民检察院批准的做法不符合法律规定，同时不由甲县人民法院的司法警察执行逮捕，而应当直接交由甲县的公安机关执行。

3. 不正确。根据《律师法》第32条第2款的规定，辩护律师只有在委托事项违法、委托人利用律师提供的服务从事违法活动或者委托人故意隐瞒与案件有关的重要事实时，才有权拒绝辩护，因此，张律师以未能得到起诉书副本为由拒绝出庭辩护的做法是错误的。

4. 根据《刑事诉讼法》第222条、第224条的规定，本案速裁程序存在以下不当之处：(1)甲县人民法院组成合议庭审理是错误的，因为按照法律规定，适用速裁程序时只能由审判员1人独任审判。(2)甲县人民法院不听取辩护人的意见和被告人的最后陈述意见是错误的。(3)甲县人民法院在审理后的第三日宣判王某构成故意伤害罪，判处有期徒刑8个月是不正确的，其应当当庭宣判。

5. 根据《刑事诉讼法》第104条规定，本案中甲县人民法院将刑事案件与附带民事诉讼分开审理的做法不正确。不应当将附带民事诉讼另行交由其他审判组织进行审判，而应当是在刑事案件审理完毕之后，由同一组织对附带民事诉讼进行审理。

6. (1)认罪认罚从宽制度，是指在刑事诉讼中，因被追诉人自愿认罪认罚而在实体上和程序上予以从宽处理、处罚的制度。认罪认罚从宽，以自愿认罪认罚为前提，从宽不仅包括实体上从宽，而且包括在程序上适用较为简化的程序。

(2)完善认罪认罚从宽制度具有重大意义。第一，有利于提高诉讼效率。认罪认罚从宽制度能使刑事案件繁简分流，节约了司法资源，有助于简案快审、难案精审，在更高层次上实现公正和效率的统一。第二，有利于保障人权。认罪认罚从宽制度以事实清楚、证据充分为适用前提，确保了打击犯罪的准确性。同时，由于被追诉人认罪认罚，对其适用较为简化的程序能使其尽快摆脱讼累，有效地保障其权利。第三，有利于实现司法公正。认罪认罚从宽制度以事实清楚、证据确实充分为前提条件，这对实现实体公正有重要保障作用。同时，该制度适用简化诉讼程序是基于被告人自愿认罪认罚，因此，不仅不会剥夺其诉讼权利，相反，能够较快地使其权利义务关系处于稳定状态。

(3)目前，认罪认罚从宽制度并不完善，应当从以下几个方面着手完善：第一，应当在刑事诉讼法中明确刑事案件认罪认罚可以依法从宽处理的原则。第二，完善刑事案件认罪认罚从宽的程序要求。第三，加强对当事人的权利保障。第四，建立认罪认罚协商制度。

(4)完善认罪认罚从宽制度是推进以审判为中心的诉讼制度改革的重要举措，有助于推动中国刑事审判制度，乃至整个刑事诉讼制度的深刻变革。

6 CASE | 参考答案 |

1. 本案被害人及其近亲属无权提起刑事附带民事诉讼。因为犯罪嫌疑人刘振华死亡，该案刑事部分被撤销。《刑事诉讼法》第101条第1款规定:“被害人由于被告人的犯罪行为而遭受物质损失的,在刑事诉讼过程中,有权提起附带民事诉讼……”即如果刑事部分作出撤销案件、不起诉的处理,附带民事诉讼不能继续进行,而应当另行提起民事诉讼。

2. 根据《刑事诉讼法》第101条第1款的规定:“被害人由于被告人的犯罪行为而遭受物质损失的,在刑事诉讼过程中,有权提起附带民事诉讼。被害人死亡或者丧失行为能力的,被害人的法定代理人、近亲属有权提起附带民事诉讼。”本案中,李明珠的近亲属有权提起附带民事诉讼。

3. 人民法院将刑事案件与附带民事诉讼部分分开审理的做法不正确。《刑事诉讼法》第104条规定:“附带民事诉讼应当同刑事案件一并审判,只有为了防止刑事案件审判的过分迟延,才可以在刑事案件审判后,由同一审判组织继续审理附带民事诉讼。”因此,根据该条的规定,只有在附带民事部分的案情较为复杂,影响刑事案件的审判进度的情况下,才可将其与刑事案件审理分开。本案的情况来看,附带民事部分的案情并不复杂,因此将两者分开审理的做法缺乏法律依据,是不正确的。

4. 人民法院查封、扣押被告人财产的做法是正确的,有相应的法律依据。《刑事诉讼法》第102条规定:“人民法院在必要的时候,可以采取保全措施,查封、扣押或者冻结被告人的财产。附带民事诉讼原告人或者人民检察院可以申请人民法院采取保全措施。人民法院采取保全措施,适用民事诉讼法的有关规定。”根据《刑诉解释》第189条第1、2款的规定,人民法院对可能因被告人的行为或者其他原因,使附带民事判决难以执行的案件,根据附带民事诉讼原告人的申请,可以裁定采取保全措施,查封、扣押或者冻结被告人的财产;附带民事诉讼原告人未提出申请的,必要时,人民法院也可以采取保全措施。有权提起附带民事诉讼的人因情况紧急,不立即申请保全将会使其合法权益受到难以弥补的损害的,可以在提起附带民事诉讼前,向被保全财产所在地、被申请人居住地或者对案件有管辖权的人民法院申请采取保全措施。申请人在人民法院受理刑事案件后15日以内未提起附带民事诉讼的,人民法院应当解除保全措施。

5. 李明珠的近亲属针对附带民事部分提起上诉后,第二审人民法院发现刑事判决部分有错误,因为此时刑事部分已经生效,无法在第二审程序中直接对其改判,因此,需要按照审判监督程序对刑事部分进行再审。同时,附带民事部分是依赖于刑事部分的,因此,在再审的过程中,应该与附带民事部分一并进行审理,作出裁判。

6. 根据《刑诉解释》第195条的规定,附带民事诉讼原告人经传唤,无正当理由拒不到庭,或者未经法庭许可中途退庭的,应当按撤诉处理。刑事被告人以外的附带民事诉讼被告人经传唤,无正当理由拒不到庭,或者未经法庭许可中途退庭的,附带民事部分可以缺席判决。刑事被告人以外的附带民事诉讼被告人下落不明,或者用公告送达以外的其他方式无法送达,可能导致刑事案件审判过分迟延的,可以不将其列为附带民事诉讼被告人,告知附带民事诉讼原告人另行提起民事诉讼。

本案中,李明珠的近亲属提起附带民事诉讼后开庭时没有到庭,应当按撤诉处理。审理附带民事诉讼时刘振华没有到庭,其符合了刑事被告人以外的附带民事诉讼被告人,经传唤,无正当理由不到庭,法庭“可以缺席判决”。

7 CASE | 参考答案 |

1. 未成年人可以适用认罪认罚,只要对具体的罪名、案件的事实、量刑的建议无异议就可以适用。对于未成年人案件适用认罪认罚原则上应当签署认罪认罚具结书,除非其法定代理人、辩护人提出异议。(具体条款可参见《刑事诉讼法》第174条)

2. 本案中李某属于未成年人,未成年人在审查起诉阶段未委托辩护人的,检察院应当通知法律援助机构指派律师为李某提供辩护。因而在审查起诉阶段,应在辩护人在场的情况下签署认罪认罚具结书,而本案中为值班律师,所以错误。

3. 不能适用。根据《刑事诉讼法》的规定,适用速裁程序的前提条件为:基层人民法院管辖的可能判处 3 年有期徒刑以下刑罚的案件,案件事实清楚,证据确实、充分,被告人认罪认罚并同意适用速裁程序的,可以适用速裁程序,由审判员 1 人独任审判。但同时《刑事诉讼法》也规定有下列情形之一的,不能适用速裁程序:(1)被告人是盲、聋、哑人,或者是尚未完全丧失辨认或者控制自己行为能力的精神病人的;(2)被告人是未成年人的;(3)案件有重大社会影响的;(4)共同犯罪案件中部分被告人对指控的犯罪事实、罪名、量刑建议或者适用速裁程序有异议的;(5)被告人与被害人或者其法定代理人没有就附带民事诉讼赔偿等事项达成调解或者和解协议的;(6)其他不宜适用速裁程序审理的。(具体条款可参见《刑事诉讼法》第 222、223 条)

4. 应当按照简易程序或者普通程序重新审理。(具体条款可参见《刑事诉讼法》第 226 条)

5. 适用简易程序审理时,对可能判处 3 年有期徒刑以下刑罚的,则既可以采用审判员独任审理,也可以采用合议庭,对可能判处的有期徒刑超过 3 年的,应当采用合议庭。(具体条款可参见《刑事诉讼法》第 216 条)县人民法院在一审时如果适用普通程序审理,则既可以由 3 名审判员组成合议庭进行审理,也可以由审判员及人民陪审员组成 3 人或 7 人合议庭进行审理。3 人合议庭中人民陪审员可以对事实认定、法律适用,独立发表意见,行使表决权。7 人合议庭中人民陪审员只能对事实认定,独立发表意见,并与法官共同表决;对法律适用,可以发表意见,但不参加表决。(具体条款可参见《人民陪审员法》第 21、22 条)

8 CASE | 参考答案 |

1.《刑诉解释》第 2 条第 2 款规定,针对或者主要利用计算机网络实施的犯罪,犯罪地包括用于实施犯罪行为的网络服务使用的服务器所在地,网络服务提供者所在地,被侵害的信息网络系统及其管理者所在地,犯罪过程中被告人、被害人使用的信息网络系统所在地,以及被害人被侵害时所在地和被害人财产遭受损失地等。

因此,张三为李四、王五的犯罪行为提供的网络服务使用的服务器所在地,网络服务提供者所在地,被侵害的信息网络系统及其管理者所在地,犯罪过程中李四、王五和被害人使用的信息网络系统所在地,以及被害人被侵害时所在地和被害人财产遭受损失地法院都有管辖权。

2. 犯罪嫌疑人供述笔录与讯问时的录音录像有本质性差异的,法院应当结合控辩双方提供的所有证据以及被告人的全部供述和辩解进行综合判断。审判人员认为可能存在以非法方法收集证据情形的,应当对证据收集的合法性进行法庭调查。最后应根据综合判断或证据收集合法性调查的结果,确定讯问时的录音录像是否可以作为定案依据。

3. (1)价格认定书不属于书证。因为书证需形成于案发过程中,该价格认定书不是形成于案发过程中。

(2)价格认定书不属于鉴定意见。因为法律规定鉴定意见要求鉴定资质,价格认定机构不具有鉴定资质,从业人员不具有鉴定人资格。

(3)依据《刑诉解释》第 100 条第 1 款的规定,因无鉴定机构,或者根据法律、司法解释的规定,指派、聘请有专门知识的人就案件的专门性问题出具的报告,可以作为证据使用。因此,本案中价格认定书属于检验报告,可以作为本案证据。

4. 根据《刑诉解释》第 110 条的规定,对电子数据是否真实,应当着重审查以下内容:(1)是否移送原始存储介质;在原始存储介质无法封存、不便移动时,有无说明原因,并注明收集、提取过程及原始存储介质的存放地点或者电子数据的来源等情况。(2)是否具有数字签名、数字证书等特殊标识。(3)收集、提取的过程是否可以重现。(4)如有增加、删除、修改等情形的,是否附有说明。

(5)完整性是否可以保证。

根据《刑诉解释》第112条的规定，对收集、提取电子数据是否合法，应当着重审查以下内容：(1)收集、提取电子数据是否由二名以上调查人员、侦查人员进行，取证方法是否符合相关技术标准。(2)收集、提取电子数据，是否附有笔录、清单，并经调查人员、侦查人员、电子数据持有人、提供人、见证人签名或者盖章；没有签名或者盖章的，是否注明原因；对电子数据的类别、文件格式等是否注明清楚。(3)是否依照有关规定由符合条件的人员担任见证人，是否对相关活动进行录像。(4)采用技术调查、侦查措施收集、提取电子数据的，是否依法经过严格的批准手续。(5)进行电子数据检查的，检查程序是否符合有关规定。

5. 犯罪事实一般需分别举证，先人证后物证，先控方后辩方，先出示主要证据后出示次要证据，先出示定罪证据后出示量刑证据等，质证针对证据的"三性"即关联性、合法性、客观性进行。根据《高检规则》第399条的规定，在法庭审理中，公诉人应当客观、全面、公正地向法庭出示与定罪、量刑有关的证明被告人有罪、罪重或者罪轻的证据。按照审判长要求，或者经审判长同意，公诉人可以按照以下方式举证、质证：(1)对于可能影响定罪量刑的关键证据和控辩双方存在争议的证据，一般应当单独举证、质证；(2)对于不影响定罪量刑且控辩双方无异议的证据，可以仅就证据的名称及其证明的事项、内容作出说明；(3)对于证明方向一致、证明内容相近或者证据种类相同，存在内在逻辑关系的证据，可以归纳、分组示证、质证。公诉人出示证据时，可以借助多媒体设备等方式出示、播放或者演示证据内容。定罪证据与量刑证据需要分开的，应当分别出示。

6. 专家辅助人对鉴定意见提出的意见不属于《刑事诉讼法》规定的证据种类，不属于证据，仅是一种质证意见，主要作用是帮助司法人员审查判断鉴定意见是否可以作为案件认定依据，其本身不可作为案件认定的证据。有专门知识的人无须具有鉴定人资格；依据公诉人、当事人和辩护人、诉讼代理人的申请出庭，由法院决定是否同意；只能对鉴定意见提出意见，不能对事实和法律提出看法；出具的意见不属于鉴定意见，人数不超过2人，有多种鉴定意见的，可以相应增加人数，其出具的意见并非法定证据种类之一。

第四节　民事诉讼法与仲裁制度

一、历年真题考点分析

年份	所涉考点	考查方向
2023	专属管辖	固定安装好的设备是否属于不动产
	诉的合并	两个具有一定关联关系的诉可否合并
	撤诉	申请撤诉的时间
	案外人执行异议	抵押权人的执行异议
	重复起诉	合同解除的重复起诉认定
	查封的效力	对房屋查封生效的时间
2022	管辖权异议	仲裁协议的提出时间
	证据能力和证明力	电子数据及只有复印件的证明力
	受理条件	对不符合管辖的起诉如何处理
	执行主体的追加及救济	能否追加其他人作为被执行人，以及不服追加如何救济

年份	所涉考点	考查方向
2021	专属管辖	房屋租赁合同管辖法院
	反驳与反诉的区别	维修费折抵房租是否能构成反诉
	举证证明责任的意义	无法确认时应该如何对事实进行认定
	强制执行的依据	何种判决能够强制执行
2020	协议管辖	协议管辖的限制
	保证合同当事人的确定	一般保证中如何确定当事人
	鉴定的启动方式	依申请或依职权两种方式
	鉴定机构的确定方法	不同的启动方式鉴定机构的确定方法不同
	对鉴定意见有异议的处理	异议提出的条件、法院对异议的审查答复、对仍不满意的处理
2019	重复起诉	合同履行瑕疵再起诉
	当事人确定	撤销权诉讼中的当事人确定
	第三人撤销之诉	代持股第三人的救济
	执行标的异议	代持股第三人的救济
	执行行为异议	被执行人异议
	诉讼程序的特殊情形	重整程序与诉讼程序的关系
2018	仲裁协议	仲裁协议无效的情形
	主管与管辖	法院主管和仲裁协议竞合的情形
	仲裁裁决的撤销	仲裁裁决撤销的情形
	二审审理	二审中增加诉讼请求
	重复起诉	本金与利息分别起诉是否属于重复起诉
	破产案件的管辖	破产案件的管辖与申请仲裁的关系
	执行异议	执行标的异议的处理

二、主观题必考考点预测

近几年民事诉讼法主观题呈现实用性和综合性的特点。一方面，很多问题涉及的都是司法实践中的前沿问题，甚至这些问题在司法实践中也还存在争议。另一方面，很少有问题仅凭单一的知识就能解决，不仅有实体和程序的综合，还有不同的实体法之间的结合。

2024 年的主观题肯定还是会延续这些特点，因此大家在备考 2024 年主观题的时候要注意。

第一，知识点一定要理解透彻。民事诉讼法虽然是法条型学科，但是如果不真正理解法条含义以及背后原理，可能就无从知道应该适用哪个法条。比如 2023 年考的诉讼请求能否合并的问题，如果不理解法条，根本就无法答题。

第二，一定要注意实体和程序的结合学习。无论是管辖还是当事人，甚至是起诉和受理条件都体现了实体和程序的结合。大家在复习时候，对于这些内容，一定要特别注意。

考点一 特殊地域管辖的规定

近几年对管辖的考查,基本上是结合相关实体法进行综合考查。此处给大家总结的一些特殊的地域管辖,希望大家注意。

1. 保险合同纠纷案件的管辖。

(1)财产保险合同纠纷。

①财产保险合同管辖的一般规定:被告住所地或者保险标的物所在地人民法院管辖;

②如果财产保险合同保险标的物是运输工具或者运输中的货物,此时保险标的物所在地不好确定,因此法律规定了"保险标的物所在地"的替代地点,即可以由运输工具登记注册地、运输目的地、保险事故发生地人民法院管辖。

(2)因人身保险合同纠纷提起的诉讼,由被告住所地或被保险人住所地人民法院管辖。

2. 运输合同纠纷的管辖。

因铁路、公路、水上、航空运输和联合运输合同纠纷提起的诉讼,由运输始发地、目的地或者被告住所地人民法院管辖。

注意:运输合同之诉与因铁路、公路、水上和航空事故请求损害赔偿诉讼(侵权之诉)的管辖是不同的。在答题时注意当事人的诉讼请求和案由是侵权之诉还是合同之诉。

3. 代位权和撤销权诉讼的管辖。

(1)代位权诉讼的管辖。

债权人提起代位权诉讼的,由被告住所地人民法院管辖。注意此时的被告是次债务人。

(2)债务人在代位权诉讼中,对超过债权人代位请求数额的债权部分起诉次债务人的,人民法院应当告知其向有管辖权的人民法院另行起诉。

(3)撤销权诉讼的管辖。

债权人提起撤销权诉讼的,应当以债务人和债务人的相对人为共同被告,由债务人或者相对人的住所地人民法院管辖。

4. 票据纠纷案件的管辖。

因票据纠纷提起的诉讼,由票据支付地或者被告住所地人民法院管辖。票据支付地是指票据上载明的付款地;如果票据上没有载明付款地,就以票据付款人(包括代理付款人)的住所地或主营业场所所在地为票据付款地。

注意:此与公示催告程序中的管辖法院(票据支付地基层人民法院)是不同的。

5. 海事案件的管辖。

(1)因船舶碰撞或者其他海事损害事故请求损害赔偿提起的诉讼,由碰撞发生地(事故发生地)、碰撞船舶最先到达地、加害船舶被扣留地或者被告住所地人民法院管辖。

(2)因海难救助费用提起的诉讼,由救助地或者被救助船舶最先到达地人民法院管辖。

(3)因共同海损提起的诉讼,由船舶最先到达地、共同海损理算地或者航程终止地的人民法院管辖。

6. 公司诉讼的管辖。

此类案件大致可以分为两类:

一是涉及公司主体资格的,包括公司设立、请求变更公司登记、公司合并、公司分立、公司减资、公司增资、解散等纠纷提起的诉讼;

二是涉及股东重要权利的,包括确认股东资格、股东名册记载、公司决议、股东知情权、分配利润等纠纷提起的诉讼。

7. 仲裁协议效力纠纷案件的管辖。

由仲裁协议约定的仲裁机构所在地、仲裁协议签订地、申请人或者被申请人住所地的中级人民法院管辖。

8. 劳动争议案件的管辖。

劳动争议案件由用人单位所在地或者劳动合同履行地的基层人民法院管辖。劳动合同履行地不明确的，由用人单位所在地的基层人民法院管辖。

注意：劳动争议案件不以被告住所地确定管辖。

9. 诉前保全造成损失的管辖法院。

（1）当事人申请诉前保全后没有在法定期间起诉或者申请仲裁，给被申请人、利害关系人造成损失引起的诉讼，由采取保全措施的人民法院管辖；

（2）当事人申请诉前保全后在法定期间内起诉或者申请仲裁，被申请人、利害关系人因保全受到损失提起的诉讼，由受理起诉的人民法院或者采取保全措施的人民法院管辖。

考点二 管辖权异议

管辖权异议是指当事人向受诉法院提出的该院对本案无管辖权的主张。

（一）提出管辖权异议的条件

人民法院受理案件后，当事人对管辖权有异议的，应当在提交答辩状期间提出。人民法院对当事人提出的异议，应当审查。异议成立的，裁定将案件移送有管辖权的人民法院；异议不成立的，裁定驳回。根据该条规定，管辖权异议的条件包括以下几点。

1. 提出管辖权异议的主体。

（1）有权提出管辖权异议的主体只能是本案当事人，而且一般是被告。

（2）第三人不能提出管辖权异议。

2. 管辖权异议的对象（客体）。

当事人既可以对地域管辖权提出异议，也可以对级别管辖权提出异议。但是只能对第一审民事案件的管辖权提出异议，对第二审民事案件不得提出管辖权异议。

人民法院发回重审或者按第一审程序再审的案件，当事人提出管辖异议的，人民法院不予审查。

3. 提出管辖权异议的时间。

只能是在第一审程序中当事人提交答辩状期间提出，即在被告收到起诉状副本之日起 15 日内提出。

（1）如果原告在答辩期满后一审开庭前变更诉讼请求，此时被告可以提出管辖权异议。

（2）提交答辩状期间届满后，原告增加诉讼请求金额致使案件标的额超过受诉人民法院级别管辖标准，被告可以提出管辖权异议，请求由上级人民法院管辖。

（3）当事人一方的违约行为侵害对方人身、财产权益的，受损害方有权选择要求被告承担违约责任或者承担侵权责任。债权人向人民法院起诉时作出选择后，在一审开庭以前又变更诉讼请求的，当事人可以提出管辖权异议，经审查异议成立的，人民法院应当驳回起诉。

（二）管辖权异议的处理

1. 异议的审查。

人民法院对当事人提出的级别管辖或地域管辖的异议，应当审查，并在 15 日内作出异议是否成立的书面裁定。法院对管辖权异议未作处理的，不得进入实体审理。而且，由于对管辖权异议裁定可以上诉，并非作出即生效，在裁定未生效之前，法院不应当对案件进行实体审理。

2. 异议的处理。

(1) 异议成立的，裁定将案件移送有管辖权的人民法院；

(2) 异议不成立的，裁定驳回。

人民法院对管辖异议审查后确定有管辖权的，不因当事人提起反诉、增加或者变更诉讼请求等改变管辖，但违反级别管辖、专属管辖规定的除外。

3. 裁定的救济程序。

(1) 提出上诉。当事人对管辖权异议裁定不服可以在裁定送达后 10 日内提出上诉，当事人提出上诉的，第二审人民法院应当依法作出书面裁定。

(2) 对于将案件移送上级人民法院管辖的裁定，当事人未提出上诉，但受移送的上级人民法院认为确有错误的，可以依职权裁定撤销。

4. 管辖权异议提出后，原告申请撤诉的处理。

(1) 管辖权异议的裁定尚未作出，当事人申请撤诉，受诉人民法院审查后作出准予撤回起诉裁定的，对管辖权异议不再审查，并在裁定书中一并写明。

(2) 如果管辖权异议的裁定已经生效，那么该案的管辖权已经最终确定，要么受诉法院有管辖权，要么受诉法院因没有管辖权将该案移送给有管辖权的法院。此时，原告申请撤诉，法院作出是否准许撤诉的裁定即可。

(3) 如果已经作出管辖权异议的裁定，但尚未生效（包括在上诉期间内当事人尚未上诉以及当事人已经提出上诉二审处理过程中），此时，原告申请撤回起诉的，受诉法院如何处理？此时如果受诉法院裁定准许撤诉，将不再对管辖权异议进行审查。

注意：管辖权异议是给予当事人对管辖不确定的一种救济方式。主观题和客观题都会经常考到，主观题中尤其要注意与应诉管辖的关联考查。

考点三 必要共同诉讼的具体情形

1. 保证。

(1) 一般保证：债权人仅起诉债务人的，可以只列债务人为被告；债权人仅起诉保证人的，人民法院应当通知债务人作为共同被告参加诉讼；债权人向保证人和债务人一并主张权利的，人民法院应当将保证人和债务人列为共同被告。

(2) 连带保证：可以单独起诉债务人或保证人，也可以将债务人和保证人一并起诉。

2. 无民事行为能力人、限制民事行为能力人的侵权。

无民事行为能力人、限制民事行为能力人造成他人损害的，无民事行为能力人、限制民事行为能力人和其监护人为共同被告。

3. 共有财产权受到他人侵害。

共有财产权受到他人侵害，部分共有权人起诉的，其他共有权人为共同诉讼人。

4. 挂靠。

以挂靠形式从事民事活动，当事人请求由挂靠人和被挂靠人依法承担民事责任的，该挂靠人和被挂靠人为共同被告。

5. 劳务派遣。

在劳务派遣期间，被派遣的工作人员因执行工作任务造成他人损害的，以接受劳务派遣的用工单位为当事人。当事人主张劳务派遣单位承担责任的，该劳务派遣单位为共同被告。

6. 代理。

原告起诉被代理人和代理人，要求承担连带责任的，被代理人和代理人为共同被告。

7. 遗产继承纠纷。

在继承遗产案件的诉讼中，部分继承人起诉的：

（1）人民法院应通知其他继承人作为共同原告参加诉讼。

（2）人民法院通知后，被通知的继承人是否必须参加诉讼，分为四种情况：

①被通知的继承人愿意参加诉讼的，列为共同原告；

②被通知的继承人明确表示不愿意参加诉讼，但是没有明确表示放弃继承权的，仍列为共同原告；

③被通知的继承人对于是否参加诉讼和是否放弃继承权都没有表态的，列为共同原告；

④被通知的继承人明确表示放弃继承权的，可以不列为共同原告。

注意：当事人的确定也是近两年考试的热点，尤其是涉及共同诉讼中当事人如何确定的问题，如代理、保证，这些有可能和实体法结合考查的地方要特别关注。

考点四 可列为诉讼第三人的法定情形

1. 代位权诉讼中的第三人。

代位权诉讼中债权人以次债务人为被告向人民法院提起代位权诉讼，未将债务人列为第三人的，人民法院可以追加债务人为第三人。

2. 合同转让情形下的第三人。

在合同权利或义务转让或者概括转让后，受让人与原合同中继续存在的当事人之间因履行合同发生纠纷诉至人民法院，以下情形可以通知出让人作为第三人参加诉讼。

（1）债权转让后，债务人向受让人主张其对让与人的抗辩的，人民法院可以追加让与人为第三人。

（2）债务转移后，新债务人主张原债务人对债权人的抗辩的，人民法院可以追加原债务人为第三人。

（3）合同中的权利义务一并转让，对方就合同权利义务向受让人主张抗辩或者受让人就合同权利义务向对方主张抗辩的，人民法院可以追加让与人为第三人。

3. 反诉中的保证人。

有保证的债务合同发生纠纷，债务人对债权人提起诉讼，债权人提起反诉的，保证人可以作为第三人参加诉讼。

4. 重婚案件涉及财产处理时的第三人。

人民法院审理重婚导致的无效婚姻案件时，涉及财产处理的，应当准许合法婚姻当事人作为有独立请求权的第三人参加诉讼。

5. 诉讼中权利义务转移时的第三人。

在诉讼中，争议的民事权利义务转移的，不影响当事人的诉讼主体资格和诉讼地位。人民法院作出的发生法律效力的判决、裁定对受让人具有拘束力。

受让人申请以无独立请求权的第三人身份参加诉讼的，人民法院可予准许。受让人申请替代当事人承担诉讼的，人民法院可以根据案件的具体情况决定是否准许；不予准许的，可以追加其为无独立请求权的第三人。

6. 股东代表诉讼中的第三人。

符合规定条件的股东直接对董事、监事、高级管理人员或者他人提起诉讼的，应当列公司为第三人参加诉讼。

一审法庭辩论终结前，符合规定的其他股东以相同的诉讼请求申请参加诉讼的，应当列为共同原告。

7. 公司解散诉讼中的第三人。

股东提起解散公司诉讼应当以公司为被告。

原告以其他股东为被告一并提起诉讼的，人民法院应当告知原告将其他股东变更为第三人；原告坚持不予变更的，人民法院应当驳回原告对其他股东的起诉。

原告提起解散公司诉讼应当告知其他股东，或者由人民法院通知其参加诉讼。其他股东或者有关利害关系人申请以共同原告或者第三人身份参加诉讼的，人民法院应予准许。

8. 医疗纠纷中的第三人。

患者因缺陷医疗产品受到损害，起诉部分或者全部医疗产品的生产者、销售者和医疗机构的，应予受理。患者仅起诉医疗产品的生产者、销售者、医疗机构中部分主体，当事人依法申请追加其他主体为共同被告或者第三人的，应予准许。必要时，人民法院可以依法追加相关当事人参加诉讼。患者因输入不合格的血液受到损害提起侵权诉讼的，参照适用前述规定。

注意：第三人的诉讼地位如何确定，也是程序法和实体法结合比较多的地方，尤其是公司诉讼、代位权诉讼、撤销权诉讼、医疗纠纷中，当事人的列明要特别注意。

考点五 电子数据

1. 电子数据的种类。

电子数据是指通过电子邮件、电子数据交换、网上聊天记录、博客、微博客、手机短信、电子签名、域名等形成或者存储在电子介质中的信息。最高人民法院《关于民事诉讼证据的若干规定》（以下简称《民事诉讼证据规定》）第 14 条规定，电子数据包括下列信息、电子文件。

(1) 网页、博客、微博客等网络平台发布的信息；

(2) 手机短信、电子邮件、即时通信、通讯群组等网络应用服务的通信信息；

(3) 用户注册信息、身份认证信息、电子交易记录、通信记录、登录日志等信息；

(4) 文档、图片、音频、视频、数字证书、计算机程序等电子文件；

(5) 其他以数字化形式存储、处理、传输的能够证明案件事实的信息。

注意：录音资料和影像资料本身属于视听资料，但存储在电子介质中的录音资料和影像资料，适用电子数据的规定。

2. 电子数据的审核认定。（《民事诉讼证据规定》第 93 条）

人民法院对于电子数据的真实性，应当结合下列因素综合判断：

(1) 电子数据的生成、存储、传输所依赖的计算机系统的硬件、软件环境是否完整、可靠；

(2) 电子数据的生成、存储、传输所依赖的计算机系统的硬件、软件环境是否处于正常运行状态，或者不处于正常运行状态时对电子数据的生成、存储、传输是否有影响；

(3) 电子数据的生成、存储、传输所依赖的计算机系统的硬件、软件环境是否具备有效的防止出错的监测、核查手段；

(4) 电子数据是否被完整地保存、传输、提取，保存、传输、提取的方法是否可靠；

(5) 电子数据是否在正常的往来活动中形成和存储；

(6) 保存、传输、提取电子数据的主体是否适当；

(7) 影响电子数据完整性和可靠性的其他因素。

人民法院认为有必要的，可以通过鉴定或者勘验等方法，审查判断电子数据的真实性。

3. 电子数据真实性推定。（《民事诉讼证据规定》第 94 条）

电子数据存在下列情形的，人民法院可以确认其真实性，但有足以反驳的相反证据的除外：

(1) 由当事人提交或者保管的于己不利的电子数据；

(2) 由记录和保存电子数据的中立第三方平台提供或者确认的；

(3)在正常业务活动中形成的;

(4)以档案管理方式保管的;

(5)以当事人约定的方式保存、传输、提取的。

电子数据的内容经公证机关公证的,人民法院应当确认其真实性,但有相反证据足以推翻的除外。

注意:2022 年虽然表面上涉及了电子数据,但其实考查的内容和电子数据无关,但这也给我们提个醒:对于电子数据这种新的证据种类的特点及认定,命题老师已经关注到了,那当然也有可能对这部分内容进行深入考查。

考点六 举证证明责任的分配规则

(一)一般原则:"谁主张,谁举证"

根据《民诉解释》第 91 条的规定,举证证明责任一般分配规则如下:

(1)主张法律关系存在的当事人,应当对产生该法律关系的基本事实承担举证证明责任;

(2)主张法律关系变更、消灭或者权利受到妨害的当事人,应当对该法律关系变更、消灭或者权利受到妨害的基本事实承担举证证明责任。

(二)一般侵权案件中举证证明责任的分配

依据民法理论,一般侵权行为的构成要件,或者说侵权损害赔偿案件的构成要件有四项:侵害行为、损害事实、因果关系和过错。从民事诉讼的角度来看,一般侵权行为损害赔偿案件中的案件事实,主要就是这四项。这四项都应当由原告来举证,因为这些事项都属于积极事实。其中的任何一项事实,若原告无法证明,都将承担不利的后果。被告需要对免责事由承担举证责任。

(三)特殊侵权案件举证证明责任的分配

1.《民法典》侵权责任编规定的特殊侵权行为,由于民事责任的归责原则不同而在举证证明责任上有所区分,因而必须区别何种侵权行为,被告对于何项事实承担举证证明责任;

2.研究举证证明责任的承担必须落实到案件事实上,针对具体的案件事实(四个要件)才能谈得上举证证明责任由谁来承担;

3.无过错责任原则中被告的过错无须当事人举证加以证明,但是如果以受害人故意(或过错)为免责事由,则由被告承担举证证明责任;

4.所有的免责事由都由被告承担举证证明责任。

注意:举证证明责任的分配有很多具体的规定,但是万变不离其宗,重点还是要理解其基本的分配规则,2021 年考查的就是证明责任的基本原理,因此对这部分内容大家还是要在理解原理的基础上记忆、背诵。

考点七 起诉的条件

1.有适格的原告。

(1)原告是公民、法人和其他组织。这是诉讼权利能力的内容,原告、被告都必须是具有诉讼权利能力的主体,可以是未成年人、精神病人,但不能是已经死亡的自然人、已经终止的法人等。

(2)原告必须是适格的当事人。只要有诉讼权利能力就有作为原告的资格,但是并不是有诉讼权利能力就可以在任何一个具体案件中作为原告。在每一个具体案件中,原告必须是适格的当事人,否则将不能被法院受理。

2.要有明确的被告。

(1)要有明确的被告,而非正确的被告,是指原告对某一个具体的被告提出主张即可,至于事实上原告所主张的与被告之间的法律关系是否存在、成立,在审查起诉的时候并不关注。

(2)下落不明不等于不明确。只要满足其他条件,法院应当受理,然后公告送达相关诉讼文书。

3. 有具体的诉讼请求和事实、理由。

(1)诉讼请求一定要具体,必须明确提出自己的要求,如赔偿的数额、承担责任的形式,不能说"请法院酌情处理"。

(2)起诉证据不等于胜诉证据,在起诉时并不要求对所主张的事实和请求提供相应的证据,法院在审查受理时并不确认其真实性。

4. 主管和管辖必须要正确。

(1)属于民事案件,并且没有约定仲裁,属于人民法院受理的范围(主管);

(2)当事人必须按照管辖的规定,向有管辖权的人民法院提出诉讼;否则,人民法院将不予受理。

注意:起诉的条件在近几年的考试中曾以不同的方式考查过,大家除了结合实体法的相关规定,还是要注意《民事诉讼法》第 122 条关于起诉的四个要件的具体含义。

考点八 基于诉权的申请再审:当事人及特定的案外人

(一)申请再审的主体条件

1. 原审中的当事人:原审的原告、被告、有独立请求权的第三人以及上诉人和被上诉人。

2. 当事人死亡或者终止的,其权利义务承继者可以根据规定申请再审。

3. 判决、调解书生效后,当事人将判决、调解书确认的债权转让,债权受让人对该判决、调解书不服申请再审的,人民法院不予受理。

4. 案外人在一定条件下可以申请再审。

(1)案外人是必要共同诉讼人因不能归责于本人或者其诉讼代理人的事由未参加诉讼的,可以自知道或者应当知道之日起 6 个月内申请再审。

(2)案外人对原生效裁判确定的执行标的物主张权利,且无法提起新的诉讼解决争议的,认为原判决、裁定、调解书内容错误损害其民事权益的,可以自执行异议裁定送达之日起 6 个月内,向作出原判决、裁定、调解书的人民法院申请再审。

(二)申请再审的对象

1. 当事人可以对以下法律文书申请再审:

(1)已经发生法律效力的判决、裁定;

(2)已经发生法律效力的调解书。

2. 不得申请再审的几种文书。

(1)解除婚姻关系的判决、调解书,不得申请再审。但当事人就离婚案件中的财产分割问题申请再审的,则分情形对待:

①如涉及判决中已分割的财产,符合再审条件的,应立案审理;

②如涉及判决中未作处理的夫妻共同财产,应告知当事人另行起诉。

(2)适用特别程序、按照督促程序、公示催告程序等非诉程序审理的案件,当事人不得申请再审。

(3)不能重复申请。已经行使了再审权利的,不能再次申请再审,这些情况包括:

①再审申请被驳回后再次提出申请的;

②对再审判决、裁定提出申请的;

③在人民检察院对当事人的申请作出不予提出再审检察建议或者抗诉决定后又提出申请的。

(三)申请再审的法定理由

1. 对于判决、裁定申请再审的理由。

(1)有新的证据,足以推翻原判决、裁定的。

(2)原判决、裁定认定的基本事实缺乏证据证明的。

(3)原判决、裁定认定事实的主要证据是伪造的。

(4)原判决、裁定认定事实的主要证据未经质证的。

(5)对审理案件需要的主要证据,当事人因客观原因不能自行收集,书面申请人民法院调查收集,人民法院未调查收集的。

(6)原判决、裁定适用法律确有错误的。

(7)审判组织的组成不合法或者依法应当回避的审判人员没有回避的。

(8)无诉讼行为能力人未经法定代理人代为诉讼或者应当参加诉讼的当事人,因不能归责于本人或者其诉讼代理人的事由,未参加诉讼的。

(9)违反法律规定,剥夺当事人辩论权利的。

(10)未经传票传唤,缺席判决的。

(11)原判决、裁定遗漏或者超出诉讼请求的。

该处规定的诉讼请求,包括一审诉讼请求、二审上诉请求,但当事人未对一审判决、裁定遗漏或者超出诉讼请求提起上诉的除外。

(12)据以作出原判决、裁定的法律文书被撤销或者变更的。

(13)审判人员审理该案件时有贪污受贿,徇私舞弊,枉法裁判行为的。

2. 对于调解书申请再审的理由。

提出证据证明调解违反自愿原则或者调解协议的内容违反法律的,即只有调解协议违反自愿、合法原则的,才可以申请再审。

(四)申请再审的管辖法院

1. 一般原则:向上一级法院申请。

2. 特殊情况:可以向原审法院申请。

当事人一方人数众多或者当事人双方为公民的案件,也可以向原审人民法院申请再审。

3. 当事人双方同时向两级法院申请再审的:原审法院受理。

注意:审判监督程序虽然已经有几年没有重点考查了,但作为民事诉讼法的重点内容,以及司考年代卷四常考内容,这一部分内容考生仍然要时刻保持警惕。

考点九 案外人执行标的异议

(一)案外人和当事人对裁定不服的,救济方式因是否与原判决、裁定有关而不同

1. 认为原判决、裁定错误的,依照审判监督程序办理。案外人对驳回其执行异议的裁定不服,认为原判决、裁定、调解书内容错误损害其民事权益的,可以自执行异议裁定送达之日起6个月内,向作出原判决、裁定、调解书的人民法院申请再审。

2. 与原判决、裁定无关的,可以自裁定送达之日起 15 日内向人民法院提起诉讼。只有案外人或申请执行人可以起诉。法院裁定案外人异议成立而申请人不起诉,被执行人提起执行异议之诉的,人民法院告知其另行起诉。

(二)案外人执行异议之诉

如果执行异议不成立,则案外人可以向人民法院起诉。

1. 起诉条件:案外人提起执行异议之诉,除符合一般起诉规定外,还应当具备下列条件:

(1)案外人的执行异议申请已经被人民法院裁定驳回;

(2)有明确的排除对执行标的执行的诉讼请求，且诉讼请求与原判决、裁定无关；

(3)自执行异议裁定送达之日起15日内提起。

人民法院应当在收到起诉状之日起15日内决定是否立案。

2. 审理程序。人民法院审理执行异议之诉案件，适用普通程序。

3. 举证证明责任。案外人或者申请执行人提起执行异议之诉的，案外人应当就其对执行标的享有足以排除强制执行的民事权益承担举证证明责任。

4. 当事人。案外人提起执行异议之诉的，以申请执行人为被告。被执行人反对案外人异议的，被执行人为共同被告；被执行人不反对案外人异议的，可以列被执行人为第三人。

5. 管辖法院。自裁定送达之日起15日内向人民法院提起执行异议之诉的，由执行法院管辖。

6. 处理。对案外人提起的执行异议之诉，人民法院经审理，按照下列情形分别处理：

(1)案外人就执行标的享有足以排除强制执行的民事权益的，判决不得执行该执行标的；

(2)案外人就执行标的不享有足以排除强制执行的民事权益的，判决驳回诉讼请求；

(3)案外人同时提出确认其权利的诉讼请求的，人民法院可以在判决中一并作出裁判。

7. 对执行的影响。案外人执行异议之诉审理期间，人民法院不得对执行标的进行处分。申请执行人请求人民法院继续执行并提供相应担保的，人民法院可以准许。

(三)申请执行人执行异议之诉

如果执行异议成立，则申请执行人可能向人民法院起诉(相关条件见案外人执行异议之诉部分)。

注意：执行标的异议以及相关的案外人申请再审、执行异议之诉，可以说是民事诉讼法部分永远的重点内容，无论是客观题还是主观题。尤其是在主观题部分，一定要注意理解其含义，然后才能结合相关实体法规定正确作答。

考点十 保障性执行措施

(一)迟延履行利息和迟延履行金

1. 被执行人未按判决、裁定和其他法律文书指定的期间履行给付金钱义务的，应当加倍支付迟延履行期间的债务利息。

2. 被执行人未按判决、裁定和其他法律文书指定的期间履行其他义务的，应当支付迟延履行金。

被执行人未按判决、裁定和其他法律文书指定的期间履行非金钱给付义务的，无论是否已给申请执行人造成损失，都应当支付迟延履行金。已经造成损失的，双倍补偿申请执行人已经受到的损失；没有造成损失的，迟延履行金可以由人民法院根据具体案件情况决定。

(二)侵犯名誉权案件

侵权人拒不执行生效判决，不为对方恢复名誉、消除影响的，人民法院可以采取公告、登报等方式，将判决的主要内容及有关情况公布于众，费用由被执行人负担，并可追究妨碍执行的责任，可以罚款、拘留。

(三)办理财产权证照转移手续

在执行中，需要办理有关财产权证照，如房产证、土地证、山林所有权证，以及专利证书、商标证书、车辆执照等转移手续，人民法院可以向有关单位发出协助执行通知书，要求其协助办理更名过户手续。

(四)报告财产

1. 被执行人未按执行通知履行法律文书确定的义务，应当报告当前以及收到执行通知之日前一年的财产情况。

2. 被执行人自收到执行通知之日前一年至当前财产发生变动的，应当对该变动情况进行报告。被执行人报告财产后，其财产情况发生变动影响申请执行人债权实现的，也应自财产变动之日起10日内向人民法院补充报告。

（五）纳入失信名单，通报征信系统记录不履行义务信息

被执行人拒不履行法律文书确定的义务，人民法院还可以根据情节将其纳入失信被执行人名单，将被执行人不履行或者不完全履行义务的信息向其所在单位、征信机构以及其他相关机构通报。

（六）媒体公布不履行义务信息

1. 被执行人拒不履行法律文书确定的义务，执行法院可以依职权或者依申请执行人的申请，将被执行人不履行法律文书确定义务的信息通过报纸、广播、电视、互联网等媒体公布。

2. 媒体公布的有关费用，由被执行人负担；申请执行人申请在媒体公布的，应当垫付有关费用。

（七）限制被执行人高消费

1. 限制消费令是禁止相关主体从事下列消费行为：

（1）乘坐交通工具时，选择飞机、列车软卧、轮船二等以上舱位；

（2）在星级以上宾馆、酒店、夜总会、高尔夫球场等场所进行高消费；

（3）购买不动产或者新建、扩建、高档装修房屋；

（4）租赁高档写字楼、宾馆、公寓等场所办公；

（5）购买非经营必需车辆；

（6）旅游、度假；

（7）子女就读高收费私立学校；

（8）支付高额保费购买保险理财产品；

（9）乘坐G字头动车组列车全部座位、其他动车组列车一等以上座位等其他非生活和工作必需的消费行为。

2. 限制高消费的执行措施可以由债权人向人民法院申请启动，也可以由人民法院自行依职权启动。

注意：保障性执行措施是执行程序中高频考点之一，尤其是限制高消费、纳入失信名单、迟延履行利息等措施的具体规定，都很容易结合相关实体法内容进行考查。

三、答题模板

民事诉讼程序虽烦琐，但总有几个重要的制度和程序必须要考，主要包括管辖、证据、一审程序、二审程序、审判监督程序、执行程序等，把时间和精力分配在它们上面应该可以达到事半功倍的效果。

仲裁和民事诉讼的关系是或裁或诉，一裁终局，仲裁不能推翻民事判决的效力，而且仲裁的案件范围非常有限，管辖也不与民事诉讼一致，在解读案例时，要看清当事人有没有关于仲裁的约定，有没有仲裁和审判的交叉，审判对仲裁结果的影响等。

民事案件的法院管辖复杂多样，级别管辖、地域管辖、涉及特定民事案件的管辖、执行管辖都有考的可能性，在案例分析中，一定不能简单地依照"原告就被告"的原则，而要深入挖掘案例中的提示因素，把它和法律中的规定结合对照，得出正确的结论。

案例中如果出现举证责任的问题，基本上就要运用《民诉解释》和《民事诉讼证据规定》等司法解释，而且证明责任的考查一般是特殊的责任倒置情形。

2023年法考主观题对民事诉讼法的考查依然是与实体法相融合，注重对知识点的体系化考

查;依然是分别与民法、商法结合考查;依然注重执行程序中的救济方式和具体程序性规定;同时慢慢回归到民事诉讼法常规考点,如专属管辖、诉的合并,撤诉等问题。

2024年,对考生们复习主观题给予的备考提示就是:一方面,针对新特点,对于容易与实体法结合考查的考点,如执行程序、程序冲突等问题要重点掌握;另一方面,民事诉讼法主观题常规考点如管辖、当事人、证据与证明制度、审理程序等内容,应当依然作为复习重点。

考虑到民事诉讼法是一个典型的法条型学科,复习的时候对法条的重视程度要提高。尤其是主观题考场上有法条可供查阅,在复习主观题时要特别注意对法条体系性的掌握,要知道每个知识点的内容可能分布在法条的哪些位置,这样能帮助考生在主观题考场上充分利用好法条,在答题中尽量多得分,甚至拿满分。

四、2023年真题(回忆版)与解析

|案　情|

2023年3月,乙公司以甲公司为被告向西河区法院提起诉讼,要求解除与甲公司的设备买卖合同,并要求甲公司承担相应的责任。西河区法院受理后向甲公司送达了起诉状副本,甲公司应诉答辩,诉讼中甲公司一直反对合同解除。后法庭审理过程中,乙公司发现甲公司实际上并没有什么财产,胜诉也没有实质意义,于是申请撤诉。法院在未征得甲公司的同意的情况下即裁定准予撤诉。1个月后,乙公司又向西河区法院提起诉讼,这次是以甲公司、王某和李某为共同被告,提出诉讼请求如下:

(1)要求甲公司继续履行设备买卖合同,一次性支付全部剩余价款,赔偿迟延履行损失。同时要求甲公司的股东王某、王某的配偶李某对此承担连带责任。

(2)要求甲公司支付培训合同费用20万元,同时要求甲公司的股东王某、王某的配偶李某对此承担连带责任。

诉讼过程中,甲公司向法院提出以下抗辩:

(1)甲公司认为西河区法院没有管辖权,此案应该由自己所在地东山区法院管辖,因为设备已经完成安装,无法拆除,应属于不动产,协议管辖无效,河西区法院没有管辖权。

(2)甲公司认为设备买卖合同约定的管辖法院是西河区法院,但是培训合同中并没有约定管辖,合同履行地与被告住所地都是东山区法院,因此西河区法院对培训合同没有管辖权。

(3)设备买卖合同和培训合同没有实质关联,法院不能合并审理。

(4)乙公司的起诉状副本已经送达甲公司,故在第一次起诉时,甲公司与乙公司的设备买卖合同已经解除,乙公司第二次起诉要求履行合同是不成立的,且乙公司并非适格原告。

王某同意甲公司的抗辩,承认自己对设备买卖合同承担连带保证责任,但主张自己不应承担培训合同的连带责任。

李某同意甲公司的抗辩,并且认为自己在两份合同中都没有签字,不应当承担连带责任,自己不是适格被告。

法院查明的事实如下:王某于2017年设立甲公司,且是甲公司唯一股东。后王某与李某结婚,李某即进入甲公司,担任甲公司的财务负责人。2022年2月,为了扩大经营,增加生产线,甲公司需要购买生产设备,于是与乙公司签订设备买卖合同:甲公司购买乙公司价值200万元的生产设备,甲公司先支付100万元,其余100万元分10期支付,每个月支付10万元,12月底前全部完成付款。合同中约定如发生纠纷由西河区法院管辖。同时王某为该买卖合同提供担保,表示:“甲公司不清偿款项,王某无条件承担担保责任。”对此李某没有签字。

甲公司支付了4个月价款后,第5个月并未按期付款,后乙公司了解到甲公司停止付款是因为

所买设备无法正常使用。经查,设备不能运转的原因在于甲公司工人不熟悉机器操作从而操作失误。针对此种情况,乙公司提出为甲公司的员工进行培训的建议,后双方协商达成培训合同,约定乙公司为甲公司提供设备使用培训,乙公司要到甲公司所在的东山区培训,培训费20万元,由甲公司于12月底付清。甲公司如约参加培训,但到12月底并没有支付培训费。乙公司反复催告甲公司支付设备价款和培训费,但甲公司并不配合,只在2023年1月给乙公司转账15万元,注明“履行合同款”。乙公司询问这笔款项是哪一笔价款,甲公司并未回应。

诉讼过程中,乙公司提出了保全申请,申请查封A房屋。法院经审查发现,2021年12月,王某曾与丁房地产开发商签订A房屋买卖合同,该合同价款为600万元,王某支付了400万元首付款,剩余房款在丙银行办理了按揭贷款,并为丙银行办理了A房屋抵押权预告登记。2022年1月,房屋建成,丁公司办理了所有权首次登记。乙公司申请保全时,房屋尚未过户给王某,且查明王某是故意拖延不办过户。于是法院作出准予查封房屋裁定,但由于王某没有取得房屋所有权,故无法进行查封登记,法院只进行了公告。法院还查明,王某曾经转移甲公司的财产用于A房屋的装修等。

后A房屋被乙公司申请执行,丙银行提出异议,认为该房屋有自己的抵押预告登记,不能被执行。另外王某的律师也提出抗辩:认为该房屋属于王某的唯一住房(属实)。

| 问　题 |

1. 乙公司第一次起诉后申请撤销,法院没有经过甲公司同意就裁定准许撤销的做法是否合法?

2. 请结合民事诉讼法的管辖、诉的合并、当事人等原理,判断甲公司、李某、王某的各项异议理由是否成立,请进行分析。

3. 人民法院对A房屋的查封有没有生效?

4. 乙公司要求王某、李某对设备买卖合同债务承担连带责任的请求能否得到支持?

5. 乙公司要求王某、李某对培训合同债务承担连带责任的请求能否得到支持?

6. 对于丙银行提出的关于A房屋的执行异议,要求中止执行,法院是否应当支持?

7. 乙公司要求甲公司一次性支付剩余的60万元以及承担迟延履行责任的主张能否得到支持?

8. 乙公司要求甲公司支付20万元培训费以及承担迟延履行的赔偿责任能否得到支持?

9. 王某的律师提出唯一住房的抗辩对丙银行的优先受偿权是否产生影响?

| **参考答案** |

1. 合法。《民事诉讼法》第148条第1款规定:“宣判前,原告申请撤诉的,是否准许,由人民法院裁定。”根据《民诉解释》第238条的规定,当事人申请撤诉或者依法可以按撤诉处理的案件,如果当事人有违反法律的行为需要依法处理的,人民法院可以不准许撤诉或者不按撤诉处理。法庭辩论终结后原告申请撤诉,被告不同意的,人民法院可以不予准许。本案中,原告在一审庭审中申请撤诉,此时法庭辩论尚未终结,法院同意撤诉不需要被告甲公司的同意,因此法院做法合法。

2. (1)关于甲公司的抗辩理由:

①甲公司提出的第1个抗辩理由不成立。根据《民诉解释》第28条第1、2款的规定,不动产的专属管辖包括不动产的权利确认、分割、相邻关系等引起的物权纠纷,以及农村土地承包经营合同纠纷、房屋租赁合同纠纷、建设工程施工合同纠纷、政策性房屋买卖合同纠纷。本案中设备已经安装不能拆除并不影响双方法律关系的实质只是动产买卖合同法律关系,并非不动产专属管辖。设备买卖合同中约定的管辖法院是原告住所地法院,与争议有实际联系,且不违反级别管辖和专属管辖,因此管辖协议有效。

②甲公司提出的第2个抗辩理由不成立。培训合同纠纷是关于付款问题的纠纷,即给付货币

如果耐不住寂寞,你就看不到繁华。

第6天

纠纷，根据《民诉解释》第 18 条的规定，给付货币的，接收货币一方所在地为合同履行地，故本案中的合同履行地就是原告住所地法院，即西河区法院。另外，虽然只有设备买卖合同中约定了管辖协议，但是法院将设备买卖合同与培训合同两个诉合并审理的，根据诉的合并理论，合并的诉讼标的部分存在管辖协议的，法院应当按照管辖协议确定全案管辖。故西河区法院对培训合同纠纷有管辖权。

③甲公司提出的第 3 个抗辩理由不成立。诉的合并审理是指法院将两个或者两个以上彼此有牵连的诉合并到同一法院管辖，并适用同一程序审判。诉的合并的意义在于提高诉讼的效率，防止在相互关联的问题上作出互相矛盾的裁判。培训合同是基于设备买卖合同履行过程中产生的问题而签订的，与设备买卖合同存在牵连关系，符合诉的合并的条件，能够达到诉的合并的效果，故法院可以合并审理。

④甲公司提出的第 4 个抗辩理由不成立。当事人一方未通知对方，直接以提起诉讼的方式主张解除合同，撤诉后再次起诉主张解除合同，人民法院经审理支持该主张的，合同自再次起诉的起诉状副本送达对方当事人时解除。但是，当事人一方撤诉后又通知对方解除合同且该通知已经到达对方的除外。本案中，乙公司撤诉后并没有在第二次起诉前再向甲公司主张过解除合同的意思表示，故合同尚未解除，甲公司以合同解除而拒绝付款的异议不成立。另外，根据《民诉解释》第 214 条第 1 款规定，原告撤诉或者人民法院按撤诉处理后，原告以同一诉讼请求再次起诉的，人民法院应予受理。换言之，乙公司再次起诉不属于后诉实质否认前诉，并不构成重复起诉，满足《民事诉讼法》第 122 条的起诉条件，乙公司作为合同当事人，有直接利害关系，属于适格当事人。甲公司的抗辩理由不成立。

（2）王某对培训合同不承担连带责任的抗辩理由得不到支持。根据《公司法》第 23 条第 3 款的规定，只有一个股东的公司，股东不能证明公司财产独立于股东自己的财产的，应当对公司债务承担连带责任。王某是甲公司唯一股东，且王某有转移公司财产归个人使用的情形，有公司法人格否认的事实，故王某应当对甲公司债务承担连带责任。

（3）李某的抗辩理由不成立。虽然王某是甲公司唯一股东，但李某作为配偶担任甲公司重要职务，实质参与公司经营管理，故甲公司实际上属于夫妻共同事业，所以即便李某未签字也不可否认两个债务都属于夫妻共同债务。

3. 已经发生效力。根据《查封、扣押、冻结财产规定》第 7 条的规定，查封不动产的，人民法院应当张贴封条或者公告，并可以提取保存有关财产权证照。查封、扣押、冻结已登记的不动产、特定动产及其他财产权，应当通知有关登记机关办理登记手续。未办理登记手续的，不得对抗其他已经办理了登记手续的查封、扣押、冻结行为。因此，未办理查封、扣押登记的，并不影响查封的效力。另外该司法解释第 8 条规定，查封尚未进行权属登记的建筑物时，人民法院应当通知其管理人或者该建筑物的实际占有人，并在显著位置张贴公告。本案中，从王某进行装修可知王某已经实际占有该房屋，该房屋只是因为王某恶意逃避法律义务而未过户，查封该房屋并无不妥，由于王某未办理所有权登记，法院已进行了公告，可以视为已经完成了公告，查封已经生效。

4. 能够得到支持。《民法典》第 688 条规定，当事人在保证合同中约定保证人和债务人对债务承担连带责任的，为连带责任保证。连带责任保证的债务人不履行到期债务或者发生当事人约定的情形时，债权人可以请求债务人履行债务，也可以请求保证人在其保证范围内承担保证责任。本案中的王某即为连带责任保证人，故应当对甲公司债务承担连带责任。

以上论证存在争议，也可采用《担保制度解释》第 25 条的规定论证：当事人在保证合同中约定了保证人在债务人不能履行债务或者无力偿还债务时才承担保证责任等类似内容，具有债务人应当先承担责任的意思表示的，人民法院应当将其认定为一般保证。当事人在保证合同中约定了保证人在债务人不履行债务或者未偿还债务时即承担保证责任、无条件承担保证责任等类似内容，不具有债务人应当先承担责任的意思表示的，人民法院应当将其认定为连带责任保证。因此，王某需要承担的保证责任应为一般保证责任。虽然甲公司是王某婚前成立，但是，婚后李某进入公司工作，且担任财务负责人。对于公司来说，财务负责人的重要性自不待言。因此，应当认定，甲公司是王某与李某夫妻共同经营的事业，该债务应当属于夫妻共同债务，应由夫妻共同财产承担责任，因此李某也需要承担连带责任。

5. 不支持。根据《担保制度解释》第52条的规定，当只存在抵押预告登记时，经审查已经办理建筑物所有权首次登记，且不存在预告登记失效等情形的，人民法院应予支持，并应当认定抵押权自预告登记之日起设立。本案中A房屋已经办理所有权首次登记，王某拖延过户导致无法办理抵押权正式登记，丙银行的A房屋抵押预告登记并未失效，故丙银行享有对A房屋的抵押权。因此丙银行确实可以提出执行异议，法院应予受理。但法院并不会中止对该房屋的执行，因为享有担保物权等优先权的异议人，享有的是一种顺位权，完全可以通过参与分配等方式保证其利益，故其所享有的权益不属于足以排除强制执行的民事权益，法院不能中止执行。

6. 能够得到支持。根据《公司法》第23条第3款的规定，只有一个股东的公司，股东不能证明公司财产独立于股东自己财产的，应当对公司债务承担连带责任。夫妻一方设立一人公司，如果配偶实质参与公司经营管理，则该一人公司属于夫妻共同事业，应由夫妻共同财产承担连带责任。本案中法院查明王某有转移公司财产归个人使用的情形，因此，王某、李某应当承担连带责任。

7. 能得到支持。《民法典》第634条第1款规定，分期付款的买受人未支付到期价款的数额达到全部价款的1/5，经催告后在合理期限内仍未支付到期价款的，出卖人可以请求买受人支付全部价款或者解除合同。乙公司并没有发出有效的解除合同的意思表示，故主张一次性支付全部剩余价款能够得到支持。甲公司无正当理由迟延履行，应当承担迟延履行责任，根据《民法典》第577条的规定，当事人一方不履行合同义务或者履行合同义务不符合约定的，应当承担继续履行、采取补救措施或者赔偿损失等违约责任。而对于金钱之债，迟延履行的损失赔偿标准在没有约定时，应参照民间借贷市场报价利率的4倍支付迟延履行部分利息，该利息本质属于法定违约金。

8. 只能支持5万元部分的请求。《民法典》第560条规定，债务人对同一债权人负担的数项债务种类相同，债务人的给付不足以清偿全部债务的，除当事人另有约定外，由债务人在清偿时指定其履行的债务。债务人未作指定的，应当优先履行已经到期的债务；数项债务均到期的，优先履行对债权人缺乏担保或者担保最少的债务；均无担保或者担保相等的，优先履行债务人负担较重的债务；负担相同的，按照债务到期的先后顺序履行；到期时间相同的，按照债务比例履行。本案中，虽然有备注，但备注不清晰，故应视为没有指定。两笔款项都已经到期，第一笔款款项由王某提供了连带责任保证，而第二笔款项是没有担保的，故这15万元应视为对第二个合同的履行，即15万元因履行而消灭，故乙公司支付20万元的请求无法得到支持，只能判决支持5万元。该债务依然属于金钱债务，故迟延履行的损失即为迟延履行利息，也是可以得到支持的。

9. 不影响丙银行享有优先受偿权。《民法典》第221条规定，当事人签订买卖房屋的协议或者签订其他不动产物权的协议，为保障将来实现物权，按照约定可以向登记机构申请预告登记。预告登记后，未经预告登记的权利人同意，处分该不动产的，不发生物权效力。预告登记后，债权消灭或者自能够进行不动产登记之日起90日内未申请登记的，预告登记失效。本题中，王某2021年12月为丙银行设立抵押预告登记，2022年1月进行不动产首次登记，此时丙银行享有对A房屋的抵押权。

唯一住房可以被申请强制执行，不影响优先受偿权。根据最高人民法院《关于人民法院办理执行异议和复议案件若干问题的规定》第20条的规定，如果被执行人名下的唯一住房，超出了被执行人及其所扶养家属生活必需的范围，人民法院可以执行。

五、2022年真题（回忆版）与解析

| 案 情 |

2021年1月南峰市鹿台区的甲公司因扩大经营需要，拟发行公司债券融资。平远市凤凰区乙公司的大股东兼法定代表人、甲公司的股东李某为帮助甲公司销售债券，找到平远市金龙区丙公司的总经理吴某，要求丙公司帮忙购买甲公司债券。

2021年4月，甲公司债券（3年期，年利率8%）正式发行。4月5日，甲公司与丙公司在南峰市鹿台区签订《债券认购及回购协议》，约定丙公司认购甲公司5000万元债券；甲公司须在1年后以5500万元进行回购，如逾期未回购，甲公司向丙公司支付1000万元的违约金。合同还载明，因本合同产生的一切纠纷，均应提交甲公司所在地的南峰市鹿台区法院解决。

4月8日，李某代表乙公司与丙公司在平远市金龙区签订《担保合同》约定乙公司为甲公司的回购义务及违约责任等提供"充分且完全的担保"。该担保合同载明"因本合同发生的纠纷，双方应友好协商，协商无法解决的，应提交平远仲裁委员会解决"。在签约前，丙公司询问李某是否获得了股东会的同意，李某向丙公司提供的一份微信群聊天记录显示，李某曾就担保一事征求乙公司其他两位股东张某、孙某意见，二人均微信回复"无异议"。

同日，李某个人应丙公司请求就甲公司回购义务向丙公司提供担保，并明确约定担保方式为：丙公司曾向李某个人借款3000万元将于2021年7月31日到期。到期后，丙公司可以暂不返还该借款，以此作为李某为甲公司回购义务的担保。

7月31日，丙公司未向李某支付该笔借款。

2022年4月，回购日期届至，甲公司未履行回购义务，丙公司沟通无果，向鹿台区法院起诉甲公司、乙公司，提出诉讼请求一：甲公司履行回购义务并支付违约金1000万元；诉讼请求二：乙公司对甲公司上述义务承担连带责任。甲公司在答辩期间提交答辩状称违约金过高，请求法院予以减少。乙公司在答辩期间也提交了答辩状，未提出管辖权异议。但在开庭中，乙公司提出担保合同中存在仲裁协议，鹿台区法院对案件无管辖权。乙公司其他两位股东张某、孙某知悉该诉讼的消息后，向法院表示，依照公司章程，公司对外担保应经过股东会决议，乙公司为甲公司提供的保证，仅为李某个人的意思，未经公司股东会决议，应为无效。李某则表示，虽没有召开股东会，但李某通过微信聊天征求过张某和孙某的意见，他们均未表示反对，并提供了一份三人微信聊天记录截图的纸质打印件，并表示因为手机更换，只能提供当时聊天记录截图的纸质打印版。丙公司另行向平远市金龙区法院起诉李某，请求确认李某对其的3000万元债权已因承担担保责任而消灭。

后丙公司发现，乙公司已无有价值的财产，但其全资控股主营建筑业务的丁公司。丙公司认为，丁公司长期与乙公司混用财务人员、其他工作人员和工作场所，账目不清，其财产无法与乙公司财产相区分，应与乙公司承担连带责任。丁公司承揽的戊公司的建设工程已竣工验收。但戊公司尚未依照合同约定的时间支付价款1000万元，因此丙公司希望丁、戊两公司一并承担责任。

| 问 题 |

1. 关于乙公司在开庭过程中提出的管辖权异议，法院应当如何处理？

2. 请分析打印的微信聊天记录截图的证据能力和证明力，并说明理由。

3. 关于丙公司对李某提出的诉讼，请结合受理条件，法院应当如何处理？

4. 如法院判决支持了丙公司对乙公司的诉讼请求，丙公司在执行过程中，申请法院追加丁、戊两公司作为被执行人，法院应当如何处理？如法院裁定追加，丁、戊两公司不同意追加，有何救济

措施？

| **参考答案** |

1. 法院应继续审理。

根据《仲裁法》第26条的规定，当事人达成仲裁协议，一方向人民法院起诉未声明有仲裁协议，人民法院受理后，另一方在首次开庭前提交仲裁协议的，人民法院应当驳回起诉，但仲裁协议无效的除外；另一方在首次开庭前未对人民法院受理该案提出异议的，视为放弃仲裁协议，人民法院应当继续审理。

本案中，乙公司一开始没有声明有仲裁协议，直到开庭过程中才提出有仲裁协议，根据上述法律规定，此时视为放弃仲裁协议，法院应当继续审理。

2. 该打印的微信聊天记录截图可以作为证据使用，但是不能单独作为证明案件事实的依据。

根据《民诉解释》第116条第2款的规定，电子数据是指通过电子邮件、电子数据交换、网上聊天记录、博客、微博客、手机短信、电子签名、域名等形成或者存储在电子介质中的信息。本题中微信聊天记录截图属于电子数据，与待证事实之间具有关联性、客观性、合法性，可以作为证据使用。

根据《民事诉讼证据规定》第90条的规定，无法与原件、原物核对的复制件、复制品，不能单独作为认定案件事实的根据。本案中，李某表示因为手机更换，只能提供当时聊天记录截图的纸质打印版，无法提供原件。故该证据不能单独作为认定案件事实的根据。

3. 金龙区法院应不予受理，告知丙公司向鹿台区法院提起诉讼。

根据《担保制度解释》第21条第2、3款的规定，债权人一并起诉债务人和担保人的，应当根据主合同确定管辖法院。债权人依法可以单独起诉担保人且仅起诉担保人的，应当根据担保合同确定管辖法院。

本案中，李某承担的是一般保证，故债权人不可以单独起诉担保人，此时只能根据主合同确定管辖法院。本案的主合同纠纷管辖，双方有约定“因本合同产生的一切纠纷，均应提交甲公司所在地的南峰市鹿台区法院解决”。故保证合同纠纷也应当由鹿台区法院管辖，金龙区法院无管辖权。

4. (1)可以追加丁公司作为被执行人，丁公司不服，可以提出执行异议之诉。

根据《关于民事执行中变更、追加当事人若干问题的规定》第20条的规定，作为被执行人的一人有限责任公司，财产不足以清偿生效法律文书确定的债务，股东不能证明公司财产独立于自己的财产，申请执行人申请变更、追加该股东为被执行人，对公司债务承担连带责任的，人民法院应予支持。因此可以追加丁公司为被执行人。

根据《关于民事执行中变更、追加当事人若干问题的规定》第32条第1款的规定，被申请人或申请人对执行法院依据本规定第14条第2款、第17条至第21条规定作出的变更、追加裁定或驳回申请裁定不服的，可以自裁定书送达之日起15日内，向执行法院提起执行异议之诉。故丁公司如认为不应当被追加为被执行人，可以自裁定书送达之日起15日内，向执行法院提起执行异议之诉。

(2)可以追加戊公司作为被执行人，戊公司不服的，可以向上一级法院申请复议。

根据《关于人民法院执行工作若干问题的规定(试行)》第45条第1款的规定，被执行人不能清偿债务，但对本案以外的第三人享有到期债权的，人民法院可以依申请执行人或被执行人的申请，向第三人发出履行到期债务的通知。履行通知必须直接送达第三人。因此，可以追加戊公司作为被执行人。

根据《关于民事执行中变更、追加当事人若干问题的规定》第30条的规定，被申请人、申请人或其他执行当事人对执行法院作出的变更、追加裁定或驳回申请裁定不服的，可以自裁定书送达之日起10日内向上一级人民法院申请复议，但依据本规定第32条的规定应当提起诉讼的除外。因此，戊公司如认为不应当被追加为被执行人，可以向上一级法院申请复议。

六、问答式主观题预测与演练

1 CASE | 案 情 |

徐克翻修自家宅基地的房屋期间，邻居刘华主动提出为徐克和建筑工人做饭，徐克十分感激，表示要支付报酬，刘华坚决拒绝，表示徐克支付食材的采购费即可。徐克应允。

3月1日，刘华驾驶三轮摩托车赴集市采购食材时发生车祸，肇事车辆逃逸。由于现场证据缺乏，警察未受理报案。后刘华被送往医院就诊，一直处于昏迷状态，徐克垫付了1万元医药费。关于后续约5万元的医药费，刘华唯一的亲属、其子刘文认为应当由徐克继续支付，而徐克则认为自己已经仁至义尽，不愿再垫付。双方发生争议后，刘文以刘华的名义，以前述事实为基础向法院起诉，要求徐克支付全部医药费（A诉讼）。

与此同时，徐克也展开寻找肇事者的工作。经过调取监控，徐克确认在事故发生前后，通过该路段的机动车有两辆，分别是车牌号123的大众轿车和456的丰田轿车。

在调查大众轿车时，徐克发现该车右侧方有明显的剐蹭痕迹，该车内装有行车记录仪。但在联系车主张宁时，张宁完全不配合。徐克遂暗中跟踪张宁，在其离开车的瞬间进入车辆，将行车记录仪的存储卡复制到自己的笔记本电脑中，再悄然离开。在读取电脑中复制的内容时，徐克发现由于行车记录仪存储卡容量有限，3月1日的记录已经被覆盖。但徐克意外发现行车记录仪记录下了张宁与第三者在车内的亲昵录音。徐克遂将该录音发给张宁并逼问其是否做了亏心事，张宁大惊失色，表示只要能取回录音，什么都承认。最终，在徐克的询问下，张宁承认自己在3月1日驾车撞到了一辆摩托车，并写下了书面的承认信。

在走访丰田轿车时，徐克发现了该车前保险杠刚刚更换。此时恰逢丰田车主安轩过来开车，徐克遂上前与之攀谈，假装自己近期欲购买此车型，想事先了解车辆性能，并暗中录下了谈话的全过程。安轩表示车辆性能很好，徐克遂询问为何保险杠有更换迹象。安轩承认该车前两天出过小事故，因而更换了保险杠。但在徐克追问何种事故时，安轩则不愿多谈。

| 问 题 |

1. 对于刘文以刘华的名义提起的诉讼（A诉讼），法院是否应当受理，请结合起诉条件的规定，全面分析。

2. 如果徐克按刘文要求，继续垫付了5万元医药费后，向张宁提起追偿权之诉（B诉讼），要求张宁赔偿全部医药费6万元。张宁在诉讼中否认有撞人行为，徐克遂提交了书面承认信，张宁则向法庭陈述了撰写该承认信的经过，并质疑徐克获取自己个人信息的合法性。假如你是法官，请结合该承认信的证据能力和证明力，以及证明责任分配的基本原理，分析是否可以认定张宁有撞人的事实。

3. 在B诉讼进行过程中，如果徐克将张宁与第三者亲昵的录音发布到网上，张宁以自己名誉受到影响为由，对徐克提起反诉，要求徐克赔偿损失。法院是否应当受理该反诉请求？

4. 假如在B诉讼进行过程中，刘华突然因并发症去世，法院应当如何处理该诉讼？

5. 假如针对B诉讼，法院经过审理驳回了徐克的诉讼请求，徐克不服提起上诉，二审过程中，徐克申请追加安轩为共同被告，对自己承担连带赔偿责任。二审法院应当如何处理？

6. 在B诉讼中，假如经过调解，双方达成调解协议，约定张宁向徐克支付6万元医药费，此后徐克不得再以该事件为由向张宁主张任何权利。双方签收了调解书。后刘华在6万元医药费花光后，医生建议其回家继续休养，刘华回家后在家人照料下逐渐苏醒，得知事情过程后，决定以自己的名义起诉张宁，要求支付营养费、误工费、精神损害赔偿共计10万元（C诉讼），张宁则根据B诉讼的调解书，认为自己与本案已无任何关系。结合张宁的抗辩，请分析法院是否应当受理C诉讼？

2 CASE

| 案 情 |

朱某(17 周岁)家境贫寒,与母亲周某相依为命。朱某在学校与同学张某(18 周岁)因琐事一直互有敌意,张某更是经常无故羞辱朱某。后朱某参加全国数学竞赛,获得 5 万元奖金。朱某兴奋之余,想向张某报仇,于是指使朋友严某(19 周岁)向张某报复。严某遂将张某打伤。朱某、张某的班主任刘勇发现后,担心事态升级,立即将张某送往医院手术,刘勇垫付了医疗费 2 万元。后刘勇被学校派往外地学习。

因为赔偿问题,张某向法院起诉严某,要求其赔偿医疗费等各项损失 8 万元。严某在开庭审理中承认是自己将张某打伤,与他人无关,一审法院遂判决支持了张某的全部诉讼请求。严某与朱某商议如何支付赔偿款,朱某表示自己只有 5 万元奖金,剩余赔偿款需要严某自己承担。严某大惊,立即以赔偿数额过高为由提起上诉,并在上诉状中提出,是朱某指使自己将张某打伤,应当由朱某承担责任。张某知悉后也向二审法院提出,要求追加朱某作为责任人。

| 问 题 |

1. 严某在一审中已经承认是自己将张某打伤,在上诉中又提出系朱某指使,二审法院是否应当对该事实予以审查？为什么？

2. 请根据案情,分析朱某及其母亲在二审中可能的诉讼地位。

3. 假如在二审审理过程中,严某提出自己曾经帮助张某追星应援,张某承诺支付其劳务费 1 万元但一直没有支付,现要求用劳务费抵销自己的赔偿款。张某承认曾找严某帮忙追星,但是对于 1 万元的金额不认同,认为双方未谈及价款,至多应当支付 1000 元。法院应当如何处理严某提出的抵销主张？

4. 假如法院判决严某向张某给付 8 万元,因严某拒绝履行,案件进入执行程序,冻结了严某的银行存款 5 万元。此时,刘勇从外地学习归来,发现张某在计算损失时遗漏了自己垫付的 2 万元。试分析刘勇救济自己权利的最佳路径。

3 CASE | 案 情 |

居住在某省A县的向某将其位于该省C县的一间住房出售给该省B县的高某。双方在合同中约定,因此合同产生的争议由B县所在市的仲裁机构进行仲裁,但未办理产权过户登记。后向某又将此房屋出售给该省D县的贾某,双方签订了房屋买卖合同且办理了过户登记,约定合同项下的一切争议由D县法院管辖,双方均按照约定履行了合同义务。

高某得知向某"一房二卖"的事实后,立即向A县法院提起诉讼,请求确认向某与贾某之间的房屋买卖合同无效,并要求向某依照合同约定履行交付房屋的义务。向某出庭应诉答辩,并未提及双方有关仲裁的约定。法庭审理过程中,A县法院认为应当追加贾某为第三人,遂依职权进行了追加,并进行了传票传唤。贾某认为自己与本案无关,拒绝出庭,法院对其进行了拘传并依法进行了审理。判决驳回原告高某关于确认向某与贾某之间买卖合同无效与交付房屋的诉讼请求,同时判决向某承担违约金1万元。

| 问 题 |

1. 向某与高某在合同中约定因此合同产生的争议由B县所在市的仲裁机构进行仲裁,该约定是否有效,为什么?

2. 向某与第二买受人贾某在买卖合同中约定合同项下的一切争议由D县法院管辖,该协议管辖是否有效,为什么?

3. 向某出庭应诉答辩后,可否在法庭审理过程中以双方订立了有效的仲裁协议为由,主张A县法院对该案没有管辖权,为什么?

4. A县法院对该案是否有管辖权,若有,请说明理由,若无,请说明A县法院该如何处理?

5. 法庭审理过程中,A县法院依职权追加贾某为第三人的做法是否正确,为什么?

6. 贾某认为自己与本案无关,拒绝出庭,法院遂对其进行了拘传的做法是否正确,为什么?

7. 试评价A县法院的判决结果。

4 CASE | 案 情 |

2021 年 2 月，家住重庆市江北区的张某在网上从位于武汉市武昌区的乙公司购买了一台取暖器（该取暖器由位于武汉市洪山区的甲公司生产），送到其重庆市渝北区的父母家中。2021 年 2 月 22 日晚，货到后，由于该取暖器存在一次短路熔痕（铜导线因自身故障于火灾之前形成的短路熔化后残留的痕迹），张某在自己家使用该取暖器时，该取暖器着火，造成张某财物损失 1 万元。由于就赔偿问题无法达成一致，双方诉至法院，后经过法院调解，双方达成调解协议，乙公司赔偿财物损失 1 万元，张某将该取暖器退还乙公司，乙公司收货后返还货款 2500 元。

2021 年 7 月 15 日，张某委托某快递公司将该取暖器快递给乙公司，并支付运费 70 元。然而乙公司一直未收到快递件。张某在此期间，多次询问某快递公司，一直到 7 月 27 日，某快递公司才告知其快递件已经丢失。

之后，张某找到某快递公司要求赔偿，协商不成后，2022 年 7 月，张某将某快递公司诉至江北区法院，要求赔偿损失 2500 元。某快递公司在递交答辩状时，提出了管辖权异议，认为快递详情单中有关于管辖的条款约定，即"一旦产生纠纷，以被告住所地法院为第一审管辖法院"，原告在网上填写快递申请单时，也点击了同意（该条款位于协议文本的最后一项，无明显标记）。

法院适用简易程序对该案进行审理。庭审中，某快递公司出示了张某在网上填写的快递申请单，说明张某对该批货物未办理托运保价，按照合同约定，货物丢失以不超过托运费用的 5 倍予以赔偿，该批货物运费为 70 元，某快递公司同意按照运费的 5 倍赔偿，不同意赔偿托运货物的价款。张某称快递详情单的条款属于格式条款，不能成为免除其赔偿责任的理由。

一审法院审理后作出判决，判决某快递公司赔偿张某货物损失 2500 元，双方均未上诉，该判决生效后，某快递公司一直没有履行义务。张某申请执行，申请次日，执行法院作出执行决定书，将某快递公司纳入失信被执行人名单，并且于当日录入失信被执行人名单库，通过中国执行信息公开网向社会公布。1 天后，执行法院在某快递公司办公场所向其前台送达了执行通知书。

某快递公司为合伙性质，因其一直没有履行义务，张某申请将合伙人追加为被执行人。某快递公司认为生效判决有问题，准备申请再审。

| 问 题 |

1. 就起诉乙公司要求承担赔偿责任的问题，哪些法院可能对本案具有管辖权？为什么？
2. 就起诉乙公司要求承担赔偿责任的问题，哪些主体可以是本案的适格被告？为什么？
3. 某快递公司与张某之间协议管辖条款是否有效？简要说明理由。
4. 就快递详情单 5 倍赔偿规定是否属于格式条款，应该由谁来承担举证证明责任？为什么？
5. 张某托运货物价值 2500 元，应当由谁来承担举证责任？并请结合法律规定和生活常识，试着说明可以使用哪些证据来证明该货物价值 2500 元？
6. 执行法院未发出执行通知，就直接将某快递公司纳入失信被执行人名单的做法，是否符合法律规定？请说明理由。
7. 针对张某将合伙人追加为被执行人的申请，执行法院应当如何处理？请说明理由。
8. 某快递公司应向哪个（些）法院申请再审？再审法院应当按照什么程序对案件进行再审？

5 CASE

| 案 情 |

2018年4月,位于N市M区的借款人孙飞科技公司因资金周转需要,与住所地在Y市S区的出借人曾某签订了借款合同。孙某以其所有不动产为该借款合同提供抵押担保,签订了抵押合同并办理了抵押担保登记。两份合同均约定:"发出争议、争端或权利主张通知后10日内未能通过协商达成和解,可向原告方所在地有管辖权的法院起诉解决。"

此后曾某与孙飞科技公司协商将该借款合同债权转让给了G市L区的升科公司,并约定:"如产生纠纷,提交N仲裁委员会仲裁解决,如对仲裁裁决不服的,可以向有管辖权的法院起诉。"该协议中没有孙某签章。

孙飞科技公司在合同到期后一直没有还款,升科公司向N仲裁委员会提出仲裁申请,将孙飞科技公司及孙某列为被申请人。

| 问 题 |

1. 关于协议管辖中所附"发出……通知10日内未能通过协商达成和解"的条件如何认定?
2. 协议管辖约定是否有效?
3. 转让合同中关于仲裁的约定的效力应如何认定?
4. 升科公司能否依据转让合同中的约定,向N仲裁委员会申请孙某承担担保责任?
5. 如孙某认为自己不应当是被申请人,应当如何救济?
6. 如升科公司最终起诉担保人孙某,应向何地法院起诉?

6 CASE | 案 情 |

2022年1月20日18时许，居住在平凉市A区的王某和妻子李某一同到本市B区寻找外婆时，王某不幸被当地人刘某饲养的宠物狗咬伤。王某被送往平凉市人民医院治疗，花去大量医药费，并造成护理、交通等经济损失若干。事后，刘某仅支付医药费1170元，其余费用至今未付。现王某将刘某诉至法院，要求其赔偿医药费6088.99元（已扣除刘某支付的1170元）、护理费901.50元、营养费200元、住院伙食补助费400元、后续治疗费5500元、鉴定费1000元、交通费200元、精神损害抚慰金5000元，共计19290.49元。王某向法院提交了如下证据：医院出具的病例以及诊疗费用的单据，双方就赔偿数额洽谈过程中交换意见的手机短信以及电子邮件等。与此同时，王某提出妻子李某可以作为证人出庭作证。

一审法院经过开庭审理，结合双方的质证意见与法庭调查辩论，依法判决如下：限被告刘某于本判决生效之日起10日内赔偿原告王某医药费6088.99元、护理费901.50元、营养费200元、住院伙食补助费400元、后续治疗费5500元、鉴定费1000元、交通费200元，共计14290.49元；驳回原告王某其他诉讼请求。如果未按本判决指定的期间履行给付金钱义务，应当加倍支付迟延履行期间的债务利息。

刘某不服一审判决，提起上诉。二审法院审理后认为，一审法院的判决认定事实清楚，适用法律正确，符合法律规定。因此，二审法院判决驳回刘某上诉，维持原判。二审法院的判决生效后，刘某发现二审审理的法官是王某的表哥，现欲申请再审。

| 问 题 |

1. 对于王某对刘某提起的损害赔偿诉讼，哪个（些）法院有管辖权？为什么？

2. 若王某向平凉市C区法院起诉，刘某不提出管辖权异议并应诉答辩，C区法院在审理中发现自己对本案无管辖权，请问能否移送给其他有管辖权的法院？

3. 王某作为原告应当就哪些事项进行举证证明？若饲养人刘某主张王某是故意逗狗造成损伤，该主张应由谁来证明？

4. 王某提供的证据，属于法律规定中的哪种证据？

5. 王某的妻子李某可否作为证人出庭作证？如果可以，庭审中李某可否不出庭？

6. 二审审理中，二审法院可否不开庭？

7. 若再审法院经过审理维持了原判决，刘某能否再次向人民法院申请再审？如果不能，刘某可以采取的救济手段是什么？

7 CASE

| 案 情 |

2022年3月,武汉某电厂委托武汉长江拍卖公司(以下简称长江公司,在武汉市武昌区)对电厂设备改造后的3套旧设备进行拍卖。2022年4月1日,深圳长城发展公司(以下简称长城公司,在深圳市福田区)以400万元价格拍得该设备,并约定因拍卖产生的纠纷各方可向各自所在地的法院起诉解决。在约定的1个月付款期内,长城公司未向长江公司支付对价。2022年5月9日,长江公司举行第二场拍卖会,以200万元价格将该设备卖给了黄河公司。

2022年6月,长江公司迁到武汉市天河区,2022年7月,长江公司将长城公司诉至武汉市天河区法院,请求法院判令:(1)长城公司向长江公司支付两次拍卖差价款200万元;(2)长城公司向长江公司支付400万元成交价的5%即佣金20万元;(3)长城公司已交纳的拍卖保证金20万元自动转为违约金,归长江公司所有。

| 问 题 |

1. 不考虑本案的协议管辖条款,哪些(个)法院对本案有管辖权?简要说明理由。

2. 长城公司与长江公司之间协议管辖条款是否有效?简要说明理由。

3. 如果长城公司认为武汉市天河区法院对本案无管辖权,应该如何维护自己的权利?

4. 如果法院在长城公司提交答辩状后,发现对本案并无管辖权,应该如何处理?简要说明理由。

5. 用正当当事人理论分析长江公司的起诉是否适当?为什么?

6. 如在诉讼过程中,长城公司主张长江公司在另一场拍卖活动中,涉嫌造假,导致其经营受损,请求法院判令赔偿其损失50万元。法院可否作为反诉合并审理?简要说明理由。

8 CASE | 案 情 |

2018 年 2 月 15 日，江苏省盐城市威特公司（以下简称威特公司）与盐城市望海建筑工程有限公司（以下简称望海公司）签订建设施工合同，将位于盐城市经济开发区的综合楼发包给望海公司承建。后望海公司又将工程转包给孙某，孙某为工程实际施工人。该工程于 2019 年 3 月竣工，但威特公司一直没有支付工程款。

2019 年 11 月 5 日，威特公司向祥欣公司借款 4000 万元，以江苏省盐城市开放大道 28 号房产作价 5300 万元设定最高额抵押，双方签订了《最高额抵押合同》并办理了他项权证。

2021 年 3 月 26 日，依据盐城市公路局设计室出具的审核报告，望海公司起诉到法院，要求威特公司支付工程款 1500 万元，在诉讼中，望海公司又依据盐城市振丰工程造价咨询有限公司作出的工程造价鉴定报告，增加了工程款本金 450 万元及利息的诉讼请求。后双方达成了和解协议后望海公司撤回起诉。和解协议中确认威特公司欠望海公司工程款 1500 万元，威特公司以自有的坐落在江苏省盐城市开放大道 28 号的威特集团综合楼一楼房屋抵充工程款。

因威特公司没有按时归还借款，祥欣公司向法院起诉要求还款。2022 年 1 月 26 日，盐城市中级人民法院作出判决，确定威特公司未按约定的数额和时间偿还款项，祥欣公司有权就威特公司登记的抵押物折价或者以拍卖、变卖该财产所得的价款在该款项范围内享有优先受偿权。

判决作出后，威特公司股东（持股比例为 50%）黄某，以威特公司具体负责人高某（威特公司另一股东）和祥欣公司签订借款合同时没有经过其同意，其权益受到损害为由，向法院起诉要求撤销祥欣公司与威特公司之间的法院判决。

法院对此作出相应裁判后，黄某又以威特公司经营管理发生严重困难，继续存续将会使股东利益遭受重大损失为由起诉请求解散公司。盐城市中级人民法院作出民事判决，判决解散威特公司，后指定天应律师事务所担任威特公司管理人，负责威特公司的清算（天应律师事务所指定曹某、刘某作为代理人）。威特公司管理人以望海公司为被告，以自己的名义向法院起诉请求确认望海公司与威特公司签订的和解协议无效。

祥欣公司因威特公司一直没有履行判决义务，于 2022 年 7 月向法院申请强制执行。

在执行中，望海公司以享有建设工程价款优先受偿权为由提出执行异议。

| 问 题 |

1. 如孙某起诉要求威特公司支付工程款，当事人应该如何确定？

2. 威特公司与望海公司的诉讼，应由哪个（些）法院管辖？

3. 在望海公司与威特公司的诉讼中，对于望海公司增加的诉讼请求，法院应如何处理？

4. 假如在望海公司与威特公司的诉讼过程中，望海公司增加了诉讼请求后，又觉得该部分可能不会被支持，以不能缴纳诉讼费为由，撤回了增加的诉讼请求。就该部分请求，望海公司可否另行起诉？

5. 黄某起诉撤销祥欣公司和威特公司之间的法院判决，应当向哪个（些）法院提起？法院应否受理？

6. 黄某起诉解散公司，当事人地位应如何列明？

7. 对于威特公司管理人提起的诉讼，法院应该如何处理？

8. 如望海公司的执行异议被驳回，可以采取何种方式进行救济？具体程序如何进行？

如果耐不住寂寞，你就看不到繁华。

第6天

9 CASE | 案 情 |

某村水塘上游有一家集体造纸厂,该厂已经营近10年,污水一直排入水塘下游的河流。赵某某与余某某合伙承包村里的水塘养虾。2022年5月,赵某某、余某某二人向水塘投放虾苗2万尾。投放后赵、余二人精心管理,日夜看护。10天后,二人发现塘内有少量的死虾出现,当即捞起部分死虾送至造纸厂与其交涉,造纸厂派人到现场了解情况。经双方估算,塘内漂浮和打捞上岸的死虾约5000尾。厂方把死虾送市商品检验处化验,化验结论为虾苗可能是被排出的废水毒死,但不能肯定。市生态环境部门对造纸厂排出废水的检验结果是没有超过国家规定的排污标准。由于赵某某、余某某二人与造纸厂之间关于赔偿问题不能达成一致意见,二人遂向法院起诉,要求赔偿损失。

在举证期间内,原告赵某某、余某某二人提供的证据材料有:(1)2022年5月10日购买2万尾虾苗的发票,发票载明了单价及总金额;(2)原告与村里签订的承包合同;(3)估算死虾5000尾的书面材料,原告及被告派到现场查看人员都在上面签名;(4)赔偿费用一览表及计算方法;(5)李某的证言,证明在送检过程中市商品检验处的检验员蔡某与厂方有过两次私下的接触。

李某到庭作证后,被告造纸厂不同意赔偿,提出了以下证据材料:(1)市商品检验处的化验报告;(2)市生态环境部门的检验报告。

在诉讼过程中,原告申请重新鉴定虾的死亡原因,法院直接指定省级有关部门作出了新的鉴定意见。

| 问 题 |

1. 根据我国法律有关规定,原告应对哪些事实负举证责任?在本案中,又应如何证明?

2. 本案涉及哪些法定的证据种类?

3. 如果被告提出的证据均真实,能否反驳原告的诉讼请求?

4. 如果被告对该省级有关部门作出的鉴定意见持有异议,则应当如何处理?

5. 原告在诉讼中申请重新鉴定的做法是否符合法律规定?

6. 法院对原告申请重新鉴定的处理,有何不妥之处?

7. 如果法院一审判决作出后,赵某某对赔偿数额不满,但对原告内部的权利义务分担没有意见,而余某某和造纸厂均服判。此时赵某某能否单独上诉?如果可以的话,二审当事人的诉讼地位应如何列明?

如果耐不住寂寞，你就看不到繁华。

第6天

10 CASE

| 案 情 |

汤某(住所地乙市C区)、刘某(住所地乙市B区)、马某(住所地乙市B区)、王某(住所地乙市B区)与彦海公司(住所地甲市A区)于2013年先后签订多份借款合同，通过实际出借并接受他人债权转让，取得对彦海公司合计3400万元借款的债权。为担保借款合同履行，四人与彦海公司分别签订多份商品房预售合同，并向当地房屋产权交易管理中心办理了备案登记。该债权陆续到期后，因彦海公司未偿还借款本息，双方经对账，确认彦海公司尚欠四人借款本息3600万元。双方随后重新签订商品房买卖合同，约定彦海公司将其名下房屋2间(位于甲市D区)出售给四人，上述欠款本息转为已付购房款，剩余购房款3800万元，待办理完毕全部标的物产权转移登记后一次性支付给彦海公司。后彦海公司未按合同约定向四人交付房屋，协商不成，四人诉至法院，请求法院判决：(1)彦海公司向汤某、刘某、马某、王某支付违约金600万元；(2)彦海公司承担汤某、刘某、马某、王某主张权利过程中的律师费20万元；(3)彦海公司承担本案的全部诉讼费用。

彦海公司辩称：汤某、刘某、马某、王某应分案起诉。四人与彦海公司没有购买和出售房屋的意思表示，双方之间房屋买卖合同名为买卖实为借贷，该商品房买卖合同系借贷合同的担保，该约定违反了《民法典》第401条的规定，应为无效。双方签订的商品房买卖合同存在显失公平、乘人之危的情况。四人要求的违约金及损失费用亦无事实依据。

一审法院甲市A区法院作出判决：(1)彦海公司向汤某、马某、刘某、王某支付违约金120万元；(2)彦海公司向汤某、马某、刘某、王某支付律师费20万元；(3)驳回汤某、马某、刘某、王某的其他诉讼请求。上述款项，应于判决生效后10日内一次性付清。

判决生效后，彦海公司未履行该判决，汤某、马某、刘某、王某遂向甲市A区法院申请执行，因彦海公司账户没有钱，遂申请执行彦海公司在甲市A区的房产一套。

执行中发生以下情况：(1)张某发现执行的房屋应归自己所有，他已经支付完房款，只是还未进行产权转移。(2)彦海公司对张某的主张并不认同，提出并未收到张某的房款。(3)彦海公司因获得一审中未能提交的几个关键证据，遂向检察院申请抗诉。

| 问 题 |

1. 本案中彦海公司主张汤某、刘某、马某、王某应分案起诉的说法，是否正确？请说明理由。

2. 甲市A区法院对该案是否有管辖权，请说明理由。

3. 张某可否提起第三人撤销之诉？是否还有其他救济方式？

4. 若张某向法院提出执行标的异议，法院驳回其异议，张某应如何做？如果提起执行异议之诉，应以谁为被告？

5. 假设甲市检察院对该案提起抗诉，应向哪些法院提起？法院裁定再审后可否交由原审法院审理？

6. 本案中彦海公司向检察院申请抗诉是否符合《民事诉讼法》相关规定？

如果耐不住寂寞，你就看不到繁华。

第6天

11 CASE | 案 情 |

冷某和李某为冷某李出资32万元作为首付款购买甲市A区两居室一套,因冷某李存在信用问题影响贷款,遂决定以刘某的名义与开发商签订购房协议,剩余的房款以刘某名义通过按揭贷款的方式支付。2017年11月5日刘某与甲市中铁房地产开发有限公司签订了房屋预售合同,并于2017年11月20日交付了首付款。后刘某与冷某李于2018年3月15日领取了结婚证。

2022年5月9日,冷某和李某向法院起诉冷某李和刘某,诉请法院判令:归还32万元首付款,以及自2017年12月至2021年12月借给二被告用于偿还按揭贷款的16万元。

甲市A区法院受理后,由人民陪审员王某采用简易程序独任审理此案,王某为当事人指定了10天的举证期限。

原告冷某和李某诉称:首付款32万元是原告支付的,从2017年开始陆续借给二被告支付按揭款共计16万元。原告提交了以下证据:冷某从自己账户转账32万元到冷某李名下尾号9518的牡丹卡的转账凭证,转账时间是2017年11月10日;冷某李从自己账户转款到甲市中铁房地产开发有限公司账户的转账凭证,共计32万元整,转账时间是2017年11月20日;冷某李于2021年4月30日出具的借款说明,说明32万元首付款是二原告支付,以及从2017年12月开始每月借款用于偿还按揭贷款,累计共16万元,该说明有冷某李的签字,并捺手印。

被告刘某辩称:二原告在诉讼中诉称不实,不予认可。涉案房屋为夫妻共同财产,涉案房屋首付款确系二原告支付,但是此款并非借款,而是二原告对二被告的赠与。另外,刘某不承认偿还按揭贷款的钱是从二原告处借的,冷某李签的借款说明自己并不知情。刘某提出按揭贷款是二被告用夫妻共同财产偿还的,同时提供银行每月从自己的银行卡中扣房款的凭证。

被告冷某李辩称:首付款32万元以及偿还按揭贷款的借款16万元,都是自己从二原告处借的。首付款不是二原告对二被告的赠与,自己愿意用夫妻共同财产偿还借款。

甲市A区法院经审理认为,冷某李已经认可对方的诉求,遂直接判令二被告支付所借首付款32万元。

刘某不服提起上诉,坚持首付款是赠与,不应判决自己偿还。冷某和李某上诉,称一审未对支付16万元借款的请求予以判决,请求法院予以支持,并提出要求支付截至2022年的利息共计1.6万元。

二审法院受理后,认为案件事实清楚,经过当事人同意后,由独任审判员迳行裁判,作出终审判决,判决二被告支付所欠首付款32万元以及相应的利息1万元,对于16万元属于借款的事实,因原告提出的证据不足,不予支持。

| 问 题 |

1. 请从证据的理论分类方面对本案涉及的证据予以分类,并说明理由。
2. 分析法院在审理该案时,应当如何适用证据标准,并说明理由。
3. 评价一审、二审法院审理中的行为,并说明理由。

12 CASE

| 案　情 |

2020 年 6 月 13 日，X 县的刘某与 Z 县的 B 房地产开发公司（以下简称 B 公司）签订《Y 县商品房买卖合同（预售）》，约定刘某购买 B 公司开发的 Y 县某小区 5 号楼 3 号房屋，预测建筑面积共 47.72 平方米，单价为每平方米 10800 元、总价款为 515376 元，该商品房未抵押。2020 年 9 月 10 日，B 公司向刘某出具收据，载明收到刘某交来的商铺款 515376 元。

2020 年 12 月，G 公司因与 B 公司关于该小区的建设工程施工合同纠纷向法院申请诉前财产保全，受理申请的法院作出裁定，查封、冻结 B 公司名下价值 9000 万元的财产。后 G 公司向法院起诉后，法院查封了登记在 B 公司名下的 243 套房屋，查封期限自 2021 年 3 月 10 日至 2024 年 3 月 9 日。

刘某于 2022 年 7 月提出执行异议，请求解除对 5 号楼 3 号房屋的查封并中止执行。法院审查后作出裁定，中止对登记在 B 公司名下的 5 号楼 3 号房屋的执行。G 公司不服该裁定。

| 问　题 |

1. G 公司与 B 公司的争议，可以向哪个（些）法院起诉？
2. G 公司提起的财产保全可以向哪个（些）法院提起？是否需要提供担保？
3. G 公司申请保全后，应该在多长时间内向法院提起诉讼？
4. 如 G 公司对法院中止执行裁定不服，应该如何救济？该程序有何要求？
5. 如法院查明该房屋确系住宅用房，且刘某名下无其他房屋，应该如何作出裁判？
6. 如法院查明该房屋名为住宅实为商铺，应该如何作出裁判？

七、问答式主观题预测与演练参考答案

1 CASE | 参考答案 |

1. 不应当受理。

《民事诉讼法》第122条规定："起诉必须符合下列条件:(一)原告是与本案有直接利害关系的公民、法人和其他组织;(二)有明确的被告;(三)有具体的诉讼请求和事实、理由;(四)属于人民法院受理民事诉讼的范围和受诉人民法院管辖。"

本案中,刘文以刘华的名义提起诉讼,根据案情事实,可排除委托代理。就法定诉讼代理而言,如刘华为无民事诉讼行为能力人,则其唯一近亲属刘文成为其法定代理人而具有法定诉讼代理权。但本案中,刘华尽管昏迷,但尚未经过法院特别程序对其民事行为能力进行认定,故不能直接将其视为无民事行为能力人或限制民事为能力人而认定其无诉讼行为能力。

因此,刘文以刘华的名义提起诉讼,不符合起诉要件,法院不应受理。

2. 根据现有证据,应认定张宁并无撞人的事实。

根据《民诉解释》第106条的规定,对以严重侵害他人合法权益、违反法律禁止性规定或者严重违背公序良俗的方法形成或者获取的证据,不得作为认定案件事实的根据。

本案中,承认信是徐克以胁迫的方式迫使张宁撰写,属于以"严重违背公序良俗的方法形成"的证据,其证据能力应予否定。该证据无证据能力即不能作为认定事实的依据,故无证明力。

根据《民诉解释》第90条第2款的规定,在作出判决前,当事人未能提供证据或者证据不足以证明其事实主张的,由负有举证证明责任的当事人承担不利的后果。

本案中,被告是否撞人的争议事实实际指向的是"被告是否实施了侵权行为",而被告是否实施了侵权行为,应当由主张权利成立的原告承担证明责任。在原告没有提出证据证明的情况下,应当由原告承担不利的后果,因此,应认定被告并未撞人。

3. 不应当受理。

根据《民诉解释》第233条的规定,反诉需要满足以下条件:(1)反诉当事人限于本诉当事人的范围;(2)反诉与本诉有牵连性,即与本诉的诉讼标的及诉讼所依据的事实和理由有关联;(3)可以由本诉法院管辖。此外,反诉与本诉应适用同种的诉讼程序。

在本案中,反诉原被告即本诉的被告与原告,管辖和诉讼程序方面案情未涉及,视为满足。但本案中,被告张宁提出的反诉诉讼标的为侵权损害赔偿,事实涉及的是徐克将其私密录音公布而引起名誉权损失。而本诉诉讼标的为代位求偿权,事实涉及的是被告张宁撞伤帮工人刘华,而作为被帮工人的本案原告垫付了费用。因此,被告所提反诉与本诉法律关系并不同一、事实也不相同,诉讼请求亦无因果关系。因此不应允许被告提起反诉,应告知其另行起诉。

4. 法院应继续审理。

本案中,B诉讼的前提是徐克已经垫付了5万元医药费,故应理解为A诉讼要么已裁判完毕,要么已终结。刘华在B诉讼中并非当事人,其也未被追加为第三人或被引入为证人,与B诉讼并无关系,故其去世对B诉讼并无影响,法院应继续审理。

5. 二审法院应当驳回徐克的申请。

根据最高人民法院《关于审理人身损害赔偿案件适用法律若干问题的解释》第2条的规定,赔偿权利人起诉部分共同侵权人的,人民法院应当追加其他共同侵权人作为共同被告。赔偿权利人在诉讼中放弃对部分共同侵权人的诉讼请求的,其他共同侵权人对被放弃诉讼请求的被告应当承

担的赔偿份额不承担连带责任。责任范围难以确定的,推定各共同侵权人承担同等责任。人民法院应当将放弃诉讼请求的法律后果告知赔偿权利人,并将放弃诉讼请求的情况在法律文书中叙明。

本案中,徐克申请追加安轩为共同被告,对自己承担连带责任,实际是主张张宁与安轩为共同侵权,构成共同诉讼。徐克在二审中的主张实际为原审法院遗漏必要的当事人。如果构成共同诉讼,根据《民诉解释》第325条的规定,二审法院可以根据当事人自愿的原则予以调解,调解不成的,发回重审。

根据本案事实,刘华被撞仅为一人所为,并无共同侵权的可能,因此安轩与张宁不可能构成共同侵权,本案已经主张刘华为张宁所撞,则安轩与本诉无关,法院应当驳回徐克追加安轩为共同被告的申请。

6. 法院应当受理。

《民诉解释》第248条规定:"裁判发生法律效力后,发生新的事实,当事人再次提起诉讼的,人民法院应当依法受理。"

本案中,刘华在医药费花光后回家继续休养,并在家人照料下逐渐苏醒,其间产生营养费、误工费、精神损害赔偿等相关费用,刘华可基于新的事实提起诉讼。故法院应当受理该诉讼。

2 CASE | **参考答案** |

1. 不应当对事实予以审查。

《民诉解释》第340条第1款规定,当事人在第一审程序中实施的诉讼行为,在第二审程序中对该当事人仍具有拘束力。

《民事诉讼证据规定》第9条第1款规定:"有下列情形之一,当事人在法庭辩论终结前撤销自认的,人民法院应当准许:(一)经对方当事人同意的;(二)自认是在受胁迫或者重大误解情况下作出的。"

本案中,严某已经对侵权行为、故意、损害结果以及无其他任何责任人等对自己不利的事实予以承认,构成自认。根据《民事诉讼证据规定》第9条的规定,撤回自认应在法庭辩论终结前提出,而本案已经进入二审。而且撤回自认要符合一定的条件。本案显然不符合撤回自认的条件,因此严某无理由推翻自己在一审中的自认,法院不应当对该事实予以审查。

2. 朱某及其母亲周某在二审中不具备当事人的诉讼地位,可以作为证人。

《民诉解释》第325条规定,必须参加诉讼的当事人或者有独立请求权的第三人,在第一审程序中未参加诉讼,第二审人民法院可以根据当事人自愿的原则予以调解;调解不成的,发回重审。

二审中的当事人只能是上诉人和被上诉人,由于朱某、周某二人未参加一审,因此尽管本诉原被告均在二审中表示朱某应当承担侵权责任,但朱某、周某都不可能直接获得二审诉讼地位。二审法院如果认为有必要发回重审的,可以发回后在重审中增加其诉讼地位。如果二审法院在审理中认为确有必要传唤二人参加诉讼,则二人可能以证人的身份参加案件的二审审理。

3. 法院对该主张可进行调解,调解不成的,告知另行起诉。双方当事人同意由第二审人民法院一并审理的,第二审人民法院可以一并裁判。

《民法典》第568条第1款规定,当事人互负债务,该债务的标的物种类、品质相同的,任何一方可以将自己的债务与对方的到期债务抵销;但是,根据债务性质、按照当事人约定或者依照法律规定不得抵销的除外。

《民诉解释》第326条规定,在第二审程序中,原审原告增加独立的诉讼请求或者原审被告提出反诉的,第二审人民法院可以根据当事人自愿的原则就新增加的诉讼请求或者反诉进行调解;调解不成的,告知当事人另行起诉。双方当事人同意由第二审人民法院一并审理的,第二审人民法院可以一并裁判。

抵销主张作为权利抗辩消灭属于合法的辩论范围,所以抵销主张合法。但在本案中,虽然张某对与严某其有金钱债权并无争议,但对于该金钱债权的数额存在争议,实际仍是对主动债权存有争议,因而需要以诉的方式对主动债权予以实质审理方可认定,即严某的抵销主张需要通过反诉的形式实现。由于本案已经进入二审程序,根据《民诉解释》第326条的规定,二审法院可以就严某的抵销主张予以调解,但调解不成时,不能直接受理反诉,只能告知其另诉而不能在案件中直接抵销。

4. 刘勇能够实现权利的最佳路径是另行起诉张某(向张某讨要)。

就刘勇救济自己权利可能的路径分析如下:

(1)向张某主张。可另行起诉张某(诉讼标的可以是无因管理或不当得利),胜诉可能性较大,且也有较大可能获得履行。

(2)向严某主张,即另行起诉严某。由于和张某起诉严某的当事人、诉讼标的、诉讼请求均不同,不会构成重复起诉。但是由于严某已经没有可供执行的财产,即便胜诉也可能无法履行。

(3)不可以提出执行异议。刘勇对严某被冻结的5万元存款无法主张权利。

(4)不可以提出第三人撤销之诉。原审判决是对张某损失的认定,且裁判并未侵害刘勇利益。

(5)不可以以案外人身份提起再审。原审判决并无错误,不影响刘勇的权利。

3 CASE | 参考答案 |

1. 约定有效。该仲裁协议并不存在法定无效的情形,而有效的仲裁协议排斥法院管辖。

2. 该协议管辖有效。《民诉解释》第28条第1款规定:"民事诉讼法第三十四条第一项规定的不动产纠纷是指因不动产的权利确认、分割、相邻关系等引起的物权纠纷。"因此,商品房买卖并不属于不动产纠纷,不适用专属管辖。协议管辖不得违背级别管辖与专属管辖。

3. 不可以。《仲裁法》第26条规定,当事人达成仲裁协议,一方向人民法院起诉未声明有仲裁协议,人民法院受理后,另一方在首次开庭前提交仲裁协议的,人民法院应当驳回起诉,但仲裁协议无效的除外;另一方在首次开庭前未对人民法院受理该案提出异议的,视为放弃仲裁协议,人民法院应当继续审理。本案中,向某在首次开庭前未向法院说明有仲裁协议的事实,视为放弃了仲裁协议。法院由此而具有管辖权。

4. A县法院对该案有管辖权。本案不属于不动产纠纷,按照一般合同管辖规则,应当由被告住所地或者合同履行地法院管辖。A县属于被告住所地,故其有管辖权。

5. 不正确。根据法律规定,已经履行了义务,或依法取得了一方当事人的财产,并支付了相应的对价的原告、被告之间法律关系以外的人,不得被追加为无独立请求权第三人。

6. 不正确。根据《民诉解释》第174条的规定,在民事诉讼中,拘传适用的对象是必须到庭的被告和必须到庭才能查清案件基本事实的原告,且须经两次传票传唤,无正当理由拒不到庭,方可拘传。贾某并非本案当事人,因此不适用拘传。

7. 判决结果部分正确,部分错误。判决驳回原告高某关于确认向某与贾某之间买卖合同无效与交付房屋的诉讼请求是正确的,原因在于"一房二卖"中,两个合同都有效,第一买受人高某只能追究向某的违约责任,而不能要求其履行交付义务,因为此时交付不能。判决向某承担违约金1万元违背了民事诉讼中的处分原则,法院的裁判应当以当事人的诉讼请求为限,不能超出请求进行裁判。

4 CASE | 参考答案 |

1. 对本案可能有管辖权的法院包括武汉市武昌区、重庆市渝北区人民法院,或武汉市武昌区、武汉市洪山区、重庆市江北区人民法院。

本案存在请求权竞合,如果原告选择提起违约之诉,则根据《民诉解释》第 20 条的规定,以信息网络方式订立的买卖合同,通过信息网络交付标的的,以买受人住所地为合同履行地;通过其他方式交付标的的,收货地为合同履行地。合同对履行地有约定的,从其约定。本案中,武汉市武昌区为被告住所地,重庆市渝北区作为收货地,为合同履行地,均有管辖权。

如果原告提起侵权之诉,则根据《民诉解释》第 26 条的规定,因产品、服务质量不合格造成他人财产、人身损害提起的诉讼,产品制造地、产品销售地、服务提供地、侵权行为地和被告住所地人民法院都有管辖权。本案中,武汉市武昌区为产品销售地和被告住所地,武汉市洪山区为产品制造地和被告住所地,重庆市江北区作为侵权行为地,均有管辖权。

2. 本案的适格被告可能是乙公司,或甲公司、乙公司。本案存在请求权竞合,如果张某提起违约之诉,则只有合同相对方乙公司可以作为本案的适格被告。如果张某提起的是侵权之诉,则甲公司和乙公司均可能作为侵权责任的承担者,构成适格被告。

3. 该条款为格式条款,如消费者主张无效,则该管辖协议无效。根据《民诉解释》第 31 条的规定,经营者使用格式条款与消费者订立管辖协议,未采取合理方式提请消费者注意,消费者主张管辖协议无效的,人民法院应予支持。

本案中,快递详情单系典型的格式合同。协议管辖条款处于最后一项,且没有任何明显标记,由此可认定其并未采取合理方式提示消费者。但是该管辖协议并不是当然无效,只有消费者主张无效的,该协议管辖条款才无效。

4. 应当由主张该事实的张某承担举证责任。依据《民诉解释》第 91 条的规定,人民法院应当依照下列原则确定举证证明责任的承担,但法律另有规定的除外:(1)主张法律关系存在的当事人,应当对产生该法律关系的基本事实承担举证证明责任;(2)主张法律关系变更、消灭或者权利受到妨害的当事人,应当对该法律关系变更、消灭或者权利受到妨害的基本事实承担举证证明责任。

本案中,快递详情单 5 倍赔偿规定属于格式条款是张某主张的事实,该事实举证责任没有倒置、免证等特殊情形,故应当由张某承担举证责任。

5. (1)应当由张某承担举证责任。根据《民诉解释》第 91 条的规定,货物价值 2500 元是张某提出的主张,应当由张某来对该主张存在的基本事实进行举证。

(2)由于快递件已经遗失,故而本案中并无直接证据来证明快递件的价值。本题属于开放性试题,大家可以根据生活常识来想方设法提出可能的证据,从而形成证据链,举例如下:①购买时的支付记录;②购买时的发票;③快递单上标明的具体物品名称及型号;④法院作出的调解书;等等。

6. 符合法律规定。根据《民事诉讼法》第 251 条的规定,执行员接到申请执行书或者移交执行书,应当向被执行人发出执行通知,并可以立即采取强制执行措施。在本案中,将被执行人列入失信被执行人名单的做法属于采取保障性强制执行措施,并不以发出执行通知并送达被执行人为前提。因此,执行法院的上述行为,符合法律规定。

7. 法院应予支持。最高人民法院《关于民事执行中变更、追加当事人若干问题的规定》第 14 条规定,作为被执行人的合伙企业,不能清偿生效法律文书确定的债务,申请执行人申请变更、追加普通合伙人为被执行人的,人民法院应予支持。作为被执行人的有限合伙企业,财产不足以清偿生效法律文书确定的债务,申请执行人申请变更、追加未按期足额缴纳出资的有限合伙人为被执行人,在未足额缴纳出资的范围内承担责任的,人民法院应予支持。

本案中,并未强调该企业合伙人属于有限合伙人,故申请变更、追加合伙人为被执行人的,法院应予支持。

8.(1)某快递公司应当向重庆市某中级人民法院申请再审。《民事诉讼法》第210条规定，当事人对已经发生法律效力的判决、裁定，认为有错误的，可以向上一级人民法院申请再审；当事人一方人数众多或者当事人双方为公民的案件，也可以向原审人民法院申请再审。当事人申请再审的，不停止判决、裁定的执行。

本案双方当事人，一方为公民，另一方为合伙企业，故只能向上一级法院申请再审。本案是由重庆市江北区法院一审审结的，故应当向江北区的上一级法院即重庆市某中级人民法院申请再审。

(2)再审应当适用二审程序。根据《民事诉讼法》第215条第2款的规定，因当事人申请裁定再审的案件由中级人民法院以上的人民法院审理，但当事人依照本法第210条的规定选择向基层人民法院申请再审的除外。最高人民法院、高级人民法院裁定再审的案件，由本院再审或者交其他人民法院再审，也可以交原审人民法院再审。

按照第一问的分析，本案应当向重庆市某中级人民法院申请再审，故该案再审应当由该中级人民法院进行审理。根据《民事诉讼法》第218条的规定，人民法院按照审判监督程序再审的案件，发生法律效力的判决、裁定是由第一审法院作出的，按照第一审程序审理，所作的判决、裁定，当事人可以上诉；发生法律效力的判决、裁定是由第二审法院作出的，按照第二审程序审理，所作的判决、裁定，是发生法律效力的判决、裁定；上级人民法院按照审判监督程序提审的，按照第二审程序审理，所作的判决、裁定是发生法律效力的判决、裁定。人民法院审理再审案件，应当另行组成合议庭。

本案中，生效判决虽然是一审法院作出的，但是该案再审是由一审法院的上一级法院即某中级人民法院进行的，属于提审，故再审应当适用二审程序。

5 CASE | 参考答案 |

1. 所附条件无效。

协议管辖，是当事人合意确定争议解决方法、旨在产生民事诉讼法上效果的诉讼契约的行为，即约定当事人因实体权利义务发生纠纷时，可以把争议提交给所选择的法院解决的行为。它并不是设立、变更、终止当事人民事实体权利义务的行为，即它不是民事实体法意义上的设立、变更、终止民事法律关系的民事法律行为。因此，协议管辖不能按照民事实体法关于“民事法律行为可以附条件”的规定而附条件。

2. 有效。

根据《民诉解释》第30条第1款规定，根据管辖协议，起诉时能够确定管辖法院的，从其约定；不能确定的，依照民事诉讼法的相关规定确定管辖。因此，能否确定管辖法院的时间为“起诉时”，本案中，双方约定“原告方所在地”虽然在签订协议时无法确定，但是在起诉时是具体明确的，能够依照管辖协议确定管辖法院。因此，协议中关于管辖的约定，合法有效。

3. 有效。

本案中，当事人虽就同一争议约定了仲裁和诉讼两种争议解决方式，但约定先适用仲裁，后适用诉讼的，属于“先裁后审”协议。“先仲裁条款”依据其应当适用的法律认定为合法有效，但“后诉讼条款”因违反仲裁一裁终局而无效时，“后诉讼条款无效”不影响“先仲裁条款”的效力。注意该种约定不同于“或裁或审”的约定。

4. 不可以。

当事人意思自治是仲裁协议的基石，应当充分尊重当事人的仲裁意愿，根据主从合同的关系、仲裁的特殊性、仲裁条款的要式性等,在从合同没有仲裁条款的情况下,主合同的仲裁条款对从合同不具有约束力。

5.可以在首次开庭前提出仲裁协议效力的异议申请。

根据《仲裁法》第20条的规定,当事人对仲裁协议的效力有异议的,可以请求仲裁委员会作出决定或者请求人民法院作出裁定。一方请求仲裁委员会作出决定,另一方请求人民法院作出裁定的,由人民法院裁定。当事人对仲裁协议的效力有异议,应当在仲裁庭首次开庭前提出。

6.应当向Y市S区的法院起诉。

本案系因原借款合同履行发生的纠纷,并非因债权转让合同的履行发生的纠纷,因此,本案诉争的法律关系为原借款合同关系,应依原借款合同确定案件管辖法院。依照原借款合同,约定的原告所在地应当是曾某所在地Y市S区。

6 CASE | 参考答案 |

1.对本案享有管辖权的是平凉市B区法院。根据《民事诉讼法》第29条的规定,因侵权行为提起的诉讼,由侵权行为地或者被告住所地人民法院管辖。本案属于侵权纠纷,应当由被告住所地和侵权行为地法院管辖,在本案中两者重合为平凉市B区法院。

2.不能。《民事诉讼法》第130条第2款规定了应诉管辖规则:"当事人未提出管辖异议,并应诉答辩或者提出反诉的,视为受诉人民法院有管辖权,但违反级别管辖和专属管辖规定的除外。"故单纯地违背地域管辖规则时,受诉法院不能移送,原告、被告的起诉、应诉行为使受诉法院当然取得管辖权。

3.王某应就刘某的狗将其咬伤的事实、花费的医疗费用等损失以及侵权行为与损害结果之间具有因果关系进行证明。王某故意逗狗遭咬伤属于免责事由,应当由被告刘某举证证明。

根据《民诉解释》第91条的规定,人民法院应当依照下列原则确定举证证明责任的承担,但法律另有规定的除外:(1)主张法律关系存在的当事人,应当对产生该法律关系的基本事实承担举证证明责任;(2)主张法律关系变更、消灭或者权利受到妨害的当事人,应当对该法律关系变更、消灭或者权利受到妨害的基本事实承担举证证明责任。本案不存在特殊举证责任分配的情形,故各方应对自己主张的事实承担举证责任。

4.医院出具的病例以及诊疗费用的单据属于书证,双方洽谈过程中交换意见的手机短信以及电子邮件属于电子数据。王某妻子若出庭作证属于证人证言。

5.可以作为证人出庭作证。根据《民事诉讼法》第76条的规定,经人民法院通知,证人应当出庭作证。有下列情形之一的,经人民法院许可,可通过书面证言、视听传输技术或者视听资料等方式作证:(1)因健康原因不能出庭的;(2)因路途遥远,交通不便不能出庭的;(3)因自然灾害等不可抗力不能出庭的;(4)其他有正当理由不能出庭的。因此,李某可否不出庭,要看其是否符合上述规定。

6.可以。《民事诉讼法》第176条第1款规定,第二审人民法院对上诉案件应当开庭审理。经过阅卷、调查和询问当事人,对没有提出新的事实、证据或者理由,人民法院认为不需要开庭审理的,可以不开庭审理。因此本案二审可以不开庭。

7.不能。依照审判监督程序审理后维持原判的案件,当事人不得申请再审——有限再审。但是刘某可以向人民检察院申请检察建议或者抗诉。原因在于《民事诉讼法》第220条第1款规定,有下列情形之一的,当事人可以向人民检察院申请检察建议或者抗诉:(1)人民法院驳回再审申请的;(2)人民法院逾期未对再审申请作出裁定的;(3)再审判决、裁定有明显错误的。

7 CASE | 参考答案 |

1. 对本案有管辖权的法院是深圳市福田区法院、武汉市天河区法院。《民事诉讼法》第 24 条规定,因合同纠纷提起的诉讼,由被告住所地或者合同履行地人民法院管辖。本案为合同纠纷,有管辖权的法院为被告住所地法院和合同履行地法院。本案被告住所地在深圳市福田区,合同履行地为接受货币的一方所在地,即武汉市天河区。

2. 有效。《民诉解释》第 30 条规定,根据管辖协议,起诉时能够确定管辖法院的,从其约定;不能确定的,依照《民事诉讼法》的相关规定确定管辖。管辖协议约定两个以上与争议有实际联系的地点的人民法院管辖,原告可以向其中一个人民法院起诉。

本案中,双方的约定符合协议管辖要求,双方约定"各方可向各自所在地的法院"起诉,即相当于约定了由原告所在地法院管辖。

3. 长城公司可以提出管辖权异议。根据《民事诉讼法》第 130 条第 1 款的规定,人民法院受理案件以后,当事人认为受诉法院没有管辖权的,应当在提交答辩状期间以书面形式提出该法院无管辖权的主张和意见。管辖权异议既可以针对地域管辖,也可以针对级别管辖。因此,本案中,如果长城公司认为武汉市天河区法院没有管辖权,可以提出管辖权异议。

4. 继续审理。根据《民事诉讼法》第 130 条第 2 款的规定,当事人未提出管辖异议,并应诉答辩或者提出反诉的,视为受诉人民法院有管辖权,但违反级别管辖和专属管辖规定的除外。本案并未违反级别管辖和专属管辖,故应诉答辩后,该法院不需要移送,继续审理即可。

5. 第 1 项诉讼请求不适当,其他请求适当。本案的诉讼请求有 3 项,其中第 1 项要求支付两次拍卖差价的请求,根据《民事诉讼法》第 122 条的规定,长江公司并非适格当事人,这个诉讼请求的适格当事人应为武汉某电厂。其他诉讼请求,长江公司为适格当事人。

6. 不可以。《民诉解释》第 233 条规定:"反诉的当事人应当限于本诉的当事人的范围。反诉与本诉的诉讼请求基于相同法律关系、诉讼请求之间具有因果关系,或者反诉与本诉的诉讼请求基于相同事实的,人民法院应当合并审理。反诉应由其他人民法院专属管辖,或者与本诉的诉讼标的及诉讼请求所依据的事实、理由无关联的,裁定不予受理,告知另行起诉。"

长城公司主张长江公司在另一场拍卖活动中,涉嫌造假,导致其经营受损,与本案不是同一法律关系,也不是基于同一事实,故前后诉讼请求并不存在牵连关系,不能作为反诉合并审理。

8 CASE | 参考答案 |

1. 孙某为原告,威特公司为被告,望海公司为第三人。根据最高人民法院《关于审理建设工程施工合同纠纷案件适用法律问题的解释(一)》第 43 条第 2 款的规定,实际施工人以发包人为被告主张权利的,人民法院应当追加转包人或者违法分包人为本案第三人,在查明发包人欠付转包人或者违法分包人建设工程价款的数额后,判决发包人在欠付建设工程价款范围内对实际施工人承担责任。

2. 应由盐城市经济开发区法院管辖。《民事诉讼法》第 34 条规定,下列案件,由本条规定的人民法院专属管辖:(1)因不动产纠纷提起的诉讼,由不动产所在地人民法院管辖;(2)因港口作业中发生纠纷提起的诉讼,由港口所在地人民法院管辖;(3)因继承遗产纠纷提起的诉讼,由被继承人死亡时住所地或者主要遗产所在地人民法院管辖。《民诉解释》第 28 条第 2 款规定,农村土地承包经营合同纠纷、房屋租赁合同纠纷、建设工程施工合同纠纷、政策性房屋买卖合同纠纷,按照不动产纠纷确定管辖。

本案属于建设工程施工合同纠纷,故应由不动产所在地法院即盐城市经济开发区法院管辖。

3. 法院应当受理,合并审理。根据《民事诉讼法》第 143 条的规定,原告增加诉讼请求,被告提出反诉,第三人提出与本案有关的诉讼请求,可以合并审理。

4. 不可以,违反了一事不再理原则。法院作出的判决系对涉案工程款全案作出的终审判决,在该判决作出后,望海公司再次对涉案工程款另案提起诉讼,系对同一争议事实再次起诉,违反一事不再理原则。

5. (1)应当向盐城市中级人民法院提起;(2)法院应当不予受理。《民事诉讼法》第59条第3款规定,前两款规定的第三人,因不能归责于本人的事由未参加诉讼,但有证据证明发生法律效力的判决、裁定、调解书的部分或者全部内容错误,损害其民事权益的,可以自知道或者应当知道其民事权益受到损害之日起6个月内,向作出该判决、裁定、调解书的人民法院提起诉讼。人民法院经审理,诉讼请求成立的,应当改变或者撤销原判决、裁定、调解书;诉讼请求不成立的,驳回诉讼请求。

本案黄某提起的诉讼实质是第三人撤销之诉,而原生效判决是盐城市中级人民法院作出的,故应当向盐城市中级人民法院提起。提起第三人撤销之诉的主体必须是有独立请求权的第三人或无独立请求权的第三人,本案原纠纷是两个公司之间的纠纷,是公司的行为,黄某作为公司股东无权提起第三人撤销之诉。如果黄某认为公司签订合同有问题,损害了股东权益,那是公司和股东之间的公司内部问题,应另行处理。

6. 应以公司为被告,其他股东可以共同原告或第三人身份参加诉讼。根据最高人民法院《关于适用〈中华人民共和国公司法〉若干问题的规定(二)》第4条的规定,股东提起解散公司诉讼应当以公司为被告。原告以其他股东为被告一并提起诉讼的,人民法院应当告知原告将其他股东变更为第三人;原告坚持不予变更的,人民法院应当驳回原告对其他股东的起诉。原告提起解散公司诉讼应当告知其他股东,或者由人民法院通知其参加诉讼。其他股东或者有关利害关系人申请以共同原告或者第三人身份参加诉讼的,人民法院应予准许。

7. 应当不予受理,或受理之后驳回起诉。《民诉解释》第64条规定,企业法人解散的,依法清算并注销前,以该企业法人为当事人;未依法清算即被注销的,以该企业法人的股东、发起人或者出资人为当事人。

本案中,威特公司还在清算期间,还没有被注销,故应当由该公司作为当事人,管理人以自己的名义去起诉,属于原告不适格,不符合起诉条件。

8. 可以申请再审。《民诉解释》第301条第2款规定,案外人对人民法院驳回其执行异议裁定不服,认为原判决、裁定、调解书内容错误损害其合法权益的,应当根据《民事诉讼法》第238条规定申请再审,提起第三人撤销之诉的,人民法院不予受理。

本案中,法院已经判决祥欣公司有权就威特公司登记的抵押物折价或者以拍卖、变卖该财产所得的价款在该款项范围内享有优先受偿权。故该异议内容属于原生效裁判涉及的内容,对驳回执行异议不服的,可以申请再审。

9 CASE | 参考答案 |

1. 环境侵权行为适用无过错责任原则。原告需证明侵害行为的存在和侵害结果的发生,即原告需证明造纸厂有排污的行为和自己的虾苗非正常死亡。前者排污水的行为是众所周知的事实,无须证明,而后者由原告提供的书面证据即可证明。

2. 本案涉及的证据种类有书证(发票、书面材料)、证人证言和鉴定意见。

3. 即使被告提供的证据全部真实,也不能反驳原告的诉讼请求。《民法典》第1230条规定,因污染环境、破坏生态发生纠纷,行为人应当就法律规定的不承担责任或者减轻责任的情形及其行为与损害之间不存在因果关系承担举证责任。被告应当就其具有法定的免责事由(不可抗力、第三人过错等)以及本厂的排污行为与虾苗的死亡不存在因果关系提供证据予以证明。被告第一个证据只是不能肯定排污与虾的死亡有因果关系，但不能证明不存在因果关系；第二个证据虽然说明工厂排污没有超标，但同样不是法律规定的免责事由。

4. 根据《民事诉讼法》第81条的规定，当事人对鉴定意见有异议或者人民法院认为鉴定人有必要出庭的，鉴定人应当出庭作证。经人民法院通知，鉴定人拒不出庭作证的，鉴定意见不得作为认定事实的根据；支付鉴定费用的当事人可以要求返还鉴定费用。此外，根据《民事诉讼法》第82条的规定，被告可以申请人民法院通知有专门知识的人出庭，就鉴定人作出的鉴定意见或者专业问题提出意见。

5. 符合。《民事诉讼证据规定》第40条规定，当事人申请重新鉴定，存在下列情形之一的，人民法院应当准许：(1)鉴定人不具备相应资格的；(2)鉴定程序严重违法的；(3)鉴定意见明显依据不足的；(4)鉴定意见不能作为证据使用的其他情形。存在前述第1项至第3项情形的，鉴定人已经收取的鉴定费用应当退还。拒不退还的，依照本规定第81条第2款的规定处理。对鉴定意见的瑕疵，可以通过补正、补充鉴定或者补充质证、重新质证等方法解决的，人民法院不予准许重新鉴定的申请。重新鉴定的，原鉴定意见不得作为认定案件事实的根据。因此，应当允许当事人对鉴定意见申请重新鉴定。

6. 人民法院准许当事人鉴定申请的，应当组织双方当事人协商确定具备相应资格的鉴定人。当事人协商不成的，由人民法院指定。因此，法院不能直接指定鉴定人。

7. 赵某某可以单独上诉。二审中，应将赵某某列为上诉人，造纸厂列为被上诉人，余某某列为原审原告。

10 CASE | 参考答案 |

1. 四人应分案起诉的说法不正确，四人是必要共同诉讼的原告，应当一同起诉。为了确定本案中的原告是否应分案起诉，首先需要确定本案中原被告之间存在一个诉讼标的还是多个诉讼标的。一个诉讼标的即是必要共同诉讼中的原告，是无法分案处理的。如果存在多个诉讼标的，原则上是分别起诉，分别处理，但在构成普通共同诉讼的前提下，也有可能一并审理。本案的案情比较复杂，可能容易混淆。依据案情，四原告与彦海公司分别签订多份商品房预售合同，并向当地房屋产权交易管理中心办理了备案登记。若针对多份商品房预售合同，则属于存在多个诉讼标的，是可以分案审理的。但是本案中原告最终是依据双方随后重新签订的商品房买卖合同，即依据约定，彦海公司将其名下房屋2间(位于甲市D区)出售给四人的合同起诉的。请注意在这份合同中四人和彦海公司是合同中的双方，且只有一份合同。四人起诉则是依据同一份合同，所以诉讼标的只有一个，法院应一并审理。因此彦海公司的主张是不正确的。

2. 甲市A区法院是有管辖权的法院。《民事诉讼法》第24条规定：因合同纠纷提起的诉讼，由被告住所地或者合同履行地人民法院管辖。本案名为商品房买卖合同实为借贷合同纠纷，有管辖权的法院包括被告住所地及合同履行地法院。本案中，被告是彦海公司，住所地甲市A区，根据被告所在地管辖原则，甲市A区法院是有管辖权的法院。请务必注意商品房买卖合同不属于不动产纠纷，不属于专属管辖，因此甲市D区法院不具有排他管辖权。

3. (1)张某不可以提起第三人撤销之诉。第三人撤销之诉，是指当事人之间生效的裁判、调解书的内容错误，侵害了因不可归责于其本人的事由未参加诉讼的第三人的民事权益，利益受侵害的第三人向人民法院提起的撤销该生效裁判、调解书的诉讼。只有因判决导致利益受损害的第三人才有权提起第三人撤销之诉。

具体到本案中，张某主张执行标的物归自己所有。但是该执行标的物并不在原判决的内容之中。本案诉讼标的是购房合同法律关系，判决内容也是确定彦海公司向四原告支付违约金等内容，并不涉及执行中争议的房屋。判决执行的是金钱，只是执行的时候执行了房屋。所以原判决并没有直接侵害张某的利益。因此，张某无法提起第三人撤销之诉。

(2)张某可以向执行法院提出执行标的异议，如果法院认为执行异议成立，会裁定中止执行。如果法院驳回其异议，则张某还可以提起执行异议之诉。

依据《民事诉讼法》第238条的规定，执行过程中，案外人对执行标的提出书面异议的，人民法院应当自收到书面异议之日起15日内审查，理由成立的，裁定中止对该标的的执行；理由不成立的，裁定驳回。案外人、当事人对裁定不服，认为原判决、裁定错误的，依照审判监督程序办理；与原判决、裁定无关的，可以自裁定送达之日起15日内向人民法院提起诉讼。

4.(1)如果法院驳回其异议，则张某还可以提起案外人执行异议之诉。(2)案外人执行异议之诉，应以彦海公司、汤某、刘某、马某、王某为共同被告。根据《民诉解释》第305条的规定，案外人提起执行异议之诉的，以申请执行人为被告。被执行人反对案外人异议的，被执行人为共同被告；被执行人不反对案外人异议的，可以列被执行人为第三人。案情中提到彦海公司对张某的主张并不认同，提出并未收到张某的房款。从此条信息中我们发现，被执行人彦海公司不同意张某的主张。因此彦海公司应列为共同被告。

5.(1)甲市检察院应向甲市中级人民法院提起抗诉。(2)甲市中级人民法院受理后可以指令原审法院再审。《民事诉讼法》第222条规定，人民检察院提出抗诉的案件，接受抗诉的人民法院应当自收到抗诉书之日起30日内作出再审的裁定；有《民事诉讼法》第211条第1~5项规定情形之一(证据问题)的，可以交下一级人民法院再审，但经该下一级人民法院再审的除外。所谓"经该下一级人民法院再审"，即该案件已由该人民法院再审过一次。本案是因证据问题抗诉的，因此可交下一级人民法院再审。

6.不符合，彦海公司不可直接向人民检察院申请抗诉。只有先向法院申请再审后，才能向人民检察院申请检察监督。《民事诉讼法》第220条规定，有下列情形之一的，当事人可以向人民检察院申请检察建议或者抗诉：(1)人民法院驳回再审申请的；(2)人民法院逾期未对再审申请作出裁定的；(3)再审判决、裁定有明显错误的。人民检察院对当事人的申请应当在3个月内进行审查，作出提出或者不予提出检察建议或者抗诉的决定。当事人不得再次向人民检察院申请检察建议或者抗诉。

11 CASE ｜参考答案｜

1.证据的理论分类包括本证与反证、原始证据与传来证据、间接证据与直接证据。

(1)本证与反证是按照证明责任来划分的。本证是负有举证责任的一方当事人对其主张的事实所提供的证据；反证是指不负有证明责任的一方当事人对其主张的事实所提供的证据，反证的目的是提出证据以否定对方提出的事实。可见，本证与反证的关键区别在于证据的提出主体对该证据欲证明的事实是否负有举证责任。

(2)直接证据与间接证据是依据证据与案件事实的关系分类的。直接证据是指能单独、直接证明案件待证事实的证据；间接证据是指不能单独、直接证明案件待证事实，需要与其他证据结合起来的证据。直接证据的证明力一般大于间接证据。

(3)原始证据和传来证据是依据证据的来源分类的。原始证据就是第一手证据，是指直接来自案件事实的证据；传来证据，又称为派生证据，指不直接来自案件事实，而是通过传抄、转述、复制所获得的证据。

本案中原告提出的证据有：冷某的转账凭证、冷某李的转账凭证、冷某李的借款说明。本案中被告刘某提出的证据：按揭银行从自己的银行卡中扣款的凭证。

(1)冷某的转账凭证、冷某李的转账凭证是为了证明首付款是由二原告支付的,而对于此项事实应由主张积极事实的二原告承担,故为本证。这两个证据都不能单独证明案件事实,所以都是间接证据。同时其都是直接来源于案件事实,所以都是原始证据。

(2)冷某李的借款说明,证明的是案涉的首付款和按揭还款是二原告借给冷某李的事实,此积极事实应由二原告证明,所以是本证。此借款说明同时反驳了刘某提出的首付款是赠与的事实,此事实由刘某承担举证责任,而此证据由原告提出是反证。冷某李的借款说明能单独证明案件事实,是直接证据。此说明直接源于案件事实,是原始证据。

(3)刘某提供的按揭银行从自己的银行卡中扣款的凭证,证明了按揭还款从刘某卡中扣除的事实,对于该事实应由刘某承担举证责任,所以此证据是本证。该证据直接来自案件事实,所以为原始证据。该证据能单独证明该案件事实,是直接证据。

2.《民诉解释》第108条、第109条规定了民事诉讼中的证明标准。(1)一般证明标准:“高度可能性”。对负有举证证明责任的当事人提供的证据,人民法院经审查并结合相关事实,确信待证事实的存在具有高度可能性的,应当认定该事实存在。(2)例外:“排除合理怀疑”。注意其适用范围:当事人对欺诈、胁迫、恶意串通事实的证明,以及对口头遗嘱或者赠与事实的证明,人民法院确信该待证事实存在的可能性能够排除合理怀疑的,应当认定该事实存在。

因此,对于由原告负有举证责任的事实,如首付款是由原告支付的,该笔钱是对二被告的借款等事实,均需要达到高度可能性的程度,法院才会认定该事实存在。而对于被告刘某主张该笔款项是赠与这一事实,需要达到排除合理怀疑的标准,才能认定该事实存在。所以相对而言对于证明赠与事实这一内容,要求更高。

3.(1)本案中一审法院做法分析如下:

①王某作为人民陪审员不能独任审理该案。根据《民事诉讼法》第163条的规定,简单的民事案件由审判员一人独任审理。

②法院指定了10日举证期限符合法律规定。根据《民诉解释》第266条的规定,适用简易程序案件的举证期限由人民法院确定,也可以由当事人协商一致并经人民法院准许,但不得超过15日。

③一审法院认为冷某李已经认可对方的诉求,遂直接判令二被告支付所借首付款32万元,此做法不合法。

原告在一审中提出了2个诉讼请求,法院只判决其中关于首付32万元的请求,而遗漏了关于16万元按揭借款的请求,这违背了处分原则,因此是不正确的。

(2)本案中二审法院的做法分析如下:

①二审法院由审判员独任审理的做法正确。

《民事诉讼法》第41条规定,人民法院审理第二审民事案件,由审判员组成合议庭。合议庭的成员人数,必须是单数。中级人民法院对第一审适用简易程序审结或者不服裁定提起上诉的第二审民事案件,事实清楚、权利义务关系明确的,经双方当事人同意,可以由审判员一人独任审理。发回重审的案件,原审人民法院应当按照第一审程序另行组成合议庭。审理再审案件,原来是第一审的,按照第一审程序另行组成合议庭;原来是第二审的或者是上级人民法院提审的,按照第二审程序另行组成合议庭。

本案中一审适用简易程序审理,故二审经过当事人同意后,可以由审判员独任审理。

②对于新增的诉讼请求,二审法院直接作出判决的做法不正确。正确的做法是先调解,调解不成,告知当事人另行起诉。只有当事人双方均同意才可一并判决。

《民诉解释》第326条规定,在第二审程序中,原审原告增加独立的诉讼请求或者原审被告提出反诉的,第二审人民法院可以根据当事人自愿的原则就新增加的诉讼请求或者反诉进行调解;调解不成的，告知当事人另行起诉。双方当事人同意由第二审人民法院一并审理的，第二审人民法院可以一并裁判。因此，二审法院正确的做法是先调解，调解不成，告知当事人另行起诉。

③对于一审遗漏的原告的部分诉讼请求，二审法院直接裁判的做法不正确。二审法院正确的做法是先调解，调解不成，发回重审。

根据《民诉解释》第324条的规定，对当事人在第一审程序中已经提出的诉讼请求，原审人民法院未作审理、判决的，第二审人民法院可以根据当事人自愿的原则进行调解；调解不成的，发回重审。

12 CASE ｜参考答案｜

1. 应向Y县法院提起诉讼。

根据《民诉解释》第28条第2款的规定，农村土地承包经营合同纠纷、房屋租赁合同纠纷、建设工程施工合同纠纷、政策性房屋买卖合同纠纷，按照不动产纠纷确定管辖。根据《民事诉讼法》第34条第1项规定，因不动产纠纷提起的诉讼，由不动产所在地人民法院管辖。

本案属于建设工程施工合同纠纷，故应由不动产所在地法院即Y县法院管辖。

2. (1)可以向Y县法院、Z县法院申请保全。

根据《民事诉讼法》第104条第1款的规定，利害关系人因情况紧急，不立即申请保全将会使其合法权益受到难以弥补的损害的，可以在提起诉讼或者申请仲裁前向被保全财产所在地、被申请人住所地或者对案件有管辖权的人民法院申请采取保全措施。因此，G公司可以向Y县法院、Z县法院申请保全。

(2)应当提供担保。

根据《民诉解释》第152条第2款规定，利害关系人申请诉前保全的，应当提供担保。申请诉前财产保全的，应当提供相当于请求保全数额的担保；情况特殊的，人民法院可以酌情处理。

3. 应当在法院采取保全措施后30日内提起诉讼。

根据《民事诉讼法》第104条第3款规定，申请人在人民法院采取保全措施后30日内不依法提起诉讼或者申请仲裁的，人民法院应当解除保全。

4. 可以提出执行异议之诉。

根据最高人民法院《关于人民法院办理财产保全案件若干问题的规定》第27条的规定，人民法院对诉讼争议标的以外的财产进行保全，案外人对保全裁定或者保全裁定实施过程中的执行行为不服，基于实体权利对被保全财产提出书面异议的，人民法院应当依照《民事诉讼法》第238条规定审查处理并作出裁定。案外人、申请保全人对该裁定不服的，可以自裁定送达之日起15日内向人民法院提起执行异议之诉。

5. 法院应认定刘某享有足以排除强制执行的民事权益，驳回G公司的诉讼请求。

根据最高人民法院《关于人民法院办理执行异议和复议案件若干问题的规定》第29条的规定，金钱债权执行中，买受人对登记在被执行的房地产开发企业名下的商品房提出异议，符合下列情形且其权利能够排除执行的，人民法院应予支持：(1)在人民法院查封之前已签订合法有效的书面买卖合同；(2)所购商品房系用于居住且买受人名下无其他用于居住的房屋；(3)已支付的价款超过合同约定总价款的50%。

本案中，第一，刘某与B公司于2018年签订《商品房买卖合同(预售)》，在G公司申请查封案涉房屋之前；第二，刘某没有其他住房；第三，购房总价款515376元，刘某已全部支付。符合上述规定第29条情形，故应支持买受人刘某的异议，驳回G公司的诉讼请求。

6. 法院应认定G公司诉讼请求成立，准许执行5号楼3号房屋。

根据最高人民法院《关于人民法院办理执行异议和复议案件若干问题的规定》第28条的规定:“金钱债权执行中,买受人对登记在被执行人名下的不动产提出异议,符合下列情形且其权利能够排除执行的,人民法院应予支持:(一)在人民法院查封之前已签订合法有效的书面买卖合同;(二)在人民法院查封之前已合法占有该不动产;(三)已支付全部价款,或者已按照合同约定支付部分价款且将剩余价款按照人民法院的要求交付执行;(四)非因买受人自身原因未办理过户登记。”

本案中,刘某与B公司在法院查封之前已签订书面买卖合同且刘某已支付全部房屋价款,案涉房屋属于在建工程无法办理过户登记,但刘某未在法院查封之前实际占有案涉房屋,且该房屋系商铺,属于投资性质,不属于消费者生存权保护范畴,不适用上述第28条的规定。因此,刘某不享有足以排除强制执行的民事权益。

第五节　行政法与行政诉讼法

一、历年真题考点分析

年份	所涉考点	考查方向
2023	行政行为性质的判断	具体行政行为的判断
	行政诉讼的当事人	行政诉讼的被告
	行政行为的合法性判断	程序违法和超越职权的判断
	行政协议的判断	行政协议与民事合同的区别以及纠纷解决机制
	举证责任的分配	损害事实举证责任的分配
	国家赔偿的内容和计算	违法行政征收的补偿标准
2022	行政诉讼的当事人	1. 行政诉讼的原告。 2. 行政诉讼的被告。 3. 行政诉讼的第三人
	行政诉讼的管辖	经过复议案件的管辖法院
	行政诉讼的起诉期限	1. 经过复议案件的起诉期限。 2. 特殊起诉期限
	行政行为性质的判断	行政处罚与撤回行政许可的区别
	行政行为的合法性判断	程序违法构成行政行为违法的理由
	行政诉讼的判决方式	经过复议案件的判决
2021(黑龙江延考卷)	行政行为性质的判断	行政处罚与行政命令的区别
	行政复议机关的确定	对政府工作部门行政行为不服的,复议机关如何确定
	行政诉讼的被告	经过复议案件被告的确定
	行政诉讼的管辖法院	经过复议案件的管辖法院
	行政规范性文件的附带审查	1. 行政规范性文件附带审查的构成要件。 2. 行政规范性文件附带审查时法院的最终处理
	行政诉讼的判决方式	变更判决的适用情形

每天醒来,叫醒自己的不是钟声,而是梦想。

第7天

年份	所涉考点	考查方向
2021(延考卷)	行政诉讼的当事人	行政诉讼的原告
	行政诉讼的当事人	行政诉讼的被告
	行政行为性质的判断	行政许可的撤回与行政处罚的区别
	举证责任的分配	行政赔偿损害事实的举证责任分配
	行政诉讼的当事人	1. 行政诉讼的第三人。 2. 第三人具有什么权利。 3. 第三人拒不到庭的后果
	遗漏赔偿请求的处理	一审法院遗漏赔偿请求,二审法院的处理
2021(全国卷)	行政诉讼的管辖法院	级别管辖
	行政诉讼的起诉期限	诉不作为的起诉期限如何确定
	行政诉讼的当事人	行政诉讼的被告
	行政行为合法性的判断	事实认定与法律适用的判断
	撤回许可的补偿	撤回许可的补偿标准
	行政诉讼的判决方式	给付判决的适用
2020(新疆延考卷)	行政诉讼的当事人	行政诉讼的被告
	行政行为性质的判断	行政协议与民事合同的区别
	行政行为合法性的判断	强制拆除行为的合法性判断
	行政规范性文件的附带审查	法院对行政规范性文件的处理
	行政机关负责人出庭应诉制度	负责人拒不出庭的法院处理
	行政赔偿	行政赔偿的范围
2020(全国卷)	行政诉讼的当事人	行政诉讼的原告
	行政诉讼的当事人	行政诉讼的被告
	行政行为性质的判断	行政协议与民事合同的区别
	行政协议的纠纷解决方式	行政协议能否约定仲裁的判断
	行政诉讼的起诉期限	起诉无效的行政行为,起诉期限的认识
	行政行为合法性的判断	政府信息公开行为的合法性判断
2019	行政诉讼的受案范围	行政行为的判断
	行政行为性质的判断	行政许可与行政确认的区别
	行政诉讼的程序	被诉行政行为能否在诉讼中改变
	行政诉讼的程序	行政诉讼的撤诉
	行政救济的方式	对行政行为不服的救济方式
	行政诉讼的判决方式	履行判决的适用情形

每天醒来,敲醒自己的不是钟声,而是梦想。

续表

年份	所涉考点	考查方向
2018	行政行为性质的判断	强制拆除违法建筑物的性质判断
	行政诉讼的当事人	行政诉讼的被告
	行政行为合法性的判断	程序违法构成行政行为违法的理由
	行政诉讼的起诉期限	诉作为的起诉期限计算
	行政机关负责人出庭应诉制度	负责人不出庭的，行政机关的工作人员应当出庭
	行政赔偿	1. 行政赔偿的范围。 2. 行政赔偿中损害事实的举证责任分配

二、必考点解读与预测

行政法与行政诉讼法主观题命题最大的特点是延续实务化的命题趋势，命题案例均是源于法院的真实判例，尤其是最高人民法院的指导案例、公报案例、典型案例。命题的实务化，成为法考改革最核心的部分。考试内容侧重于理解，侧重于对案件事实的认定和对法律适用能力的检测。

考点一 行政诉讼的原告

行政诉讼的原告是指与被诉行政行为具有利害关系，认为被诉行政行为违法侵犯其合法权益，以自己的名义向法院提起诉讼的公民、法人或者其他组织。

行政诉讼的原告在主观题中主要考查利害关系的判断。

考点二 行政诉讼的被告

行政诉讼的被告是指由原告指控其行政行为违法，经人民法院通知应诉的行政机关或法律法规规章授权的组织。

注意：行政诉讼的被告在主观题中主要考查经过复议案件被告的确定、委托实施行政行为案件被告的确定、临时机构实施行政行为案件被告的确定、行政机关被撤销案件被告的确定、经上一级行政机关批准作出行政行为案件被告的确定。

考点三 行政诉讼的第三人

行政诉讼的第三人是指因与被诉的行政行为或者同案件裁判结果有利害关系，通过申请或法院通知形式，参加到诉讼中来的当事人。

注意：行政诉讼的第三人在主观题中主要考查原告型第三人的判断、第三人在诉讼中的权利、第三人拒不到庭或者未经允许中途退庭的处理。

考点四 行政诉讼的管辖法院

行政诉讼的级别管辖、地域管辖。

注意：行政诉讼的管辖法院在主观题中主要考查经过复议案件管辖法院的确定、中级人民法院审理第一审行政诉讼的案件范围、特殊的地域管辖规则。

考点五 行政诉讼的起诉期限

行政诉讼的起诉期限是指原告提起行政诉讼所受到的时间限制。

注意：行政诉讼的起诉期限在主观题中主要考查诉作为的起诉期限、诉不作为的起诉期限、经过复议案件的起诉期限、行政协议案件的起诉期限、诉无效行政行为的起诉期限。

考点六　行政诉讼的简易程序

行政诉讼的简易程序的适用范围、程序特点。

注意：行政诉讼的简易程序在主观题中主要考查简易程序适用范围，包含法定案件和合意案件。

考点七　行政诉讼中行政机关负责人出庭应诉制度

被诉行政机关负责人应当出庭应诉是指被诉行政机关负责人依法应当在一审、二审、再审等诉讼程序中出庭参加诉讼，行使诉讼权利，履行诉讼义务。

注意：行政诉讼中行政机关负责人出庭应诉制度在主观题中主要考查负责人的范围、工作人员的范围、减轻行政机关负责人出庭应诉负担的制度、负责人出庭应诉的内容。

考点八　行政诉讼举证责任的分配

原告的举证责任、被告的举证责任、第三人的举证责任。

注意：行政诉讼举证责任的分配主要考查行政赔偿请求中损害事实的举证责任分配、行政协议案件中举证责任的分配。

考点九　行政诉讼判决方式的适用

撤销判决、履行判决、变更判决、确认违法判决、确认无效判决。

注意：行政诉讼判决方式的适用在主观题中主要考查撤销判决与确认违法判决的区分适用、变更判决的适用条件、确认无效判决的适用条件。

考点十　行政赔偿

行政赔偿的范围、程序、内容与计算。

注意：行政赔偿在主观题中主要考查行政赔偿的范围、行政赔偿程序的确定、行政赔偿诉讼中损害事实举证责任的分配、行政赔偿的计算标准。

考点十一　行政行为的性质判断

行政行为法律性质的具体判断。

注意：行政行为的性质判断在主观题中主要考查行政许可与行政确认的区别、行政处罚与撤回许可以及撤销许可的区别、行政强制措施与行政处罚的区别、行政强制措施与行政命令的区别等。

考点十二　行政复议机关的确定

县级以上地方人民政府工作部门作为被申请人的案件复议机关如何确定。

注意：县级以上地方人民政府工作部门作为被申请人的，本级地方人民政府是复议机关。但是，地方人民政府司法行政部门作为被申请人的，本级人民政府和上一级司法行政部门是复议机关。

考点十三　行政复议的审理程序

听证程序和简易程序。

注意：行政复议听证程序的适用范围、听证笔录的效力；行政复议简易程序的适用范围。

考点十四　行政复议的结案

调解结案、撤销决定、变更决定。

注意：行政诉讼变更判决和行政复议变更决定的区别。

三、答题模板

（一）审题流程

1. 主观题“阅读案情五要素”：主体、行为、程序、地点、时间。

一看主体，用于判断谁是本案的被告。需要注意作出行政行为的主体是获得了法律法规规章的授权，还是获得了其他行政机关的委托。前者自己是被告，后者是“谁委托，谁被告”。另外，还要判明作出行政行为的主体的级别。如果是县级以上地方政府作为被告，由中级人民法院管辖；如果是地方政府工作部门作为被告，由基层人民法院管辖。

二看行为，用于判断该行为的性质，是行政行为，还是非行政行为。行政行为属于行政诉讼的受案范围，非行政行为不属于行政诉讼的受案范围。另外，如果属于行政行为的话，是属于行政许可、行政处罚、行政强制措施、行政强制执行，还是属于行政确认、行政协议、行政裁决？不同的行为性质，决定了行为的实施程序是不同的。

三看程序，用于判断该行为的程序是否合法。像行政许可、行政处罚、行政强制措施、行政强制执行属于典型的负担行政行为，是对当事人作出不利决定的行为，应该遵守正当法律程序，甚至在某些情形下可能需要适用听证程序。另外，还要看行为是否经过了复议程序，如果经过了复议，是复议维持、复议改变，还是复议不作为。经过复议的案件，被告的确定、管辖法院的确定、审理对象和裁判方式具有特殊性。

四看地点，用于判断本案的管辖法院。尤其是要注意本案是否经过复议。不管是复议维持，还是复议改变，原机关所在地法院和复议机关所在地法院对本案都有管辖权。

五看时间，用于判断起诉期限是否届满和行政行为的时限是否超期。没有超过起诉期限是原告提起行政诉讼符合起诉条件的要件之一。另外，行政行为的实施往往有时间限制，如行政许可听证程序中的某些期限、行政处罚听证程序中的某些期限，再如查封、扣押的实施期限，还有政府信息公开的答复期限，需要在阅读案情时仔细判明。

2. 实战中需要养成先读问题再阅读案情的习惯。先读问题，在内心形成初步的判断——这个题目主要考哪些知识点，是熟悉，还是陌生。因为行政法与行政诉讼法和商法的题目或许仍然需要选做其一，所以，选择自己比较有把握的试题当然是明智的。选定做行政法与行政诉讼法的题目后，再回去看具体的案情。由于之前阅读了相应的问题，那么带着这些问题再秉持“阅读案情五步法”去通读案情，解题会更加顺畅。

（二）答题的方法要点

1. 题号：一定要清晰标明。（1）阿拉伯数字标明；（2）一定单独成行。

2. 地点：在指定答题的地方答题。

3. 用语：极尽简洁。

（1）“一问两答”的回答技巧：是/不是、可以/不可以（1分）；为什么？（2分）

如果时间不允许，可以不提及法规名称、不提及条文序号、不援用原条文内容，概括其大意即可。比如“××机关实施的××行为，在性质上属于行政行为，根据《行政诉讼法》的规定，行政行为侵害公民、法人或者其他组织合法权益的，可以提起行政诉讼。故××作为行政行为的相对人或者相关人，可以提起行政诉讼”等。

（2）多题点（比如行政诉讼哪些案件可以适用简易程序审理？）的回答技巧：①一定要用“（1）（2）（3）（4）”；②每个点尽量写要点，不要拖沓。

四、2023 年真题(回忆版)与解析

| 案 情 |

2022 年 11 月 25 日,某县政府作出《关于某小区旧城改造建设项目房屋征收的决定》(以下简称《房屋征收决定》)并在当地报纸上发布公告:因旧城改造,明确对某小区范围内的房屋实施征收。房屋征收部门为区住房和城乡建设局,房屋征收实施单位为县政府组建的某小区改造工程指挥部。签约期限为 45 天,搬迁期限为 30 日,具体起止时间在房屋评估机构选定后,由房屋征收部门另行公告。《征收补偿方案》同时在公告上刊载。

许某位于该小区的房屋被纳入本次征收范围,房屋征收实施单位测量房屋为 121 平方米,以房屋征收决定公告之日的周边类似房屋的市场价格计算,确定补偿金额为 70 万元。经多次协商,许某未与房屋征收部门达成补偿协议,也未明确同意将涉案房屋腾空并交付拆除。

许某尚未来得及搬迁,某小区改造工程指挥部便作出了强制拆除决定书,并委托某建筑公司将涉案房屋直接强制拆除,未对屋内物品清点造册。

许某认为某建筑公司非法将其房屋拆除,侵犯了其合法权益,故提起行政诉讼,请求人民法院确认强制拆除行为违法,并赔偿原告房屋毁损损失 96.8 万元(121 平方米×8000 元/平方米);屋内物品财产损失 163 万元,包括衣服、家具、手机等损失 3 万元,玉镯子一对 160 万元;过渡期间租房补贴 2 万元。

材料:《国有土地上房屋征收与补偿条例》

第 19 条第 1 款:对被征收房屋价值的补偿,不得低于房屋征收决定公告之日被征收房屋类似房地产的市场价格。被征收房屋的价值,由具有相应资质的房地产价格评估机构按照房屋征收评估办法评估确定。

第 25 条:房屋征收部门与被征收人依照本条例的规定,就补偿方式、补偿金额和支付期限、用于产权调换房屋的地点和面积、搬迁费、临时安置费或者周转用房、停产停业损失、搬迁期限、过渡方式和过渡期限等事项,订立补偿协议。

补偿协议订立后,一方当事人不履行补偿协议约定的义务的,另一方当事人可以依法提起诉讼。

第 26 条第 1 款:房屋征收部门与被征收人在征收补偿方案确定的签约期限内达不成补偿协议,或者被征收房屋所有权人不明确的,由房屋征收部门报请作出房屋征收决定的市、县级人民政府依照本条例的规定,按照征收补偿方案作出补偿决定,并在房屋征收范围内予以公告。

第 27 条:实施房屋征收应当先补偿、后搬迁。

第 28 条第 1 款:被征收人在法定期限内不申请行政复议或者不提起行政诉讼,在补偿决定规定的期限内又不搬迁的,由作出房屋征收决定的市、县级人民政府依法申请人民法院强制执行。

| 问 题 |

1.《房屋征收决定》的性质是否为具体行政行为?请阐明理由。

2. 许某对强制拆除行为不服提起的行政诉讼,被告如何确定?请阐明理由。

3. 被诉强制拆除行为是否合法?请阐明理由。

4. 请分别说明《国有土地上房屋征收与补偿条例》第 25 条规定中补偿协议的法律性质和可以依法提起诉讼具体是指可以提起哪种诉讼种类?

5. 屋内物品财产损失应当由谁承担举证责任?请阐明理由。

6. 许某提出的房屋毁损的赔偿金额,法院是否应当支持?

| **参考答案** |

1. 属于具体行政行为。《房屋征收决定》是针对外部特定对象某小区所有业主作出的征收其房屋所有权的单方行政行为，系行政征收，对当事人的合法权益会产生实际影响，具有行政性、处分性、特定性、外部性、单方性，在性质上属于具体行政行为。

2. 县政府是被告。根据最高人民法院《关于正确确定县级以上地方人民政府行政诉讼被告资格若干问题的规定》第3条第2款的规定，不服具体实施房屋征收与补偿工作中的强制拆除房屋等行为提起诉讼的，以作出强制拆除决定的行政机关为被告；没有强制拆除决定书的，以县级以上地方人民政府确定的房屋征收部门为被告。本案中，某小区改造工程指挥部作出强制拆除决定书，某小区改造工程指挥部是行政机关组建并赋予行政管理职能但不具有独立承担法律责任能力的机构，其以自己的名义作出行政行为，当事人不服提起诉讼的，应当以组建该机构的行政机关县政府为被告。

3. 不合法。违法的理由主要有两点：一是主体不合法。对于被征收的房屋，县政府应当申请法院执行，而不是由自己组建的临时机构某小区改造工程指挥部直接实施强制拆除行为；二是程序不合法。县政府未作出征收决定、未与许某签订补偿协议、未作出补偿决定，就先实施房屋强制拆除行为不合法。

4. (1)属于行政协议。根据最高人民法院《关于审理行政协议案件若干问题的规定》第1条的规定，行政机关为了实现行政管理或者公共服务目标，与公民、法人或者其他组织协商订立的具有行政法上权利义务内容的协议，属于行政协议。房屋征收补偿协议是政府在履行房屋征收职责过程中，为了旧城区改造这一公共利益与被征收人在协商一致的基础上签订的具有行政法上权利义务为内容的协议，属于行政协议。(2)提起行政诉讼。根据《行政诉讼法》第12条第1款第11项的规定，认为行政机关不依法履行、未按照约定履行或者违法变更、解除政府特许经营协议、土地房屋征收补偿协议等协议，公民、法人或者其他组织提起行政诉讼的，人民法院应当受理。补偿协议属于行政协议，公民因行政机关不履行行政协议提起诉讼的，属于行政诉讼的受案范围。

5. 由于县政府组织拆除房屋时未依法对屋内物品登记保全，未制作物品清单并交当事人签字确认，致使原告无法对物品受损情况举证，故该损失是否存在、具体损失情况等，依法应由县政府承担举证责任。原告主张的屋内物品包括衣服、家具、手机等，系日常生活必需品，符合一般家庭实际情况，若被告亦未提供证据证明这些物品不存在，则对原告主张的屋内物品种类、数量应予认定。在原告主张的物品价值方面，除一对名贵的玉镯之外，其他均未超出正常、合理的市场价范围，依法应当赔偿。原告主张其一对名贵的玉镯为160万元，已超出市场正常价格范围，其又不能确定该玉镯的材质、形成时间、与普通玉镯有何不同等，法院应当遵循法官职业道德，运用逻辑推理和生活经验、生活常识等，酌情认定。

6. 不应当支持。本案中许某主张赔偿房屋损失96.8万元不能支持，法院判决给予被征收人的行政赔偿，不得少于被征收人依法应当获得的安置补偿权益，即按照《国有土地上房屋征收与补偿条例》第19条第1款的规定，对被征收房屋价值的补偿，不得低于房屋征收决定公告之日被征收房屋类似房地产的市场价格计算补偿金额。

五、2022年真题(回忆版)与解析

| **案　情** |

2011年7月15日，经某市政府下辖的县政府授权县住房和城乡建设局(甲方)与A公司(乙方)协商共同开发寿光市天然气综合利用项目，双方签订了《天然气综合利用项目合作协议》，主要内容为："一、甲方、乙方同意就寿光市天然气利用项目进行合作。二、甲方同意乙方在寿光市从事城市天然气特许经营，特许经营范围包括渤海化工园区(羊口镇)、侯镇化工园区、东城工业园区，

特许经营期限为30年。三、甲方充分考虑天然气项目具有公共事业的特点,在国家政策法规允许的范围内,对该项目在前期可行性研究阶段、建设和经营提供最大程度的支持。四、乙方应保证在中石油管网为寿光市争取足够的天然气指标,甲方应全力配合。如果乙方不能保证寿光市实际用气需求,则甲方有权依照山东省燃气管理条例等相关法律法规进行处理。……六、本协议正式签署后,乙方对寿光市燃气项目积极开展工作,甲方利用自身优势给予积极配合。签订协议8个月内,如乙方原因导致工程不能开工建设,则本协议废止。"

协议签署前后,A公司陆续取得了天然气综合利用项目的立项批复、管线路由规划意见、建设用地规划设计条件通知书、国有土地使用证、环评意见书等手续。同时,A公司对项目进行了部分开工建设。

2014年7月10日,县住房和城乡建设局对A公司发出催告通知,载明:"你公司的管道天然气经营许可手续至今未能办理,影响了经营区域内居民、工业、商业用户及时用气。现通知你公司抓紧办理管道天然气经营许可手续,若收到本通知2个月内经营许可手续尚未批准,我县将收回你公司的管道天然气经营区域,由此造成的一切损失由你公司自行承担。"

2016年4月6日,县政府作出《关于印发"镇村通"天然气工作推进方案的通知》,决定解除《天然气综合利用项目合作协议》,收回A公司的特许经营权,并授权B公司经营管理。A公司不服该决定,向市政府申请行政复议。2016年8月20日,市政府维持了县政府收回A公司燃气经营区域授权的决定,但未告知该公司起诉期限。2016年10月10日,A公司提起行政诉讼,请求法院依法确认县政府收回A公司燃气特许经营权的行为违法并撤销该行政行为。

材料:《市政公用事业特许经营管理办法》第25条第2款:对获得特许经营权的企业取消特许经营权并实施临时接管的,必须按照有关法律、法规的规定进行,并召开听证会。

| 问 题 |

1. 本行政诉讼案件的当事人有哪些?请阐明理由。
2. 如何确定本案的管辖法院?请阐明理由。
3. A公司的起诉是否超过了起诉期限?请阐明理由。
4. 请分析县政府收回A公司特许经营权的性质。
5. 县政府收回A公司特许经营权的行为是否合法?请阐明理由。
6. 法院应当如何判决?请阐明理由。

| 参考答案 |

1. A公司是原告,县政府和市政府是共同被告,B公司是第三人。首先,A公司是原告。县政府收回A公司的特许经营权,A公司是行政相对人,与被诉收回特许经营权的行政行为具有利害关系,根据《行政诉讼法》第25条第1款的规定,A公司是原告。其次,县政府和市政府是共同被告。根据《行政诉讼法》第26条第2款和第3款的规定,经复议的案件,复议机关决定维持原行政行为的,作出原行政行为的行政机关和复议机关是共同被告。本案属于复议维持案件,县政府和市政府是本案的共同被告。最后,B公司是第三人。县政府将A公司已经部分建成的天然气特许经营区域授权给B公司经营,B公司与本案的裁判结果有利害关系,根据《行政诉讼法》第29条的规定,B公司作为第三人参加本案诉讼。

2. 市中级人民法院管辖。最高人民法院《关于适用〈中华人民共和国行政诉讼法〉的解释》(以下简称《行政诉讼解释》)第134条第3款规定,复议机关作共同被告的案件,以作出原行政行为的行政机关确定案件的级别管辖。《行政诉讼法》第18条第1款规定,行政案件由最初作出行政行为的行政机关所在地法院管辖。经复议的案件,也可以由复议机关所在地法院管辖。本案为复议维持案件,以作出原行政行为的行政机关县政府确定级别管辖为中级人民法院;按地域管辖为原机关

每天醒来,敲醒自己的不是钟声,而是梦想。

第7天

和复议机关所在地的中级人民法院。本题中,县政府所在地的中级人民法院和市政府所在地的中级人民法院刚好重合,本案由市中级人民法院管辖。

3. 没有超过起诉期限。本案属于复议维持案件,根据《行政诉讼法》第45条的规定,A公司可以在收到复议决定书之日起15日内向人民法院提起诉讼。根据《行政诉讼解释》第64条的规定,行政机关作出行政行为时,未告知公民、法人或者其他组织起诉期限的,起诉期限从公民、法人或者其他组织知道或者应当知道起诉期限之日起计算,但从知道或者应当知道行政行为内容之日起最长不得超过1年。复议决定未告知公民、法人或者其他组织起诉期限的,适用前款规定。本题中,市政府作出复议决定未告知A公司起诉期限,起诉期限从A公司知道或者应当知道起诉期限之日起计算,但从知道或者应当知道行政行为内容之日起最长不得超过1年。A公司于10月10日起诉,没有超过起诉期限。

4. 属于行政许可的撤回,是行政许可的一种监督措施。《行政许可法》第8条第2款的规定,行政许可所依据的法律、法规、规章修改或者废止,或者准予行政许可所依据的客观情况发生重大变化的,为了公共利益的需要,行政机关可以依法变更或者撤回已经生效的行政许可。由此给公民、法人或者其他组织造成财产损失的,行政机关应当依法给予补偿。本题中,《天然气综合利用项目合作协议》在履行过程中,由于A公司未能及时全部建成天然气设施,影响到了经营区域内用户的用气,出现损害社会公共利益的情形,行政机关可以单方解除《天然气综合利用项目合作协议》并收回特许经营权,给相对方造成损失的,应当依法补偿。

5. 不合法。县政府收回A公司特许经营权的行为未经听证会,违反了《市政公用事业特许经营管理办法》第25条第2款的规定,不符合正当法律程序,因此构成违法。

6. (1)法院判决:确认收回燃气特许经营权的行为违法;撤销市政府的行政复议决定。(2)理由:本案中收回燃气特许经营权的行为,违反了《市政公用事业特许经营管理办法》第25条第2款关于取消特许经营权的行政处理程序中应召开听证会的规定。收回燃气特许经营权的行为涉及社会公共利益,行为一旦撤销,最终会影响居民供气需求及区域发展规划,因此,根据《行政诉讼法》第74条的规定,判决确认违法,但不撤销该行政行为。复议机关作出的错误的维持决定,法院应当一并撤销。

六、问答式主观题预测与演练

1 CASE | 案　情 |

2019年1月,旗山公司在未办理食品生产许可证的情况下在甲县开展收购、储藏、生产加工油菜籽,并将生产加工的菜籽油销往该县各学校的生产经营活动。2019年1月22日,某学校师生因食用该菜籽油烹煮的菜品,引起食品安全事故。

2019年1月23日,甲县市场监管局经检查发现旗山公司销售的菜籽油不合格,拟对该公司作出罚款10万元、没收违法所得5万元的行政处罚决定。2019年2月13日,甲县公安局对旗山公司涉嫌生产、销售不符合安全标准的食品罪的情况展开立案调查。后人民法院判决周某犯生产、销售不符合安全标准的食品罪,单处罚金6万元。

2022年10月18日,甲县市场监管局经调查后,对旗山公司违反《食品安全法》,未取得食品生产经营许可从事食品生产经营活动的违法行为作出第10号处罚决定书,决定给予旗山公司没收不合格菜籽油16吨、没收违法所得5万元并处罚款10万元的处罚决定。

2022年11月2日,旗山公司不服,向甲县政府申请行政复议。甲县政府以该公司的复议请求不成立为由,驳回了该公司的复议申请。

2022 年 11 月 8 日，旗山公司向法院提起行政诉讼。

| 问　题 |

1. 甲县市场监管局能否在 2022 年 10 月对旗山公司于 2019 年 1 月生产、销售不符合安全标准的食品实施行政处罚？请阐明理由。

2. 甲县市场监管局在对旗山公司 2019 年 1 月的违法行为进行行政处罚办案期间，发现该公司的违法行为涉嫌犯罪的，应当如何处理？

3. 甲县市场监管局作出第 10 号处罚决定书是否构成违反一事不再罚？请阐明理由。

4. 甲县市场监管局在计算旗山公司的违法所得时是否应当扣除相应的成本？

5. 本案被告如何确定？

6. 本案法院的级别管辖如何确定？

2 CASE | 案 情 |

2015 年 12 月 12 日，A 市政府办公室印发《关于印发 A 市经济和信息化委员会主要职责、内设机构和人员编制规定的通知》(〔2015〕59 号)，明确该委员会主要职责之一是"负责电力行业管理及行政执法工作"。内设机构分工中，"电力行政执法工作"由能源运行科(电力科)负责。2015 年，A 市经济和信息化委员会(以下简称 A 市经信委)能源运行科(电力科)加挂"A 市电力行政执法支队"(以下简称电力执法支队)的牌子，并明确其职责为：负责全市电力行政执法工作，依法规范电力市场秩序，查处违反电力法律、法规和规章制度的行为等。

2017 年 10 月 30 日，A 市轻工业行业管理办公室(以下简称轻工办)向 A 市经信委提交《关于 A 华强玻璃制品有限公司 66 平方米啤酒瓶生产线技改项目的立项请示》。同日，轻工办向 A 市华强玻璃制品有限公司(以下简称华强公司)下发批复，同意华强公司对现有啤酒瓶生产线进行维修改造，并要求华强公司认真做好环保、安全等评价工作，办妥相关手续后方可施工。2019 年 9 月，华强公司在未办妥相关维修改造手续的情况下，自行停产进行维修改造。至 2020 年 3 月下旬，维修改造工作基本完成，华强公司开始进行恢复生产前的准备及试运行工作。

2019 年 3 月至 2020 年 4 月，A 市政府、A 市环保局多次接到群众举报称，华强公司排放污染物，严重影响周边居民的正常生活。2020 年 3 月 6 日，A 市环保局 B 区分局对华强公司进行调查，对其停产期间的设备环保改造问题进行询问。华强公司的生产副厂长表示，公司新建的废气处理设施未进行环评。2020 年 4 月 1 日，A 市 B 区政府作出《关于对 A 华强玻璃制品有限公司实施暂停电措施的函》(〔2020〕27 号)，A 市环保局作出《关于对 A 华强玻璃制品有限公司实施停电措施的函》(〔2020〕41 号)，分别致函 A 市经信委，要求对华强公司实施停、限电措施。当日，电力执法支队向华强公司作出《关于对 A 华强玻璃制品有限公司暂实施中止供电的事先告知书》(〔2020〕1 号)。2020 年 4 月 2 日，华强公司向电力执法支队提交书面的陈述和申辩意见。2020 年 4 月 7 日，电力执法支队作出书面回复，认为华强公司陈述和申辩理由不充分，没有提出合法、有效、充分的依据，将保留依照法定程序进行电力行政处罚的权力。2020 年 4 月 8 日，A 市政府就华强公司问题召开专题调度会，会议针对 2017 年华强公司擅自进行技术改造、复产后污染物排放严重超标问题达成一致意见，认为华强公司近期必须暂停生产准备，并形成〔2020〕第 42 次政府专题会议纪要。

A 市环保局 B 区分局制作的污染源现场监察记录显示，2020 年 4 月 11 日华强公司的窑炉温度为 625℃，到 2020 年 4 月 12 日，炉温已超过 800℃，窑炉温度持续升高。华强公司未执行 A 市政府专题会议意见，仍在积极准备组织生产。2020 年 4 月 13 日，电力执法支队作出《关于对 A 华强玻璃制品有限公司暂实施限电的通知》(〔2020〕3 号)(以下简称 3 号限电通知)，认定华强公司的生产活动造成环境污染，拟对其作出限电措施。经陈述申辩后，A 市政府召开政府专题会议要求华强公司暂停生产准备，但该公司未执行 A 市政府专题会议意见，仍在积极准备组织生产，依据《日用玻璃行业准入条件》第 1 条和第 8 条、《省电力设施保护和供用电秩序维护条例》第 23 条等规定，决定对华强公司作出暂实施限制供电的行政处罚，并要求华强公司在接到通知后，立即采取措施，做好限电相关安全工作，电力执法支队将依法跟踪通知执行情况。同日，3 号限电通知送达华强公司，并同时向国网衡阳供电公司送达限电通知。华强公司不服，提起行政诉讼，请求判决撤销 3 号限电通知。

材料一：《省电力设施保护和供用电秩序维护条例》第 23 条：电力行政主管部门应当采取有效措施，优化电能资源配置，协调供用电关系，维护安全有序的供用电秩序。对于高能耗、环境污染严重等列入国家限制类、禁止发展类的企业或者生产设备的用电，电力行政主管部门应当按照国家和省人民政府的有关规定实行差别电价、限制用电或者终止供电。

每天醒来，叫醒自己的不是钟声，而是梦想。

材料二:《日用玻璃行业准入条件》(已失效,工信部 2010 年 12 月发布):……八、监督与管理:……(三)对不符合准入条件的新建或改扩建项目,投资管理部门不予备案;国土资源管理部门不得办理土地使用手续;环保部门不予办理环保审批手续;城乡规划和建设、卫生、安全监管等部门不予办理有关手续;金融机构不提供任何形式的新增授信支持;电力监管机构要监督供电企业依法实施停、限电措施……

| 问　题 |

1. 你认为 3 号限电通知的性质是什么？为什么？

2. 被告是否为电力执法支队？为什么？

3.《省电力设施保护和供用电秩序维护条例》是否有权设定限制供电？

4. 华强公司不服电力执法支队作出的《关于对 A 华强玻璃制品有限公司暂实施中止供电的事先告知书》(〔2020〕1 号),是否可以提起行政诉讼？为什么？

5. 3 号限电通知是否合法？为什么？

6. 法院如何判决？

3 CASE | 案 情 |

宁陵县棚户区改造项目是宁陵县政府为了改善群众生活环境实施的一项旧城区改造项目。2018年2月28日，宁陵县政府房屋征收与补偿办公室（以下简称县政府征补办）将拟定的棚户区改造征收与补偿安置方案报宁陵县政府。3月29日，宁陵县政府发布征求意见公告，对《县城旧城区棚户区改造征收与补偿安置方案》公开征求意见。4月25日，县政府征补办出具了《宁陵县县城旧城区棚户区改造房屋征收项目社会稳定风险评估报告》，对涉案房屋征收项目社会稳定风险进行评估。10月26日，县政府征补办再次对《县城旧城区棚户区改造征收与补偿安置方案》老城区域进行听证。2020年11月14日，宁陵县政府作出第10号《征收决定》，随附发布《县城旧城区棚户区改造征收与补偿安置方案》《宁陵县房屋征收装饰补偿标准》，对棚户区范围内房屋及附属物进行征收，房屋征收部门为县政府征补办；征收实施单位为宁陵县城管执法局；补偿安置方式为住宅房屋实行货币补偿或现房产权调换，由被征收人自愿选择。黄源江的房屋位于征收决定确定的范围内。

根据被征收人的选择结果，中瑞公司为案涉项目房屋征收评估机构。中瑞公司结合黄源江房屋的类别、权属状况、结构、面积、修建年代、坐落、用途等情况，对房屋评估价为8665元/平方米。中瑞公司作出《房屋征收价值评估分户表》后，于2021年1月19日向黄源江进行了送达。

因黄源江与县政府征补办在征收补偿安置方案确定的签约期限内未达成安置补偿协议，宁陵县政府于2021年1月17日作出第46号《补偿决定》，于2021年1月19日通过公证送达的方式向黄源江进行了送达。第46号《补偿决定》的主要内容为：房屋结构为砖木，用途为住宅，被征收房屋货币补偿金额为381260元；黄源江的搬迁费、临时安置补助费、被征收房屋装修及附属物补偿费，由房屋征收实施单位按照征收补偿方案及相关文件规定结算；黄源江在该补偿决定公告之日起15日内与房屋征收实施单位签订《房屋征收补偿安置协议》，将房屋交付房屋征收实施单位拆除。该补偿决定还告知黄源江申请行政复议或提起行政诉讼的权利、期限及强制执行等事项。黄源江不服，于2021年3月17日向法院提起行政诉讼，请求撤销第46号《补偿决定》并判令宁陵县政府重新作出合法的行政行为。

2021年3月21日，黄源江向宁陵县政府申请政府信息公开，要求公开棚户区改造征收范围内分户补偿情况信息。宁陵县政府征求已签约市民的意见，已签约市民以涉及个人隐私为由，均表示不予公开，故对此项申请内容作出不予公开决定。

2021年4月15日，黄源江在第46号《补偿决定》要求的期限内没有将房屋腾空并交付拆除，宁陵县城管执法局成立的县棚户区改造工程指挥部组织人员将该房屋强制拆除。黄源江不服强制拆除其房屋的行为，于2021年4月21日向法院提起行政诉讼。

材料一：《国有土地上房屋征收与补偿条例》第13条第1款：市、县级人民政府作出房屋征收决定后应当及时公告。公告应当载明征收补偿方案和行政复议、行政诉讼权利等事项。

材料二：《国有土地上房屋征收与补偿条例》第19条第1、2款：对被征收房屋价值的补偿，不得低于房屋征收决定公告之日被征收房屋类似房地产的市场价格。被征收房屋的价值，由具有相应资质的房地产价格评估机构按照房屋征收评估办法评估确定。

对评估确定的被征收房屋价值有异议的，可以向房地产价格评估机构申请复核评估。对复核结果有异议的，可以向房地产价格评估专家委员会申请鉴定。

第21条第1款：被征收人可以选择货币补偿，也可以选择房屋产权调换。

材料三：《国有土地上房屋征收与补偿条例》第27条第1款：实施房屋征收应当先补偿、后搬迁。

第28条第1款：被征收人在法定期限内不申请行政复议或者不提起行政诉讼，在补偿决定规定的期限内又不搬迁的，由作出房屋征收决定的市、县级人民政府依法申请人民法院强制执行。

材料四：《国有土地上房屋征收与补偿条例》第29条第1款：房屋征收部门应当依法建立房屋征收补偿档案，并将分户补偿情况在房屋征收范围内向被征收人公布。

| 问　题 |

1. 第46号《补偿决定》是否合法？请阐明具体理由。

2. 在第46号《补偿决定》的诉讼中，法院是否需要审查第10号《征收决定》的合法性？请阐明具体理由。

3. 针对第46号《补偿决定》起诉，法院的级别管辖如何确定？为什么？

4. 黄源江不服强制拆除行为起诉，应如何确定被告？为什么？

5. 强制拆除黄源江的房屋是否合法？请阐明具体理由。

6. 宁陵县政府拒绝黄源江信息公开决定是否合法？为什么？请分析判断行政机关以个人隐私为由拒绝公开政府信息合法性的法律问题。

4 CASE | 案 情 |

罗某是兴运2号船的船主，在乌江流域从事航运、采砂等业务。2014年11月17日，罗某因诉A大唐国际彭水水电开发有限公司财产损害赔偿纠纷案需要，向B县地方海事处邮寄书面政府信息公开申请书，具体申请的内容为：(1)公开B县港航处、B县地方海事处的设立、主要职责、内设机构和人员编制的文件；(2)公开下列事故的海事调查报告等所有事故材料，即兴运2号船在2008年5月18日、9月30日的两起安全事故及鑫源306号、鑫源308号、高谷6号、荣华号等船舶在2008年至2010年发生的安全事故。

B县地方海事处于2014年11月19日签收后，未在法定期限内对罗某进行答复，罗某经复议维持后向B县法院提起行政诉讼。2015年1月23日，B县地方海事处作出《政府信息告知书》(〔2015〕第006号)，载明：一是告知罗某申请公开的B县港航处、B县地方海事处的内设机构名称等信息获取的方式和途径；二是经查申请公开的海事调查报告等所有事故材料信息不存在。B县法院于2015年3月31日对该案作出〔2015〕第8号行政判决，确认B县地方海事处在收到罗某的政府信息公开申请后未在法定期限内进行答复的行为违法，同时判决撤销复议决定。

2015年4月22日，罗某以《政府信息告知书》(〔2015〕第006号)不符合法律规定，且与事实不符为由，经复议维持后提起行政诉讼，请求撤销B县地方海事处作出的该告知书，并由B县地方海事处向罗某公开海事调查报告等涉及兴运2号船的所有事故材料，同时要求撤销复议决定。

另查明，罗某提交了涉及兴运2号船于2008年5月18日在彭水高谷长滩子发生整船搁浅事故以及于2008年9月30日在彭水高谷煤炭沟发生沉没事故的《乌江彭水水电站断航碍航问题调查评估报告》、《B县地方海事处关于近两年因乌江彭水万足电站不定时蓄水造成船舶搁浅事故的情况报告》、《A市发展和改革委员会关于委托开展乌江彭水水电站断航碍航问题调查评估的函》(〔2009〕562号)等材料。

材料：《内河交通事故调查处理规定》第7条：船舶、浮动设施发生内河交通事故，必须立即采取一切有效手段向事故发生地的海事管理机构报告。报告的主要内容包括：船舶、浮动设施的名称，事故发生的时间和地点，事故发生时水域的水文、气象、通航环境情况，船舶、浮动设施的损害情况，船员、旅客的伤亡情况，水域环境的污染情况以及事故简要经过等内容。

海事管理机构接到事故报告后，应当做好记录。接到事故报告的海事管理机构不是事故发生地的，应当及时通知事故发生地的海事管理机构，并告知当事人。

| 问 题 |

1. 海事调查报告等事故材料信息是否属于政府信息？为什么？

2. 罗某是否有资格申请公开海事调查报告等事故材料的政府信息？

3. 行政诉讼哪些案件可以适用简易程序审理？罗某提起的第二个行政诉讼案件可否适用简易程序审理？

4. 被告主张政府信息不存在，原告主张政府信息存在的，举证责任如何分配？

5. 罗某提起的第二个行政诉讼案件法院应当如何判决？

5 CASE ｜案 情｜

秀山县农业农村委员会(以下简称秀山县农委)负责秀山县内畜禽屠宰监督管理和行政执法工作。2021年1月,公益诉讼起诉人在开展生猪私屠滥宰专项巡查中,发现石耶镇多家私人屠宰场,在未取得生猪定点屠宰资格的情况下长期从事生猪屠宰并对外销售,存在严重的食品安全风险。

2021年4月1日,公益诉讼起诉人向秀山县农委发出检察建议书,建议该委切实履行生猪屠宰监督管理职责。秀山县农委收到检察建议书后,通过下发文件等方式要求乡镇打击违法违规调运生猪及屠宰生猪行为,严格屠宰企业资格清理。

2021年5月27日,秀山县农委向公益诉讼起诉人作出了书面回复,称截至2021年5月27日,在各方通力协作下,已对石耶镇8个生猪私屠滥宰窝点予以取缔,并现场拆除私屠滥宰设施设备。

2021年5月28日,公益诉讼起诉人对整改情况跟进监督,发现田某华等人仍在原址上继续从事非法屠宰,石耶镇生猪私屠滥宰违法情况仍然存在,秀山县农委履行生猪屠宰监管职责不充分、不全面,执法整治不到位,遂于2021年11月9日向法院提起行政公益诉讼,请求判令秀山县农委依法对石耶镇生猪屠宰行为履行监管职责,规范生猪屠宰行为。

公益诉讼起诉人起诉后,秀山县农委对石耶镇生猪私屠滥宰进行取缔并进行市场白板肉整顿行动。2021年12月14日,公益诉讼起诉人向法院提交的《关于秀山县农委怠于履行石耶镇生猪私屠滥宰监管职责行政公益诉讼案后期履职情况的说明》载明石耶镇辖区内的非法屠宰点已全部关停,私屠滥宰设施设备已完全拆除,市场销售的猪肉产品均来源于定点屠宰点,均经过检疫检验,私屠滥宰现象已得到有效遏制。公益诉讼起诉人向法院提交《变更诉讼请求通知书》,变更诉讼请求为确认秀山县农委未依法履行石耶镇生猪屠宰监管职责行为违法。

｜问 题｜

1. 合法登记的某食品安全公益组织针对秀山县农委不履行法定职责行为提起行政公益诉讼,法院如何处理?
2. 公益诉讼起诉人向秀山县农委发出检察建议书是否为提起本案公益诉讼必经的前置程序?
3. 公益诉讼起诉人提起本案公益诉讼,需要向法院提交哪些材料?
4. 本案公益诉讼是否已经超过了起诉期限?如何确定本案的管辖法院?
5. 公益诉讼起诉人提起本案公益诉讼后能否撤诉?
6. 法院应当如何判决?

6 CASE | 案 情 |

2021年7月16日，浙江省杭州市西湖区环境保护局所属的杭州市环境监察总队对杭州老港废弃物处置有限公司（以下简称老港废弃物处置公司）的综合填埋场进行现场检查，发现该填埋场部分生活垃圾露天敞开，生活垃圾填埋区正在填埋作业但未见人工喷洒除臭液，填埋气导排口直排外环境；除尘雾炮机开启，高度低于填埋作业区约10米，距离约50米远，该作业区恶臭明显，便携式恶臭检测仪检测结果显示现场排放恶臭气体异常。

杭州市西湖区环境保护局于2021年7月28日作出行政处罚决定，认定老港废弃物处置公司在综合填埋场未采取措施防止排放恶臭气体，违反了《大气污染防治法》第80条的规定，根据该法第117条第8项的规定，作出3号处罚决定，罚款8万元。老港废弃物处置公司不服，同年10月向法院提起诉讼，请求撤销行政处罚决定。

2021年10月，杭州市西湖区生态环境局在老港废弃物处置公司周围设置了隐蔽式监测系统，监测系统会自动识别企业是否超标准排放大气污染物，一旦发现环境违法行为，就会自动抓拍并生成《生态环境违法行为处理通知书》。该通知书会详细告知当事人拟作出的环境违法的内容及事实、理由、依据，并告知当事人依法享有陈述、申辩、要求听证的权利。根据该通知书的内容，当事人如果对拟作出的行政处罚不服，可以通过下载浙江省政府开发的“浙里办”手机App，查找环保部门模块，在该部门模块内提交陈述申辩意见。如果在规定期限内没有提交陈述申辩意见，系统将自动生成《生态环境违法行为处罚决定书》并通过短信方式送达给被处罚人。老港废弃物处置公司于2021年11月收到短信发送的《生态环境违法行为处理通知书》和第10号《生态环境违法行为处罚决定书》，被罚款6万元。

材料一：《大气污染防治法》第80条：企业事业单位和其他生产经营者在生产经营活动中产生恶臭气体的，应当科学选址，设置合理的防护距离，并安装净化装置或者采取其他措施，防止排放恶臭气体。

《大气污染防治法》第117条：违反本法规定，有下列行为之一的，由县级以上人民政府生态环境等主管部门按照职责责令改正，处1万元以上10万元以下的罚款；拒不改正的，责令停工整治或者停业整治：……（8）未采取措施防止排放恶臭气体的。

材料二：2021年9月杭州市西湖区环境保护局被撤销，其职能由杭州市西湖区生态环境局承继。

| 问 题 |

1. 本案被告如何确定？为什么？

2. 根据《行政处罚法》的规定，杭州市西湖区环境保护局作出3号处罚决定是否应当组织听证？请谈谈你的理由。

3. 杭州市政府是否有权决定将杭州市西湖区环境保护局的处罚权下放给街道办事处行使？请谈谈你的理由。

4. 杭州市西湖区环境保护局作出3号处罚决定是否需要收集老港废弃物处置公司存在主观过错的证据？为什么？

5. 老港废弃物处置公司主张自己“已采取开启除尘雾炮机等措施，杭州市西湖区环境保护局以‘未采取措施防止排放恶臭气体的’为由作出3号处罚决定”构成违法，这种主张是否成立？请谈谈你的理由。

6. 若本案被告主张适用简易程序审理，人民法院也认为应当适用简易程序审理，但原告不同意适用，本案能否适用简易程序审理？为什么？

7. 第 10 号《生态环境违法行为处罚决定书》是否合法？为什么？

每天醒来，叫醒自己的不是钟声，而是梦想。

第7天

7
CASE
| 案 情 |

深圳市交通公用设施建设中心(以下简称交建中心)是"深华快速路—福龙路立交工程(一期)"项目的建设单位。交建中心委托案外公司进行建设项目环境影响评价,可乐园小区业主主张建设项目影响房屋安全等问题,提出反对意见。2017 年 11 月 7 日,交建中心向深圳市龙华区生态环境管理局提交《建设项目环境影响审批申请表》及相关材料。在《建设项目环境影响报告表》中,"施工期环境影响因子分析"部分载明主要污染源包含振动(爆破振动、施工机械振动)。"运营期主要污染工序分析"部分未将振动列为主要污染源。"环境影响分析与评价"部分进行施工期及运行期环境影响分析与评价,其中,施工期环境影响分析包含振动影响分析,具体为施工机械振动、爆破振动,认为施工场内的振动作业将会对该范围内的敏感点可乐园小区等造成影响,建议振动值较高的设备尽量避免夜间休息时段使用;运行期环境影响分析未包含振动影响分析评价。

龙华区生态环境管理局受理交建中心申请后,在其网站"龙华政府在线"上进行了为期 5 个工作日的受理公示,公告了《建设项目环境影响报告表》以及公众反映意见的联系方式。2017 年 12 月 12 日,龙华区生态环境管理局在其网站上发布《环境保护科 2017 年 12 月 12 日环境影响报告表审批前公示》,公示载明:"听证权利告知:自公示起 5 个工作日内申请人、利害关系人可对以下拟作出的建设项目环境影响评价文件批复决定以书面形式提出听证申请。"公示提供了 28 份环评文件名称和文档下载,其中第 19 份文档名称为"公示本 1102. pdf"。公示后由于无人提出听证申请,龙华区生态环境管理局于 2017 年 12 月 19 日作出《建设项目环境影响审查批复》,同意交建中心建设该项目,并在官网进行了为期 60 天的审批后公示,告知利害关系人提起行政复议及诉讼的权利及期限。

可乐园小区业主认为龙华区生态环境管理局作出《建设项目环境影响审查批复》违法,向法院起诉,请求法院判决撤销并责令重新作出合法行政行为。

材料一:《环境保护行政许可听证暂行办法》第 5 条,实施环境保护行政许可,有下列情形之一的,适用本办法:(1)按照法律、法规、规章的规定,实施环境保护行政许可应当组织听证的;(2)实施涉及公共利益的重大环境保护行政许可,环境保护行政主管部门认为需要听证的;(3)环境保护行政许可直接涉及申请人与他人之间重大利益关系,申请人、利害关系人依法要求听证的。

《环境保护行政许可听证暂行办法》第 6 条,除国家规定需要保密的建设项目外,建设本条所列项目的单位,在报批环境影响报告书前,未依法征求有关单位、专家和公众的意见,或者虽然依法征求了有关单位、专家和公众的意见,但存在重大意见分歧的,环境保护行政主管部门在审查或者重新审核建设项目环境影响评价文件之前,可以举行听证会,征求项目所在地有关单位和居民的意见:(1)对环境可能造成重大影响、应当编制环境影响报告书的建设项目;(2)可能产生油烟、恶臭、噪声或者其他污染,严重影响项目所在地居民生活环境质量的建设项目。

《环境保护行政许可听证暂行办法》第 30 条:听证终结后,听证主持人应当及时将听证笔录报告本部门负责人。环境保护行政主管部门应当根据听证笔录,作出环境保护行政许可决定,并应当在许可决定中附具对听证会反映的主要观点采纳或者不采纳的说明。

材料二:根据《市交通运输委关于全市断头路打通计划的请示》、《市政府常务会议纪要》和《深圳市建设项目选址意见书》等政府部门关于涉案项目的建设计划规划,"深华快速路—福龙路立交工程(一期)"属于社会公共利益重大建设项目。

| 问 题 |

1. 龙华区生态环境管理局于 2017 年 12 月 19 日作出《建设项目环境影响审查批复》的行为,属于什么性质的行为?为什么?

2. 本案可乐园小区业主不服龙华区生态环境管理局作出《建设项目环境影响审查批复》起诉的，适格的原告如何确定？

3. 本案管辖法院如何确定？

4. 若可乐园小区业主不服龙华区生态环境管理局作出的《建设项目环境影响审查批复》申请行政复议，复议机关如何确定？为什么？

5. 龙华区生态环境管理局作出的《建设项目环境影响审查批复》是否合法？为什么？

6. 本案法院如何判决？为什么？

每天醒来，叫醒自己的不是钟声，而是梦想。

8 CASE | 案 情 |

2023 年 1 月 3 日上午 9 时 30 分，福州市鼓楼区文广局的执法队员李某和温某对仙指魔琴网吧未取得网络文化经营许可证违法从事互联网上网服务经营活动进行查处，现场扣押了网吧电脑主机、显示器、服务器等物品，并制作了《扣押物品清单》，清单载明了物品数量，对物品性能等基本情况未作说明，未经网吧签字确认。在扣押过程中，网吧的经营者马某进行阻挠，鼓楼区政府工作人员将其带离至城关街道办事处的一个堆放杂物的仓库中，直至 1 月 5 日 15 时许才放其离开。

1 月 14 日，马某认为鼓楼区政府限制其人身自由并造成损害，向鼓楼区政府提交行政赔偿申请书。鼓楼区政府作出不予赔偿决定告知书，告知马某其所提供的材料不能证明区政府存在限制其人身自由的违法行为，故区政府不是行政赔偿义务机关。马某不服不予赔偿决定告知书向法院提起诉讼，请求确认鼓楼区政府不予赔偿决定违法，并赔偿损失 1200 元。一审法院以本案未经确认违法即要求赔偿不符合法定起诉条件为由裁定驳回起诉。

1 月 27 日，仙指魔琴网吧不服扣押行为提起行政诉讼，要求鼓楼区文广局赔偿。在诉讼过程中，双方对扣押的显示器是否在扣押期间损坏发生争议。

注：仙指魔琴网吧是营业执照上载明的字号。

| 问 题 |

1. 马某不服不予赔偿决定告知书向法院提起诉讼，管辖法院如何确定？请阐明理由。
2. 针对马某不服不予赔偿决定告知书向法院提起的诉讼，一审法院以本案未经确认违法即要求赔偿不符合法定起诉条件为由裁定驳回起诉，这种做法是否正确？请阐明理由。
3. 仙指魔琴网吧不服扣押行为提起行政诉讼，适格原告如何确定？请阐明理由。
4. 鼓楼区文广局的扣押行为是否合法？请阐明理由。
5. “对扣押的显示器是否在扣押期间损坏”这一事实由谁来承担举证责任？请阐明理由。
6. 若鼓楼区文广局无正当理由拒不到庭，法院应如何处理？

9 CASE | 案 情 |

桑植县水利局依据湖南省水利厅对《桑植县玉泉河等河道砂石开采权有偿出让方案》的批复及桑植县政府关于县内河道采砂权有偿出让的批复，于2018年9月30日委托拍卖机构发布拍卖公告对桑植县澧水干流、南、中、北源等河流河道砂石开采权进行公开拍卖，其中标段二为刘家河花兰电站库区。拍卖公告对办理采砂许可证的条件未予公示告知。

杨国先参与标段二竞买，之后以100万元竞得，与桑植县水利局签订《拍卖成交确认书》，并向拍卖机构缴纳拍卖佣金5万元。

2018年12月23日，杨国先与桑植县水利局签订《出让合同》，出让年限为3年即从2018年12月23日至2021年12月22日。签订合同前，桑植县水利局未就办理采砂许可证所需的材料向杨国先进行告知，也未对杨国先是否符合申请河道采砂许可证条件进行审查。在双方签订的合同中，桑植县水利局未列明申请办理河道采砂许可证所需要提交的材料。合同签订后，桑植县水利局于2020年5月5日给杨国先送达办理河道采砂许可证的通知，并列明需要提交的相关资料。

杨国先为履行合同于2019年修建六耳塔至老狮洞公路一条，造采砂船两套(四艘)，经司法鉴定，所建道路评估原值为20.72万元，采砂船评估原值为80万元，净值为40.8万元。杨国先为办理砂场先后向湖南桑植农村商业银行股份有限公司龙潭坪支行贷款两笔，一笔50万元，贷款期间为2018年10月1日至2021年2月27日；另一笔50万元，贷款时间为2019年3月3日，至今未还。两笔贷款共计100万元，月利率为10.25‰。

另查明，桑植县水利局出让的刘家河花兰电站库区河段属1996年经国务院批准成立的湖南张家界大鲵国家级自然保护区核心区、缓冲区范围内。该河道采砂权有偿出让行为未经该自然保护区管理处及相关主管部门的批准。2020年9月14日，杨国先向桑植县水利局提交书面申请，要求桑植县水利局发放河道采砂许可证。桑植县水利局于2020年9月23日作出答复告知不能办理河道采砂许可证。双方因履行合同发生争议后，至今未协商解决。

桑植县水利局至今未给杨国先颁发河道采砂许可证。桑植县水利局的行为严重违反合同约定，导致杨国先无法进行采砂作业，合同无法实际履行，向法院提起诉讼，请求：(1)请求确认被告不履行行政协议违法。(2)判令被告赔偿原告以下损失：返还出让价款100万元及其利息、拍卖成交佣金5万元；四艘采砂船及一条公路造价成本及利息；鉴定费用2万元由被告承担。

材料一：《自然保护区条例》第26条：禁止在自然保护区内进行砍伐、放牧、狩猎、捕捞、采药、开垦、烧荒、开矿、采石、挖沙等活动；但是，法律、行政法规另有规定的除外。

材料二：《矿产资源法》第20条，非经国务院授权的有关主管部门同意，不得在下列地区开采矿产资源：……(五)国家划定的自然保护区……

材料三：最高人民法院《关于审理矿业权纠纷案件适用法律若干问题的解释》第18条：当事人约定在自然保护区、风景名胜区、重点生态功能区、生态环境敏感区和脆弱区等区域内勘查开采矿产资源，违反法律、行政法规的强制性规定或者损害环境公共利益的，人民法院应依法认定合同无效。

| 问 题 |

1. 河道采砂许可证属于哪一性质的许可事项？按照什么程序实施？
2. 杨国先与桑植县水利局签订的《出让合同》的法律效力如何？为什么？
3. 法院审理本案能否适用民事法律规范？
4. 原告请求确认被告签订的《出让合同》违法，法院如何判决？为什么？
5. 本案是否需要返还出让价款100万元及赔偿其贷款利息？为什么？

6. 本案其余损失是否赔偿？为什么？

每天醒来，敲醒自己的不是钟声，而是梦想。

第7天

10 CASE | 案 情 |

陈某的机动车驾驶证载明其准驾车型为 C1。

2021 年 6 月 13 日，陈某驾驶轻便摩托车被执勤民警当场查获，经抽血鉴定，陈某血液中乙醇含量达到醉酒标准。

8 月 6 日，陈某因危险驾驶罪，被判处拘役一个月，缓刑二个月，并处罚金 2000 元。

8 月 20 日，某市公安局交警支队认定陈某实施了醉酒驾驶机动车的违法行为，依据《道路交通安全法》第 91 条第 2 款的规定，决定吊销其机动车驾驶证。陈某不服，认为其 C1 驾驶证的准驾车型不包含普通二轮摩托车，某市公安局交警支队吊销其汽车 C1 驾驶证的决定未能准确区分摩托车和汽车，起诉请求撤销该处理决定。

材料：《道路交通安全法》第 91 条第 2 款：醉酒驾驶机动车的，由公安机关交通管理部门约束至酒醒，吊销机动车驾驶证，依法追究刑事责任；五年内不得重新取得机动车驾驶证。

《道路交通安全法》第 119 条：本法中下列用语的含义：

（一）"道路"，是指公路、城市道路和虽在单位管辖范围但允许社会机动车通行的地方，包括广场、公共停车场等用于公众通行的场所。

（二）"车辆"，是指机动车和非机动车。

（三）"机动车"，是指以动力装置驱动或者牵引，上道路行驶的供人员乘用或者用于运送物品以及进行工程专项作业的轮式车辆。

（四）"非机动车"，是指以人力或者畜力驱动，上道路行驶的交通工具，以及虽有动力装置驱动但设计最高时速、空车质量、外形尺寸符合有关国家标准的残疾人机动轮椅车、电动自行车等交通工具。

（五）"交通事故"，是指车辆在道路上因过错或者意外造成的人身伤亡或者财产损失的事件。

| 问 题 |

1. 被告如何确定？请阐明具体理由。
2. 吊销机动车驾驶证是否属于行政许可的撤销？请阐明具体理由。
3. 某市公安局交警支队的处理决定是否违反了"一事不再罚"的原则？请阐明具体理由。
4. 某市公安局交警支队的处理决定是否违反比例原则而构成滥用职权？请阐明具体理由。
5. 本案法院的级别管辖如何确定？
6. 法院能否单方决定适用行政诉讼简易程序审理陈某提起的行政诉讼？请阐明具体理由。

七、问答式主观题预测与演练参考答案

1 CASE | **参考答案** |

1. 可以。旗山公司生产、销售不符合安全标准的食品导致食品安全事故，违法行为涉及公民生命健康且造成了危害后果，根据《行政处罚法》第36条的规定，本案行政处罚的追责期限应当为5年。所以，甲县市场监管局可以在2022年10月对旗山公司于2019年1月生产、销售不符合安全标准的食品实施行政处罚。

2. 应当及时将案件移交给司法机关（甲县公安局）。根据《行政处罚法》第27条第1款的规定，违法行为涉嫌犯罪的，行政机关应当及时将案件移送司法机关，依法追究刑事责任。本案中，甲县市场监管局在对旗山公司的违法行为进行行政处罚办案期间，发现该公司的违法行为涉嫌犯罪的，应当及时将案件移交给司法机关（甲县公安局）。

3. 不违反一事不再罚。根据《行政处罚法》第29条的规定，对当事人的同一个违法行为，不得给予2次以上罚款的行政处罚。同一个违法行为违反多个法律规范应当给予罚款处罚的，按照罚款数额高的规定处罚。本案中，法院对旗山公司的法定代表人处以罚金，甲县市场监管局对旗山公司处以罚款，处罚的对象不是同一个当事人，故不构成违反一事不再罚。

4. 不扣除成本。根据《行政处罚法》第28条第2款的规定，当事人有违法所得，除依法应当退赔的外，应当予以没收。违法所得是指实施违法行为所取得的款项。没收违法所得如果扣除成本，无法体现行政处罚的制裁、惩戒性，故不扣除成本。

5. 甲县市场监管局和甲县政府为本案的共同被告。根据《行政诉讼解释》第133条的规定，复议机关以复议请求不成立为由驳回复议申请的，属于复议维持。甲县政府以旗山公司的复议请求理由不成立，驳回了复议申请，属于实体驳回，实质上甲县市场监管局的行政处罚决定在结果意义上没有被改变。本案是复议维持案件。甲县市场监管局和甲县政府为本案的共同被告。

6. 由基层人民法院管辖。根据《行政诉讼解释》第134条第3款的规定，复议机关作共同被告的案件，以作出原行政行为的行政机关确定案件的级别管辖。本案为复议维持案件，以原机关甲县市场监管局确定级别管辖为基层人民法院。

2 CASE | **参考答案** |

1. 行政强制措施。因为华强公司生产排污超标，严重污染环境，经市政府专题会议讨论，要求华强公司停止技改后的复产，但是华强公司拒不执行政府意见，继续进行生产，为制止违法行为、防止危险扩大，A市经信委的内设机构电力执法支队作出3号限电通知，决定对华强公司采取限制供电的暂时性控制措施。3号限电通知符合行政强制措施的法定要件，属于行政强制措施。

2. 电力执法支队不是本案的被告，A市经信委才是本案的适格被告。A市经信委是法定的A市电力行政主管部门，作为A市经信委内设机构的电力执法支队，不具有独立的行政主体资格，不能以自己的名义对外作出行政行为，不是本案的适格被告，电力执法支队实施行政活动的法律责任由A市经信委承担。所以，本案的被告为A市经信委。

3. 无权设定。因为限制供电属于行政强制措施，而地方性法规只能设定查封、扣押的行政强制措施。故限制供电的行政强制措施只能由法律或者行政法规设定。因此，《省电力设施保护和供用电秩序维护条例》作为地方性法规无权设定限制供电的行政强制措施。

4. 不可以提起行政诉讼。《关于对A华强玻璃制品有限公司暂实施中止供电的事先告知书》

(〔2020〕1 号)是拟作出对华强公司中止供电的行为,还没有对华强公司权利义务作出最终的安排,属于过程性行为,故不可以提起行政诉讼。

5. 不合法。电力执法支队为 A 市经信委的内设机构,没有行政主体资格,不能单独对外作出行政决定;而且《省电力设施保护和供用电秩序维护条例》作为地方性法规无权设定限制供电的行政强制措施。A 市经信委电力执法支队作出 3 号限电通知属于超越职权。

6. 法院应当判决撤销 3 号限电通知。

3 CASE | 参考答案 |

1. 不合法。存在两个方面的违法:第一,《房屋征收价值评估分户表》与第 46 号《补偿决定》同日送达,使黄源江失去了在第 46 号《补偿决定》作出前申请复核评估及鉴定的机会。第二,侵犯了黄源江补偿方式的选择权。根据《国有土地上房屋征收与补偿条例》第 21 条第 1 款的规定,宁陵县政府在《补偿决定》中将补偿安置方式确定为货币补偿,侵犯了黄源江对补偿安置方式的选择权,其有权选择货币补偿或者房屋置换。

2. 法院需要审查第 10 号《征收决定》的合法性,但该决定不是法院裁判的对象。由于第 10 号《征收决定》是作出房屋征收补偿决定的根本前提,即第 10 号《征收决定》是前置性行政行为,第 46 号《补偿决定》是承继行政行为。前置性行政行为违法的,承继性行政行为也构成违法。虽然行政相对人并未起诉前置性行政行为,但由于前置性行政行为是承继性行政行为实施的根本前提,故法院应当对前置性行政行为的合法性进行审查。

3. 由中级人民法院管辖。根据《行政诉讼法》第 15 条的规定,县级以上地方人民政府所作的行政行为提起诉讼的案件由中级人民法院管辖。本案中,作出第 46 号《补偿决定》的是宁陵县政府,故被告为宁陵县政府,应当由中级人民法院管辖。

4. 被告是宁陵县城管执法局。根据《行政诉讼解释》第 20 条的规定,县棚户区改造工程指挥部是宁陵县城管执法局设立的临时机构,并没有独立对外实施强制执行的职权,没有行政主体资格,因此无法成为行政诉讼的被告,应当以宁陵县城管执法局为被告提起行政诉讼。

5. 不合法。宁陵县城管执法局无权强制执行。根据《国有土地上房屋征收与补偿条例》第 28 条的规定,被征收人在法定期限内不申请复议或者不提起诉讼,在补偿决定规定期限内又不搬迁的,由宁陵县政府依法申请人民法院强制执行。故本案应由宁陵县政府依法申请法院强制执行。

6. (1) 不合法。根据《政府信息公开条例》第 21 条的规定,宁陵县政府应当主动公开涉及土地征收、房屋征收等方面的政府信息。《国有土地上房屋征收与补偿条例》第 29 条第 1 款明确规定,房屋征收部门应当依法建立房屋征收补偿档案,并将分户补偿情况在房屋征收范围内向被征收人公布。(2) 根据《政府信息公开条例》第 15 条和第 32 条的规定,涉及个人隐私等公开会对第三方合法权益造成损害的政府信息,应当书面征求第三方的意见,第三方同意公开或者行政机关认为不公开会对公共利益造成重大影响的,予以公开。另外根据《政府信息公开条例》第 37 条的规定,申请公开的信息中含有不应当公开的内容,能够作区分处理的,行政机关应当向申请人提供可以公开的政府信息内容,并对不予公开的内容说明理由。

4 CASE | 参考答案 |

1. 属于政府信息。政府信息,是指行政机关在履行行政管理职能过程中制作或者获取的,以一定形式记录、保存的信息。B 县地方海事处作为 B 县的海事管理机构,负有对 B 县行政区域内发生的内河交通事故进行立案调查处理的职责,其在事故调查处理过程中制作或者获取的,以一定形式记录、保存的信息属于政府信息。

2. 有申请资格。因为根据《政府信息公开条例》第27条的规定，公民、法人或者其他组织可以向相关行政机关申请获取相关政府信息。

3. 根据《行政诉讼法》第82条规定，人民法院审理下列第一审行政案件，认为事实清楚、权利义务关系明确、争议不大的，可以适用简易程序：(1)被诉行政行为是依法当场作出的；(2)案件涉及款额2000元以下的；(3)属于政府信息公开案件的。此外，当事人各方同意适用简易程序的，可以适用简易程序。发回重审、按照审判监督程序再审的案件不适用简易程序。本案属于政府信息公开案件，可以适用简易程序审理。

4. 在政府信息不存在诉讼中，被告应当对"政府信息不存在的答复"这一行政行为的合法性承担举证责任。具体而言，对于诉讼争议焦点"政府信息是否存在"这一事实的认定，首先，应当由被告针对"信息不存在"的主张承担已经尽到合理查找检索、义务的证明责任；其次，由原告针对"信息存在"承担向法院提交该政府信息已由被告制作或者保存的证明责任。若被告"信息不存在"的证据不能明显优于原告"信息存在"的证据，法院对于被告有关政府信息不存在的主张不予支持。

5. B县地方海事处作出的《政府信息告知书》(〔2015〕第006号)违法，应当判决予以撤销，责令被告在一定期限内对原告的申请重新答复，同时撤销复议决定。

5 CASE ｜参考答案｜

1. 不具有本案公益诉讼的原告资格。根据《行政诉讼法》第25条第4款的规定，针对秀山县农委不履行法定职责提起行政公益诉讼的，适格原告只能是秀山县人民检察院，合法登记的某食品安全公益组织没有提起本案行政公益诉讼的原告资格。

2. 向行政机关提出检察建议是提起行政公益诉讼必经的前置程序。根据最高人民法院、最高人民检察院《关于检察公益诉讼案件适用法律若干问题的解释》第21条的规定，人民检察院提起行政公益诉讼需要先向秀山县农委提出检察建议，督促其依法履行法定职责后仍不依法履行法定职责的，再向法院提起行政公益诉讼。故向行政机关提出检察建议是提起行政公益诉讼必经的前置程序。

3. 根据最高人民法院、最高人民检察院《关于检察公益诉讼案件适用法律若干问题的解释》第22条的规定，人民检察院提起行政公益诉讼应当提交下列材料：(1)行政公益诉讼起诉书，并按照被告人数提出副本；(2)被告违法行使职权或者不作为，致使国家利益或者社会公共利益受到侵害的证明材料；(3)已经履行诉前程序，行政机关仍不依法履行职责或者纠正违法行为的证明材料。

4. (1)没有超过起诉期限。根据《行政诉讼法》第46条第1款的规定，2021年5月28日，公益诉讼起诉人对秀山县农委整改情况跟进监督，发现其仍然未整改到位，于2021年11月9日向法院提起行政公益诉讼，并未超过6个月的起诉期限。(2)由秀山县人民法院管辖。最高人民法院、最高人民检察院《关于检察公益诉讼案件适用法律若干问题的解释》第5条第2款规定，基层人民检察院提起的第一审行政公益诉讼案件，由被诉行政机关所在地基层人民法院管辖。秀山县人民检察院是提起本案公益诉讼的适格原告，秀山县农委为被告，故本案应当由秀山县人民法院管辖。

5. 可以撤诉。秀山县农委在本案公益诉讼审理过程中，由原本履行法定职责不到位改变为依法履行了法定职责，人民检察院的诉讼请求全部实现，根据最高人民法院、最高人民检察院《关于检察公益诉讼案件适用法律若干问题的解释》第24条的规定，人民检察院撤回起诉的，人民法院应当裁定准许。

6. 法院作出确认违法判决。秀山县农委在本案公益诉讼审理过程中，由原本履行法定职责不到位改变为履行了法定职责，人民检察院变更诉讼请求，请求确认原行政行为违法的，根据最高人民法院、最高人民检察院《关于检察公益诉讼案件适用法律若干问题的解释》第24条和《行政诉讼法》第74条的规定,人民法院应当判决确认违法。

6 CASE | 参考答案 |

1. 本案的被告为杭州市西湖区生态环境局。《行政诉讼法》第26条第6款规定,行政机关被撤销或者职权变更的,继续行使其职权的行政机关是被告。本案中,2021年9月杭州市西湖区环境保护局被撤销,其职能由杭州市西湖区生态环境局承继。因此,本案的被告为杭州市西湖区生态环境局。

2. 不应当组织听证。《行政处罚法》第63条规定,行政机关拟作出下列行政处罚决定,应当告知当事人有要求听证的权利,当事人要求听证的,行政机关应当组织听证:(1)较大数额罚款;(2)没收较大数额违法所得、没收较大价值非法财物;(3)降低资质等级、吊销许可证件;(4)责令停产停业、责令关闭、限制从业;(5)其他较重的行政处罚;(6)法律、法规、规章规定的其他情形。当事人不承担行政机关组织听证的费用。本案中,杭州市西湖区环境保护局作出3号处罚决定罚款8万元,属于作出较大数额罚款,所以应当告知老港废弃物处置公司享有要求组织听证的权利。若老港废弃物处置公司申请组织听证,则组织听证;若未申请组织听证,则无须组织听证。

3. 杭州市政府作为设区的市政府无权决定将处罚权下放。《行政处罚法》第24条第1款规定:省、自治区、直辖市根据当地实际情况,可以决定将基层管理迫切需要的县级人民政府部门的行政处罚权交由能够有效承接的乡镇人民政府、街道办事处行使,并定期组织评估。决定应当公布。可见,有权决定将县级人民政府部门的行政处罚权交由街道办事处行使的是省、自治区、直辖市,可以是省级人民政府,或者省级人大及其常委会。杭州市政府作为设区的市政府无权决定将处罚权下放。

4. 杭州市西湖区环境保护局作出3号处罚决定不需要收集老港废弃物处置公司存在主观过错的证据。《行政处罚法》第33条第2款规定:当事人有证据足以证明没有主观过错的,不予行政处罚。法律、行政法规另有规定的,从其规定。可见,我国《行政处罚法》采用的是"过错推定",即行政相对人只要实施了行政违法行为即可推定相对人主观上存在故意或者过失,若相对人没有证据证明其主观没有过错,则行政机关可以给予行政处罚。故一般情形之下,杭州市西湖区环境保护局作出3号处罚决定不需要收集老港废弃物处置公司存在主观过错的证据。

5. 不成立。根据《大气污染防治法》第80条的规定可知,采取措施的目的在于"防止排放恶臭气体",为了达到该目的,"应当科学选址,设置合理的防护距离,并安装净化装置或者采取其他措施"。因此,"未采取措施"应是指未充分采取必要的措施。本案中,老港废弃物处置公司仅采取开启除尘雾炮机等部分措施,并未充分采取用膜对暴露垃圾面进行覆盖、在填埋场作业区域垃圾暴露面喷洒生物菌除臭液、收集填埋气导出利用等必要措施,构成未采取措施防止排放恶臭气体违法情形。杭州市西湖区环境保护局据此作出行政处罚决定,认定事实清楚,适用法律正确,并不违法。

6. 不可以适用简易程序审理。行政诉讼适用简易程序审理的案件有两类,即法定案件和合意案件。(1)法定案件有3种情形:①被诉行政行为是依法当场作出的;②案件涉及款额2000元以下的;③属于政府信息公开案件的。(2)合意案件:当事人各方均同意适用简易程序的案件。对于本案,法院不可以适用简易程序审理,因为涉案金额超过2000元的行政诉讼案件,必须原告和被告都同意,才能适用简易程序审理。

7. 不合法。根据《行政处罚法》第41条的规定,首先,利用电子技术监控设备收集、固定违法事实的,应当经过法制和技术审核,确保电子技术监控设备符合标准、设置合理、标志明显,设置地点应当向社会公布。本案设置隐蔽式监控设备的做法是错误的。其次,行政机关应当审核电子技术监控设备记录内容是否符合要求;未经审核或者经审核不符合要求的,不得作为行政处罚的证据。本案中,监控设备记录未经审核即作为环境处罚的依据是错误的。最后,行政机关不得限制或者变相限制当事人享有的陈述权、申辩权。本案限制当事人只能通过下载并按要求操作"浙里办"App 这种形式进行陈述和申辩,变相限制了当事人享有的陈述权、申辩权,构成违法。

7 CASE | 参考答案 |

1. 属于行政许可。龙华区生态环境管理局于 2017 年 12 月 19 日作出《建设项目环境影响审查批复》的行为,是依据《行政许可法》及环境保护、环境影响评价法规作出的行政许可行为。

2. 可乐园小区业主委员会对于龙华区生态环境管理局作出的涉及业主共有利益的行政行为,可以自己的名义提起诉讼。可乐园小区业主委员会不起诉的,专有部分占建筑物总面积过半数或者占总户数过半数的业主可以提起诉讼。

3. 由深圳市龙华区人民法院管辖。本案被诉行政行为由龙华区生态环境管理局作出,因此被告是龙华区生态环境管理局,故应当由被告所在地基层人民法院管辖,即由深圳市龙华区人民法院管辖。

4. 龙华区人民政府为复议机关。《行政复议法》第 24 条第 1 款规定:"县级以上地方各级人民政府管辖下列行政复议案件:(一)对本级人民政府工作部门作出的行政行为不服的;(二)对下一级人民政府作出的行政行为不服的;(三)对本级人民政府依法设立的派出机关作出的行政行为不服的;(四)对本级人民政府或者其工作部门管理的法律、法规、规章授权的组织作出的行政行为不服的。"本案被诉行政行为由深圳市龙华区生态环境管理局作出,因此复议机关可以是龙华区人民政府。

5. 不合法。龙华区生态环境管理局在行政许可程序中,未向利害关系人可乐园小区业主或业主委员会直接告知申请听证的权利,网站审批前公示存在错误,以致未能依法听证,违反《环境保护行政许可听证暂行办法》第 5 条、第 6 条、第 30 条关于先听证、后许可的规定,构成程序违法。《建设项目环境影响报告表》未对运行期振动污染进行环境影响分析与评价,对运营期振动防治措施的建议缺乏运行期振动污染的环境影响分析评价以对照判断,《建设项目环境影响审查批复》对可乐园小区运营期振动污染环评存在缺陷,涉案批复事实依据并不充足。所以,《建设项目环境影响审查批复》存在程序违法、实体内容欠缺,故不合法。

6. 法院应当判决确认龙华区生态环境管理局作出的《建设项目环境影响审查批复》违法,并判决其采取相应的补救措施。《建设项目环境影响审查批复》存在程序违法、实体内容欠缺,故不合法。因"深华快速路—福龙路立交工程(一期)"建设项目属于社会公共利益重大建设项目,若撤销《建设项目环境影响审查批复》会给涉案项目造成迟延,从而给社会公共利益造成重大损失,所以,《建设项目环境影响审查批复》不宜撤销,故法院应当判决确认龙华区生态环境管理局作出的《建设项目环境影响审查批复》违法,并判决被告采取相应的补救措施。

8 CASE | 参考答案 |

1. 由福州市中级人民法院管辖。本案中,作出不予赔偿决定告知书的是鼓楼区政府,故被告为鼓楼区政府,是县级以上地方人民政府。根据《行政诉讼法》第 15 条的规定,对县级以上地方人民政府所作的行政行为提起诉讼的案件,由中级人民法院管辖。根据《行政诉讼法》第 18 条的规定,行政案件由最初作出行政行为的行政机关所在地人民法院管辖。所以,本案应当由福州市中级人民法院管辖。

2. 不正确。依据《国家赔偿法》第 14 条第 2 款和最高人民法院《关于审理行政赔偿案件若干问题的规定》第 3 条第 2 项的规定，赔偿请求人对不予赔偿决定不服的，可以向人民法院提起诉讼，属于行政赔偿诉讼的受案范围。所以，一审法院以本案未经确认违法即要求赔偿不符合法定起诉条件为由裁定驳回起诉，是错误的。

3. 仙指魔琴网吧是适格的原告。根据《行政诉讼解释》第 15 条第 2 款的规定，个体工商户向人民法院提起诉讼的，以营业执照上登记的经营者为原告。有字号的，以营业执照上登记的字号为原告，并应当注明该字号经营者的基本信息。本案"仙指魔琴网吧"系个体工商户营业执照上登记的字号，不服扣押行为提起行政诉讼，应当以"仙指魔琴网吧"这个字号的名义提起行政诉讼。

4. 鼓楼区文广局的扣押行为违法。根据《行政强制法》第 18 条和第 24 条的规定，鼓楼区文广局的扣押行为违法的具体事由有二：一是实施前未向行政机关负责人报告并经批准即在非紧急情况下实施现场扣押行为；二是未制作扣押决定书，仅制作了扣押清单，扣押清单对物品性能等基本情况未作说明，且扣押清单未经仙指魔琴网吧签字。

5. 由鼓楼区文广局承担举证责任。根据最高人民法院《关于审理行政赔偿案件若干问题的规定》第 11 条第 1 款的规定，行政赔偿诉讼中，原告应当对行政行为造成的损害提供证据；因被告的原因导致原告无法举证的，由被告承担举证责任。本案中，鼓楼区文广局虽制作了扣押物品清单，但清单既未明确载明扣押物品的情况，也未经被扣押人签字确认。鼓楼区文广局作为扣押人，应当提供证据证明发还时不能正常使用的显示器在扣押时已经损坏的事实，否则，应承担不利后果。

6. 若鼓楼区文广局无正当理由拒不到庭，法院可以：(1)依法缺席判决；(2)将拒不到庭的情况予以公告；(3)可以向鼓楼区监察机关或者福州市政府提出依法给予鼓楼区文广局主要负责人或者直接责任人员处分的司法建议。依据为《行政诉讼法》第 66 条第 2 款的规定。

9 CASE | **参考答案** |

1. 河道采砂许可证属于特许事项。本案河道采砂许可证属于《行政许可法》第 12 条第 2 项规定有限自然资源开发利用等需要赋予特定权利的事项，是特许事项。根据《行政许可法》第 53 条第 1 款的规定，实施本法第 12 条第 2 项所列特许事项的行政许可的，行政机关应当通过招标、拍卖等公平竞争的方式作出决定。

2.《出让合同》明显且重大违法，是无效合同。根据《自然保护区条例》第 26 条的规定，禁止在自然保护区内进行开矿、采石、挖沙等活动。根据《矿产资源法》第 20 条第 5 项的规定，非经国务院授权的有关主管部门同意，不得在国家划定的自然保护区开采矿产资源。由于《出让合同》项下的采砂河段在实施拍卖和签订出让协议时已是国家级自然保护区范围，属于禁止采砂区域，该河道采砂权有偿出让行为未经国务院授权的有关主管部门同意，桑植县水利局违反上述禁止性规定，实施拍卖出让，所签订的《出让合同》明显且重大违法，系无效合同。

3. 可以适用民事法律规范关于民事合同的有关规定。最高人民法院《关于审理行政协议案件若干问题的规定》第 27 条第 2 款规定：人民法院审理行政协议案件，可以参照适用民事法律规范关于民事合同的相关规定。

4. 作出确认无效判决。根据《行政诉讼法》第 75 条和最高人民法院《关于审理行政协议案件若干问题的规定》第 12 条的规定，行政协议存在重大且明显违法情形的，法院应当确认行政协议无效。本案中《出让合同》明显且重大违法，系无效合同，因此，原告请求确认被告签订的《出让合同》违法，依据《行政诉讼解释》第 94 条第 1 款的规定，法院可以作出确认无效判决。

5. 应返还出让价款 100 万元及赔偿其贷款利息。根据最高人民法院《关于审理行政赔偿案件若干问题的规定》第29条的规定,依照《国家赔偿法》第36条规定返还的财产系国家批准的金融机构贷款的,除返还贷款本金外,还应当支付该贷款借贷状态下的贷款利息,贷款利息属于直接损失。因为案涉100万元系国家批准的金融机构贷款,除返还贷款本金外,还应当支付该贷款借贷状态下的贷款利息。

6. 应赔偿的其余损失包括:拍卖佣金5万元;制备采砂船的损失;修建道路的损失;鉴定费用2万元。根据《国家赔偿法》第36条第8项的规定,对财产权造成其他损害的,按照直接损失给予赔偿。

10 CASE | 参考答案 |

1. 某市公安局交警支队是被告。根据《行政诉讼法解释》第20条第2款的规定,法律、法规或者规章授权行使行政职权的行政机关内设机构、派出机构或者其他组织,超出法定授权范围实施行政行为,当事人不服提起诉讼的,应当以实施该行为的机构或者组织为被告。本案中,交警支队系某市公安局设立的内设机构,获得《道路交通安全法》的授权,有权作出案涉处罚,故某市公安局交警支队为被告。

2. 不属于。行政许可的撤销是指在行政许可的授予过程中存在违法情形,由有权机关取消该行政许可的行为。本案中,陈某因为醉酒驾驶摩托车这一违法行为被交警支队吊销机动车驾驶证,目的在于制裁和惩戒,所以吊销机动车驾驶证性质属于行政处罚。

3. 没有违反"一事不再罚"原则。根据《行政处罚法》第29条的规定,对当事人的同一个违法行为,不得给予两次以上罚款的行政处罚。同一个违法行为违反多个法律规范应当给予罚款处罚的,按照罚款数额高的规定处罚。本案中,陈某因醉酒驾驶同时违反了行政法律规范和刑事法律规范,某市公安局交警支队给予吊销机动车驾驶证的行政处罚,法院判处其犯危险驾驶罪,前者是行政处罚,后者是刑事处罚,不是给予陈某两次以上的罚款,故不违反"一事不再罚"原则。

4. 不违反比例原则,也不构成滥用职权。根据《道路交通安全法》第91条第2款的规定,醉酒驾驶机动车的,由公安机关交通管理部门约束至酒醒,吊销机动车驾驶证,依法追究刑事责任。本案中,某市公安局交警支队因陈某醉酒驾驶摩托车的行为构成醉酒驾驶机动车,应依法吊销其机动车驾驶证。该处罚系剥夺驾驶人驾驶任何类型机动车的资格,与驾驶人所持驾驶证的准驾车型和实际驾驶车型无关。故吊销其机动车驾驶证的处理决定是合法且恰当的,没有违反比例原则,也就不构成滥用职权。

5. 由基层人民法院管辖。根据《行政诉讼法》第15条的规定,对国务院部门或者县级以上地方政府所作的行政行为提起诉讼的案件,由中级人民法院管辖。本案中,作出吊销机动车驾驶证行为的是某市公安局交警支队,故被告为某市公安局交警支队,应当由基层人民法院管辖。

6. 法院无权单方决定适用简易程序。根据《行政诉讼法》第82条第1、2款的规定,法院审理下列第一审行政案件,认为事实清楚、权利义务关系明确、争议不大的,可以适用简易程序:(1)被诉行政行为是依法当场作出的;(2)案件涉及款额2000元以下的;(3)属于政府信息公开案件的。除前款规定以外的第一审行政案件,当事人各方同意适用简易程序的,可以适用简易程序。本案被诉行为是吊销机动车驾驶证,明显不属于上述情形。只能根据行政诉讼原告和被告双方之合意选择简易程序,法院无权单方决定适用简易程序。

第六节 商 法

一、历年真题考点分析

年份	所涉考点		考查方向
2023	公司法	对外担保	担保的决议、越权担保的效力
		股权转让	股权对外转让
		代持股	名义股东处分股权的行为效力
		法定代表人	法定代表人的辞任和越权行为的效力
		出资瑕疵	补充责任
2022	公司法	股东权利	分红权、知情权
		股权转让	股权转让条件
		股东会	股东会表决规则和决议效力
	合伙企业法	合伙企业设立	设立的规则
		合伙债务	个人债务的承担
2021	公司法	股东资格	股东的出资
			股东的变更登记
		股东权利	股东会的表决权
			股东的优先购买权
		公司的组织机构	总经理的解聘
2020	公司法	股权转让	股权转让条件
		董事的任免	任免程序
		增资程序	股东优先认购权
		股东资格	股东资格的解除
2019	公司法	公司特征	人格否认制度
		股东资格	代持股协议
			股权质权的善意取得
		股权转让	股权被法院强制执行的执行异议
			股权被法院强制拍卖的实际出资人权利救济
		股东权利	新股优先认购权
	企业破产法	重整程序	重整原因、重整计划、重整程序的执行与终止
	票据法	汇票	票据的出票行为、质押背书

行动是治愈恐惧的良药，而犹豫、拖延将不断滋养恐惧。

续表

年份	所涉考点		考查方向
2018	公司法	股东出资	他人垫付出资的股权归属
			瑕疵出资的股权转让
			瑕疵出资的补充赔偿责任
		股权转让	伪造股权转让合同的股权归属
			股权善意取得
		代持股	实际出资人就股权执行的执行异议

二、必考点解读与预测

从2018年开始，法律职业资格考试不再公布真题，根据广大考生的反馈，2018～2023年在主观题考查部分，第五道大题仍为商法和行政法的选做题，商法部分共6小问，分值为28分。由此可以看出，在主观题商法的命题上，经过几年的摸索，无论是考查内容、分值、题目数量都相对稳定。

鉴于2023年《公司法》的出台，我们预计2024年商法的主观题仍然会针对《公司法》的核心考点来展开，如股东权利、公司和股东诉讼、公司治理、股权转让、股东出资瑕疵责任、代持股协议、公司解散和清算等。要关注2020年《民法典》出台后，《公司法》相关司法解释和《企业破产法》相关司法解释的内容与《民法典》相关内容的衔接、尤其要特别关注2023年《公司法》修订的主要变化，详见以下的考点总结归纳。生僻的考点每年都会出现，好在所占比例较小，考生尽力而为即可，不必面面俱到；实务性问题的考查显著增加，考生需要关注社会经济生活中的热点问题和最高人民法院的典型指导案例，因为这些都有可能被改编成考试的题目。

考点一 公司法人人格否认制度

项目	内容
概念	公司法人人格否认制度，是指在特定的法律关系中，如果公司股东滥用公司法人独立地位和股东有限责任，逃避债务，严重损害公司债权人利益的，应当对公司债务承担连带责任。 股东利用其控制的两个以上公司实施前款规定行为的，各公司应当对任一公司的债务承担连带责任。 只有一个股东的公司，股东不能证明公司财产独立于股东自己的财产的，应当对公司债务承担连带责任
目的	公司人格被否认，相关股东应当对公司债务承担连带责任
具体情形	1. 抽逃出资； 2. 股东未出资或者未足额出资； 3. 母公司对子公司的无度操纵、干预； 4. 股东对公司财产混同、业务混同造成的人格混同

注意：在主观题中公司法人人格否认制度主要考察适用的情形和公司法人人格否认之诉的主体资格、举证责任、前提条件等。

考点二 发起人责任

发起人责任	有限责任公司设立时的股东为设立公司从事的民事活动,其法律后果由公司承受。 公司未成立的,其法律后果由公司设立时的股东承受;设立时的股东为二人以上的,享有连带债权,承担连带债务。 设立时的股东为设立公司以自己的名义从事民事活动产生的民事责任,第三人有权选择请求公司或者公司设立时的股东承担。 设立时的股东因履行公司设立职责造成他人损害的,公司或者无过错的股东承担赔偿责任后,可以向有过错的股东追偿

考点三 公司资本维持原则

该原则具体体现在下列制度上:

1. 有限责任公司的股东在公司登记成立后不得抽逃出资。

具体表现形式包括:

(1)制作虚假财务会计报表虚增利润进行分配;

(2)通过虚构债权债务关系将其出资转出;

(3)利用关联交易将出资转出;

(4)其他未经法定程序将出资抽回的行为。

违反前款规定的,股东应当返还抽逃的出资;给公司造成损失的,负有责任的董事、监事、高级管理人员应当与该股东承担连带赔偿责任。

2. 提示:

(1)股东抽逃出资,公司或者其他股东请求其向公司返还出资本息、协助抽逃出资的其他股东、董事、高级管理人员或者实际控制人对此承担连带责任的,人民法院应予支持。

(2)公司债权人请求抽逃出资的股东在抽逃出资本息范围内对公司债务不能清偿的部分承担补充赔偿责任、协助抽逃出资的其他股东、董事、高级管理人员或者实际控制人对此承担连带责任的,人民法院应予支持。

注意:①公司债权人请求抽逃出资的股东承担责任,需要在公司债务不能清偿的情形下。

②如果不具备上述身份的,按照《民法典》第1168条的规定,以共同侵权处理。

考点四 公司合并、分立与增资、减资

项目		内容
合并	分类	公司合并可以采取吸收合并或新设合并。 一个公司吸收其他公司为吸收合并,被吸收的公司解散; 两个以上公司合并设立一个新的公司为新设合并,合并各方解散。 【图示1】吸收合并:甲+乙=甲 【图示2】新设合并:甲+乙=丙 公司与其持股百分之九十以上的公司合并,被合并的公司不需经股东会决议,但应当通知其他股东,其他股东有权请求公司按照合理的价格收购其股权或者股份。 公司合并支付的价款不超过本公司净资产百分之十的,可以不经股东会决议;但是,公司章程另有规定的除外。 公司依照前两款规定合并不经股东会决议的,应当经董事会决议
	程序	公司合并,应当由合并各方签订合并协议,并编制资产负债表及财产清单。公司应当自作出合并决议之日起10日内通知债权人,并于30日内在报纸上或者国家企业信用信息公示系统公告。债权人自接到通知之日起30日内,未接到通知的自公告之日起45日内,可以要求公司清偿债务或者提供相应的担保
	责任承担	公司合并时,合并各方的债权、债务,应当由合并后存续的公司或者新设的公司承继

行动是治愈恐惧的良药,而犹豫、拖延将不断滋养恐惧。

续表

项目		内容
分立	分类	公司分立，其财产作相应的分割；可以采取解散分立与存续分立。 【图示1】解散分立：甲 = 乙 + 丙 【图示2】存续分立：甲 = 甲 + 乙
	程序	公司分立，应当编制资产负债表及财产清单。公司应当自作出分立决议之日起10日内通知债权人，并于30日内在报纸上或者国家企业信用信息公示系统公告
	责任承担	公司分立前的债务由分立后的公司承担连带责任。但是，公司在分立前与债权人就债务清偿达成的书面协议另有约定的除外
增资		1. 公司增资的时候，应当由董事会制定方案，提交股东会决议。 2. 公司增资的时候，需要修改公司章程。 3. 公司增资的时候，需要向市场监督管理部门办理注册资本的变更登记。 **注意**：*减资的规定与此处增资的规定相同*
减资		1. 公司减少注册资本，应当编制资产负债表及财产清单。 2. 公司应当自股东会作出减少注册资本决议之日起10日内通知债权人，并于30内在报纸上或者国家企业信用信息公示系统公告。债权人自接到通知之日起30日内，未接到通知的自公告之日起45日内，有权要求公司清偿债务或者提供相应的担保。 3. 公司依照《公司法》第214条第2款的规定弥补亏损后，仍有亏损的，可以减少注册资本弥补亏损。减少注册资本弥补亏损的，公司不得向股东分配，也不得免除股东缴纳出资或者股款的义务。公司依照规定减少注册资本后，在法定公积金和任意公积金累计额达到公司注册资本50%前，不得分配利润。 4. 违反本法规定减少注册资本的，股东应当退还其收到的资金，减免股东出资的应当恢复原状；给公司造成损失的，股东及负有责任的董事、监事、高级管理人员应当承担赔偿责任

考点五 “两会”决议瑕疵

项目		内容
公司决议瑕疵的诉讼	公司决议不成立	有下列情形之一的，公司股东会、董事会的决议不成立： (1)未召开股东会、董事会会议作出决议； (2)股东会、董事会会议未对决议事项进行表决； (3)出席会议的人数或者所持表决权数未达到本法或者公司章程规定的人数或者所持表决权数； (4)同意决议事项的人数或者所持表决权数未达到本法或者公司章程规定的人数或者所持表决权数
	公司决议的无效	公司股东会、董事会的决议内容违反法律、行政法规的无效
	公司决议的撤销	1. 公司股东会、董事会的会议召集程序、表决方式违反法律、行政法规或者公司章程，或者决议内容违反公司章程的，股东自决议作出之日起60日内，可以请求人民法院撤销。但是，股东会、董事会的会议召集程序或者表决方式仅有轻微瑕疵，对决议未产生实质影响的除外。 2. 未被通知参加股东会会议的股东自知道或者应当知道股东会决议作出之日起60日内，可以请求人民法院撤销；自决议作出之日起1年内没有行使撤销权的，撤销权消灭

续表

项目	内容
司法解释规定	**最高人民法院《关于适用〈中华人民共和国公司法〉若干问题的规定(四)》(以下简称《公司法解释(四)》)关于股东会、董事会决议效力的规定:** **第2条** 依据《民法典》第85条、《公司法》第22条第2款(现为第26条第1款)请求撤销股东会或者股东大会、董事会决议的原告,应当在起诉时具有公司股东资格。 **第3条** 原告请求确认股东会或者股东大会、董事会决议不成立、无效或者撤销决议的案件,应当列公司为被告。对决议涉及的其他利害关系人,可以依法列为第三人。 一审法庭辩论终结前,其他有原告资格的人以相同的诉讼请求申请参加前款规定诉讼的,可以列为共同原告。 **第4条** 股东请求撤销股东会或者股东大会、董事会决议,符合《民法典》第85条、《公司法》第22条第2款(现为第26条第1款)规定的,人民法院应当予以支持,但会议召集程序或者表决方式仅有轻微瑕疵,且对决议未产生实质影响的,人民法院不予支持。 **第6条** 股东会或者股东大会、董事会决议被人民法院判决确认无效或者撤销的,公司依据该决议与善意相对人形成的民事法律关系不受影响

考点六 股东代表诉讼

项目		内容
股东代表诉讼	概念	股东代表诉讼,又称派生诉讼、股东代位诉讼,是指当公司的合法权益受到不法侵害而公司却怠于起诉时,公司的股东即以自己的名义起诉,而所获赔偿归于公司的一种诉讼形态
	流程	1. 董事、高级管理人员执行公司职务时违反法律、行政法规或者公司章程的规定,给公司造成损失的,有限责任公司的股东、股份有限公司连续180日以上单独或者合计持有公司1%以上股份的股东,可以书面请求监事会向法院提起诉讼;监事有该种情形的,前述股东可以书面请求董事会向法院提起诉讼。 2. 监事会或者董事会收到上述规定的股东书面请求后拒绝提起诉讼,或者自收到请求之日起30内未提起诉讼,或者情况紧急、不立即提起诉讼将会使公司利益受到难以弥补的损害的,上述规定的股东有权为公司利益以自己的名义直接向法院提起诉讼。 3. 他人侵犯公司合法权益,给公司造成损失的,上述股东可以依照前述规定向法院提起诉讼。 4. 公司全资子公司的董事、监事、高级管理人员有前条规定情形,或者他人侵犯公司全资子公司合法权益造成损失的,有限责任公司的股东、股份有限公司连续180日以上单独或者合计持有公司1%以上股份的股东,可以依照前三款规定书面请求全资子公司的监事会、董事会向法院提起诉讼或者以自己的名义直接向法院提起诉讼

续表

项目		内容
		《公司法解释(四)》关于股东代表诉讼的规定： **第23条** 监事会或者不设监事会的有限责任公司的监事依据《公司法》第151条(现为第189条，下同)第1款规定对董事、高级管理人员提起诉讼的，应当列公司为原告，依法由监事会主席或者不设监事会的有限责任公司的监事代表公司进行诉讼。 董事会或者不设董事会的有限责任公司的执行董事依据《公司法》第151条第1款规定对监事提起诉讼的，或者依据《公司法》第151条第3款规定对他人提起诉讼的，应当列公司为原告，依法由董事长或者执行董事代表公司进行诉讼。 **第26条** 股东依据《公司法》第151条第2款、第3款规定直接提起诉讼的案件，其诉讼请求部分或者全部得到人民法院支持的，公司应当承担股东因参加诉讼支付的合理费用

考点七 瑕疵出资的法律责任

1. 股东应当按期足额缴纳公司章程规定的各自所认缴的出资额。

股东以货币出资的，应当将货币出资足额存入有限责任公司在银行开设的账户；以非货币财产出资的，应当依法办理其财产权的转移手续。

股东未按期足额缴纳出资的，除应当向公司足额缴纳外，还应当对给公司造成的损失承担赔偿责任。

2. 有限责任公司设立时，股东未按照公司章程规定实际缴纳出资，或者实际出资的非货币财产的实际价额显著低于所认缴的出资额的，设立时的其他股东与该股东在出资不足的范围内承担连带责任。

有限责任公司成立后，董事会应当对股东的出资情况进行核查，发现股东未按期足额缴纳公司章程规定的出资的，应当由公司向该股东发出书面催缴书，催缴出资。

未及时履行前款规定的义务，给公司造成损失的，负有责任的董事应当承担赔偿责任。

关联考点：

股东未按照公司章程规定的出资日期缴纳出资，公司依照规定发出书面催缴书催缴出资的，可以载明缴纳出资的宽限期；宽限期自公司发出催缴书之日起，不得少于60日。宽限期届满，股东仍未履行出资义务的，公司经董事会决议可以向该股东发出失权通知，通知应当以书面形式发出。自通知发出之日起，该股东丧失其未缴纳出资的股权。

依照前款规定丧失的股权应当依法转让，或者相应减少注册资本并注销该股权；6个月内未转让或者注销的，由公司其他股东按照其出资比例足额缴纳相应出资。

股东对失权有异议的，应当自接到失权通知之日起30日内，向人民法院提起诉讼。

(1)出资的资金来源不合法，应如何处理？

答：出资有效，取得股权；发现后拍卖变卖该股权，国家没收财产。

(2)他人替代出资出现瑕疵时应由谁来承担责任？

答：由本人负责。

(3)瑕疵出资对股东资格的取得和公司的成立有何影响?

答:没有影响。

(4)公司可否豁免股东的出资义务?

答:不可以。

(5)股东的瑕疵出资可否以诉讼时效进行抗辩?

答:不可以,继续缴纳。

(6)公司可否将瑕疵出资的股东除名?

答:先催告,仍不缴,再除名。

(7)公司可否限制瑕疵出资股东行使权利?

答:股东未履行或者未全面履行出资义务或者抽逃出资,公司根据公司章程或者股东会决议对其利润分配请求权、新股优先认购权、剩余财产分配请求权等股东权利作出相应的合理限制,该股东请求认定该限制无效的,人民法院不予支持。

(8)出资贬值如何处理?

答:不受影响。

考点八 股东知情权

有限责任公司的股东有权查阅、复制公司章程、股东名册、股东会会议记录、董事会会议决议、监事会会议决议和财务会计报告。

股东可以要求查阅公司会计账簿、会计凭证。股东要求查阅公司会计账簿、会计凭证的,应当向公司提出书面请求,说明目的。公司有合理根据认为股东查阅会计账簿、会计凭证有不正当目的,可能损害公司合法利益的,可以拒绝提供查阅,并应当自股东提出书面请求之日起15日内书面答复股东并说明理由。公司拒绝提供查阅的,股东可以向法院提起诉讼。

股东查阅前款规定的材料,可以委托会计师事务所、律师事务所等中介机构进行。

股东及其委托的会计师事务所、律师事务所等中介机构查阅、复制有关材料,应当遵守有关保护国家秘密、商业秘密、个人隐私、个人信息等法律、行政法规的规定。

《公司法解释(四)》的有关规定:

第8条 有限责任公司有证据证明股东存在下列情形之一的,人民法院应当认定股东有《公司法》第33条(现为第57条)第2款规定的"不正当目的":(1)股东自营或者为他人经营与公司主营业务有实质性竞争关系业务的,但公司章程另有规定或者全体股东另有约定的除外;(2)股东为了向他人通报有关信息查阅公司会计账簿,可能损害公司合法利益的;(3)股东在向公司提出查阅请求之日前的3年内,曾通过查阅公司会计账簿,向他人通报有关信息损害公司合法利益的;(4)股东有不正当目的的其他情形。

第9条 公司章程、股东之间的协议等实质性剥夺股东依据《公司法》第33条(现为第57条)、第97条(现为第110条)规定查阅或者复制公司文件材料的权利,公司以此为由拒绝股东查阅或者复制的,人民法院不予支持。

第10条第2款 股东依据人民法院生效判决查阅公司文件材料的,在该股东在场的情况下,可以由会计师、律师等依法或者依据执业行为规范负有保密义务的中介机构执业人员辅助

行动是治愈恐惧的良药,而犹豫、拖延将不断滋养恐惧。

进行。

第11条 股东行使知情权后泄露公司商业秘密导致公司合法利益受到损害，公司请求该股东赔偿相关损失的，人民法院应当予以支持。

根据本规定第10条辅助股东查阅公司文件材料的会计师、律师等泄露公司商业秘密导致公司合法利益受到损害，公司请求其赔偿相关损失的，人民法院应当予以支持。

第12条 公司董事、高级管理人员等未依法履行职责，导致公司未依法制作或者保存《公司法》第33条（现为第57条）、第97条（现为第110条）规定的公司文件材料，给股东造成损失，股东依法请求负有相应责任的公司董事、高级管理人员承担民事赔偿责任的，人民法院应当予以支持。

考点九 股权转让

项目	内容
对内转让	有限责任公司的股东之间可以相互转让其全部或者部分股权
对外转让	1. 协议转让：股东向股东以外的人转让股权的，应当将股权转让的数量、价格、支付方式和期限等事项书面通知其他股东，其他股东在同等条件下有优先购买权。股东自接到书面通知之日起30日内未答复的，视为放弃优先购买权。 两个以上股东行使优先购买权的，协商确定各自的购买比例；协商不成的，按照转让时各自的出资比例行使优先购买权。公司章程对股权转让另有规定的，从其规定
	2. 强制执行：法院依照法律规定的强制执行程序转让股东的股权时，应当通知公司及全体股东，其他股东在同等条件下有优先购买权。其他股东自人民法院通知之日起满20日不行使优先购买权的，视为放弃优先购买权。 **注意：**债权人强制执行债务人股东的股权数额应当以所负担的债务为限
	3. 股东的退出机制——异议股东回购请求权： 有下列情形之一的，对股东会该项决议投反对票的股东可以请求公司按照合理的价格收购其股权： （1）公司连续5年不向股东分配利润，而公司该5年连续盈利，并且符合本法规定的分配利润条件； （2）公司合并、分立、转让主要财产； （3）公司章程规定的营业期限届满或者章程规定的其他解散事由出现，股东会通过决议修改章程使公司存续。 **注意：** 公司的控股股东滥用股东权利，严重损害公司或者其他股东利益的，其他股东有权请求公司按照合理的价格收购其股权。 **《公司法》相关规定** 第86条　股东转让股权的，应当书面通知公司，请求变更股东名册；需要办理变更登记的，并请求公司向公司登记机关办理变更登记。公司拒绝或者在合理期限内不予答复的，转让人、受让人可以依法向人民法院提起诉讼。 股权转让的，受让人自记载于股东名册时起可以向公司主张行使股东权利。 第87条　依照本法转让股权后，公司应当及时注销原股东的出资证明书，向新股东签发出资证明书，并相应修改公司章程和股东名册中有关股东及其出资额的记载。对公司章程的该项修改不需再由股东会表决

续表

项目	内容
瑕疵出资的股权转让	第 88 条　股东转让已认缴出资但未届出资期限的股权的,由受让人承担缴纳该出资的义务;受让人未按期足额缴纳出资的,转让人对受让人未按期缴纳的出资承担补充责任。 未按照公司章程规定的出资日期缴纳出资或者作为出资的非货币财产的实际价额显著低于所认缴的出资额的股东转让股权的,转让人与受让人在出资不足的范围内承担连带责任;受让人不知道且不应当知道存在上述情形的,由转让人承担责任

考点十　股份转让限制

转让主体	内容
发起人	股东会会议召开前 20 日内或者公司决定分配股利的基准日前 5 日内,不得变更股东名册。法律、行政法规或者国务院证券监督管理机构对上市公司股东名册变更另有规定的,从其规定
	公司公开发行股份前已发行的股份,自公司股票在证券交易所上市交易之日起 1 年内不得转让
董监高	(1)所持本公司股份自公司股票上市交易之日起 1 年内不得转让; (2)上述人员离职后半年内,不得转让其所持有的本公司股份; (3)公司董事、监事、高级管理人员应当向公司申报所持有的本公司的股份及其变动情况,在就任时确定的任职期间每年转让的股份不得超过其所持有本公司股份总数的 25%; (4)股份在法律、行政法规规定的限制转让期限内出质的,质权人不得在限制转让期限内行使质权
注意:(1)公司章程可以对公司董事、监事、高级管理人员转让其所持有的本公司股份作出其他限制性规定。 (2)公司不得为他人取得本公司或者其母公司的股份提供赠与、借款、担保以及其他财务资助,公司实施员工持股计划的除外。 为公司利益,经股东会决议,或者董事会按照公司章程或者股东会的授权作出决议,公司可以为他人取得本公司或者其母公司的股份提供财务资助,但财务资助的累计总额不得超过已发行股本总额的 10%。董事会作出决议应当经全体董事的 2/3 以上通过	

三、答题模板

1. 以法条为核心,辅助以习题和教材。

商法作为法条型的学科,应在理解的基础上通过归纳、总结、对比、联想等方法加强记忆,保证对知识点的熟练程度,同时还要理解重点法条背后的立法原意,做到知其然还知其所以然。要更加重视真题的价值和作用,不仅要通过做真题查缺补漏,而且要通过试题了解命题的思路,掌握答题的技巧,综合运用所学到的知识解决实际问题。

2. 抓重点和难点,切忌全面复习。

法律职业资格考试的一个特点就是重者恒重,考试重点比较突出。复习的关键是要做到区别对待,即针对考试内容所占分值大小和难易程度,制定不同的复习策略,做到有重点、有层次、有先后、有取舍,切忌面面俱到,重点在真题当中。

3. 重视考题的综合性。

从近几年命题的趋势来看，考题的综合性越来越强，民法和商法内容的融合越来越紧密，甚至把民事诉讼法的内容也穿插进去，这一点在2018～2023年的法考当中得到了充分的体现，对考生的能力要求也就越来越高。为了达到事半功倍的效果，建议考生针对商法主观题主要考查公司法规定的特点，平时要多做有针对性的练习，提高自己在实战中应用法条解决实务问题的能力，只有练习得多了，才会慢慢有做题的感觉，也才能更深刻地体会商法主观题的考查角度和解题思路。

四、2023年真题(回忆版)与解析

｜案　情｜

2019年3月，张三、李四和甲公司、乙公司出资设立A公司，持股比例分别为13%、7%、49%、31%。章程规定自然人股东的出资在公司设立时一次性实缴到位，法人股东的出资分两期，第一期出资50%，在公司设立时实缴到位，第二期即剩余的50%出资在公司设立10年后履行；法定代表人对外签订合同的金额不得超过100万元，超出的须经董事会决议。董事会由甲公司指派的赵六、乙公司指派的王七和张三组成，赵六是A公司董事长兼法定代表人。

2021年，C公司与D公司有60万元的贷款合同，C公司请求A公司为该笔贷款提供担保，赵六遂以A公司名义签订了担保合同。

2022年，经其他股东同意，甲公司将股权转让给了丙公司。丙公司提议召开股东会，商定5年内股东不得对外转让股权，李四对该决议表示反对，其他股东表示同意，并修改了公司章程，但因公司职工疏忽，没有将章程进行变更登记。

后李四欲对外转让股权，伪造了其他股东同意其对外转让股权并放弃优先购买权的文书，将股权转让给不知情的王五，签订了转让协议，王五支付了股权转让价款。王五向A公司主张变更登记为公司股东，A公司予以拒绝。

2023年2月，因赵六与其他董事不和，经营理念存在矛盾冲突，赵六遂书面向A公司提出辞去法定代表人职务，但是并没有进行公司登记事项变更。

2023年3月，B公司找到赵六，欲与赵六签订买卖合同，并提出该合同利润丰厚，对A公司发展有利，赵六为了A公司利益，遂又以A公司名义对外签订了该买卖合同。B公司对赵六辞任A公司法定代表人一事并不知情。

A公司拖欠E公司600万元债务到期，法院判决该债权有效并被强制执行，E公司主张强制执行A公司股东尚未履行的出资。

｜问　题｜

1. 法定代表人赵六签订的债务担保合同是否有效？D公司能否向A公司主张担保责任？

2. A公司关于5年内不能对外转让股权的决议是否有效？李四对该决议表示反对后，该决议是否对其生效？

3. 王五能否善意取得李四转让的股权？

4. 赵六辞去法定代表人职务是否有效？

5. 赵六与B公司签订的买卖合同是否有效？

6. E公司能否主张对A公司股东尚未履行的出资予以执行？

｜参考答案｜

1. (1)法定代表人赵六签订的债务担保合同无效。依据《公司法》第15条第1款的规定，公司向其他企业投资或者为他人提供担保，按照公司章程的规定，由董事会或者股东会决议。由此可知，公司为他人提供担保，法定代表人无权单独决定，必须以董事会或者股东会决议为前提。本题

行动是治愈恐惧的良药，而犹豫、拖延将不断滋养恐惧。

第8天

中，赵六作为法定代表人并没有获得公司董事会或者股东会的决议，因此该担保合同无效。

（2）D公司不能向A公司主张担保责任。依据《担保制度解释》第7条第1款和第3款的规定，公司的法定代表人违反公司法关于公司对外担保决议程序的规定，超越权限代表公司与相对人订立担保合同，人民法院应当依照《民法典》第61条和第504条等规定处理：①相对人善意的，担保合同对公司发生效力；相对人请求公司承担担保责任的，人民法院应予支持。②相对人非善意的，担保合同对公司不发生效力；相对人请求公司承担赔偿责任的，参照适用本解释第17条的有关规定。这里所称善意，是指相对人在订立担保合同时不知道且不应当知道法定代表人超越权限。相对人有证据证明已对公司决议进行了合理审查，人民法院应当认定其构成善意。本题中，相对人D公司虽然不知道A公司对赵某的权限限制，但也应依法审查赵某提供的A公司相关决议，但D公司并没有进行必要的审查，故D公司主观上存有恶意，此时担保合同无效，D公司不能要求A公司承担担保责任。

2. A公司5年内禁止股权外转的决议有效，李四虽然对该决议表示反对，但该决议依然对其生效。《公司法》第84条第3款规定，公司章程对股权转让另有规定的，从其规定。可见股权转让虽然是股东的权利，但法律尊重公司章程的意思自治。依据《公司法》第66条第3款的规定，股东会作出修改公司章程的决议，应当经代表2/3以上表决权的股东通过。可见，章程的修改并不以登记为生效条件，员工疏忽未能及时登记也不影响章程已经获得修改的效力。本题中，除李四反对外，其他股东均同意，其表决权为93%，符合法律规定。

综上所述，A公司5年内禁止转让股权的决议合法有效，该决议对李四生效。

3. 王五不能善意取得李四转让的股权。依据《公司法解释（三）》第25条的规定，名义股东将登记于其名下的股权转让给他人的，可以参照适用《民法典》第311条善意取得制度。该解释第27条规定，股东已经转让股权，但未办理登记，原股东又将登记在其名下的股权转让的，可以参照《民法典》第311条善意取得制度。本题中，李四转让其名下的股权，是有权转让，李四既非名义股东也非一股二卖，不适用善意取得制度，故王五不能善意取得李四转让的股权。

4. 赵六辞去法定代表人职务无效。依据《公司法》第34条第1款的规定，公司登记事项发生变更的，应当依法办理变更登记。从理论上讲，法定代表人和公司并非简单的劳动合同关系，而是委任关系，不能如同普通劳动者一样通过辞职解除，必须办理变更登记。本题中，公司并未办理公司登记事项变更，所以赵六并没有辞去法定代表人职务。

5. 买卖合同有效。根据《民法典》第504条的规定，法人的法定代表人超越权限订立的合同，除相对人知道或者应当知道其超越权限外，该代表行为有效，订立的合同对法人发生效力。本题中，赵六虽然提出辞去法定代表人职务，但尚未办理公司登记事项变更，赵六仍然是公司的法定代表人，并且B公司对赵六辞任A公司法定代表人一事毫不知情，所以该合同有效。

6. E公司可以主张执行。《公司法》第50条规定，有限责任公司设立时，股东未按照公司章程规定实际缴纳出资，或者实际出资的非货币财产的实际价额显著低于所认缴的出资额的，设立时的其他股东与该股东在出资不足的范围内承担连带责任。第54条规定，公司不能清偿到期债务的，公司或者已到期债权的债权人有权要求已认缴出资但未届出资期限的股东提前缴纳出资。

《公司法司法解释（三）》第13条第2款规定，公司债权人请求未履行或者未全面履行出资义务的股东在未出资本息范围内对公司债务不能清偿的部分承担补充赔偿责任的，人民法院应予支持。

本题中，E公司作为A公司的债权人，有权主张对A公司股东尚未履行的出资予以执行来清偿A公司欠E公司的债务。

五、2022 年真题(回忆版)与解析

| 案 情 |

成立于 2015 年 6 月的有限责任公司甲,主要从事软件开发,股东分别为 A、B、C、D、E,各股东的持股比例依次为 55%、26%、11%、5%、3%,公司董事长兼法定代表人为 A。公司运行良好,产品开发也很成功。公司成立后一直未对股东分红。对此,E 一直很有意见,遂打算将其股权转让给经营相同业务的乙公司,并与乙公司进行了初步洽谈。为便于其股权估价,2019 年 5 月,E 向 A 提出查账要求,要求查阅甲公司成立后所有的会计账簿。A 得知 E 转让股权意图后,认为 E 的目的不正当,故拒绝其查阅要求。

2019 年 12 月,A 为担保其对丙公司所负 2 年期借款债务的履行,将其所持甲公司 27% 的股权转让给丙公司,并约定在 A 到期不偿还借款本息时,丙公司有权以该股权优先受偿。但在双方达成约定后,A 并未为丙公司在甲公司登记中办理相应的股东登记。

2020 年 3 月,A 在甲公司股东会上提议:第一,A、B、C、D、E 五人在甲公司之外,再行设立"丁合伙企业(有限合伙)",A 为普通合伙人,其余均为有限合伙人。第二,A 对丁合伙企业的出资,为其所持甲公司 54% 的股权;其余各合伙人的出资,为各自所持甲公司的全部股权。就该项提议除 E 表示强烈反对外,其余股东均表示赞同,遂形成相应的股东会决议。

2020 年 5 月,丁合伙企业成立,合伙人分别为 A、B、C、D;甲公司股东相应变更为 A、E 与丁合伙企业,持股比例分别为 1%、3% 与 96%;公司法定代表人仍为 A。

2022 年年初,A 无法清偿对丙公司的本息债务,丙公司遂就丁合伙企业所持甲公司 27% 的股权,主张优先受偿。

| 问 题 |

1. A 拒绝 E 的查阅请求是否合法?为什么?

2. A 与丙公司之间达成的约定是否有效?为什么?

3. 甲公司 2020 年 3 月形成的设立丁合伙企业的股东会决议,是否有效?为什么?

4. 甲公司 2020 年 3 月形成的将其股东股权转入丁合伙企业的股东会决议,是否有效?为什么?

5. 对甲公司股东会决议持反对意见的 E 能否向甲公司主张股权回购请求权?请说明理由。

6. 丙公司的优先受偿请求是否合理?为什么?

| 参考答案 |

1. 不合法。《公司法》第 57 条规定,股东有权查阅、复制公司章程、股东名册、股东会会议记录、董事会会议决议、监事会会议决议和财务会计报告。股东可以要求查阅公司会计账簿、会计凭证。股东要求查阅公司会计账簿、会计凭证的,应当向公司提出书面请求,说明目的。公司有合理根据认为股东查阅会计账簿、会计凭证有不正当目的,可能损害公司合法利益的,可以拒绝提供查阅,并应当自股东提出书面请求之日起 15 日内书面答复股东并说明理由。公司拒绝提供查阅的,股东可以向人民法院提起诉讼。股东查阅前款规定的材料,可以委托会计师事务所、律师事务所等中介机构进行。股东及其委托的会计师事务所、律师事务所等中介机构查阅、复制有关材料,应当遵守有关保护国家秘密、商业秘密、个人隐私、个人信息等法律、行政法规的规定。股东要求查阅、复制公司全资子公司相关材料的,适用前四款的规定。

本案中,E 是有限责任公司的股东,虽然 E 打算将其股权转让给经营相同业务的乙公司,但是 E 的查账目的是便于其股权估价。该查账要求合法合理,属于正当目的。基于此,甲公司不可以拒绝提供查阅,即 A 拒绝 E 的查阅请求不合法。

行动是治愈恐惧的良药,而犹豫、拖延将不断滋养恐惧。

第8天

2. 约定有效。《担保制度解释》第68条第1、2款规定，债务人或者第三人与债权人约定将财产形式上转移至债权人名下，债务人不履行到期债务，债权人有权对财产折价或者以拍卖、变卖该财产所得价款偿还债务的，人民法院应当认定该约定有效。当事人已经完成财产权利变动的公示，债务人不履行到期债务，债权人请求参照《民法典》关于担保物权的有关规定就该财产优先受偿的，人民法院应予支持。债务人或者第三人与债权人约定将财产形式上转移至债权人名下，债务人不履行到期债务，财产归债权人所有的，人民法院应当认定该约定无效，但是不影响当事人有关提供担保的意思表示的效力。当事人已经完成财产权利变动的公示，债务人不履行到期债务，债权人请求对该财产享有所有权的，人民法院不予支持；债权人请求参照《民法典》关于担保物权的规定对财产折价或者以拍卖、变卖该财产所得的价款优先受偿的，人民法院应予支持；债务人履行债务后请求返还财产，或者请求对财产折价或者以拍卖、变卖所得的价款清偿债务的，人民法院应予支持。本案中，A与丙公司之间的约定属于“股权让与担保”。若A到期不偿还借款本息时，丙公司有权以该股权优先受偿，该股权让与担保约定有效。当事人意思表示真实一致，并没有违反法律强制性规定。

3. 决议无效。根据《合伙企业法》第4条的规定，合伙协议依法由全体合伙人协商一致、以书面形式订立。股东会决议的内容是由A、B、C、D、E五人成立丁有限合伙企业，由A担任普通合伙人，B、C、D、E担任有限合伙人。各合伙人的出资形式为其所持有的甲公司股权。但是决议需要经过全体合伙人签名、盖章才能生效。本案中，E对设立丁合伙企业表示反对，所以合伙协议未生效。

4. 股东会决议有效。《合伙企业法》第16条规定，合伙人可以用货币、实物、知识产权、土地使用权或者其他财产权利出资，也可以用劳务出资。合伙人以实物、知识产权、土地使用权或者其他财产权利出资，需要评估作价的，可以由全体合伙人协商确定，也可以由全体合伙人委托法定评估机构评估。合伙人以劳务出资的，其评估办法由全体合伙人协商确定，并在合伙协议中载明。也就是说，合伙人可以用货币、实物、知识产权、土地使用权或者其他财产权利出资，本案中，A、B、C、D四人用股权出资为其他财产权利出资，因此甲公司将A、B、C、D四人的股东股权于2020年3月转入丁合伙企业的股东会决议有效，并没有损害E的利益，因此，该股东会决议在A、B、C、D之间有效，只是对E不产生效力。

5. 不可以。《公司法》第89条第1款规定：“有下列情形之一的，对股东会该项决议投反对票的股东可以请求公司按照合理的价格收购其股权：(一)公司连续五年不向股东分配利润，而公司该五年连续盈利，并且符合本法规定的分配利润条件；(二)公司合并、分立、转让主要财产；(三)公司章程规定的营业期限届满或者章程规定的其他解散事由出现，股东会通过决议修改章程使公司存续的。”本案不属于上述异议股东回购请求权所规定的法定情形，所以对甲公司股东会决议持反对意见的E不能向甲公司主张股权回购请求权。

6. 不合理。《担保制度解释》第68条第1、2款规定，债务人或者第三人与债权人约定将财产形式上转移至债权人名下，债务人不履行到期债务，债权人有权对财产折价或者以拍卖、变卖该财产所得价款偿还债务的，人民法院应当认定该约定有效。当事人已经完成财产权利变动的公示，债务人不履行到期债务，债权人请求参照《民法典》关于担保物权的有关规定就该财产优先受偿的，人民法院应予支持。债务人或者第三人与债权人约定将财产形式上转移至债权人名下，债务人不履行到期债务，财产归债权人所有的，人民法院应当认定该约定无效，但是不影响当事人有关提供担保的意思表示的效力。当事人已经完成财产权利变动的公示，债务人不履行到期债务，债权人请求对该财产享有所有权的，人民法院不予支持；债权人请求参照《民法典》关于担保物权的规定对财产折价或者以拍卖、变卖该财产所得的价款优先受偿的，人民法院应予支持；债务人履行债务后请求返还财产，或者请求对财产折价或者以拍卖、变卖所得的价款清偿债务的，人民法院应予支持。

本案中，虽然A与丙公司之间约定了股权让与担保，但是股权未办理登记，不发生效力。所以丙公司不能向丁有限合伙企业主张就标的股权优先受偿。

六、问答式主观题预测与演练

1 CASE | 案　情 |

新川面馆是一家成立于2018年1月的有限责任公司，注册资本1000万元，发起人股东有曹某、李某、孟某、刘某，各股东认缴的出资比例分别为40%、30%、20%、10%。曹某为公司董事长，曹某、李某、孟某为公司董事，职工王某为公司监事，董事会聘任贾某为公司经理。

公司章程规定股东不可以把股权对外转让，由于孟某背景深厚，章程特别约定给孟某分30%的利润。

孟某用幸福小区的一套房子出资，但只是把房子交给新川面馆使用，一直没有办理过户手续。

2018年5月，在董事长曹某的执意要求下，李某把200万元现金直接打到曹某的个人账户，曹某以个人名义给李某出具了收据，并未将该笔现金打到公司的银行账户上，其余款项李某迟迟未缴付。

公司成立之后，曹某多次挪用公司的资金炒股获利丰厚，导致公司现金流高度紧张，新川面馆的正常经营受到很大的影响，李某、孟某对曹某的行为听之任之，一直未采取任何主动的措施。刘某忍无可忍，2018年10月直接到法院以自己名义进行了诉讼。

2019年2月，孟某在贾某的协助下，代表新川面馆与孟某妻子花花开办的食品公司签署了价值300万元的购货合同，但真实的货款金额仅为100万元。

李某对新川面馆经营不善的情况一直心存疑虑，2019年5月向经理贾某提出查阅公司财务会计报告的要求，被贾某以可能泄露公司财务情况为由直接拒绝。李某遂以知情权受到侵害为由要求解散公司。

| 问　题 |

1. 公司章程规定的内容是否存在问题？
2. 孟某是否已经履行了出资义务？
3. 李某把200万元现金直接打到董事长曹某的个人账户，是否已经履行了部分出资义务？
4. 刘某是否有权直接以自己的名义向法院起诉？
5. 孟某的行为是否构成了抽逃出资？贾某需要承担责任吗？
6. 李某可否以知情权受到侵害为由要求解散公司？

2 CASE | 案 情 |

2023 年 4 月，曹某、李某、孟某、刘某四人投资设立新川面馆有限公司，注册资本 1000 万元。各股东认缴出资比例分别为 40%、30%、20%、10%。孟某用自有房屋出资，评估价值 200 万元。2023 年 5 月，公司发现该房屋真实价值应为 100 万元。李某用租赁的设备向公司进行了出资，公司对租赁一事不知情。曹某用现金出资，但迟迟未缴付出资。刘某用持有的华象公司的股权出资，但该股权已经为其在银行的贷款进行了担保。公司章程约定所有股东的分红权利无论股权大小一律平等。

2023 年 6 月，杨某加入新川面馆有限公司。

2023 年 7 月，公司董事会决定为本公司股东李某的个人借贷提供担保。同月，公司查明，孟某和花花之间存在代持股协议，花花才是实际的投资人，而由于花花是国家公务人员，公司一直拒绝承认该协议的效力。

2023 年 8 月，孟某把其 10% 的股权私下转让给李某，并没有通知其他的股东。

| 问 题 |

1. 各个股东的出资存在哪些问题？是否会影响他们取得股东资格？
2. 公司章程约定所有股东的分红权利无论股权大小一律平等合法吗？为什么？
3. 杨某对于股东出资不实的情况需要承担责任吗？
4. 公司董事会决定为本公司股东李某的个人借贷提供担保的做法合法吗？怎么救济？
5. 孟某和花花之间的代持股协议效力如何？
6. 孟某把其 10% 的股权私下转让给李某、并且没有通知其他股东的做法合法吗？

3 CASE | 案 情 |

新川面馆是一家成立于2019年3月1日的有限责任公司，注册资本1000万元，股东有曹某、李某、孟某、刘某四人，分别持股60%、15%、15%、10%，章程规定公司成立时股东应一次性缴清出资。曹某为公司董事长、法定代表人，李某和孟某为公司董事。公司的股东名册记载了四位股东的姓名，但在办理公司登记事项登记时由于工作人员的疏忽遗漏了孟某的名字。刘某本应出资100万元，但缴付50万元后剩余部分因要买房迟迟未缴付。

2019年5月，曹某召集并主持了公司的股东会会议，作出以下决议：(1)修改公司章程，在接下来的6年内即便公司有可供分配的利润也不进行分红；(2)因有一名监事去世，决定由李某兼任公司监事；(3)鉴于公司现金流充裕，免除刘某剩余的出资义务。

2021年9月，由于股东们对于业务并不精通，于是董事会聘请贾某为公司总经理，贾某此前曾担任一家长期经营不善、负债累累的公司的董事，2019年到任后仅1个月该公司就被宣告破产。

2022年7月，曹某未经股东会同意，将公司的老客户王某介绍给亲戚开设的另一家餐饮公司，签订了设备转让合同并取得好处费50万元。

2022年9月，公司发现孟某尚欠缴出资80万元，但孟某认为由于已过诉讼时效，自己无须再缴纳。

2022年10月，因为公司业绩长期低迷，公司召开股东会解散公司并进行清算。但公司迟迟不成立清算组进行清算，接下来公司利害关系人申请法院指定由股东和债权人共同组成清算组，公司清算组在清算期间继续为公司扩展业务。

| 问 题 |

1. 孟某是否具有股东资格？可否参与公司分红？

2. 2019年5月公司召开的股东会会议有哪些违法之处？决议的效力如何？这些违法行为是否导致公司不能成立？

3. 贾某可否被聘请为公司的总经理？

4. 曹某给亲戚介绍生意的行为合法吗？后果是什么？

5. 公司清算组的行为都存在哪些问题？

6. 孟某的主张是否成立？为什么？

4 CASE | 案 情 |

新川面馆是曹某、李某、孟某、刘某、邱某、陈某六人于 2015 年 1 月投资设立的有限责任公司，注册资本 1000 万元。各股东认缴出资比例分别为 40%、20%、15%、10%、8%、7%。曹某任董事长，李某、孟某为董事，邱某为监事，刘某为总经理。

2017 年 2 月，公司资产负债表显示未分配利润为亏损 50 万元，由于是第一年，其他股东均对此表示理解，只有李某认为该数据不可靠，企业应有至少 100 万元的可分配利润，遂向法院起诉新川面馆和其余几位股东，要求公司分红。

2018 年 2 月，经过核算，2017 年度公司的税后利润为 500 万元，股东会决议提取 50 万元的法定公积金和 100 万元的任意公积金。

2019 年 3 月，新川面馆在董事长曹某的召集和主持下召开了股东会，作出决定限制出资不足的刘某的利润分配请求权，并对出资不实的陈某直接作出了除名的决定。

2020 年 8 月，在未通知董事长曹某的情况下，李某直接召集和主持了董事会，自此之后公司董事之间矛盾重重，公司的经营也每况愈下。

2023 年 6 月，债权人驴得水副食公司向新川面馆主张到期货款 100 万元，新川面馆无力清偿，驴得水副食公司经过调查最终查明李某的现金出资仅到账 50 万元，驴得水副食公司遂向李某提出连带赔偿的要求。

| 问 题 |

1. 李某起诉新川面馆和其余几位股东要求分红的做法是否合法？

2. 新川面馆可否就李某的诉讼请求提出抗辩？

3. 股东会决议提取 50 万元的法定公积金和 100 万元的任意公积金的做法是否合法？应如何提取？

4. 新川面馆在 2019 年 3 月召开的股东会存在哪些问题？

5. 新川面馆在 2020 年 8 月召开的董事会存在什么问题？其效力如何？

6. 驴得水副食公司可否向李某提出连带赔偿的要求？为什么？

5 CASE | 案 情 |

新川面馆是曹某、李某、孟某、刘某四人于2017年1月28日投资设立的有限责任公司，注册资本1000万元。各股东认缴出资比例分别为40%、30%、20%、10%，其中，曹某认缴出资400万元，曹某以现金出资，这400万元出资是曹某之前担任市建委主任时受贿所得。李某用一项专利技术出资，作价300万元。孟某用一套拉面设备出资，作价200万元，在公司成立时就已交付到公司使用，事后公司发现该设备为孟某自某公司租赁而来。刘某用一张金额为100万元的汇票作为出资，其中，华象公司为出票人，刘某为收款人，工商银行为付款人。曹某任公司董事长，李某、孟某为董事，刘某为总经理。

2017年2月1日，经公司审核发现，李某的专利出资真实价值仅为200万元。

2017年2月2日，刘某出资的汇票，在持票人新川面馆向工商银行提示承兑时，被工商银行以华象公司银行账户资金不足为由予以拒绝。

李某的另一个身份为大恒公司的董事长，李某的专利技术出资实际上来自大恒公司，李某与大恒公司签署了《代持股协议》，约定由大恒公司实际出资给新川面馆，股权由李某代为持有。2017年5月2日，大恒公司发现李某在新川面馆的股东会决议中多次超越《代持股协议》中所约定的权限擅作主张，大恒公司遂召开股东会罢免了李某的董事长职务，并向新川面馆提出来由大恒公司直接行使股东权利。

2022年6月3日，新川面馆股东会作出增加公司的注册资本200万元的决议，除曹某同意外其他股东均投了反对票。

公司整体经营情况不错，自2017年2月开始至2023年5月连续盈利，但在股东会决议是否分红这个问题上，每次曹某和李某都以要扩大公司规模为由反对分红，其他股东都赞成分红。2023年6月孟某以公司决议违法为由，向法院起诉要求人民法院撤销新川面馆股东会作出的不分红的决议。

| 问 题 |

1. 曹某、李某、孟某三人的出资是否存在问题？存在哪些问题？是否会影响他们取得股东的资格？

2. 刘某的出资是否存在问题？新川面馆可以采取哪些救济措施？

3. 李某与大恒公司签署的《代持股协议》效力如何？

4. 大恒公司召开股东会罢免李某的董事长职务的做法是否存在问题？大恒公司的主张是否能够得到支持？

5. 新川面馆股东会作出的增加公司注册资本200万元的决议效力如何？

6. 新川面馆连续6年盈利，股东会每年都作出了不分红的决议，该决议效力如何？

6 CASE | 案 情 |

新川面馆是曹某、李某、孟某、刘某四人于2020年1月28日投资设立的有限责任公司，注册资本1000万元。各股东认缴出资比例分别为40%、30%、20%、10%。曹某任公司董事长，李某、孟某为董事，刘某为总经理。

2020年6月，刘某未经股东会同意，将本属于新川面馆的一个难得的商业机会介绍给弟媳花花开办的餐饮公司并因此取得好处费80万元。

2022年6月5日，曹某准备把其持有的10%的新川面馆的股权对外转让，并且就股权转让的事项以书面形式通知其他股东，通知的转让价格是每股50万元，其实际转让价格仅为每股10万元。这个消息被孟某无意中听到，孟某遂于6月25日向曹某提出按照每股10万元的价格购买曹某持有的10%的新川面馆的股权。

新川面馆的经营情况越来越好，股权的价值显著提高，李某经过孟某、刘某二人的同意，即便曹某表示反对，仍然坚持将名下股权以1500万元的价格转让给好朋友乔某。李某的出资实际上来自大恒公司，李某与大恒公司签署了《代持股协议》，约定由大恒公司实际出资给新川面馆，股权由李某代为持有。乔某对李某和大恒公司之间签订的合同内容并不知情。

2022年9月，曹某主持召开股东会，会议决定吸收合并建伟面馆，除乔某外，其余股东均表示同意，股东会作出了合并建伟面馆的决议。

2023年9月，新川面馆改制为股份有限公司，并成功上市，曹某担任公司的董事长。

| 问 题 |

1. 刘某获取的好处费80万元该如何处理？该交易是否有效？

2. 孟某向曹某提出按照每股10万元的价格购买曹某持有的10%的新川面馆的股权，该请求是否会获得支持？

3. 李某与乔某的股权转让协议效力如何？

4. 大恒公司该如何救济自己的权利？

5. 新川面馆吸收合并建伟面馆的股东会决议效力如何？该合并程序该如何进行？

6. 曹某持有的新川面馆股份有限公司的股份在公司上市后，转让的时候应受到哪些约束？

7 CASE | 案 情 |

新川面馆是曹某、李某、孟某、刘某、邱某、陈某六人于2020年1月投资设立的有限责任公司，注册资本1000万元。各股东认缴出资比例分别为40%、20%、15%、10%、8%、7%。

孟某喜欢收藏名表，此次用现金加手表来出资，其中一块名牌手表被评估价值10万元，其实际价值仅为27500元，甲评估机构对此出具了不实的评估报告。

邱某早年在新加坡经营药材生意，其主打的“乾坤大力丸”享誉东南亚。后邱某在北京昌平小汤山开办制药公司，其生产的药品也深受当地患者的青睐，在新川面馆成立时邱某决定用商誉来出资。

曹某任董事长，李某、孟某为董事，邱某为监事，刘某为总经理。

新川面馆章程作出以下规定：(1)董事长有权直接更换其他董事；(2)董事长有权聘任或解聘公司的总经理；(3)董事会的表决按照股东的出资比例来行使。

2021年5月，陈某利用职务之便，让新川面馆从小舅子张某处高价购置一批调味料，导致公司损失200万元。公司账面资产为300万元，对华象公司负债400万元，债权人华象公司多次要求新川面馆还债，均遭到拒绝，华象公司向法院提起诉讼。

经过调整，从2022年1月新川面馆的经营状况开始步入正轨。为了扩大影响力，遂决定在上海开办全资子公司，在广州设置分公司，为了便于管理，上海子公司和广州分公司的财务均与新川面馆合并管理。2022年5月，城隍庙公司因上海子公司拖欠货款而向新川面馆要求支付。

2023年10月，新川面馆生意兴隆，顾客等待时间增长。新川面馆决定购置一批扑克牌和香烟卖给顾客，以缓解顾客急躁的情绪。

| 问 题 |

1. 孟某、邱某二人的出资是否存在问题？存在哪些问题？
2. 新川面馆章程的规定是否存在问题？存在哪些问题？
3. 债权人华象公司可否向新川面馆和陈某主张权利？主张二者承担何种责任？
4. 上海子公司和广州分公司的财务可否与新川面馆合并管理？
5. 城隍庙公司因上海子公司拖欠货款可否向新川面馆要求支付？
6. 新川面馆购买扑克牌和香烟卖给顾客的行为是否合法？法律后果如何？

8 CASE |案 情|

新川面馆是曹某、李某、孟某、刘某、邱某、陈某六人于2015年1月投资设立的有限责任公司，注册资本1000万元。各股东认缴出资比例分别为40%、20%、15%、10%、8%、7%，其中，曹某用现金出资，首期出资200万元，剩余出资直到公司破产都没有缴上。李某是大学教授，具有较高的知名度，遂以个人信用出资，作价200万元。孟某用一套拉面的专利设备出资，作价150万元，在公司成立之前就已交付到公司使用，事后公司发现该设备的真实价值仅为100万元。公司章程规定出资期限为公司成立之日起两年内缴足出资。曹某任董事长，李某、孟某、刘某为董事，邱某为监事，陈某为总经理。

2015年3月，新川面馆发现刘某的出资实际上是其弟刘二某提供，刘二某是某大学老师，不方便直接出面投资，因此和刘某签订合同，双方约定由刘二某实际出资并享有投资的收益。2016年4月，兄弟二人因家庭琐事翻脸，刘某经其他股东同意将名下股权以150万元的价格转让给好朋友杨某，杨某对刘某和刘二某签订的合同内容并不知情。

邱某和刘二某素有积怨，在得知刘二某在新川面馆的身份后遂决定退出，对外转让手中的股权。2016年5月10日，邱某书面通知了其他股东。陈某一直对自己小股东的身份非常不满，在得知邱某要转让股权的消息后马上找到邱某，并迅速和邱某就股权收购的事宜达成一致，准备以120万元的价格购买邱某手中的股权。5月20日，当陈某问邱某何时可以办理股权变更手续时，邱某却告诉陈某他放弃了股权转让，此举导致陈某损失40万元。

新川面馆整体经营情况不错，自2015年2月开始至2021年5月连续盈利，但在股东会决议是否分红这个问题上，每次曹某和李某都以要扩大公司规模为由反对分红，其他股东都赞成分红。2021年6月孟某以公司决议违法为由向法院起诉，要求人民法院撤销新川面馆股东会作出的不分红决议。

2022年5月10日，新川面馆股东会作出决议增加公司的注册资本500万元，除曹某同意外其他股东均投了反对票。

2023年10月1日，刘某外出旅行途中遭遇车祸不幸身故，只留下唯一的11周岁的继承人刘小某。刘小某欲继承刘某在新川面馆的股东资格，但公司章程规定继承人必须具有完全行为能力才可以继承股东资格。

|问 题|

1. 曹某、李某、孟某的出资存在哪些问题？如何改正？
2. 刘某和刘二某签订的协议是否有效？刘某是否已经把股权转让给杨某？为什么？
3. 邱某是否有权放弃他和陈某达成的股权转让的协议？
4. 新川面馆多年来在曹某和李某反对下作出的不予分红的决议效力如何？
5. 新川面馆增加500万元注册资本的决议是否获得通过？为什么？
6. 刘小某可否继承刘某在新川面馆的股东资格？为什么？

9 CASE ｜案 情｜

新川面馆经营不善，连年亏损，资不抵债，于2020年6月6日向法院申请破产，法院经过审查于2020年6月16日受理该案件，并指定了管理人。你吃啥科技公司对新川面馆拥有80万元的债权，到2022年5月1日到期。2020年7月20日，新川面馆清偿了所欠华象公司的债务20万元；8月15日，恋家调味品公司催促新川面馆尽快履行双方签订的供货合同，直到10月15日，管理人都未答复是否继续履行。由于对管理人的能力不看好，债权人会议要求更换管理人。2020年11月15日，管理人查明在2019年10月15日，新川面馆曾经将价值100万元的货物以20万元的价格卖给了大方有限公司，同时发现新川面馆有一辆奥迪轿车在银行设置了抵押。

｜问 题｜

1. 你吃啥科技公司可否申报债权？

2. 新川面馆清偿华象公司债务20万元的行为，效力如何？

3. 管理人可否决定不履行和恋家调味品公司的合同？

4. 债权人会议可否直接更换管理人？

5. 管理人可否撤销新川面馆将价值100万元的货物以20万元的价格卖给大方有限公司的交易？

6. 在银行设置抵押的奥迪轿车是否属于债务人财产？

七、问答式主观题预测与演练参考答案

1 CASE | 参考答案 |

1. 存在问题。章程不能规定股东不可以把股权对外转让，如果章程规定不允许对外转让股权，则该条款无效。实践当中只有能够流动的股权才有投资价值。全体股东可以约定不按照出资比例分取红利，这体现了有限责任公司股东的意思自治，反映了有限责任公司的人合性，故给孟某分30%的利润的做法不违法。

法条依据为《公司法》第210条第4款：公司弥补亏损和提取公积金后所余税后利润，有限责任公司按照股东实缴的出资比例分配利润，全体股东约定不按照出资比例分配利润的除外；股份有限公司按照股东所持有的股份比例分配利润，公司章程另有规定的除外。

2. 没有。孟某房屋的所有权不转移，等于孟某没有出资。孟某未按规定缴纳出资，需要对公司负补缴责任，对给公司造成的损失承担赔偿责任，同时还应向已经按期缴纳出资的其他股东承担违约责任，而不是向所有的股东承担违约责任。

法条依据为《公司法》第49条：股东应当按期足额缴纳公司章程规定的各自所认缴的出资额。股东以货币出资的，应当将货币出资足额存入有限责任公司在银行开设的账户；以非货币财产出资的，应当依法办理其财产权的转移手续。股东未按期足额缴纳出资的，除应当向公司足额缴纳外，还应当对给公司造成的损失承担赔偿责任。

3. 李某没有履行部分出资义务。李某把200万元现金直接打到曹某的个人账户，没有打到公司的银行账户，并没有向公司履行出资义务。根据《公司法》第49条第2款的规定，股东以货币出资的，应当将货币出资足额存入有限责任公司在银行开设的账户。

4. 刘某应当先向公司提出请求，即要求公司就所诉称的错误行为提起诉讼，只有在公司自己没有提起诉讼而又没有正当理由时，才允许刘某以自己名义提起本来应由公司提起的诉讼。

法条依据为《公司法》第189条：董事、高级管理人员有前条规定的情形的，有限责任公司的股东、股份有限公司连续180日以上单独或者合计持有公司1%以上股份的股东，可以书面请求监事会向人民法院提起诉讼；监事有前条规定的情形的，前述股东可以书面请求董事会向人民法院提起诉讼。监事会或者董事会收到前款规定的股东书面请求后拒绝提起诉讼，或者自收到请求之日起30日内未提起诉讼，或者情况紧急、不立即提起诉讼将会使公司利益受到难以弥补的损害的，前款规定的股东有权为公司利益以自己的名义直接向人民法院提起诉讼。他人侵犯公司合法权益，给公司造成损失的，本条第1款规定的股东可以依照前两款的规定向人民法院提起诉讼。公司全资子公司的董事、监事、高级管理人员有前条规定情形，或者他人侵犯公司全资子公司合法权益造成损失的，有限责任公司的股东、股份有限公司连续180日以上单独或者合计持有公司1%以上股份的股东，可以依照前三款规定书面请求全资子公司的监事会、董事会向人民法院提起诉讼或者以自己的名义直接向人民法院提起诉讼。

《公司法解释(四)》第23条：监事会依据《公司法》第189条第1款规定对董事、高级管理人员提起诉讼的，应当列公司为原告，依法由监事会主席代表公司进行诉讼。董事会依据《公司法》第189条第1款规定对监事提起诉讼的，或者依据《公司法》第189条第3款规定对他人提起诉讼的，应当列公司为原告，依法由董事长代表公司进行诉讼。

5. 构成抽逃出资。根据《公司法解释(三)》第12条规定，孟某的行为属于利用关联交易将出资转出，因此构成抽逃出资。贾某协助抽逃出资，根据《公司法解释(三)》第14条第1款的规定，

应承担连带责任。

法条依据为《公司法解释(三)》第12条:公司成立后,公司、股东或者公司债权人以相关股东的行为符合下列情形之一且损害公司权益为由,请求认定该股东抽逃出资的,人民法院应予支持:(1)制作虚假财务会计报表虚增利润进行分配;(2)通过虚构债权债务关系将其出资转出;(3)利用关联交易将出资转出;(4)其他未经法定程序将出资抽回的行为。

《公司法解释(三)》第14条:股东抽逃出资,公司或者其他股东请求其向公司返还出资本息、协助抽逃出资的其他股东、董事、高级管理人员或者实际控制人对此承担连带责任的,人民法院应予支持。公司债权人请求抽逃出资的股东在抽逃出资本息范围内对公司债务不能清偿的部分承担补充赔偿责任、协助抽逃出资的其他股东、董事、高级管理人员或者实际控制人对此承担连带责任的,人民法院应予支持;抽逃出资的股东已经承担上述责任,其他债权人提出相同请求的,人民法院不予支持。

6. 不可以。本题中,公司的经营状况正常,不存在《公司法》第231条和《公司法解释(二)》第1条规定的可以解散公司的情形。虽然李某知情权受到侵害,但该情形并不足以要求解散公司。

法条依据为《公司法》第231条:公司经营管理发生严重困难,继续存续会使股东利益受到重大损失,通过其他途径不能解决的,持有公司百分之十以上表决权的股东,可以请求人民法院解散公司。

《公司法解释(二)》第1条:单独或者合计持有公司全部股东表决权10%以上的股东,以下列事由之一提起解散公司诉讼,并符合《公司法》第231条规定的,人民法院应予受理:(1)公司持续两年以上无法召开股东会或者股东大会,公司经营管理发生严重困难的;(2)股东表决时无法达到法定或者公司章程规定的比例,持续两年以上不能做出有效的股东会或者股东大会决议,公司经营管理发生严重困难的;(3)公司董事长期冲突,且无法通过股东会或者股东大会解决,公司经营管理发生严重困难的;(4)经营管理发生其他严重困难,公司继续存续会使股东利益受到重大损失的情形。股东以知情权、利润分配请求权等权益受到损害,或者公司亏损、财产不足以偿还全部债务,以及公司被吊销企业法人营业执照未进行清算等为由,提起解散公司诉讼的,人民法院不予受理。

2 CASE | 参考答案 |

1. (1)孟某属于非货币财产出资不实;李某属于用无处分权的财产出资;曹某用现金出资,但迟迟未缴付出资,属于出资不足;刘某的股权出资存在权利负担。

(2)出资的瑕疵不会影响股东资格的取得。

法条依据为《公司法》第49条:股东应当按期足额缴纳公司章程规定的各自所认缴的出资额。股东以货币出资的,应当将货币出资足额存入有限责任公司在银行开设的账户;以非货币财产出资的,应当依法办理其财产权的转移手续。股东未按期足额缴纳出资的,除应当向公司足额缴纳外,还应当对给公司造成的损失承担赔偿责任。

《公司法》第50条:有限责任公司设立时,股东未按照公司章程规定实际缴纳出资,或者实际出资的非货币财产的实际价额显著低于所认缴的出资额的,设立时的其他股东与该股东在出资不足的范围内承担连带责任。《公司法解释(三)》第7条:出资人以不享有处分权的财产出资,当事人之间对于出资行为效力产生争议的,人民法院可以参照《民法典》第311条的规定予以认定。以贪污、受贿、侵占、挪用等违法犯罪所得的货币出资后取得股权的,对违法犯罪行为予以追究、处罚时,应当采取拍卖或者变卖的方式处置其股权。

《公司法解释(三)》第11条:出资人以其他公司股权出资,符合下列条件的,人民法院应当认定出资人已履行出资义务:①出资的股权由出资人合法持有并依法可以转让;②出资的股权无权利瑕疵或者权利负担;③出资人已履行关于股权转让的法定手续;④出资的股权已依法进行了价值评估。股权出资不符合前款第①②③项的规定,公司、其他股东或者公司债权人请求认定出资人未履行出资义务的,人民法院应当责令该出资人在指定的合理期间内采取补正措施,以符合上述条件;逾期未补正的,人民法院应当认定其未依法全面履行出资义务。股权出资不符合本条第1款第④项的规定,公司、其他股东或者公司债权人请求认定出资人未履行出资义务的,人民法院应当按照本规定第9条的规定处理。

2. 合法。《公司法》第210条第4款规定,公司弥补亏损和提取公积金后所余税后利润,有限责任公司按照股东实缴的出资比例分配利润,全体股东约定不按照出资比例分配利润的除外;股份有限公司按照股东所持有的股份比例分配利润,公司章程另有规定的除外。故新川面馆有限公司公司章程约定所有股东的分红权利无论股权大小一律平等的做法是合法的。

3. 不需要。对于出资不实,发起人股东须承担连带责任,杨某属于公司成立后加入公司的股东,不属于发起人股东,不需要对于其加入前的股东出资不实的情况承担责任。

法条依据为《公司法》第50条:有限责任公司设立时,股东未按照公司章程规定实际缴纳出资,或者实际出资的非货币财产的实际价额显著低于所认缴的出资额的,设立时的其他股东与该股东在出资不足的范围内承担连带责任。

4. 不合法。本题中,公司决定为本公司股东李某的个人借贷提供担保,属于对内担保,应当由股东会作出决定,董事会无权决定。董事会作出的该决定,属于程序违法,可以被撤销,股东可提起撤销之诉。

法条依据为《公司法》第15条:公司向其他企业投资或者为他人提供担保,按照公司章程的规定,由董事会或者股东会决议;公司章程对投资或者担保的总额及单项投资或者担保的数额有限额规定的,不得超过规定的限额。公司为公司股东或者实际控制人提供担保的,应当经股东会决议。前款规定的股东或者受前款规定的实际控制人支配的股东,不得参加前款规定事项的表决。该项表决由出席会议的其他股东所持表决权的过半数通过。

《公司法》第25条:公司股东会、董事会的决议内容违反法律、行政法规的无效。根据《公司法》第26条规定,公司股东会、董事会的会议召集程序、表决方式违反法律、行政法规或者公司章程,或者决议内容违反公司章程的,股东自决议作出之日起60日内,可以请求人民法院撤销。但是,股东会、董事会的会议召集程序或者表决方式仅有轻微瑕疵,对决议未产生实质影响的除外。未被通知参加股东会会议的股东自知道或者应当知道股东会决议作出之日起60日内,可以请求人民法院撤销;自决议作出之日起一年内没有行使撤销权的,撤销权消灭。

5. 无效。该协议内容违反了法律的强制性规定,国家公务人员不得从事经商活动。

根据《公司法解释(三)》第24条的规定,有限责任公司的实际出资人与名义出资人订立合同,约定由实际出资人出资并享有投资权益,以名义出资人为名义股东,实际出资人与名义股东对该合同效力发生争议的,如无法律规定的无效情形,人民法院应当认定该合同有效。前款规定的实际出资人与名义股东因投资权益的归属发生争议,实际出资人以其实际履行了出资义务为由向名义股东主张权利的,人民法院应予支持。名义股东以公司股东名册记载、公司登记机关登记为由否认实际出资人权利的,人民法院不予支持。实际出资人未经公司其他股东半数以上同意,请求公司变更股东、签发出资证明书、记载于股东名册、记载于公司章程并办理公司登记机关登记的,人民法院不予支持。

根据题意,花花和孟某之间存在代持股协议,花花是国家公务人员,不可以从事经商活动,不可以做实际的投资人。依据《公司法解释(三)》第24条的规定,该代持股协议由于违反法律的强制性规定,应为无效。

6. 合法。孟某把股权转让给李某，属于股权内部转让，不影响公司的人合性，根据《公司法》第84条规定，无须通知其他股东，也无须征得其他股东同意。

法条依据是《公司法》第84条：有限责任公司的股东之间可以相互转让其全部或者部分股权。股东向股东以外的人转让股权的，应当将股权转让的数量、价格、支付方式和期限等事项书面通知其他股东，其他股东在同等条件下有优先购买权。股东自接到书面通知之日起30日内未答复的，视为放弃优先购买权。两个以上股东行使优先购买权的，协商确定各自的购买比例；协商不成的，按照转让时各自的出资比例行使优先购买权。公司章程对股权转让另有规定的，从其规定。

注意：股东之间相互转让股权无须通知，无须征得同意，完全尊重意思自治。

3 CASE ｜参考答案｜

1. 孟某具有股东资格，可以参与公司分红。出资并不是取得有限责任公司股东身份的必要条件，也不是充分条件，只要认缴出资，名字记载在股东名册当中就是公司的股东，与是否实际缴付了出资无关。股东名册、出资证明书、公司登记、公司章程均具有证明股东身份的证明效力。具体而言，股东在公司内部可依股东名册向公司主张行使股东权利；在公司外部，公司登记机关登记的股东身份具有对抗第三人的效力。本题中，孟某认缴了出资，并且实际缴付了部分出资，名字也记载在了股东名册当中，孟某就是公司真正的股东，名字没有在公司登记机关登记并不影响孟某的股东身份，只是不能对抗第三人而已。

法条依据为《公司法》第56条：有限责任公司应当置备股东名册，记载下列事项：(1)股东的姓名或者名称及住所；(2)股东认缴和实缴的出资额、出资方式和出资日期；(3)出资证明书编号；(4)取得和丧失股东资格的日期。记载于股东名册的股东，可以依股东名册主张行使股东权利。公司应当将股东的姓名或者名称向公司登记机关登记；登记事项发生变更的，应当办理变更登记。未经登记或者变更登记的，不得对抗第三人。

2. (1)违法之处有：①董事长不能召集股东会，应由董事会召集。②第2项决议违法，董事不能兼任监事。③第3项决议违法，在注册资本不变的情况下，公司无权免除股东的出资义务。

(2)内容违法的决议当然无效，任何利害关系人都可以以公司为被告向法院提起无效之诉。

(3)公司仍然成立，因为股东出资瑕疵不影响公司成立，公司成立只以取得公司登记机关登记为准。自营业执照签发之日起公司就成立了。

法条依据为《公司法》第67条：有限责任公司设董事会，本法第75条另有规定的除外。董事会行使下列职权：(1)召集股东会会议，并向股东会报告工作；(2)执行股东会的决议；(3)决定公司的经营计划和投资方案；(4)制订公司的利润分配方案和弥补亏损方案；(5)制订公司增加或者减少注册资本以及发行公司债券的方案；(6)制订公司合并、分立、解散或者变更公司形式的方案；(7)决定公司内部管理机构的设置；(8)决定聘任或者解聘公司经理及其报酬事项，并根据经理的提名决定聘任或者解聘公司副经理、财务负责人及其报酬事项；(9)制定公司的基本管理制度；(10)公司章程规定或者股东会授予的其他职权。公司章程对董事会职权的限制不得对抗善意相对人。

《公司法》第76条第4款：董事、高级管理人员不得兼任监事。

《公司法》第25条：公司股东会、董事会的决议内容违反法律、行政法规的无效。

《公司法》第33条第1款：依法设立的公司，由公司登记机关发给公司营业执照。公司营业执照签发日期为公司成立日期。

3. 可以。对于此前公司的破产贾某没有个人责任，不应该受到限制。

法条依据为《公司法》第178条：有下列情形之一的，不得担任公司的董事、监事、高级管理人员:(1)无民事行为能力或者限制民事行为能力;(2)因贪污、贿赂、侵占财产、挪用财产或者破坏社会主义市场经济秩序,被判处刑罚,或者因犯罪被剥夺政治权利,执行期满未逾5年,被宣告缓刑的,自缓刑考验期满之日起未逾2年;(3)担任破产清算的公司、企业的董事或者厂长、经理,对该公司、企业的破产负有个人责任的,自该公司、企业破产清算完结之日起未逾3年;(4)担任因违法被吊销营业执照、责令关闭的公司、企业的法定代表人,并负有个人责任的,自该公司、企业被吊销营业执照、责令关闭之日起未逾3年;(5)个人因所负数额较大债务到期未清偿被人民法院列为失信被执行人。违反前款规定选举、委派董事、监事或者聘任高级管理人员的,该选举、委派或者聘任无效。董事、监事、高级管理人员在任职期间出现本条第1款所列情形的,公司应当解除其职务。

4. 曹某的行为违法。曹某将公司的老客户王某介绍给亲戚开设的另一家餐饮公司,其行为违反了竞业禁止义务,为了保护善意第三人的合法权利,该交易仍然是有效的,但好处费50万元应当归公司所有。

法条依据为《公司法》第184条:董事、监事、高级管理人员未向董事会或者股东会报告,并按照公司章程的规定经董事会或者股东会决议通过,不得自营或者为他人经营与其任职公司同类的业务。

《公司法》第183条:董事、监事、高级管理人员,不得利用职务便利为自己或者他人谋取属于公司的商业机会。但是,有下列情形之一的除外:(1)向董事会或者股东会报告,并按照公司章程的规定经董事会或者股东会决议通过;(2)根据法律、行政法规或者公司章程的规定,公司不能利用该商业机会。

《公司法》第186条规定,董事、监事、高级管理人员违反本法第181条至第184条规定所得的收入应当归公司所有。

5. (1)债权人不能作为清算人;(2)清算期间不得开展新的业务。

债权人若作为清算人很难获得债务人的信任,可能存在道德风险;清算期间若开展新的业务,可能导致公司更加混乱,不利于清算的进行。

法条依据为《公司法解释(二)》第8条:人民法院受理公司清算案件,应当及时指定有关人员组成清算组。清算组成员可以从下列人员或者机构中产生:(1)公司股东、董事、监事、高级管理人员;(2)依法设立的律师事务所、会计师事务所、破产清算事务所等社会中介机构;(3)依法设立的律师事务所、会计师事务所、破产清算事务所等社会中介机构中具备相关专业知识并取得执业资格的人员。

《公司法》第236条第3款:清算期间,公司存续,但不得开展与清算无关的经营活动。公司财产在未依照前款规定清偿前,不得分配给股东。

6. 不成立。为了保护公司、其他股东和债权人的合法利益,出资有瑕疵的股东不可以超过诉讼时效为由拒绝继续缴纳对公司的出资。

法条依据为《公司法解释(三)》第19条:公司股东未履行或者未全面履行出资义务或者抽逃出资,公司或者其他股东请求其向公司全面履行出资义务或者返还出资,被告股东以诉讼时效为由进行抗辩的,人民法院不予支持。公司债权人的债权未过诉讼时效期间,其依照本规定第13条第2款、第14条第2款的规定请求未履行或者未全面履行出资义务或者抽逃出资的股东承担赔偿责任,被告股东以出资义务或者返还出资义务超过诉讼时效期间为由进行抗辩的,人民法院不予支持。

《企业破产法》第35条:人民法院受理破产申请后,债务人的出资人尚未完全履行出资义务的,管理人应当要求该出资人缴纳所认缴的出资,而不受出资期限的限制。

4 CASE | 参考答案 |

1. 不合法。一是公司处于亏损的状态,并没有利润可以进行分配;公司股东会也没有作出分红的决议,公司因此可以不向股东分红。

二是李某因分红权受到侵犯提起诉讼,应该列公司为被告;其余股东应该列为诉讼中的第三人。

法条依据为《公司法解释(四)》第13条:股东请求公司分配利润案件,应当列公司为被告。一审法庭辩论终结前,其他股东基于同一分配方案请求分配利润并申请参加诉讼的,应当列为共同原告。

2. 新川面馆可以无利润供分配为由抗辩李某的请求权。公司分红的前提是公司有赚取的利润,目前公司处于亏损的状态,没有利润,自然无财产可供分配。

法条依据为《公司法解释(四)》第14条:股东提交载明具体分配方案的股东会或者股东大会的有效决议,请求公司分配利润,公司拒绝分配利润且其关于无法执行决议的抗辩理由不成立的,人民法院应当判决公司按照决议载明的具体分配方案向股东分配利润。

3. (1)股东会决议提取50万元法定公积金的做法不合法,提取100万元的任意公积金的做法合法。

(2)应该先用税后利润弥补之前年度的亏损,即500万元先减去上年度亏损50万元,余额为450万元,然后再提取10%的法定公积金,即45万元,剩余部分可以考虑提取任意公积金,任意公积金是否提取及提取多少根据股东会的决定来提取。故公司提取100万元的任意公积金的做法是合法的。

法条依据为《公司法》第210条:公司分配当年税后利润时,应当提取利润的10%列入公司法定公积金。公司法定公积金累计额为公司注册资本的50%以上的,可以不再提取。公司的法定公积金不足以弥补以前年度亏损的,在依照前款规定提取法定公积金之前,应当先用当年利润弥补亏损。公司从税后利润中提取法定公积金后,经股东会决议,还可以从税后利润中提取任意公积金。公司弥补亏损和提取公积金后所余税后利润,有限责任公司按照股东实缴的出资比例分配利润,全体股东约定不按照出资比例分配利润的除外;股份有限公司按照股东所持有的股份比例分配利润,公司章程另有规定的除外。公司持有的本公司股份不得分配利润。

4. 存在的问题:

(1)股东会理应是董事会召集,董事长来主持。董事长无权召集股东会,此处属于召集程序不合法。

(2)对于出资有瑕疵的股东,公司可以限制其股东权利。

法条依据为《公司法解释(三)》第16条:股东未履行或者未全面履行出资义务或者抽逃出资,公司根据公司章程或者股东会决议对其利润分配请求权、新股优先认购权、剩余财产分配请求权等股东权利作出相应的合理限制,该股东请求认定该限制无效的,人民法院不予支持。

(3)对出资不实的陈某作出的除名决定不合法。解除股东资格,按照《公司法解释(三)》的规定,需要满足两个条件:股东未履行出资义务或抽逃出资;公司先催告,股东仍不缴,再予以除名。

法条依据为《公司法解释(三)》第17条第1款:有限责任公司的股东未履行出资义务或者抽逃全部出资,经公司催告缴纳或者返还,其在合理期间内仍未缴纳或者返还出资,公司以股东会决议解除该股东的股东资格,该股东请求确认该解除行为无效的,人民法院不予支持。

《公司法》第51条:有限责任公司成立后,董事会应当对股东的出资情况进行核查,发现股东未按期足额缴纳公司章程规定的出资的,应当由公司向该股东发出书面催缴书,催缴出资。未及时履行前款规定的义务,给公司造成损失的,负有责任的董事应当承担赔偿责任。

《公司法》第52条:股东未按照公司章程规定的出资日期缴纳出资,公司依照前条第一款规定发出书面催缴书催缴出资的,可以载明缴纳出资的宽限期;宽限期自公司发出催缴书之日起,不得少于60日。宽限期届满,股东仍未履行出资义务的,公司经董事会决议可以向该股东发出失权通知,通知应当以书面形式发出。自通知发出之日起,该股东丧失其未缴纳出资的股权。依照前款规定丧失的股权应当依法转让,或者相应减少注册资本并注销该股权;6个月内未转让或者注销的,由公司其他股东按照其出资比例足额缴纳相应出资。股东对失权有异议的,应当自接到失权通知之日起30日内,向人民法院提起诉讼。

5. 董事会理应董事长召集并主持。李某作为董事不可以直接召集和主持董事会。此处属于召集程序不合法,所作出的决议为可撤销的决议。

法条依据为《公司法》第72条:董事会会议由董事长召集和主持;董事长不能履行职务或者不履行职务的,由副董事长召集和主持;副董事长不能履行职务或者不履行职务的,由过半数的董事共同推举一名董事召集和主持。

6. 驴得水副食公司不可以向李某提出连带赔偿的要求,可以要求其承担补充赔偿责任。

法条依据为《公司法解释(三)》第13条第2款:公司债权人请求未履行或者未全面履行出资义务的股东在未出资本息范围内对公司债务不能清偿的部分承担补充赔偿责任的,人民法院应予支持;未履行或者未全面履行出资义务的股东已经承担上述责任,其他债权人提出相同请求的,人民法院不予支持。

5 CASE | 参考答案 |

1. 曹某、李某、孟某三人的出资都存在问题。曹某的出资为受贿所得,属于出资来源不合法;李某用专利出资,虚高了100万元,属于非货币财产出资不实;孟某用租赁设备出资,属于用无处分权的财产出资。出资存在的问题不会影响取得公司的股东资格。只要三人名字被记载在股东名册当中,就是公司真正的股东,出资的瑕疵不会影响股东的资格。

法条依据为《公司法解释(三)》第7条:出资人以不享有处分权的财产出资,当事人之间对于出资行为效力产生争议的,人民法院可以参照《民法典》第311条的规定予以认定。以贪污、受贿、侵占、挪用等违法犯罪所得的货币出资后取得股权的,对违法犯罪行为予以追究、处罚时,应当采取拍卖或者变卖的方式处置其股权。

2. 存在问题。银行有权拒绝承兑,未经承兑的汇票并没有付款的效力,银行没有付款的责任,因此刘某并没有履行出资的义务。新川面馆可以采取以下的救济措施:(1)要求刘某补足出资,各发起人股东承担连带责任。(2)限制刘某的部分股东权利,如利润分配请求权、新股优先认购权、剩余财产分配请求权等。(3)催告刘某在合理期限内缴纳出资,如果仍未缴纳,公司股东会可以决议解除刘某的股东资格。

法条依据是《公司法》第52条:股东未按照公司章程规定的出资日期缴纳出资,公司依照前条第1款规定发出书面催缴书催缴出资的,可以载明缴纳出资的宽限期;宽限期自公司发出催缴书之日起,不得少于60日。宽限期届满,股东仍未履行出资义务的,公司经董事会决议可以向该股东发出失权通知,通知应当以书面形式发出。自通知发出之日起,该股东丧失其未缴纳出资的股权。依照前款规定丧失的股权应当依法转让,或者相应减少注册资本并注销该股权;6个月内未转让或者注销的,由公司其他股东按照其出资比例足额缴纳相应出资。

股东对失权有异议的,应当自接到失权通知之日起30日内,向人民法院提起诉讼。

3. 李某与大恒公司签署的《代持股协议》有效。

法条依据为《公司法解释(三)》第24条第1款:有限责任公司的实际出资人与名义出资人订

立合同,约定由实际出资人出资并享有投资权益,以名义出资人为名义股东,实际出资人与名义股东对该合同效力发生争议的,如无法律规定的无效情形,人民法院应当认定该合同有效。

4.(1)存在问题。李某违反对公司的忠实义务,大恒公司可以召开董事会以全体董事过半数同意,罢免李某的董事长职务,股东会无权罢免。

(2)大恒公司的主张不能得到支持。李某的名字记载在公司的股东名册和公司登记机关登记当中,李某就是新川面馆真正的股东。大恒公司作为实际出资人可以通过股权的对外转让手续,办理变更登记手续,把自己记载为公司真正的股东,方能行使股东权利。

5.该决议不成立。公司增加注册资本为特别决议事项,需要经代表2/3以上表决权的股东通过,案例中只有曹某同意,其所代表的表决权比例为40%,并没有达到规定的要求。

法条依据为《公司法解释(四)》第5条:股东会、董事会决议存在下列情形之一,当事人主张决议不成立的,人民法院应当予以支持:(1)公司未召开会议的,但依据《公司法》第37条第2款(现为第59条第3款)或者公司章程规定可以不召开股东会或者股东大会而直接作出决定,并由全体股东在决定文件上签名、盖章的除外;(2)会议未对决议事项进行表决的;(3)出席会议的人数或者股东所持表决权不符合《公司法》或者公司章程规定的;(4)会议的表决结果未达到《公司法》或者公司章程规定的通过比例的;(5)导致决议不成立的其他情形。

《公司法》第27条:有下列情形之一的,公司股东会、董事会的决议不成立:(1)未召开股东会、董事会会议作出决议;(2)股东会、董事会会议未对决议事项进行表决;(3)出席会议的人数或者所持表决权数未达到本法或者公司章程规定的人数或者所持表决权数;(4)同意决议事项的人数或者所持表决权数未达到本法或者公司章程规定的人数或者所持表决权数。

《公司法》第66条:股东会的议事方式和表决程序,除本法有规定的外,由公司章程规定。股东会作出决议,应当经代表过半数表决权的股东通过。股东会作出修改公司章程、增加或者减少注册资本的决议,以及公司合并、分立、解散或者变更公司形式的决议,应当经代表2/3以上表决权的股东通过。

6.该决议为合法有效的决议。《公司法》对是否分配利润没有作出强制性规定,即公司可以分配利润也可以不分配利润,分红是为了股东的稳定,不分红是为了公司有更大的积累。分红与否属于公司内部的一般事项,只需要股东会过半数表决权通过就可以。现在赞成分红的表决权比例仅为30%,没有达到最低要求,故该公司可以作出不分红的决议。该决议合法。

法条依据为《公司法》第89条:有下列情形之一的,对股东会该项决议投反对票的股东可以请求公司按照合理的价格收购其股权:(1)公司连续5年不向股东分配利润,而公司该5年连续盈利,并且符合本法规定的分配利润条件;(2)公司合并、分立、转让主要财产;(3)公司章程规定的营业期限届满或者章程规定的其他解散事由出现,股东会通过决议修改章程使公司存续。自股东会决议作出之日起60日内,股东与公司不能达成股权收购协议的,股东可以自股东会决议作出之日起90日内向人民法院提起诉讼。公司的控股股东滥用股东权利,严重损害公司或者其他股东利益的,其他股东有权请求公司按照合理的价格收购其股权。公司因本条第1款、第3款规定的情形收购的本公司股权,应当在6个月内依法转让或者注销。

6 CASE | 参考答案 |

1.刘某违反了竞业禁止义务,但该交易有效,该项收入归公司所有。

法条依据为《公司法》第183条:董事、监事、高级管理人员,不得利用职务便利为自己或者他人谋取属于公司的商业机会……

《公司法》第186条:董事、监事、高级管理人员违反本法第181条至第184条规定所得的收入应当归公司所有。

2. 孟某的请求应该获得支持。

法条依据为《公司法解释(四)》第21条第1款:有限责任公司的股东向股东以外的人转让股权,未就其股权转让事项征求其他股东意见,或者以欺诈、恶意串通等手段,损害其他股东优先购买权,其他股东主张按照同等条件购买该转让股权的,人民法院应当予以支持,但其他股东自知道或者应当知道行使优先购买权的同等条件之日起30日内没有主张,或者自股权变更登记之日起超过1年的除外。

3. 该股权转让协议有效,不知情的乔某在支付合理对价后已经成为公司的股东。

法条依据为《公司法解释(三)》第25条:名义股东将登记于其名下的股权转让、质押或者以其他方式处分,实际出资人以其对于股权享有实际权利为由,请求认定处分股权行为无效的,人民法院可以参照《民法典》第311条的规定处理。名义股东处分股权造成实际出资人损失,实际出资人请求名义股东承担赔偿责任的,人民法院应予支持。

4. 大恒公司可以基于《代持股协议》的约定要求李某承担赔偿责任。本题中,李某作为名义股东,处分股权的行为是有权处分,受让人乔某又对此不知情,大恒公司可以要求李某承担赔偿责任。

法条依据为《公司法解释(三)》第25条。

5. (1)该股东会决议有效。公司合并属于特别决议事项,需要股东会代表2/3以上表决权的股东通过。本案中只有乔某反对,其他赞成股东所持表决权达到了2/3以上,符合规定。

法条依据为《公司法》第66条:股东会的议事方式和表决程序,除本法有规定的外,由公司章程规定。股东会作出决议,应当经代表过半数表决权的股东通过。股东会作出修改公司章程、增加或者减少注册资本的决议,以及公司合并、分立、解散或者变更公司形式的决议,应当经代表2/3以上表决权的股东通过。

(2)合并程序应为:①召开股东会,表决通过合并的决议。②编制资产负债表及财产清单。③公司应当自作出合并决议之日起10日内通知债权人,并于30日内在报纸上或者国家企业信用信息公示系统公告。债权人自接到通知书之日起30日内,未接到通知书的自公告之日起45日内,可以要求公司清偿债务或者提供相应的担保。④提交文件,到公司登记机关办理变更登记。⑤修改公司章程。

法条依据为《公司法》第220条:公司合并,应当由合并各方签订合并协议,并编制资产负债表及财产清单。公司应当自作出合并决议之日起10日内通知债权人,并于30日内在报纸上或者国家企业信用信息公示系统公告。债权人自接到通知之日起30日内,未接到通知的自公告之日起45日内,可以要求公司清偿债务或者提供相应的担保。

6. 应受到以下的约束:

法条依据是《公司法》第160条:公司公开发行股份前已发行的股份,自公司股票在证券交易所上市交易之日起1年内不得转让。法律、行政法规或者国务院证券监督管理机构对上市公司的股东、实际控制人转让其所持有的本公司股份另有规定的,从其规定。公司董事、监事、高级管理人员应当向公司申报所持有的本公司的股份及其变动情况,在就任时确定的任职期间每年转让的股份不得超过其所持有本公司股份总数的25%;所持本公司股份自公司股票上市交易之日起1年内不得转让。上述人员离职后半年内,不得转让其所持有的本公司股份。公司章程可以对公司董事、监事、高级管理人员转让其所持有的本公司股份作出其他限制性规定。股份在法律、行政法规规定的限制转让期限内出质的,质权人不得在限制转让期限内行使质权。

7 CASE | 参考答案 |

1. 孟某、邱某二人的出资都存在问题。孟某用实际价值27500元的手表来出资，属于非货币财产出资不实；邱某不可以用商誉出资。

法条依据为《公司法》第48条第1款：股东可以用货币出资，也可以用实物、知识产权、土地使用权、股权、债权等可以用货币估价并可以依法转让的非货币财产作价出资；但是，法律、行政法规规定不得作为出资的财产除外。

《公司法》第50条：有限责任公司设立时，股东未按照公司章程规定实际缴纳出资，或者实际出资的非货币财产的实际价额显著低于所认缴的出资额的，设立时的其他股东与该股东在出资不足的范围内承担连带责任。

《市场主体登记管理条例》第13条第2款：出资方式应当符合法律、行政法规的规定。公司股东、非公司企业法人出资人、农民专业合作社（联合社）成员不得以劳务、信用、自然人姓名、商誉、特许经营权或者设定担保的财产等作价出资。

2. 新川面馆章程的规定存在问题。包括：(1)董事为股东会选举产生，股东会有权更换董事，董事长无权更换董事。(2)总经理为董事会聘任，其解聘也应当由董事会决定，董事长无权决定聘任或解聘公司的总经理。(3)董事会的表决实行一人一票，这是法律的强制性规定，不再考虑各个董事的出资比例。

法条依据为《公司法》第59条，股东会行使下列职权：(1)选举和更换董事、监事，决定有关董事、监事的报酬事项；(2)审议批准董事会的报告；(3)审议批准监事会的报告；(4)审议批准公司的利润分配方案和弥补亏损方案；(5)对公司增加或者减少注册资本作出决议；(6)对发行公司债券作出决议；(7)对公司合并、分立、解散、清算或者变更公司形式作出决议；(8)修改公司章程；(9)公司章程规定的其他职权。股东会可以授权董事会对发行公司债券作出决议。对本条第1款所列事项股东以书面形式一致表示同意的，可以不召开股东会会议，直接作出决定，并由全体股东在决定文件上签名或者盖章。

《公司法》第74条第1款：有限责任公司可以设经理，由董事会决定聘任或者解聘。《公司法》第73条第3款：董事会决议的表决，应当一人一票。

3. 可以。债权人华象公司可以提出法人人格否认之诉，主张陈某和新川面馆一起承担连带责任。本题中，陈某为有恶意的股东，其行为导致公司资不抵债，损害了债权人的利益，符合《公司法》第23条规定的人格否认的情形。

法条依据为《公司法》第21条：公司股东应当遵守法律、行政法规和公司章程，依法行使股东权利，不得滥用股东权利损害公司或者其他股东的利益。公司股东滥用股东权利给公司或者其他股东造成损失的，应当承担赔偿责任。

《公司法》第23条：公司股东滥用公司法人独立地位和股东有限责任，逃避债务，严重损害公司债权人利益的，应当对公司债务承担连带责任。股东利用其控制的两个以上公司实施前款规定行为的，各公司应当对任一公司的债务承担连带责任。只有一个股东的公司，股东不能证明公司财产独立于股东自己的财产的，应当对公司债务承担连带责任。

4. 上海子公司的财务不可以与新川面馆合并管理，广州分公司的财务可以与新川面馆合并管理。(1)母公司与子公司之间存在投资与被投资、控制与被控制的关系。上海子公司具有独立的法人资格，独立地享有权利，承担责任。在财务上不可以与新川面馆合并管理。(2)分公司属于总公司的分支机构，在人事、财务等方面隶属于总公司，在法律上、经济上没有独立性，仅仅是总公司的附属机构。分公司不具有法人资格，不能独立承担责任，其民事责任最终由总公司承担。所以广

成功不是将来才有的，而是从决定去做的那一刻起，持续累积而成。

州分公司的财务可以与新川面馆合并管理。

法条依据为《公司法》第13条：公司可以设立子公司。子公司具有法人资格，依法独立承担民事责任。公司可以设立分公司。分公司不具有法人资格，其民事责任由公司承担。

5. 城隍庙公司不可以上海子公司拖欠货款为由向新川面馆要求支付。因为上海子公司具有独立的法人资格，独立地享有权利，承担责任。

6. 购置扑克牌的决定内容合法、有效；购置香烟的决定在未获得经营许可证的情况下不合法、无效。法条依据是《民法典》第153条第1款第1句：违反法律、行政法规的强制性规定的民事法律行为无效。

8 CASE | 参考答案 |

1. (1) 曹某属于现金出资不足，需要补足出资，即便公司破产的情况下，曹某未足额缴纳的出资仍然需要继续缴纳。

法条依据为《公司法》第49条：股东应当按期足额缴纳公司章程规定的各自所认缴的出资额。股东以货币出资的，应当将货币出资足额存入有限责任公司在银行开设的账户；以非货币财产出资的，应当依法办理其财产权的转移手续。股东未按期足额缴纳出资的，除应当向公司足额缴纳外，还应当对给公司造成的损失承担赔偿责任。

《公司法》第50条：有限责任公司设立时，股东未按照公司章程规定实际缴纳出资，或者实际出资的非货币财产的实际价额显著低于所认缴的出资额的，设立时的其他股东与该股东在出资不足的范围内承担连带责任。

《公司法解释(三)》第19条第1款：公司股东未履行或者未全面履行出资义务或者抽逃出资，公司或者其他股东请求其向公司全面履行出资义务或者返还出资，被告股东以诉讼时效为由进行抗辩的，人民法院不予支持。

《企业破产法》第35条：人民法院受理破产申请后，债务人的出资人尚未完全履行出资义务的，管理人应当要求该出资人缴纳所认缴的出资，而不受出资期限的限制。

(2) 李某用个人信用出资，属于出资形式不合法，没有完成出资义务，需要继续缴纳出资。

法条依据是《市场主体登记管理条例》第13条第2款：出资方式应当符合法律、行政法规的规定。公司股东、非公司企业法人出资人、农民专业合作社（联合社）成员不得以劳务、信用、自然人姓名、商誉、特许经营权或者设定担保的财产等作价出资。

(3) 孟某属于非货币财产出资不实，应当补足50万元的出资。

法条依据为《公司法》第50条：有限责任公司设立时，股东未按照公司章程规定实际缴纳出资，或者实际出资的非货币财产的实际价额显著低于所认缴的出资额的，设立时的其他股东与该股东在出资不足的范围内承担连带责任。

2. (1) 刘某和刘二某签订的代持股协议有效。

法条依据为《公司法解释(三)》第24条第1款：有限责任公司的实际出资人与名义出资人订立合同，约定由实际出资人出资并享有投资权益，以名义出资人为名义股东，实际出资人与名义股东对该合同效力发生争议的，如无法律规定的无效情形，人民法院应当认定该合同有效。

(2) 刘某已经把股权转让给杨某。刘某属于名义股东，其处分股权的行为属于有权处分，在受让人杨某不知情并且已经支付了全部股款的情况下，杨某可以参照《民法典》第311条的规定适用善意取得。

法条依据为《公司法解释(三)》第25条：名义股东将登记于其名下的股权转让、质押或者以其他方式处分，实际出资人以其对于股权享有实际权利为由，请求认定处分股权行为无效的，人民法院院可以参照《民法典》第311条的规定处理。名义股东处分股权造成实际出资人损失,实际出资人请求名义股东承担赔偿责任的,人民法院应予支持。

3. 邱某有权放弃他和陈某达成的股权转让的协议,陈某不具有强制缔约的权利。放弃转让是邱某的权利,由此造成陈某40万元利益受损,邱某应当负责赔偿。

法条依据为《公司法解释(四)》第20条:有限责任公司的转让股东,在其他股东主张优先购买后又不同意转让股权的,对其他股东优先购买的主张,人民法院不予支持,但公司章程另有规定或者全体股东另有约定的除外。其他股东主张转让股东赔偿其损失合理的,人民法院应当予以支持。

4. 新川面馆多年来作出的不予分红的决议是有效的。分红是为了股东队伍的稳定,照顾小股东的利益,不分红是为了公司有积累,可以抵御风险,将公司做大做强。《公司法》并没有规定公司在有利润的情况下必须分红,所以公司不分红并不违法。作出不分红的决议属于股东会的一般决议事项,只要过半数表决权的股东赞成就可以了。本题中,曹某和李某合计持股达到60%,已经超过半数,有权作出不予分红的决议。

法条依据为《公司法》第89条规定:有下列情形之一的,对股东会该项决议投反对票的股东可以请求公司按照合理的价格收购其股权:(1)公司连续5年不向股东分配利润,而公司该5年连续盈利,并且符合本法规定的分配利润条件;(2)公司合并、分立、转让主要财产;(3)公司章程规定的营业期限届满或者章程规定的其他解散事由出现,股东会通过决议修改章程使公司存续。自股东会决议作出之日起60日内,股东与公司不能达成股权收购协议的,股东可以自股东会决议作出之日起90日内向人民法院提起诉讼。公司的控股股东滥用股东权利,严重损害公司或者其他股东利益的,其他股东有权请求公司按照合理的价格收购其股权。公司因本条第1款、第3款规定的情形收购的本公司股权,应当在6个月内依法转让或者注销。

5. 新川面馆增加500万元注册资本的决议没有获得通过,该决议不成立。

公司增加注册资本属于股东会的特别决议事项,需要代表2/3以上表决权的股东同意方可获得通过。本题中,只有曹某同意,他的持股比例只有40%,没有达到法定的标准,根据《公司法解释(四)》第5条的规定,该决议没有获得通过,法律效力为决议不成立。

法条依据为《公司法》第66条第3款:股东会作出修改公司章程、增加或者减少注册资本的决议,以及公司合并、分立、解散或者变更公司形式的决议,应当经代表2/3以上表决权的股东通过。

《公司法》第27条:有下列情形之一的,公司股东会、董事会的决议不成立:(1)未召开股东会、董事会会议作出决议;(2)股东会、董事会会议未对决议事项进行表决;(3)出席会议的人数或者所持表决权数未达到本法或者公司章程规定的人数或者所持表决权数;(4)同意决议事项的人数或者所持表决权数未达到本法或者公司章程规定的人数或者所持表决权数。

《公司法解释(四)》第5条:股东会或者股东大会、董事会决议存在下列情形之一,当事人主张决议不成立的,人民法院应当予以支持:(1)公司未召开会议的,但依据《公司法》第37条第2款(现为第59条第3款)或者公司章程规定可以不召开股东会或者股东大会而直接作出决定,并由全体股东在决定文件上签名、盖章的除外;(2)会议未对决议事项进行表决的;(3)出席会议的人数或者股东所持表决权不符合公司法或者公司章程规定的;(4)会议的表决结果未达到公司法或者公司章程规定的通过比例的;(5)导致决议不成立的其他情形。

6. 刘小某不可以继承刘某在新川面馆的股东资格。股权为财产权,自然人股东死亡后,股权可以成为继承的遗产,但有限责任公司毕竟是人合公司,应尊重其他股东选择合作伙伴的权利,故《公司法》允许公司章程作出另外的规定。新川面馆章程规定继承人必须具有完全行为能力才可以继承股东的资格,该约定合法。

本题中,刘小某只有11周岁,属于限制行为能力人,因此,刘小某不可以继承刘某在新川面馆的股东资格。

法条依据为《公司法》第 90 条：自然人股东死亡后，其合法继承人可以继承股东资格；但是，公司章程另有规定的除外。

9 CASE | **参考答案** |

1. 你吃啥科技公司可以申报债权。

法条依据为《企业破产法》第 46 条：未到期的债权，在破产申请受理时视为到期。附利息的债权自破产申请受理时起停止计息。

2. 该行为无效。在新川面馆申请破产之后，新川面馆清偿华象公司的债务，属于对债权人的个别清偿，该行为无效。

法条依据为《企业破产法》第 16 条：人民法院受理破产申请后，债务人对个别债权人的债务清偿无效。

3. 管理人可以决定不履行和恋家调味品公司的合同。新川面馆的管理人在收到催告之日起，已经超过 30 日未答复继续履行合同的要求，视为解除合同。

法条依据为《企业破产法》第 18 条：人民法院受理破产申请后，管理人对破产申请受理前成立而债务人和对方当事人均未履行完毕的合同有权决定解除或者继续履行，并通知对方当事人。管理人自破产申请受理之日起 2 个月内未通知对方当事人，或者自收到对方当事人催告之日起 30 日内未答复的，视为解除合同。管理人决定继续履行合同的，对方当事人应当履行；但是，对方当事人有权要求管理人提供担保。管理人不提供担保的，视为解除合同。

4. 债权人会议不可以直接更换管理人。债权人会议认为管理人不能依法、公正执行职务或者有其他不能胜任职务情形的，可以申请人民法院予以更换，不能自己直接更换。

法条依据为《企业破产法》第 22 条：管理人由人民法院指定。债权人会议认为管理人不能依法、公正执行职务或者有其他不能胜任职务情形的，可以申请人民法院予以更换。指定管理人和确定管理人报酬的办法，由最高人民法院规定。

5. 管理人可以撤销新川面馆将价值 100 万元的货物以 20 万元的价格卖给大方有限公司的交易。该交易属于以明显不合理的价格进行交易，发生在人民法院受理破产申请前 1 年内，按照《企业破产法》第 31 条第 2 项的规定，该交易可以被撤销。

法条依据为《企业破产法》第 31 条：人民法院受理破产申请前 1 年内，涉及债务人财产的下列行为，管理人有权请求人民法院予以撤销：(1) 无偿转让财产的；(2) 以明显不合理的价格进行交易的；(3) 对没有财产担保的债务提供财产担保的；(4) 对未到期的债务提前清偿的；(5) 放弃债权的。

6. 在银行设置抵押的奥迪轿车属于债务人财产。

法条依据为最高人民法院《关于适用〈中华人民共和国企业破产法〉若干问题的规定(二)》第 3 条：债务人已依法设定担保物权的特定财产，人民法院应当认定为债务人财产。对债务人的特定财产在担保物权消灭或者实现担保物权后的剩余部分，在破产程序中可用以清偿破产费用、共益债务和其他破产债权。

第三章　论述题分析、预测与演练

第一节　概　　述

一、历年真题考点分析及考前预测

年份	题目	题型	学科	考点
2023	中国式现代化、依宪治国与依宪执政	简答题加论述题	习近平法治思想与宪法	习近平法治思想的核心要义和依宪治国，依宪执政
2022	司法体制改革与职权配置	论述题	习近平法治思想与法理学	习近平法治思想的核心要义和司法改革
2021	全面依法治国工作会议（统考）	论述题	习近平法治思想与法理学	习近平法治思想的核心要义（十一个坚持）
	“七一讲话”与建党百年（延考）	论述题	习近平法治思想与法理学	“坚持以人民为中心”与全面依法治国的关系
2020	疫情防控（统考）	论述题	社会主义法治理论与法理学	国家治理能力现代化
	民法典（新疆延考）	论述题	社会主义法治理论与民法学	中国特色社会主义法律体系的完善
2019	政府机构改革	论述题	社会主义法治理论与法理学	法治政府
2018	社会主义法治道路	论述题	社会主义法治理论与法理学	法治核心要义

从历年真题可以看出，关于法考论述题的部分，2018 年、2019 年法考改革后为一道题 38 分，2020 年论述题为一道题 34 分，2021 年和 2022 年论述题为一道题 35 分，2023 年为一道题，但是分了两问，分值还是 35 分。预计 2024 年依然是一道题，可能还会有一到两问，至少 35 分。同时，论述题考查的形式也在不断地创新，2018 年到 2020 年是综合性论述题，2021 年考查习近平法治思想的核心要义，2022 年考查司法体制和职权配置的内容，为论述题综合性考查打下了良好的基础。2021 年、2022 年和 2023 年的题目体现了“新增必考”，分别考查了习近平法治思想学科的有关内容和习近平总书记“七一”重要讲话精神，尤其是 2023 年的“党的二十大报告”的内容。习近平总书记系列重要讲话值得关注，尤其是“党的二十大报告”精神与学习贯彻习近平新时代中国特色社会主义思想主题教育的宣传。另外，也要提醒考生注意，今年主观题除了对领导人重要讲话内容的独立考查外，依然有部门法案例型的论述题考查的可能性。

二、论述题如何得高分

2023年的全国统考卷的考查内容和考查方式，再加上2024年法考新大纲的变化，对今年主观题考查具有重大启示——关注当下，与时俱进，理论与实践不分离。在2020年新疆延考考查《民法典》与法理学的基本理论的结合后，2024年的论述题也有可能会是具体的法律学科和法理学的综合运用，如《行政复议法》的修订、《公司法》的修改、“企业合规制度”的完善等，考生可以选择具体学科的原则和规定来回答，也可以选择法理学的基本原理、基本价值和基本内容来回答。

同时，从历年真题看具体学科的分布，行政法出现的频率较多，总共考过6次。民法在结合民事诉讼法的要求综合考查后，考过5次。刑法只考过1次，考查的是刑法基本原则中的“罪刑法定原则”。诉讼法和司法改革内容也加入了论述题，2018年考查了法治核心要义，2019年考查了政府机构改革这一热点，2020年是《民法典》的颁布，2021年是建党百年的“七一讲话精神”，2022年是“党的二十大报告”与司法改革，2023年是结合“中国式现代化”，考查现行宪法40周年的内容。因此，对行政法、民法、刑法和诉讼法等学科，特别是司法体制改革的最新成果，如认罪认罚从宽制度、刑事合规制度和少捕慎捕慎押等，考生要特别注意。

注意，主观题一般采用“踩点给分”方式。这样一来，将最有效的信息明确无误地展示出来，就是要求考生遵循模板式答题技巧所要达到的目标——你要给老师一个给分的理由！

第二节　时政类论述题出题模式与应对——“万能模板”

自2021年习近平法治思想学科纳入考试范围，2021年、2022年和2023年法考论述题就全面考查了习近平法治思想的核心要义，从领导人讲话或者党的重要文件中摘录一些重要内容，要求考生结合习近平法治思想的相关知识，再结合法理学的法治理论，谈谈自己的认识。

一、答题素材摘要

第一部分　中央全面依法治国工作会议(新闻稿)

新华社　北京11月17日电

中央全面依法治国工作会议2020年11月16日至17日在北京召开。中共中央总书记、国家主席、中央军委主席习近平出席会议并发表重要讲话，强调推进全面依法治国要全面贯彻落实党的十九大和十九届二中、三中、四中、五中全会精神，从把握新发展阶段、贯彻新发展理念、构建新发展格局的实际出发，围绕建设中国特色社会主义法治体系、建设社会主义法治国家的总目标，坚持党的领导、人民当家作主、依法治国有机统一，以解决法治领域突出问题为着力点，坚定不移走中国特色社会主义法治道路，在法治轨道上推进国家治理体系和治理能力现代化，为全面建设社会主义现代化国家、实现中华民族伟大复兴的中国梦提供有力法治保障。

会议强调，习近平法治思想内涵丰富、论述深刻、逻辑严密、系统完备，从历史和现实相贯通、国际和国内相关联、理论和实际相结合上深刻回答了新时代为什么实行全面依法治国、怎样实行全面依法治国等一系列重大问题。习近平法治思想是顺应实现中华民族伟大复兴时代要求应运而生的重大理论创新成果，是马克思主义法治理论中国化最新成果，是习近平新时代中国特色社会主义思想的重要组成部分，是全面依法治国的根本遵循和行动指南。全党全国要认真学习领会习近平法治思想，吃透基本精神、把握核心要义、明确工作要求，切实把习近平法治思想贯彻落实到全面依法治国全过程。

习近平总书记在讲话中强调，我们党历来重视法治建设。党的十八大以来，党中央明确提出全面依法治国，并将其纳入“四个全面”战略布局予以有力推进。党的十八届四中全会专门进行研究，作出关于全面推进依法治国若干重大问题的决定。党的十九大召开后，党中央组建中央全面依法治国委员会，从全局和战略高度对全面依法治国又作出一系列重大决策部署，推动我国社会主义法治建设发生历史性变革、取得历史性成就，全面依法治国实践取得重大进展。

习近平总书记对当前和今后一个时期推进全面依法治国要重点抓好的工作提出了11个方面的要求。

习近平总书记强调，要坚持党对全面依法治国的领导。党的领导是推进全面依法治国的根本保证。国际国内环境越是复杂，改革开放和社会主义现代化建设任务越是繁重，越要运用法治思维和法治手段巩固执政地位、改善执政方式、提高执政能力，保证党和国家长治久安。全面依法治国是要加强和改善党的领导，健全党领导全面依法治国的制度和工作机制，推进党的领导制度化、法治化，通过法治保障党的路线方针政策有效实施。

习近平总书记强调，要坚持以人民为中心。全面依法治国最广泛、最深厚的基础是人民，必须坚持为了人民、依靠人民。要把体现人民利益、反映人民愿望、维护人民权益、增进人民福祉落实到全面依法治国各领域全过程。推进全面依法治国，根本目的是依法保障人民权益。要积极回应人民群众新要求新期待，系统研究谋划和解决法治领域人民群众反映强烈的突出问题，不断增强人民群众获得感、幸福感、安全感，用法治保障人民安居乐业。

习近平总书记指出，要坚持中国特色社会主义法治道路。中国特色社会主义法治道路本质上是中国特色社会主义道路在法治领域的具体体现。既要立足当前，运用法治思维和法治方式解决经济社会发展面临的深层次问题；又要着眼长远，筑法治之基、行法治之力、积法治之势，促进各方面制度更加成熟更加定型，为党和国家事业发展提供长期性的制度保障。要传承中华优秀传统法律文化，从我国革命、建设、改革的实践中探索适合自己的法治道路，同时借鉴国外法治有益成果，为全面建设社会主义现代化国家、实现中华民族伟大复兴夯实法治基础。

习近平总书记强调，要坚持依宪治国、依宪执政。党领导人民制定宪法法律，领导人民实施宪法法律，党自身要在宪法法律范围内活动。全国各族人民、一切国家机关和武装力量、各政党和各社会团体、各企业事业组织，都必须以宪法为根本的活动准则，都负有维护宪法尊严、保证宪法实施的职责。坚持依宪治国、依宪执政，就包括坚持宪法确定的中国共产党领导地位不动摇，坚持宪法确定的人民民主专政的国体和人民代表大会制度的政体不动摇。

习近平总书记指出，要坚持在法治轨道上推进国家治理体系和治理能力现代化。法治是国家治理体系和治理能力的重要依托。只有全面依法治国才能有效保障国家治理体系的系统性、规范性、协调性，才能最大限度凝聚社会共识。在统筹推进伟大斗争、伟大工程、伟大事业、伟大梦想的实践中，在全面建设社会主义现代化国家新征程上，我们要更加重视法治、厉行法治，更好发挥法治固根本、稳预期、利长远的重要作用，坚持依法应对重大挑战、抵御重大风险、克服重大阻力、解决重大矛盾。

习近平总书记指出，要坚持建设中国特色社会主义法治体系。中国特色社会主义法治体系是推进全面依法治国的总抓手。要加快形成完备的法律规范体系、高效的法治实施体系、严密的法治监督体系、有力的法治保障体系，形成完善的党内法规体系。要坚持依法治国和以德治国相结合，实现法治和德治相辅相成、相得益彰。要积极推进国家安全、科技创新、公共卫生、生物安全、生态文明、防范风险、涉外法治等重要领域立法，健全国家治理急需的法律制度、满足人民日益增长的美好生活需要必备的法律制度，以良法善治保障新业态新模式健康发展。

习近平总书记强调，要坚持依法治国、依法执政、依法行政共同推进，法治国家、法治政府、法治社会一体建设。全面依法治国是一个系统工程，要整体谋划，更加注重系统性、整体性、协同性。法治政府建设是重点任务和主体工程，要率先突破，用法治给行政权力定规矩、划界限，规范行政决策程序，加快转变政府职能。要推进严格规范公正文明执法，提高司法公信力。普法工作要在针对性和实效性上下功夫，特别是要加强青少年法治教育，不断提升全体公民法治意识和法治素养。要完善预防性法律制度，坚持和发展新时代“枫桥经验”，促进社会和谐稳定。

习近平总书记指出，要坚持全面推进科学立法、严格执法、公正司法、全民守法。要继续推进法治领域改革，解决好立法、执法、司法、守法等领域的突出矛盾和问题。公平正义是司法的灵魂和生命。要深化司法责任制综合配套改革，加强司法制约监督，健全社会公平正义法治保障制度，努力让人民群众在每一个司法案件中感受到公平正义。要加快构建规范高效的制约监督体系。要推动扫黑除恶常态化，坚决打击黑恶势力及其“保护伞”，让城乡更安宁、群众更安乐。

习近平总书记强调，要坚持统筹推进国内法治和涉外法治。要加快涉外法治工作战略布局，协调推进国内治理和国际治理，更好维护国家主权、安全、发展利益。要强化法治思维，运用法治方式，有效应对挑战、防范风险，综合利用立法、执法、司法等手段开展斗争，坚决维护国家主权、尊严和核心利益。要推动全球治理变革，推动构建人类命运共同体。

习近平总书记指出，要坚持建设德才兼备的高素质法治工作队伍。要加强理想信念教育，深入开展社会主义核心价值观和社会主义法治理念教育，推进法治专门队伍革命化、正规化、专业化、职业化，确保做到忠于党、忠于国家、忠于人民、忠于法律。要教育引导法律服务工作者坚持正确政治方向，依法依规诚信执业，认真履行社会责任。

习近平总书记强调，要坚持抓住领导干部这个“关键少数”。各级领导干部要坚决贯彻落实党中央关于全面依法治国的重大决策部署，带头尊崇法治、敬畏法律，了解法律、掌握法律，不断提高运用法治思维和法治方式深化改革、推动发展、化解矛盾、维护稳定、应对风险的能力，做尊法学法守法用法的模范。要力戒形式主义、官僚主义，确保全面依法治国各项任务真正落到实处。

习近平总书记指出，推进全面依法治国是国家治理的一场深刻变革，必须以科学理论为指导，加强理论思维，不断从理论和实践的结合上取得新成果，总结好、运用好党关于新时代加强法治建设的思想理论成果，更好指导全面依法治国各项工作。

【小结】

1 坚持党对全面依法治国的领导

项目	内容
1.党的领导是中国特色社会主义的法治之魂【修订】	坚持党对全面依法治国的领导，是中国特色社会主义法治的本质特征和内在要求。党政军民学、东西南北中，党是领导一切的。中国共产党的领导是中国特色社会主义最本质的特征，是社会主义法治最根本的保证，是社会主义法治之魂。 **注意**：党的领导和社会主义法治是一致的
2.全面依法治国是要加强和改善党的领导，把党的领导贯彻落实到依法治国全过程和各方面	坚持党的领导，是社会主义法治的根本要求，是党和国家的根本所在、命脉所在，是全国各族人民的利益所系、幸福所系，是全面推进依法治国的题中应有之义。 全面依法治国，必须坚持党总揽全局、协调各方的领导核心地位不动摇，必须具体体现在党领导立法、保证执法、支持司法、带头守法上
3.坚持党的领导、人民当家作主、依法治国有机统一	坚持党的领导、人民当家作主、依法治国有机统一，是对中国特色社会主义法治本质特征的科学概括，是对中国特色社会主义民主法治发展规律的本质把握。人民代表大会制度是坚持党的领导、人民当家作主、依法治国有机统一的根本制度安排。 **注意**：2021年，在党的历史上第一次召开了中央人大工作会议，提出“全过程人民民主”

成功不是将来才有的，而是从决定去做的那一刻起，持续累积而成。

续表

项目	内容
4. 坚持党领导立法、保证执法、支持司法、带头守法	必须坚持党领导立法、保证执法、支持司法、带头守法，把依法治国基本方略同依法执政基本方式统一起来，把党总揽全局、协调各方同人大、政府、政协、监察机关、审判机关、检察机关依法依章程履行职能、开展工作统一起来，把党领导人民制定和实施宪法法律同党坚持在宪法法律范围内活动统一起来
5. 健全党领导全面依法治国的制度和工作机制	推进党的领导制度化、法治化，通过法治保障党的路线方针政策有效实施。成立中央全面依法治国委员会
注意：党委政法委员会是党委领导和管理政法工作的职能部门，是实现党对政法工作领导的重要组织形式	

2 坚持以人民为中心

项目	内容
1. 以人民为中心是中国特色社会主义法治的根本立场	人民群众是我们党的力量源泉，人民立场是中国共产党的根本政治立场。以人民为中心是新时代坚持和发展中国特色社会主义的根本立场，是中国特色社会主义法治的本质要求。推进全面依法治国的根本目的是依法保障人民权益
2. 坚持人民主体地位	人民是国家的主人，依法治国的主体是人民。社会主义法治建设必须为了人民、依靠人民、造福人民、保护人民。人民幸福生活是最大的人权
3. 牢牢把握社会公平正义的价值追求	公平正义是法治的生命线，是中国特色社会主义法治的内在要求。要牢牢把握社会公平正义这一法治价值追求，努力让人民群众在每一项法律制度、每一个执法决定、每一宗司法案件中都感受到公平正义。 **注意：**坚持以人民为中心，维护社会公平正义，必须坚持法律面前人人平等
4. 推进全面依法治国的根本目的是依法保障人民权益	要依法保障全体公民享有广泛的权利，保障公民的人身权、财产权、基本政治权利等各项权利不受侵犯，保证公民的经济、文化、社会等各方面权利得到落实，不断增强人民群众获得感、幸福感、安全感，用法治保障人民安居乐业

3 坚持中国特色社会主义法治道路

项目	内容
1. 中国特色社会主义法治道路是建设社会主义法治国家的唯一正确道路	道路决定命运，道路决定前途。【道路决定成败。】我们既不走封闭僵化的老路，也不走改旗易帜的邪路，而要从中国国情和实际出发，传承中华优秀传统法律文化，从我国革命、建设、改革的实践中探索适合自己的法治道路，为全面建设社会主义现代化国家、实现中华民族伟大复兴夯实法治基础。 **注意：**我们要学习借鉴人类法治文明的有益成果，但决不能照搬别国模式和做法，决不能走西方“宪政”“三权鼎立”“司法独立”的路子
2. 中国特色社会主义法治道路的核心要义	三个“核心要义”，即坚持党的领导、坚持中国特色社会主义制度、贯彻中国特色社会主义法治理论，规定了中国特色社会主义法治体系的制度属性和鲜明特征，确定了中国特色社会主义法治道路的根本性质和根本要求，明示了中国特色社会主义法治道路的前进方向和理论标识。 **注意：**党的领导是根本，中国特色社会主义制度是基础，中国特色社会主义法治理论是指导思想和学理支撑

4 坚持依宪治国、依宪执政【1954年宪法70周年】

项目	内容
1. 坚持依法治国首先要坚持依宪治国，坚持依法执政首先要坚持依宪执政	党领导人民制定宪法法律，领导人民实施宪法法律，党自身必须在宪法法律范围内活动。坚持依宪治国、依宪执政，体现了党的领导、人民当家作主、依法治国有机统一，体现了全面推进依法治国的时代要求，对于推进国家治理体系和治理能力现代化、保证党和国家长治久安具有重大意义。 **注意：**依宪治国、依宪执政是建设社会主义法治国家的首要任务
2. 宪法是治国理政的总章程	宪法是国家的根本大法，是治国安邦的总章程，是党和人民意志的集中体现，具有最高的法律地位、法律权威、法律效力
3. 全面贯彻实施宪法	《中华人民共和国国民经济和社会发展第十四个五年规划和2035年远景目标纲要》明确规定，健全保障宪法全面实施的体制机制，加强宪法实施和监督，落实宪法解释程序机制，推进合宪性审查。 **注意：**宪法的生命在于实施，宪法的权威也在于实施
4. 推进合宪性审查工作	完善宪法监督制度，必须积极稳妥推进合宪性审查工作，加强备案审查制度和能力建设，依法撤销和纠正违宪违法的规范性文件，维护宪法权威。 **注意：**加强宪法解释工作，积极回应涉及宪法有关问题的关切，努力实现宪法的稳定性和适应性的统一
5. 深入开展宪法宣传教育	"加强宪法学习宣传教育是实施宪法的重要基础。"要在全社会广泛开展尊崇宪法、学习宪法、遵守宪法、维护宪法、运用宪法的宣传教育，大力弘扬宪法精神，大力弘扬社会主义法治精神，不断增强人民群众宪法意识。 **注意：**宪法的根基在于人民发自内心的拥护，宪法的伟力在于人民出自真诚的信仰

5 坚持在法治轨道上推进国家治理体系和治理能力现代化

项目	内容
1. 全面依法治国是国家治理的一场广泛而深刻的革命【修订】	我国社会主义法治凝聚着我们党治国理政的理论成果和实践经验，是制度之治最基本最稳定最可靠的保障。在法治轨道上推进国家治理体系和治理能力现代化，要提高党依法治国、依法执政能力，推进党的领导制度化、法治化、规范化
2. 法治是国家治理体系和治理能力的重要依托	法治是"中国之治的制度根基"。法治是治国理政的基本方式。"我国社会主义法治凝聚着我们党治国理政的理论成果和实践经验，是制度之治最基本最稳定最可靠的保障。""实践证明，通过宪法法律确认和巩固国家根本制度、基本制度、重要制度，并运用国家强制力保证实施，保障了国家治理体系的系统性、规范性、协调性、稳定性。" **注意：**国家治理体系是在党领导下管理国家的制度体系，包括经济、政治、文化、社会、生态文明和党的建设等各领域的体制机制、法律法规安排，是一整套紧密相连、相互协调的制度构成的体系。国家治理能力是运用国家制度管理社会各方面事务的能力，是改革发展稳定、内政外交国防、治党治国治军等各个方面国家制度执行能力的集中体现
3. 更好地发挥法治固根本、稳预期、利长远的保障作用	全面推进依法治国，是着眼于实现中华民族伟大复兴中国梦、实现党和国家长治久安的长远考虑。"坚定不移厉行法治，一个重要意图就是为子孙万代计、为长远发展谋。" **注意：**坚持依法应对重大挑战、抵御重大风险、克服重大阻力、解决重大矛盾

成功不是将来才有的，而是从决定去做的那一刻起，持续累积而成。

续表

项目	内容
4. 坚持依法治军、从严治军	依法治军、从严治军，是我们党建军治军的基本方略。 **注意**：党对军队绝对领导是依法治军的核心和根本要求，是中国特色的军事的最大优势
5. 坚持依法保障“一国两制”实践与推进祖国统一	中华人民共和国宪法和特别行政区基本法共同构成特别行政区的宪制基础。 “和平统一、一国两制”是实现国家统一的最佳方式。 **注意**：坚持“爱国者治港”“爱国者治澳”原则，坚持以爱国者为主体的“港人治港”“澳人治澳”，提高特别行政区依法治理能力和水平
6. 坚持依法治网	网络空间不是“法外之地”，同样要讲法治。网络空间是亿万民众共同的精神家园。 加快制定完善互联网领域法律法规。依法加强数据安全管理。依法严厉打击网络违法犯罪行为。 **注意**：自由是秩序的目的，秩序是自由的保障

6 坚持建设中国特色社会主义法治体系

项目	内容
1. 建设中国特色社会主义法治体系是推进全面依法治国的总抓手	建设中国特色社会主义法治体系，就是在中国共产党领导下，坚持中国特色社会主义制度，贯彻中国特色社会主义法治理论，形成完备的法律规范体系、高效的法治实施体系、严密的法治监督体系、有力的法治保障体系，形成完善的党内法规体系。建设中国特色社会主义法治体系，既是全面依法治国的总目标，又是全面依法治国的总抓手，对推进全面依法治国具有纲举目张的意义
2. 建设完备的法律规范体系	坚持立法先行，发挥立法的引领和推动作用；坚持科学立法、民主立法、依法立法，提高立法质量和效率，让法律法规立得住、行得通、真管用；加强重点领域立法，加快完善体现权利公平、机会公平、规则公平的法律制度，保障公民人身权、财产权、基本政治权利等各项权利不受侵犯，保障公民经济、文化、社会等各方面权利得到落实；实现立法和改革决策相衔接，做到重大改革于法有据、立法主动适应改革和经济社会发展需要。 **注意**：民法典编纂是“形成完备的法律规范体系”的重大举措，是完善中国特色社会主义法律体系的标志性成果
3. 建设高效的法治实施体系	法律的生命在于实施，为了保证法律有效实施，必须建立高效的法治实施体系，防止法律沦为一纸空文。法治实施当中，最重要的是宪法实施。“宪法是国家的根本法。法治权威能不能树立起来，首先要看宪法有没有权威。必须把宣传和树立宪法权威作为全面推进依法治国的重大事项抓紧抓好，切实在宪法实施和监督上下功夫。”法治实施体系的常规力量是执法和司法，它们是将法律规范体系的效能发挥出来的关键
4. 建设严密的法治监督体系	建立由党内监督、人大监督、民主监督、行政监督、司法监督、审计监督、统计监督、群众监督、舆论监督构成的更加严密的监督体系，形成强大的监督合力，同时要着力推进监督工作规范化、程序化、制度化，形成对法治运行全过程全方位的法治化监督体系，督促科学立法、严格执法、公正司法、全民守法的实现，确保党和国家机关及其工作人员按照法定权限和程序正确行使权力

续表

项目	内容
5. 建设有力的法治保障体系	就宏观目标而言，法治保障体系包括政治保障、制度保障、思想保障、组织保障、人才保障、运行保障、科技保障等。坚持党的领导是社会主义法治的政治保障，坚持中国特色社会主义制度是社会主义法治的制度保障，贯彻中国特色社会主义法治理论是社会主义法治的思想保障，坚持抓住领导干部这个“关键少数”是社会主义法治的组织保障，建设高素质的法治工作队伍是社会主义法治的人才保障，建立科学的法治建设指标体系和考核标准并有效实施是社会主义法治的运行保障，运用互联网、大数据、人工智能等智能科技手段是社会主义法治强大的科技保障，这些方面形成合力，能够保障法治体系科学有效的运行
6. 建设完善的党内法规体系	党内法规既是管党治党的重要依据，也是建设社会主义法治国家的有力保障。党章是最根本的党内法规，全党必须一体严格遵行。必须完善党内法规制定体制机制，完善党的组织法规制度、党的领导法规制度、党的自身建设法规制度、党的监督保障法规制度。 **注意**：除了上述五个方面，中国特色社会主义法治体系还包括形式多样、内容丰富的社会规范体系，诸如市民公约、乡规民约、行业规章、团体章程等，它们也是法治国家建设的重要遵循

7 坚持依法治国、依法执政、依法行政共同推进，法治国家、法治政府、法治社会一体建设

项目	内容
1. 全面依法治国是一个系统工程	全面依法治国是一个系统工程，必须统筹兼顾、把握重点、整体谋划，更加注重系统性、整体性、协同性。“共同推进、一体建设”是对全面依法治国的工作布局。 依法治国、依法执政、依法行政是一个有机整体，关键在于党要坚持依法执政、各级政府要坚持依法行政。依法治国是党领导人民治理国家的基本方略，依法执政是我们党执政的基本方式，依法行政是政府施政的基本准则，三者密不可分，必须共同推进。法治国家、法治政府、法治社会三者各有侧重、相辅相成，法治国家是法治建设的目标，法治政府是建设法治国家的主体，法治社会是构筑法治国家的基础。法治政府建设是重点任务和主体工程，要重点推进，率先突破。 **注意**：2020 年，中共中央印发了《法治社会建设实施纲要（2020—2025 年）》，提出“建设信仰法治、公平正义、保障权利、守法诚信、充满活力、和谐有序的社会主义法治社会”
2. 法治国家是法治建设的目标	一个现代化国家必然是法治国家。法治兴则国兴，法治强则国强。 党的十八届四中全会《决定》明确提出，全面推进依法治国，总目标是建设中国特色社会主义法治体系，建设社会主义法治国家
3. 法治政府是法治国家的主体	推进全面依法治国，法治政府建设是重点任务和主体工程，对法治国家、法治社会建设具有示范带动作用。加快建设职能科学、权责法定、执法严明、公开公正、智能高效、廉洁诚信、人民满意的法治政府
4. 法治社会是构筑法治国家的基础	法律要发挥作用，需要全社会信仰法律。加强法治乡村建设是实施乡村振兴战略、推进全面依法治国的基础性工作。【自治、法治和德治】 **注意**：法治建设既要抓末端、治已病，更要抓前端、治未病

8 坚持全面推进科学立法、严格执法、公正司法、全民守法

项目	内容
1. 科学立法、严格执法、公正司法、全民守法是全面依法治国的重要环节	科学立法、严格执法、公正司法、全民守法，是新时代法治建设的“十六字”方针。在全面推进依法治国的工作格局中，科学立法是前提条件，严格执法是关键环节，公正司法是重要任务，全民守法是基础工程
2. 坚持科学立法	科学立法保证良法善治。法律是治国之重器，良法是善治之前提。建设中国特色社会主义法治体系，必须坚持立法先行，深入推进科学立法、民主立法、依法立法，提高立法质量和效率，以良法促进发展、保障善治
3. 坚持严格执法	严格执法维护法律权威。习近平同志一贯强调严格执法，他指出：法律的生命力在于实施，法律的权威也在于实施。“‘法令行则国治，法令弛则国乱。’各级国家行政机关、审判机关、检察机关是法律实施的重要主体，必须担负法律实施的法定职责，坚决纠正有法不依、执法不严、违法不究现象，坚决整治以权谋私、以权压法、徇私枉法问题，严禁侵犯群众合法权益。”
4. 坚持公正司法	公正司法确保公平正义。司法是维护社会公平正义的最后一道防线。所以，司法必须公正。所谓公正司法，就是受到侵害的权利一定会得到保护和救济，违法犯罪活动一定要受到制裁和惩罚，人民群众在每一个司法案件中都能感受到公平正义。如果人民群众通过司法程序不能保障自己的合法权利，司法就没有公信力，人民群众也不会相信司法
5. 坚持全民守法	全民守法提振社会文明。全面依法治国，建设法治中国，必须坚持全民守法。全民守法，就是全国各族人民、一切国家机关和武装力量、各政党和各社会团体、各企业事业组织，都必须以宪法和法律为根本活动原则，并负有维护宪法和法律尊严、保证宪法和法律实施的职责。任何组织或者个人，都不得有超越宪法和法律的特权。一切违反宪法和法律的行为，都必须予以追究。任何公民、社会组织、国家机关、政党，都要依照宪法和法律行使权利或权力、履行义务或职责

9 坚持统筹推进国内法治和涉外法治

项目	内容
1. 统筹推进国内法治和涉外法治是全面依法治国的迫切任务	面对世界百年未有之大变局，必须统筹推进国内法治发展和涉外法治建设，积极参与全球治理体系改革和建设，加强涉外法治体系建设，加强国际法运用，维护以联合国为核心的国际体系和以国际法为基础的国际秩序，共同应对全球化挑战。中国走向世界，以负责任大国形象参与国际事务，必须善于运用法治，加强国际法治合作，推动全球治理体系变革，构建人类命运共同体
2. 加快涉外法治工作战略布局	统筹国内国际两个大局是我们党治国理政的重要理念和基本经验，统筹推进国内法治和涉外法治，加快涉外法治工作战略布局即是这一理念和经验在法治领域的具体体现
3. 加强国际法治交流合作	法治是人类政治文明的重要成果，是现代社会治理的基本手段，既是国家治理体系和治理能力的重要依托，也是维护世界和平与发展的重要保障。 法治是国家核心竞争力的重要内容。要提高国际法斗争能力，坚持国家主权平等，坚持反对任何形式的霸权主义，坚持推进国际关系民主化法治化，综合利用立法、执法、司法等法律手段开展斗争，坚决维护国家主权、安全、发展利益

成功不是将来才有的，而是从决定去做的那一刻起，持续累积而成。

续表

项目	内容
4.为构建人类命运共同体提供法治保障	构建人类命运共同体,必须坚持民主、平等、正义,建设国际法治。 **注意**:联合国宪章宗旨和原则是处理国际关系的根本遵循,也是国际秩序稳定的重要基石,必须毫不动摇加以维护

10 坚持建设德才兼备的高素质法治工作队伍

项目	内容
建设德才兼备的高素质法治工作队伍至关重要	
1.加强法治专门队伍建设	坚持建设德才兼备的高素质法治工作队伍,是全面推进依法治国的组织保障。全面推进依法治国,必须着力建设一支忠于党、忠于国家、忠于人民、忠于法律的社会主义法治工作队伍,推进法治专门队伍正规化、专业化、职业化,提高职业素养和专业水平。坚持立德树人,德法兼修,努力培养造就一大批高素质法治人才及后备力量
2.加强法律服务队伍建设	律师队伍是依法治国的一支重要力量。要大力加强律师队伍思想政治建设,把拥护中国共产党领导、拥护社会主义法治作为律师从业的基本要求,教育引导律师等法律服务工作者坚持正确政治方向,依法依规诚信执业,认真履行社会责任
3.加强法治人才培养	法学教育在全面依法治国中具有基础性、先导性作用。要重点打造一支政治立场坚定、理论功底深厚、熟悉中国国情的高水平法学家和专家团队,建设高素质学术带头人、骨干教师、专兼职教师队伍

11 坚持抓住领导干部这个"关键少数"

项目	内容
1.领导干部是全面依法治国的关键	领导干部具体行使党的执政权和国家立法权、行政权、监察权、司法权,是全面依法治国的关键。全面推进依法治国必须抓住领导干部这个"关键少数",不断提高他们运用法治思维和法治方式深化改革、推动发展、化解矛盾、维护稳定的能力,要求他们做尊法学法守法用法的模范。要坚持依法治权,用宪法和法律法规设定权力、规范权力、制约权力、监督权力,把权力"关进法律和制度的笼子里"
2.领导干部应做尊法学法守法用法的模范	领导干部必须做尊法的模范,带头尊崇法治、敬畏法律,彻底摒弃人治思想和长官意识,决不搞以言代法、以权压法。领导干部必须做学法的模范,深入学习贯彻习近平法治思想,带头了解法律、掌握法律,充分认识法治在推进国家治理体系和治理能力现代化中的重要地位和重大作用。领导干部必须做守法的模范,牢记法律红线不可逾越、法律底线不可触碰,带头遵纪守法、捍卫法治。领导干部必须做用法的模范,带头厉行法治、依法办事,真正做到在法治之下、而不是法治之外、更不是法治之上想问题、作决策、办事情
3.领导干部要提高法治思维和法治方式的能力	法治思维是基于法治的固有特性和对法治的信念来认识事物、判断是非、解决问题的思维方式。法治方式是运用法治思维处理和解决问题的行为模式。法治思维是基于对法治的信仰和尊崇,自觉运用法治理念、法律原则、法律规范、法律逻辑来分析和解决问题、推进各项工作的思维方式。一是要守法律、重程序,这是法治的第一位要求。二是要牢记职权法定,明白权力来自哪里、界线划在哪里,做到法定职责必须为、法无授权不可为。三是要保护人民权益,这是法治的根本目的。四是要受监督,这既是对领导干部行使权力的监督,也是对领导干部正确行使权力的制度保护

成功不是将来才有的,而是从决定去做的那一刻起,持续累积而成。

续表

项目	内容
4.党政主要负责人要履行推进法治建设第一责任人职责	党政主要负责人要履行推进法治建设第一责任人职责,这是推进法治建设的重要组织保证。每年都确定重点任务,明确完成时间,做到年初有分工、年中有督察、年末有考核,全年有台账。 **注意:**将法治建设纳入地区发展总体规划和年度工作计划,与经济社会发展同部署、同推进、同督促、同考核、同奖惩

第二部分　习近平:高举中国特色社会主义伟大旗帜为全面建设社会主义现代化国家而团结奋斗

——在中国共产党第二十次全国代表大会上的报告(节选)

七、坚持全面依法治国,推进法治中国建设

全面依法治国是国家治理的一场深刻革命,关系党执政兴国,关系人民幸福安康,关系党和国家长治久安。必须更好发挥法治固根本、稳预期、利长远的保障作用,在法治轨道上全面建设社会主义现代化国家。

我们要坚持走中国特色社会主义法治道路,建设中国特色社会主义法治体系、建设社会主义法治国家,围绕保障和促进社会公平正义,坚持依法治国、依法执政、依法行政共同推进,坚持法治国家、法治政府、法治社会一体建设,全面推进科学立法、严格执法、公正司法、全民守法,全面推进国家各方面工作法治化。

(一)完善以宪法为核心的中国特色社会主义法律体系。坚持依法治国首先要坚持依宪治国,坚持依法执政首先要坚持依宪执政,坚持宪法确定的中国共产党领导地位不动摇,坚持宪法确定的人民民主专政的国体和人民代表大会制度的政体不动摇。加强宪法实施和监督,健全保证宪法全面实施的制度体系,更好发挥宪法在治国理政中的重要作用,维护宪法权威。加强重点领域、新兴领域、涉外领域立法,统筹推进国内法治和涉外法治,以良法促进发展、保障善治。推进科学立法、民主立法、依法立法,统筹立改废释纂,增强立法系统性、整体性、协同性、时效性。完善和加强备案审查制度。坚持科学决策、民主决策、依法决策,全面落实重大决策程序制度。

(二)扎实推进依法行政。法治政府建设是全面依法治国的重点任务和主体工程。转变政府职能,优化政府职责体系和组织结构,推进机构、职能、权限、程序、责任法定化,提高行政效率和公信力。深化事业单位改革。深化行政执法体制改革,全面推进严格规范公正文明执法,加大关系群众切身利益的重点领域执法力度,完善行政执法程序,健全行政裁量基准。强化行政执法监督机制和能力建设,严格落实行政执法责任制和责任追究制度。完善基层综合执法体制机制。

(三)严格公正司法。公正司法是维护社会公平正义的最后一道防线。深化司法体制综合配套改革,全面准确落实司法责任制,加快建设公正高效权威的社会主义司法制度,努力让人民群众在每一个司法案件中感受到公平正义。规范司法权力运行,健全公安机关、检察机关、审判机关、司法行政机关各司其职、相互配合、相互制约的体制机制。强化对司法活动的制约监督,促进司法公正。加强检察机关法律监督工作。完善公益诉讼制度。

(四)加快建设法治社会。法治社会是构筑法治国家的基础。弘扬社会主义法治精神,传承中华优秀传统法律文化,引导全体人民做社会主义法治的忠实崇尚者、自觉遵守者、坚定捍卫者。建设覆盖城乡的现代公共法律服务体系,深入开展法治宣传教育,增强全民法治观念。推进多层次多领域依法治理,提升社会治理法治化水平。发挥领导干部示范带头作用,努力使尊法学法守法用法在全社会蔚然成风。

成功不是将来才有的,而是从决定去做的那一刻起,持续累积而成。

二、"万能模板"

【题目】

材料是关于中央全面依法治国工作会议上提出的习近平法治思想的核心要义，结合习近平总书记有关法治工作的重要讲话，加上热门事件，如"党的二十大报告"精神、学习贯彻习近平新时代中国特色社会主义思想主题教育、习近平文化思想等，要求考生从某个（如A）角度，谈一下对习近平法治思想和全面依法治国（法治中国）的认识。

【问题】

联系材料，从A的角度，简述你对习近平法治思想和全面依法治国（法治中国）的认识。

【定概念】 习近平法治思想【A】是顺应实现中华民族伟大复兴时代要求应运而生的重大理论创新成果，是马克思主义法治理论中国化的最新成果，是习近平新时代中国特色社会主义思想的重要组成部分，是新时代全面依法治国的根本遵循和行动指南。

【说联系】 A和B关系密切，相辅相成，缺一不可。A对B有重大的影响，B对A有指导作用。同样，B对A有独立的反作用，A对B有促进作用。因此，A的水平的好坏决定了B的发展的好坏。它们犹如飞机的双翼，缺一不可。

【抄材料】 联系材料……（附上材料内容）

【做结语】 擘画蓝图启新程，接续奋斗谱新篇。以习近平法治思想为指导，全面贯彻落实党的二十大精神，坚决落实习近平总书记对政法工作的重要指示，深刻领悟"两个确立"的决定性意义，增强"四个意识"、坚定"四个自信"、做到"两个维护"，坚持党对政法工作的绝对领导，坚持统筹国内国际两个大局，坚持统筹发展安全两件大事，全力履行职责使命，为全面建设社会主义现代化国家、全面推进中华民族伟大复兴贡献力量。

示例一：2023年法考主观题全国统考卷（回忆版）

【题目】

材料一：

中国式现代化，是中国共产党领导的社会主义现代化，既有各国现代化的共同特征，更有基于自己国情的中国特色。

——中国式现代化是人口规模巨大的现代化。我国十四亿多人口整体迈进现代化社会，规模超过现有发达国家人口的总和，艰巨性和复杂性前所未有，发展途径和推进方式也必然具有自己的特点。我们始终从国情出发想问题、作决策、办事情，既不好高骛远，也不因循守旧，保持历史耐心，坚持稳中求进、循序渐进、持续推进。

——中国式现代化是全体人民共同富裕的现代化。共同富裕是中国特色社会主义的本质要求，也是一个长期的历史过程。我们坚持把实现人民对美好生活的向往作为现代化建设的出发点和落脚点，着力维护和促进社会公平正义，着力促进全体人民共同富裕，坚决防止两极分化。

——中国式现代化是物质文明和精神文明相协调的现代化。物质富足、精神富有是社会主义现代化的根本要求。物质贫困不是社会主义，精神贫乏也不是社会主义。我们不断厚植现代化的物质基础，不断夯实人民幸福生活的物质条件，同时大力发展社会主义先进文化，加强理想信念教育，传承中华文明，促进物的全面丰富和人的全面发展。

——中国式现代化是人与自然和谐共生的现代化。人与自然是生命共同体，无止境地向自然索取甚至破坏自然必然会遭到大自然的报复。我们坚持可持续发展，坚持节约优先、保护优先、自然恢复为主的方针，像保护眼睛一样保护自然和生态环境，坚定不移走生产发展、生活富裕、生态良好的文明发展道路,实现中华民族永续发展。

——中国式现代化是走和平发展道路的现代化。我国不走一些国家通过战争、殖民、掠夺等方式实现现代化的老路,那种损人利己、充满血腥罪恶的老路给广大发展中国家人民带来深重苦难。我们坚定站在历史正确的一边、站在人类文明进步的一边,高举和平、发展、合作、共赢旗帜,在坚定维护世界和平与发展中谋求自身发展,又以自身发展更好维护世界和平与发展。

——摘自:《在中国共产党第二十次全国代表大会上的报告(2022 年 10 月 16 日)》

材料二:

坚持宪法确定的中国共产党领导地位不动摇,坚持宪法确定的人民民主专政的国体和人民代表大会制度的政体不动摇。……要加强宪法实施和监督,推进合宪性审查工作,对一切违反宪法法律的法规、规范性文件必须坚决予以纠正和撤销。

——摘自:《坚定不移走中国特色社会主义法治道路为全面建设社会主义现代化国家提供有力法治保障》(习近平在中央全面依法治国工作会议上的讲话)

【问题 1】

围绕宪法关于基本制度和公民基本权利义务方面的规定,简述宪法对中国式现代化的制度保障。

【问题 2】

根据上述材料,结合习近平法治思想,谈谈你对坚持依宪治国、依宪执政的理解。

【答题要求】(答题界面显示分别作答)

1. 无观点或论述、照搬材料原文的不得分;
2. 观点正确,表述完整、准确;
3. 总字数不得少于 600 字。

【具体分析】

2023 年法考理论法论述题有一个惊喜和一个意外:惊喜是考查内容中规中矩,结合党的二十大报告主题和现行宪法实施 40 周年的热门话题,考查了宪法对中国式现代化的制度保障和习近平法治思想中的坚持依宪治国和依宪执政。意外是考试题型进行了一定的变化,把之前的一问改成两问,第一问是简答题,第二问才是论述题。很多考生只答了一问,或者把两问的答案都写在了第一框中。在阅卷过程中,阅卷老师考虑到考生的实际答题情况,对以上的情形进行了调整。2024 年法考主观题理论法论述题应该会秉持 2023 年的考试特点,即考查领导人的最新讲话,结合习近平法治思想的核心内容,加上当年热门事件,考查考生的理解和记忆能力!2024 年是人民代表大会制度 75 周年,是“人权”入宪 20 周年等,与时俱进是法考理论法的最大特点。至于今年是考查一问还是两问,这个只是形式上的变化,不影响实质性的答题,你只要紧扣题目,有逻辑、有体系地进行回答,自然能取得高分!

问题 1:围绕宪法关于基本制度和公民基本权利义务方面的规定,简述宪法对中国式现代化的制度保障。从题目上看,本题有三个“采分点”:一是中国式现代化;二是宪法的基本内容,包括基本制度和公民基本权利与义务;三是两者关系:宪法对中国式现代化的制度保障(作用)。答案采用“万能模板”方式,分四个部分:是什么,为什么,怎么办,做结语。第一段“定概念”,什么是中国式现代化;第二段“说联系”,中国式现代化与宪法的关系;第三段“谈措施”是重点,要写宪法在制度上如何保障中国式现代化的实现,可以从基本制度,公民基本权利义务上进行分析;第四段“表决心”做结语。注意:题目要求不要照搬材料,中国式现代化只能每段抄一句左右,别照搬哦!

【参考答案】

【是什么,定概念】 中国式现代化是中国共产党领导的社会主义现代化,它包括人口规模巨大、全体人民共同富裕、物质文明和精神文明相协调、人与自然和谐共生、走和平发展道路等内容。

【为什么,说联系】 中国式现代化与宪法关系密切,相辅相成。中国式现代化是宪法的目的和方向,宪法是实现中国式现代化的重要措施。一方面,我国宪法规定的国家基本制度和公民基本权利义务,从制度上为中国式现代化的实现提供了坚实有力的保障。另一方面,中国式现代化的顺利实现需要充分发挥宪法的引领、规范和保障作用。

【怎么办,谈措施】 我国宪法从国家基本制度和公民基本权利义务两个方面为中国式现代化的顺利实现提供了重要的制度保障。一方面,在国家基本制度上,宪法坚持"三个不动摇",为在法治轨道上实现中国式现代化提供了有力的法治保障。另一方面,宪法是全国各族人民共同意志和根本利益的集中体现。通过对公民各项基本权利和义务的规定,宪法为中国式现代化提供了重要的制度支撑。

【做结语,表决心】 总之,新时代全面依法治国必须坚持依宪治国、依宪执政,从制度上保障中国式现代化的顺利推进。

问题2:根据上述材料,结合习近平法治思想,谈谈你对坚持依宪治国、依宪执政的理解。这个是标准的论述题,主题或者"采分点"是三个:一是习近平法治思想,二是依宪治国,三是依宪执政。按照论述题"万能模板"直接写"四段"即可。第一段"定概念",什么是习近平法治思想;第二段"说联系",依法治国和依宪治国的关系;第三段"谈措施"是重点,如何依宪治国和依宪执政来保障中国式现代化的实现;第四段"表决心"做万能结语。

【参考答案】

【是什么,定概念】 习近平法治思想是马克思主义法治理论同中国实际相结合的最新成果。习近平法治思想内涵丰富、论述深刻、逻辑严密、系统完备,从历史和现实相贯通、国际和国内相关联、理论和实际相结合上深刻回答了新时代为什么实行全面依法治国、怎么实行全面依法治国等一系列重大问题。

【为什么,说联系】 习近平法治思想指出,坚持依法治国首先要坚持依宪治国,坚持依法执政首先要坚持依宪执政。依宪治国和依宪执政犹如鸟之双翼,车之双轮,不可分离。

【怎么办,谈措施】 依宪治国、依宪执政是建设社会主义法治国家的首要任务。首先,全面贯彻实施宪法。要以宪法为根本活动准则,维护宪法权威,加强宪法实施,把全面实施宪法提高到一个新的水平。其次,要积极稳妥推进合宪性审查工作,加强宪法监督。一方面,要加强备案审查制度和能力建设,依法撤销和纠正违宪违法的规范性文件,维护宪法权威;另一方面,要加强宪法解释工作,积极回应涉及宪法有关问题的关切。最后,深入开展宪法宣传教育。

【做结语,表决心】 总之,新时代全面依法法治国必须坚持以法治思想为指导,坚持依宪治国、依宪执政。这样,我们才能在法治轨道上全面建设社会主义现代化国家,为实现第二个百年奋斗目标和中华民族伟大复兴提供有力的法治保障。

示例二:2022 年法考主观题全国统考卷(回忆版)

【题目】

材料一:

改革开放以后,党坚持依法治国,不断推进社会主义法治建设……党领导深化以司法责任制为重点的司法体制改革，推进政法领域全面深化改革，加强对执法司法活动的监督制约，开展政法队伍教育整顿，依法纠正冤错案件，严厉惩治执法司法腐败，确保执法司法公正廉洁高效权威。

（摘自《中共中央关于党的百年奋斗重大成就和历史经验的决议》，2021年11月11日党的十九届六中全会通过）

材料二：

当前，法治领域存在的一些突出矛盾和问题，原因在于改革还没有完全到位。要围绕让人民群众在每一项法律制度、每一个执法决定、每一宗司法案件中都感受到公平正义这个目标，深化司法体制综合配套改革，加快建设公正高效权威的社会主义司法制度。

（摘自习近平：《坚持走中国特色社会主义法治道路，更好推进中国特色社会主义法治体系建设》，载《求是》2022年第4期，在十九届中央政治局第三十五次集体学习时的讲话）

材料三：

习近平总书记指出，权力是一把双刃剑，在法治轨道上行使可以造福人民，在法律之外行使则必然祸害国家和人民。执法司法权力专业性强、自由裁量度大、受干扰诱惑多，权力的多重属性表现尤为明显。

（摘自钟政声：《深化执法司法权力运行机制改革，归根结底就是要规范用权》）

【问题】

根据以上材料，请结合你对习近平法治思想的理解，谈谈党的十八大以来改革重构司法权力配置和运行机制的重大成就和意义。

【答题要求】

1. 无观点和论述，照搬材料原文不得分；

2. 观点正确，表述完整、准确；

3. 总字数不少于600字。

【解题思路】

背“万能模板”，把论述题看成是一个简单的“填空题”！2022年的主观卷的论述题依然与时俱进，宏观考查习近平法治思想，并结合具体要求考查细节。考生依然可以依据【是什么】（定概念）、【为什么】（说联系）、【怎么办】（抄材料）、【做结语】（表决心）的模式作答。第一步，先说明概念，什么是习近平法治思想，什么是重构司法权力配置和运行机制。第二步，分析习近平法治思想和司法改革的关系。第三步，联系材料，指出党的十八大以来改革的重大成就。最后，做结语，指出伟大意义。

【参考答案】

【定概念】 习近平法治思想是顺应实现中华民族伟大复兴时代要求应运而生的重大理论创新成果，是马克思主义法治理论中国化的最新成果，是习近平新时代中国特色社会主义思想的重要组成部分，是新时代全面依法治国的根本遵循和行动指南。其中，重构司法权力配置和运行机制是习近平法治思想中的重要组成部分，是司法改革成功的关键所在。

【说联系】 习近平法治思想和司法改革关系密切，相辅相成，缺一不可。深化司法体制综合配套改革，全面准确落实司法责任制，加快建设公正高效权威的社会主义司法制度，努力让人民群众在每一个司法案件中感受到公平正义。规范司法权力运行，健全公安机关、检察机关、审判机关、司法行政机关各司其职、相互配合、相互制约的体制机制。

成功不是将来才有的，而是从决定去做的那一刻起，持续累积而成。

第9天

【抄材料】 联系材料，党的十八大以来，中国特色社会主义法治体系不断健全，法治中国建设迈出坚实步伐，法治固根本、稳预期、利长远的保障作用进一步发挥，党运用法治方式领导和治理国家的能力显著增强。党领导深化以司法责任制为重点的司法体制改革，推进政法领域全面深化改革，加强对执法司法活动的监督制约，开展政法队伍教育整顿，依法纠正冤错案件，严厉惩治执法司法腐败，确保执法司法公正廉洁高效权威。

【做结语】 综上，法治兴则国家兴，法治衰则国家乱；全面依法治国是中国特色社会主义的本质要求和重要保障，是国家治理的一场深刻革命；坚持依法治国首先要坚持依宪治国，坚持依法执政首先要坚持依宪执政。必须坚持中国特色社会主义法治道路，贯彻中国特色社会主义法治理论，坚持依法治国、依法执政、依法行政共同推进，坚持法治国家、法治政府、法治社会一体建设，全面增强全社会尊法学法守法用法意识和能力。

示例三：2021年法考主观题全国统考卷(回忆版)

【题目】

材料一：

新华社北京11月17日电　中央全面依法治国工作会议11月16日至17日在北京召开。中共中央总书记、国家主席、中央军委主席习近平出席会议并发表重要讲话，强调推进全面依法治国要全面贯彻落实党的十九大和十九届二中、三中、四中、五中全会精神，从把握新发展阶段、贯彻新发展理念、构建新发展格局的实际出发，围绕建设中国特色社会主义法治体系、建设社会主义法治国家的总目标，坚持党的领导、人民当家作主、依法治国有机统一，以解决法治领域突出问题为着力点，坚定不移走中国特色社会主义法治道路，在法治轨道上推进国家治理体系和治理能力现代化，为全面建设社会主义现代化国家、实现中华民族伟大复兴的中国梦提供有力法治保障。

[摘自《习近平在中央全面依法治国工作会议上发表重要讲话》]

材料二：

新华社北京1月10日电　近日，中共中央印发了《法治中国建设规划(2020—2025年)》，并发出通知，要求各地区各部门结合实际认真贯彻落实。

该规划共分九个部分。一是坚定不移走中国特色社会主义法治道路，奋力建设良法善治的法治中国。二是全面贯彻实施宪法，坚定维护宪法尊严和权威。三是建设完备的法律规范体系，以良法促进发展、保障善治。四是建设高效的法治实施体系，深入推进严格执法、公正司法、全民守法。五是建设严密的法治监督体系，切实加强对立法、执法、司法工作的监督。六是建设有力的法治保障体系，筑牢法治中国建设的坚实后盾。七是建设完善的党内法规体系，坚定不移推进依规治党。八是紧紧围绕新时代党和国家工作大局，依法维护国家主权、安全、发展利益。九是加强党对法治中国建设的集中统一领导，充分发挥党总揽全局、协调各方的领导核心作用。

[摘自《中共中央印发〈法治中国建设规划(2020—2025年)〉》]

材料三：

新华社北京9月8日电　为推动习近平法治思想进教材进课堂进头脑，由中央宣传部、中国法学会组织编写的马克思主义理论研究和建设工程重点教材《习近平法治思想概论》(以下简称《概论》)一书，已由高等教育出版社出版。

《概论》由"绪论＋三编"构成，共20章，近27万字，阐释了习近平法治思想的鲜明特色、重大意义、丰富内涵、核心要义、科学方法、实践要求，全面反映了习近平法治思想是一个内涵丰富、论述深刻、逻辑严密、系统完备的科学理论体系，是马克思主义法治理论中国化最新成果，是习近平新时代中国特色社会主义思想的重要组成部分，是全面依法治国的根本遵循和行动指南。

[摘自《〈习近平法治思想概论〉出版发行》]

成功不是将来才有的，而是从决定去做的那一刻起，持续累积而成。

【问题】

根据以上材料，请结合习近平法治思想的核心要义，谈谈你对全面依法治国中“十一个坚持”的认识。

【答题要求】

1. 无观点和论述，照搬材料原文不得分；

2. 观点正确，表述完整、准确；

3. 总字数不少于600字。

【解题思路】

背“万能模板”，把论述题看成是一个简单的“填空题”！2021年的主观卷的论述题与时俱进，宏观考查习近平法治思想。考生可以依据【是什么】(定概念)、【为什么】(说联系)、【怎么办】(抄材料)、【做结语】(表决心)的模式作答。第一步，先说明概念，什么是“习近平法治思想”，什么是“全面依法治国”，什么是“十一个坚持”。第二步，分析“习近平法治思想”和“全面依法治国”的关系。第三步，联系材料，指出习近平法治思想核心要义，即“十一个坚持”。最后，做结语，表决心。

【参考答案】

【定概念】 习近平法治思想是顺应实现中华民族伟大复兴时代要求应运而生的重大理论创新成果，是马克思主义法治理论中国化的最新成果，是习近平新时代中国特色社会主义思想的重要组成部分，是新时代全面依法治国的根本遵循和行动指南。其核心要义就是“十一个坚持”：一、坚持党对全面依法治国的领导；二、坚持以人民为中心；三、坚持中国特色社会主义法治道路；四、坚持依宪治国、依宪执政；五、坚持在法治轨道上推进国家治理体系和治理能力现代化；六、坚持建设中国特色社会主义法治体系；七、坚持依法治国、依法执政、依法行政，共同推进法治国家、法治政府、法治社会一体建设；八、坚持全面推进科学立法、严格执法、公正司法、全民守法；九、坚持统筹推进国内法治和涉外法治；十、坚持建设德才兼备的高素质法制工作队伍；十一、坚持抓住领导干部这个“关键少数”。

【说联系】 全面依法治国和“十一个坚持”关系密切，相辅相成，缺一不可。全面依法治国对“十一个坚持”有重大的影响，“十一个坚持”对全面依法治国有指导作用。同样，“十一个坚持”对全面依法治国有独立的反作用，“十一个坚持”对全面依法治国有促进作用。因此，“十一个坚持”水平的好坏决定了全面依法治国的发展的好坏。它们犹如飞机的双翼，缺一不可。

【抄材料】 联系材料，习近平法治思想是一个内涵丰富、论述深刻、逻辑严密、系统完备的科学理论体系，是全面依法治国的指导思想。同时，法治中国建设要求：一是坚定不移走中国特色社会主义法治道路，奋力建设良法善治的法治中国。二是全面贯彻实施宪法，坚定维护宪法尊严和权威。三是建设完备的法律规范体系，以良法促进发展、保障善治等。

【做结语】 风雨兼程百年路，不忘初心再出发。总之，“十一个坚持”在全面依法治国中具有指导地位，把“十一个坚持”贯彻落实到全面依法治国各方面和全过程，更好转化为全面建设社会主义法治国家的生动实践。让我们更加紧密地团结在以习近平同志为核心的党中央周围，增强“四个意识”、坚定“四个自信”、做到“两个维护”，坚持习近平法治思想，深入推进全面依法治国，不断开创新时代法治中国建设新局面，为全面建设社会主义现代化国家、实现中华民族伟大复兴的中国梦而不懈奋斗。

成功不是将来才有的，而是从决定去做的那一刻起，持续累积而成。

三、预测与演练

1 CASE | **材 料** |

材料一：

新华社北京2月26日电　近日，中共中央办公厅、国务院办公厅印发了《关于加强新时代法学教育和法学理论研究的意见》，并发出通知，要求各地区各部门结合实际认真贯彻落实。

法学教育和法学理论研究承担着为法治中国建设培养高素质法治人才、提供科学理论支撑的光荣使命，在推进全面依法治国中具有重要地位和作用。

材料二：

日前，教育部印发《关于推进习近平法治思想纳入高校法治理论教学体系的通知》，为深入贯彻落实习近平法治思想和中央全面依法治国工作会议精神，落实教育部党组推进习近平法治思想进教材、进课堂、进头脑工作部署，指导各地各高校将习近平法治思想全面贯彻落实到法治人才培养的全过程和各方面，抓好各门法学专业课程的有机融入，开设好“习近平法治思想概论”专门课程，开展好面向全体学生的法治思想学习教育。

| **问 题** |

根据材料，结合新时代法学教育的特点，谈一谈习近平法治思想在法治人才培养中的重大意义。

| **答题要求** |

1. 无观点和论述，照搬材料原文不得分；
2. 观点正确，表述完整、准确；
3. 总字数不少于600字。

2 CASE | 材　料 |

材料一：

新华社北京2021年1月10日电　近日，中共中央印发了《法治中国建设规划（2020—2025年）》，并发出通知，要求各地区各部门结合实际认真贯彻落实。

该规划共分九个部分。一是坚定不移走中国特色社会主义法治道路，奋力建设良法善治的法治中国。二是全面贯彻实施宪法，坚定维护宪法尊严和权威。三是建设完备的法律规范体系，以良法促进发展、保障善治。四是建设高效的法治实施体系，深入推进严格执法、公正司法、全民守法。五是建设严密的法治监督体系，切实加强对立法、执法、司法工作的监督。六是建设有力的法治保障体系，筑牢法治中国建设的坚实后盾。七是建设完善的党内法规体系，坚定不移推进依规治党。八是紧紧围绕新时代党和国家工作大局，依法维护国家主权、安全、发展利益。九是加强党对法治中国建设的集中统一领导，充分发挥党总揽全局、协调各方的领导核心作用。

中央全面依法治国委员会做好法治中国建设的顶层设计、总体布局、统筹协调、整体推进、督促落实，实现集中领导、高效决策、统一部署。地方各级党委法治建设议事协调机构要加强对本地区法治建设的牵头抓总、运筹谋划、督促落实等工作。

材料二：

2011年，时任全国人大常委会委员长吴邦国在第十一届全国人大四次会议上宣布中国特色社会主义法律体系已经形成。但是，法律体系形成并不意味着法律规范已经完备。事实上，我国法律规范体系中还存在许多缺项，该有的法律规范还没有全部制定出来，在国家政治生活、经济生活、社会生活、生态生活中仍然存在无法可依的空间，特别是在改革的重点领域的法律缺项更多。截至2020年11月第十三届全国人大常委会第二十三次会议闭幕，我国有法律282件，行政法规609件，地方性法规12000余件。但是，通过立改废释填补法律制度空白点、补强薄弱点的任务依然繁重。

| 问　题 |

根据材料，结合中国特色社会主义法律体系的形成和完善，谈一谈建设中国特色社会主义法治体系对构建法治中国的重大意义。

| 答题要求 |

1. 无观点或论述、照搬材料原文的不得分；
2. 观点正确，表述完整、准确；
3. 总字数不少于600字。

3 CASE | 材 料 |

10 月 7 日至 8 日，全国宣传思想文化工作会议在北京召开。这是党中央决定召开的一次重要会议。这次会议最重要的成果，就是正式提出和系统阐述习近平文化思想，在党的宣传思想文化事业发展史上具有里程碑意义。

习近平总书记对宣传思想文化工作作出重要指示。习近平总书记从全局和战略高度，充分肯定党的十八大以来宣传思想文化事业取得的历史性成就，深刻阐述宣传思想文化工作的重要地位作用，对全面贯彻党的二十大精神、担负起新的文化使命、做好新时代新征程宣传思想文化工作提出了明确要求。习近平总书记的重要指示高屋建瓴、精辟深邃，具有很强的政治性、思想性、指导性，为进一步做好宣传思想文化工作指明了方向。

| 问 题 |

根据材料，结合习近平文化思想，谈一谈社会主义法治文化建设对构建法治中国的重大意义。

| 答题要求 |

1. 观点正确，表述完整、准确；

2. 无观点和论述，照搬材料原文不得分；

3. 不少于 600 字。

成功不是将来才有的，而是从决定去做的那一刻起，持续累积而成。

4 CASE | 材 料 |

材料一：

新华社北京1月14日电　中共中央总书记、国家主席、中央军委主席习近平近日对政法工作作出重要指示指出，党的二十大以来，政法战线深入学习贯彻新时代中国特色社会主义思想，围绕新时代新征程党的中心任务，落实党中央决策部署，各项工作抓得紧、抓得实，取得了新的成效。

习近平总书记强调，今年是新中国成立75周年，是实现"十四五"规划目标任务的关键一年。政法战线要全面贯彻落实党的二十大和二十届二中全会精神，坚持党的绝对领导，忠诚履职、担当作为，以政法工作现代化支撑和服务中国式现代化，为全面推进强国建设、民族复兴伟业提供坚强安全保障。要坚决维护国家安全，提高政治敏锐性和政治鉴别力，防范化解重大安全风险。要坚决维护社会稳定，坚持和发展新时代"枫桥经验"，正确处理人民内部矛盾，维护群众合法权益。要保障和促进社会公平正义，维护国家法治统一，全面推进科学立法、严格执法、公正司法、全民守法，深化司法体制综合配套改革，全面准确落实司法责任制。要以高水平安全保障高质量发展，依法维护社会主义市场经济秩序，提升法治化营商环境建设水平。要加强政法机关党的政治建设，锻造忠诚干净担当的新时代政法铁军。

材料二：

中央政法工作会议13日至14日在北京召开。会议提出，要围绕推进中国式现代化这个最大的政治，把握时代方位，着力维护国家安全，着力维护社会稳定，着力保障和促进社会公平正义，着力保障高质量发展，着力加强政法机关党的政治建设，以政法工作现代化支撑和服务中国式现代化。看点一：依法严惩犯罪，维护社会稳定。中央政法工作会议明确，要依法严厉打击突出违法犯罪、加强社会治安整体防控体系建设，推进扫黑除恶常态化。继续打击治理跨境赌博，抓紧推进相关立法工作等。看点二：坚持预防在前、调解优先，综合运用信访、调解、诉讼等手段，有效预防化解矛盾纠纷。最高法要求用心用情办好关系民心向背的"小案"，扎实办好教育、就业、医疗、安居、养老、婚姻家庭、环境保护、安全生产、食品药品安全等领域关系群众切身利益的案件，全方位加强未成年人司法保护。看点三：聚焦"急难愁盼"，破解民生难点。最高检将聚焦社区团购、网络营销、直播带货等新业态涉食品安全问题开展专项监督；加强劳动者特别是灵活就业和新就业形态劳动者权益保障，依法惩治恶意欠薪犯罪；深化道路交通安全和运输执法领域检察监督；协同整治医保领域欺诈骗保、养老诈骗。看点四：优化营商环境，保障高质量发展。司法部将紧扣中国式现代化立法需求，持续加强重点领域、新兴领域法律法规供给；紧扣高质量发展，加快推进重点立法项目，全面加强金融法治建设。坚持立改废释并举，有序推进法律法规清理。

| 问 题 |

根据材料，结合今年政法工作的看点，谈一谈政法工作的现代化对建设平安中国的重大意义。

| 答题要求 |

1. 观点正确，表述完整、准确；
2. 无观点和论述，照搬材料原文不得分；
3. 总字数不得少于600字。

只有经历过地狱般的折磨，才有征服天堂的力量；只有流过血的手指，才能弹出世间的绝唱。

5 CASE | **材　料** |

新华社北京10月14日电　中央人大工作会议10月13日至14日在北京召开。中共中央总书记、国家主席、中央军委主席习近平出席会议并发表重要讲话，强调人民代表大会制度是符合我国国情和实际、体现社会主义国家性质、保证人民当家作主、保障实现中华民族伟大复兴的好制度，是我们党领导人民在人类政治制度史上的伟大创造，是在我国政治发展史乃至世界政治发展史上具有重大意义的全新政治制度。我们要坚持中国特色社会主义政治发展道路，坚持和完善人民代表大会制度，加强和改进新时代人大工作，不断发展全过程人民民主，巩固和发展生动活泼、安定团结的政治局面。

| **问　题** |

联系材料，请从全过程人民民主的角度，谈一下你对如何坚持和完善人民代表大会制度的认识。

| **答题要求** |

1. 观点正确，表述完整、准确；
2. 无观点和论述，照搬材料原文不得分；
3. 不少于600字。

只有经历过地狱般的折磨，才有征服天堂的力量；只有流过血的手指，才能弹出世间的绝唱。

四、预测与演练参考答案

1 CASE | 参考答案 |

【是什么】习近平法治思想是顺应实现中华民族伟大复兴时代要求应运而生的重大理论创新成果，是马克思主义法治理论中国化最新成果，是习近平新时代中国特色社会主义思想的重要组成部分，是全面依法治国的根本遵循和行动指南。习近平法治思想内涵丰富、论述深刻、逻辑严密、系统完备，从历史和现实相贯通、国际和国内相关联、理论和实际相结合上深刻回答了新时代为什么实行全面依法治国、怎样实行全面依法治国等一系列重大问题。

【为什么】法治人才培养是法学教育的一场深刻变革，必须以科学理论为指导，加强理论思维，不断从理论和实践的结合上取得新成果，总结好、运用好习近平法治思想的思想理论成果，更好地指导法治人才培养的各项工作。

【怎么办】培养法治人才，要加强理想信念教育，深入开展社会主义核心价值观和社会主义法治理念教育，推进法治专门队伍革命化、正规化、专业化、职业化，确保做到忠于党、忠于国家、忠于人民、忠于法律。要教育引导法律服务工作者坚持正确政治方向，依法依规诚信执业，认真履行社会责任。

【做结语】习近平法治思想高屋建瓴、视野宏阔、内涵丰富、思想深刻，体现了深远的战略思维、鲜明的政治导向、强烈的历史担当、真挚的为民情怀，是全面依法治国的根本遵循和行动指南。我们要增强"四个意识"、坚定"四个自信"、做到"两个维护"，把习近平法治思想的要求转化为做好全面依法治国各项工作的强大动力，转化为法治人才培养的思路举措，不断开创法治中国建设新局面。

2 CASE | 参考答案 |

【是什么】建设中国特色社会主义法治体系为新时期的法治中国建设规定了性质、指明了方向、明确了任务，具有纲举目张的作用。建设中国特色社会主义法治体系是中国特色社会主义法治的核心要求，是全面推进依法治国的重要举措，是当前和今后一个时期中国法治建设的总抓手。其中，建设法治中国，必须加强和改进立法工作，深入推进科学立法、民主立法、依法立法，不断提高立法质量和效率，以高质量立法保障高质量发展、推动全面深化改革、维护社会大局稳定。

【为什么】中国特色社会主义法治体系既明确了法治中国的性质和方向，又突出了法治中国的工作重点和总抓手，鲜明宣示我们将坚定不移走中国特色社会主义法治道路，明确依法治国各项工作都要围绕建设中国特色社会主义法治体系来谋划、来推进。建设中国特色社会主义法治体系是实现国家治理体系和治理能力现代化的必然要求，也是全面深化改革的必然要求，有利于在法治轨道上推进国家治理体系和治理能力现代化，有利于在全面深化改革总体框架内全面推进依法治国各项工作，有利于在法治轨道上不断深化改革。

【怎么办】要加快形成完备的法律规范体系、高效的法治实施体系、严密的法治监督体系、有力的法治保障体系，形成完善的党内法规体系。在中国特色社会主义法律体系的完善上，要积极推进国家安全、科技创新、公共卫生、生物安全、生态文明、防范风险、涉外法治等重要领域立法，健全国家治理急需的法律制度、满足人民日益增长的美好生活需要必备的法律制度，以良法善治保障新业态新模式健康发展。

【做结语】《法治中国建设规划(2020—2025 年)》是新时代推进全面依法治国的纲领性文件，是"十四五"时期统筹推进法治中国建设的总蓝图、路线图、施工图，对新时代更好地发挥法治固根本、稳预期、利长远的重要作用，推进国家治理体系和治理能力现代化，适应人民群众在民主、法治、公平、正义、安全、环境等方面的新要求、新期待，加快实现到2035年基本建成法治国家、法治政府、法治社会的奋斗目标具有重大意义。

3 CASE | **参考答案** |

【是什么】习近平文化思想明确了新时代文化建设的路线图和任务书，标志着我们党对中国特色社会主义文化建设规律的认识达到了新高度，表明我们党的历史自信、文化自信达到了新高度，并在我国社会主义文化建设中展现出了强大伟力，为做好新时代新征程宣传思想文化工作、担负起新的文化使命提供了强大思想武器和科学行动指南。

【为什么】【首先，时代意义】新时代新征程，世界百年未有之大变局加速演进，中华民族伟大复兴进入关键时期，战略机遇和风险挑战并存，宣传思想文化工作面临新形势新任务，必须要有新气象新作为。

【其次，理论意义】习近平总书记在新时代文化建设方面的新思想新观点新论断，内涵十分丰富、论述极为深刻，是新时代党领导文化建设实践经验的理论总结，丰富和发展了马克思主义文化理论，构成了习近平新时代中国特色社会主义思想的文化篇，形成了习近平文化思想。

【最后，实践意义】习近平总书记的重要指示高屋建瓴、精辟深邃，具有很强的政治性、思想性、指导性，为进一步做好宣传思想文化工作指明了方向。

【怎么办】第一，加强普法工作。深入宣传普法，弘扬法治精神，增强法治意识，推动形成尊崇宪法、学习宪法、遵守宪法、维护宪法、运用宪法的社会氛围。

第二，增强全民法治观念。深入学习宣传习近平法治思想，深入宣传以宪法为核心的中国特色社会主义法律体系。

第三，建设社会主义法治文化。坚持法治宣传教育与法治实践相结合。弘扬社会主义法治精神，传播法治理念，恪守法治原则，注重对法治理念、法治思维的培育，充分发挥法治文化的引领、熏陶作用，形成守法光荣、违法可耻的社会氛围。

【做结语】党的理论创新每前进一步，理论武装就要跟进一步。让我们更加紧密地团结在以习近平同志为核心的党中央周围，坚持以习近平新时代中国特色社会主义思想为指导，全面贯彻党的二十大精神，深入学习贯彻习近平文化思想，深刻领悟“两个确立”的决定性意义，增强“四个意识”、坚定“四个自信”、做到“两个维护”，更好担负起新的文化使命，不断开创新时代宣传思想文化工作新局面，为强国建设、民族复兴作出新的更大贡献。

4 CASE | **参考答案** |

【是什么】政法工作现代化，是中国式现代化的重要组成部分，是全面建设社会主义现代化国家的重要保障。政法机关必须紧紧围绕党的中心任务，把握时代方位，分析形势特点，明确奋斗方向，以政法工作现代化支撑和服务中国式现代化，为全面推进强国建设、民族复兴伟业提供坚强安全保障。

【为什么】在中国式现代化的历史进程中，政法战线必须永葆铁军本色，更加坚定自觉地在党的绝对领导下开展工作，确保“刀把子”牢牢掌握在党和人民手中。同时，建设更高水平的平安中国，法治是根本保障。法安天下，法正民安。法律是惩恶维稳的基石，依法严厉打击严重违法犯罪活动，打击暴力恐怖活动，打击新型网络犯罪，深入开展扫黑除恶专项斗争，切实保护人民的人身权、财产权、信息权等，是建设平安中国的重要保障。

【怎么办】平安中国建设要以加强党的政治建设为着力点，确保政法工作坚定正确的政治方向。加大对电信网络诈骗、网络贩枪、网络黄赌毒、网络传销、网络套路贷等打击力度，坚决遏制网络违法犯罪多发势头；健全以公平为原则的产权保护制度，探索建立中国特色现代企业合规司法制度，规范经济犯罪案件立案审查机制，让企业安心经营、专心创业；推进扫黑除恶常态化，创新打击治理新型犯罪机制手段，依法严厉打击涉枪涉爆等突出违法犯罪，全力保障人民群众生命财产安全；深化危险化学品、交通运输等行业领域安全隐患排查整治，不断提高公共安全治理水平；构建调解、信访、仲裁、行政裁决、行政复议、诉讼等多种方式有机衔接的工作体系，及时把矛盾纠纷化解在基层、化解在萌芽状态。

【做结语】蹄疾步稳善作为，固本强基恰逢时。以习近平新时代中国特色社会主义思想为指导，全面贯彻落实党的二十大精神，坚决落实习近平总书记对政法工作的重要指示，深刻领悟“两个确立”的决定性意义，增强“四个意识”、坚定“四个自信”、做到“两个维护”，坚持党对政法工作的绝对领导，坚持统筹国内国际两个大局，坚持统筹发展安全两件大事，全力履行职责使命，奋力推进新时代新征程政法工作现代化，为全面建设社会主义现代化国家、全面推进中华民族伟大复兴贡献力量。

5 CASE ｜参考答案｜

【是什么】我国全过程人民民主实现了过程民主和成果民主、程序民主和实质民主、直接民主和间接民主、人民民主和国家意志相统一，是全链条、全方位、全覆盖的民主，是最广泛、最真实、最管用的社会主义民主。我们要继续推进全过程人民民主建设，把人民当家作主具体地、现实地体现到党治国理政的政策措施上来，具体地、现实地体现到党和国家机关各个方面各个层级工作上来，具体地、现实地体现到实现人民对美好生活向往的工作上来。

【为什么】当今世界正经历百年未有之大变局，制度竞争是综合国力竞争的重要方面，制度优势是一个国家赢得战略主动的重要优势。历史和现实都表明，制度稳则国家稳，制度强则国家强。我们要毫不动摇坚持、与时俱进完善人民代表大会制度，加强和改进新时代人大工作。60多年来特别是改革开放40多年来，人民代表大会制度为党领导人民创造经济快速发展奇迹和社会长期稳定奇迹提供了重要制度保障。

【怎么办】第一，要全面贯彻实施宪法，维护宪法权威和尊严。全国人大及其常委会要完善宪法相关法律制度，保证宪法确立的制度、原则、规则得到全面实施，要加强对宪法法律实施情况的监督检查。

第二，要加快完善中国特色社会主义法律体系，以良法促进发展、保障善治。要加强党对立法工作的集中统一领导，把改革发展决策同立法决策更好结合起来，统筹推进国内法治和涉外法治，统筹立改废释纂，加强重点领域、新兴领域、涉外领域立法。

第三，要用好宪法赋予人大的监督权，实行正确监督、有效监督、依法监督。各级人大及其常委会要聚焦党中央重大决策部署，聚焦人民群众所思所盼所愿，推动解决制约经济社会发展的突出矛盾和问题。

第四，要充分发挥人大代表作用，做到民有所呼、我有所应。

第五，要强化政治机关意识，加强人大自身建设。

第六，要加强党对人大工作的全面领导。各级党委要把人大工作摆在重要位置，完善党领导人大工作的制度，定期听取人大常委会党组工作汇报，研究解决人大工作中的重大问题。

【做结语】从坚持和完善中国特色社会主义制度、推进国家治理体系和治理能力现代化的战略高度，明确提出新时代加强和改进人大工作的指导思想、重大原则和主要工作，深刻回答新时代发展中国特色社会主义民主政治、坚持和完善人民代表大会制度的一系列重大理论和实践问题。

习近平书记的讲话丰富和拓展了中国特色社会主义民主政治和人民代表大会制度的政治内涵、理论内涵、实践内涵，是一篇充满马克思主义真理力量的纲领性文献。

第三节　开放式论述题出题模式与应对

一、法律思维导图

从历年真题分析中可以看出，开放式论述题往往涉及多学科，也往往与法理学有着密切关系，出题人希望考生在回答开放式论述题时用法理学的知识进行理论上的“拔高”。但是，拨开迷雾，我们发现，开放式论述题的出题模式——从法律思维角度来分析社会事件清晰可见。也就是说，用法学的基本理论、基本制度和基本思维方式来分析试卷中所说的具体社会事件，它不是新闻报道和媒体评论，也非个人的道德评价，而是运用现有的法律规定和相关法理，从法律的角度来评判该事件的合法性问题。因此，我们需要培养法律思维模式，按下面的法律思维导图进行答题（见图5）。

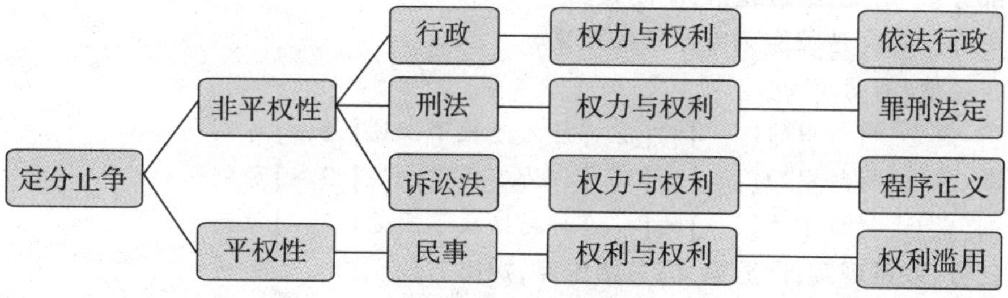

图5　法律思维导图

第一步：确定法律关系的性质，是非平权性还是平权性，然后确定适用的基本思路。

第二步：

1. 对于非平权性，强调“国家权力”行使的“合法性”，包括实体法上的授权和程序法上自然公正，具体到行政法为“依法行政”或者“信赖利益保护”原则，刑法上为“罪刑法定”原则，诉讼法上就是要程序正义。因此要评价该国家权力的行使的正当性，“法不禁止即自由”和“法无授权即禁止”。

2. 对于平权性，强调“权利”的重要性，即“权利本位”。但是，同时要认识到权利是有边界的，要受到其他人的权利和公序良俗的限制。“人生而自由，但无不在枷锁之中！”

3. 法理学的拔高，体现的是自由及其限制。首先，强调自由的重要性；其次，指出自由也存在边界，无论是他人的自由还是秩序价值；最后，要求法律作出平衡。“真正的自由不是随心所欲，而是法律下的自由！”

二、答题要求和模板演示

1. 仔细审题，明确要求。（1）是否自选观点。（2）是否需要标题。（3）字数是否有要求。（4）其他要求。

2. 说理充分，逻辑严谨，语言流畅，表述准确。（1）观点明确：每一段的第一句为本段的中心句。（2）逻辑严谨：分3～5段，有头有尾，有总有分。（3）卷面整洁，禁止乱涂乱画、前后矛盾。

3. 确立合适的中心观点。首先，观点必须鲜明。也就是说，应让阅卷老师明白你到底支持什么、反对什么。其次，观点必须切题。也就是说，你的观点应该和考卷给出的材料或案例紧密结合，是可以从材料或案例中合理而自然地引申和归纳出来的，而不能风马牛不相及。最后，观点必须正确。主要指观点要符合民主法治的精神，符合现代社会发展的趋势和要求，有利于保障人权和实现社会公正，同时也必须符合当代中国的社会现实，符合党的基本路线和方针政策。

4. 合理合法地进行论证。(1)提出观点(核心论点)；(2)解析概念；(3)结合题情，阐明理由：理由一、理由二和理由三；(4)提炼上升。联系现实，提升理论、总结论点，提出方向。

【写作模板】

第一部分：简述事实，提出观点(核心论点)

1. 该材料中……(**事实**)

2. 我们认为：行为主体的【　】行为(具体行为和抽象行为)是违反/符合(民法、刑法、行政法、程序法中的)【　】原则或【　】原理的。(**核心论点**)，从法的价值冲突来看，该材料中，【简述事件事实】，反映了【　　】问题，这一问题体现了法的【　】价值和【　】价值之间的冲突。我们认为……

第二部分：下定义，结合题情，阐明理由

3. 下定义：……(**法律原则或原理的定义**)

4. 结合题情，阐明理由。

理由一：首先，材料中的【　】的【　】行为违反了上述【1　】原则……

理由二：其次，材料中的【　】的【　】行为违反了上述【2　】原则……

理由三：最后，材料中的【　】的【　】行为违反了上述【3　】原则……

第三部分：联系现实，凸显意义；总结论点，提出方向

5. 综上所述，指明法理的正确方向：依法治国/和谐社会。

三、行政法与行政诉讼法开放式论述题考查模式与答题演示

行政法与行政诉讼法考查的重心在于行政法的基本原则，即案例中行政行为的合法性与合理性判断。其主要依据是国务院颁布的《全面推进依法行政实施纲要》。该纲要第一次较为详尽地提出了行政活动的基本原则，包括合法行政、合理行政、程序正当、高效便民、诚实守信、权责统一六项，这里将其进一步概括为“合法、合理、正当、高效、诚信、有责”十二个字。然后结合案例和行政法基本原则，对材料中的行政主体行为的合法性和合理性进行判断。

【2006 年真题】

2002 年 7 月，某港资企业投资 2.7 亿元人民币与内地某市自来水公司签订合作合同，经营该市污水处理。享有规章制定权的该市政府为此还专门制定了《污水处理专营管理办法》，对港方作出一系列承诺，并规定政府承担污水处理费优先支付和差额补足的义务，该办法至合作期结束时废止。

2005 年 2 月市政府以合作项目系国家明令禁止的变相对外融资举债的“固定回报”项目，违反了国务院办公厅《关于妥善处理现有保证外方投资固定回报项目有关问题的通知》的精神，属于应清理、废止、撤销的范围为由，作出《关于废止〈污水处理专营管理办法〉的决定》，但并未将该决定告知合作公司和港方。港方认为市政府的做法不当，理由是：其一，国务院文件明确要求，各级政府对涉及固定回报的外商投资项目应“充分协商”“妥善处理”，市政府事前不做充分论证，事后也不

通知对方,违反了文件精神;其二,1998 年 9 月国务院通知中已明令禁止审批新的“固定回报”项目,而污水处理合作项目是 2002 年经过市政府同意、省外经贸厅审批、原国家外经贸部备案后成立的手续齐全、程序合法的项目。

【问题】

1. 运用行政法原理对某市政府的上述做法进行评论;

2. 结合上述事件论述依法治国和公平正义的法治理念。

【解题思路】

本题中的核心问题是“行政法中信赖保护原则”的运用和“社会主义理念”中的“依法治国和公平正义的法治理念”的论述。

第一步:考生应首先确立该题的类型属于情景性论述题,其次确定学科范围属于行政法学科。

第二步:确定评价对象,即确立待评价事例的主体和行为。主体为某市政府。行为有:(1)在 1998 年 9 月国务院通知中已明令禁止审批新的固定回报项目的情况下,市政府专门制定了《污水处理专营管理办法》,对港方作出一系列承诺,并规定政府承担污水处理费优先支付和差额补足的义务。这一做法是否合法?是否符合行政法的合法行政的原则?(2)在国务院文件明确要求各级政府对涉及固定回报的外商投资项目应充分协商和妥善处理的背景下,市政府单方面作出《关于废止〈污水处理专营管理办法〉的决定》,并未将该决定告知合作公司和港方。这是否有违正当程序的要求?(3)在国务院办公厅《关于妥善处理现有保证外方投资固定回报项目有关问题的通知》下发后,市政府收回了先前对港方的承诺。在兑现承诺与遵守上级通知之间,如何选择才符合政府的信赖保护的原则?(4)市政府废止《污水处理专营管理办法》,收回承诺后,对港方由此造成的损失不管不问,是否合适和正当?

【写作模板】

第一部分(100 字)【定事实,站立场】

对原材料进行概述,描述材料中市政府的行为和导致的后果,从法律关系中认定案例中的政府的行为是否违背信赖保护原则和法治中的依法治国和公平正义的要求。

第二部分(500 字)【析概念,说理由】

用信赖保护原则与依法治国和公平正义的法治理念的标准分析文中的行政行为,来说明自己的观点。(后面分成理由一、理由二和理由三)

第三部分(80 字)【再强调,做评论】

结尾重复考生支持的观点,提出立法等方面具体的建议或者展望未来。

【行政法与行政诉讼法模板】

【定事实】 在材料中,市政府作出了《关于废止〈污水处理专营管理办法〉的决定》,使港商受到不公平的待遇,破坏了行政相对人对政府的信赖。

【站立场】 因此,市政府废止规范性文件的行为是违法的,它从根本上违背了诚信政府的基本品质与对公民信赖利益的保护的原则。另外,依法治国的精义在于依法行政。该事件折射出来的就是政府如果不能依法行政,则依法治国的效果就要大打折扣,而公平正义的法治理念也就无法实现。

【析概念】 信赖保护原则的核心是对行政相对人利益的保护。它要求政府作出相关行为时必须遵照依法行政和合法信赖利益保护原则谨慎定夺,而不能仗着政府权大,或者一切个人利益必须让位于公共利益的老思路任意妄为。

【说理由一】 行政行为应该符合合法行政原则。也就是说，行政机关实施行政管理，应当依照法律、法规、规章的规定进行；没有法律、法规、规章的规定，行政机关不得作出影响公民、法人和其他组织合法权益或者增加公民、法人和其他组织义务的决定。结合本案，虽然该项目属于国务院政策明令禁止要求妥善处理的事项，但是政府知法犯法，违背了法律的规定，故责任完全在政府本身，而不是毫无过错的行政相对人。本案中的市政府随意废止规范性文件而不履行告知和补偿的义务，在程序和实体上都有违法的情况。

【说理由二】 行政行为应该符合合理行政原则。行政机关实施行政管理，应当遵循公平、公正的原则。它要平等对待行政相对人，不偏私、不歧视。行使自由裁量权应当符合法律目的，排除不相关因素的干扰；所采取的措施和手段应当必要、适当；行政机关实施行政管理可以采用多种方式实现行政目的的，应当避免采用损害当事人权益的方式，如果必须侵害行政相对人的利益，就必须以公共利益为目的，按最少损害的比例原则处理，并且给予相应的补偿。结合本案，市政府为了废止已经生效的文件，执意收回自己的承诺，改变原来的行政行为，那么，就必须证明这种做法所获得的公共利益大于信守原来承诺给相对人带来的利益。同时，市政府也必须对相对人由此遭受的损失承担补偿责任，而且这种补偿不应当是象征性的补偿，更不应是模棱两可的“合理”补偿，而是根据相对人的实际损失确定的包括可期待利益损失的补偿。因此，本案中市政府的行为应该确保相对方的合理期待得到保证，应该遵守比例原则的基本要求。

【说理由三】 行政行为应该符合正当程序原则。行政机关实施行政管理，除涉及国家秘密和依法受到保护的商业秘密、个人隐私外，应当公开；注意听取公民、法人和其他组织的意见；要严格遵循法定程序，依法保障行政管理相对人、利害关系人的知情权、参与权和救济权。具体到本案，市政府废止规范性文件，必须首先履行告知的义务，这是对于基本的程序正义的要求。而在本案中，市政府废止行为并没有告知行政相对人，也没有听取行政相对人的申诉，违背了正当程序中的自然公正原则。

【再强调】 综上所述，行政机关应按照信赖利益保护原则与依法治国和公平正义的法治理念的标准，非因法定事由并经法定程序，不得撤销、变更已经生效的行政决定；因国家利益、公共利益或者其他法定事由需要撤回或者变更行政决定的，应当依照法定权限和程序进行，并对行政管理相对人因此而受到的财产损失依法予以补偿。对信赖利益的漠视是本案市政府最大的违法之处。政府的公平正义的关键就在于对相对人的受益不能随意剥夺，以免破坏相对人的合理预期。

【做评论】 随着中国法治进程的发展，依法行政、依法治国和公平正义的理念逐步地深入人心，这样的违反行政法的行为将会有法律的明文的处罚，再加上法学前辈的呼吁呐喊、辛勤耕耘和我们青年法律人的上下求索，中国的法治进程将不断地推进！

四、刑法开放式论述题考查模式与答题演示

在论述题中，刑法开放式论述题曾引起了很大的争议：论述题与案例分析题有多大的区别，能不能把论述题作为案例分析题来答，从解决实际问题和定罪处罚的角度来谈，还是严格按照题目的要求，从刑法的基本原则的要求来进行分析，从而解决一个有争议的案例。从阅卷的结果来看，2008 年、2017 年刑法开放式论述题给我们的启示是，案例分析题的答法绝对不适用于论述题。例如，在 2008 年的刑法开放式论述题中，因为其明确要求“根据罪刑法定原则，评述上述两个网上‘裸聊’案的处理结果”，其实谈论的是处理结果的合理性与合法性。如果今年刑法出现开放式论述题，必须按照题目的提示进行回答，而不能仅凭理论进行简单的定罪量刑。

【2008 年真题(全国卷)】

案例一:2005 年 9 月 15 日,B 市的家庭主妇张某在家中利用计算机 ADSL 拨号上网,以 E 话通的方式,使用视频与多人共同进行“裸聊”被公安机关查获。对于本案,B 市 S 区检察院以聚众淫乱罪向 S 区法院提起公诉,后又撤回起诉。

案例二:从 2006 年 11 月到 2007 年 5 月,Z 省 L 县的无业女子方某在网上从事有偿“裸聊”,“裸聊”对象遍及全国 22 个省、自治区、直辖市,在电脑上查获的聊天记录就有 300 多人,网上银行汇款记录 1000 余次,获利 2.4 万元。对于本案,Z 省 L 县检察院以传播淫秽物品牟利罪起诉,L 县法院以传播淫秽物品牟利罪判处方某有期徒刑 6 个月,缓刑 1 年,并处罚金 5000 元。

关于上述两个网上“裸聊”案,在司法机关处理过程中,对于张某和方某的行为如何定罪存在以下三种意见:第一种意见认为应定传播淫秽物品罪(张某)或者传播淫秽物品牟利罪(方某);第二种意见认为应定聚众淫乱罪;第三种意见认为“裸聊”不构成犯罪。

……

【问题】

根据罪刑法定原则,评述上述两个网上“裸聊”案的处理结果。

【答题要求】

1. 在综合分析基础上,提出观点并运用法学知识阐述理由;

2. 观点明确,论证充分,逻辑严谨,文字通顺;

3. 不少于 500 字,不必重复案情。

《刑法》参考条文:

第三条　法律明文规定为犯罪行为的,依照法律定罪处刑;法律没有明文规定为犯罪行为的,不得定罪处刑。

第三百六十三条(第一款)　以牟利为目的,制作、复制、出版、贩卖、传播淫秽物品的,处三年以下有期徒刑、拘役或者管制,并处罚金;情节严重的,处三年以上十年以下有期徒刑,并处罚金;情节特别严重的,处十年以上有期徒刑或者无期徒刑,并处罚金或者没收财产。

第三百六十四条(第一款)　传播淫秽的书刊、影片、音像、图片或者其他淫秽物品,情节严重的,处二年以下有期徒刑、拘役或者管制。

第三百零一条(第一款)　聚众进行淫乱活动的,对首要分子或者多次参加的,处五年以下有期徒刑、拘役或者管制。

第三百六十七条　本法所称淫秽物品,是指具体描绘性行为或者露骨宣扬色情的诲淫性的书刊、影片、录像带、录音带、图片及其他淫秽物品。

有关人体生理、医学知识的科学著作不是淫秽物品。

包含有色情内容的有艺术价值的文学、艺术作品不视为淫秽物品。

【解题思路】

从刑法学的角度来看,本题的核心问题是罪刑法定原则下的“裸聊”行为的合法性的定性问题。考生可以持支持或者反对的态度。同时,由于和刑法相关,必然涉及罪刑法定原则和构成犯罪的三大特征中的严重的社会危害性、刑事违法性和应受刑罚处罚性以及犯罪的构成要件问题。

第一步:阐释罪刑法定原则。

罪刑法定原则是刑法的基本原则,该原则有两个基本要求:一是法定化,即何种行为构成犯罪必须由全国人大或者全国人大常委会通过的法律事先作出明文规定,后通过的法律只有在对犯罪嫌疑人或者被告人有利时才适用。二是明确化,即什么行为是犯罪行为必须用文字表述清楚,禁止适用习惯法、禁止类推解释。针对本案所涉及的“裸聊”问题,应当根据罪刑法定原则来分析评价。

罪刑法定原则要求认定犯罪与刑罚必须有法律的明文规定,如果没有法律的明文规定,行为即使具有社会危害性,也不得按照犯罪来追究。“裸聊”行为使性公开化,有违社会的性道德,违背了人类的性羞耻感。但是否应当按照犯罪来处理,首先取决于刑法是否有明文的禁止性规定。

第二步:讨论“裸聊”是否属于“淫乱”的范畴。

聚众淫乱罪,是指聚众(三人以上)群奸群宿的犯罪。此处的“淫”并不指淫秽物品,而是特指性活动,不包括对于满足性欲具有相当重要性的行为之外的语言挑逗和淫秽物品浏览。如三人在一起看黄色电影不得被认为构成聚众淫乱罪。

“裸聊”的核心在于裸体展示和语言挑逗。这二者都没有生殖器结合的性活动或者类似的性活动,不符合聚众淫乱罪的客观方面。如果将裸体展示和语言挑逗解释为性活动,便违背了国民对于性活动范围的理解,涉嫌类推解释,违反罪刑法定原则,所以“裸聊”不构成聚众淫乱罪。

第三步:集中讨论“裸聊”是否属于“淫秽物品”。

物品属于物质的范畴,不依赖人的意志而存在。与物质相对的是意识,语言属于意识的范畴,是对人思想的表达方式。根据《刑法》第367条的规定,淫秽物品指具体描绘性行为或者露骨宣扬色情的诲淫性的书刊、影片、录像带、录音带、图片及其他淫秽物品。此处的物品也指具有物质形态的书刊、影片、图片等,并未将语言信息纳入物品的范畴。如果认为语言属于“物品”,那么在公众场合讲黄色笑话会触犯传播淫秽物品罪的规定,偷录他人讲话也会触犯盗窃罪的规定。这样的解释明显超出了物品用语的本身含义,涉嫌类推解释,违反罪刑法定原则,所以“裸聊”不应该构成传播淫秽物品(牟利)罪。

但是,如果行为人将自己的“裸聊”内容制作成影音文件,刻成光盘或者录音(像)带出售或者传播,则可以构成制作、贩卖淫秽物品牟利罪或者传播淫秽物品罪。

第四步:得出结论。

由于“裸聊”既不符合“淫乱”的要求,也不满足“物品”的要求,因此,不能构成聚众淫乱罪或者传播淫秽物品(牟利)罪。虽然行为具有侵犯公众性羞耻感的特征,具有社会危害性,但根据罪刑法定原则禁止有罪类推的具体要求,在目前的立法状况下,应该按照无罪处理。

【写作模板】

第一部分(100字)【定事实,站立场】

对原材料进行归纳,描述材料中行为人的具体行为与公安机关和检察机关的处理,从“罪刑法定原则”的角度提出考生的观点。

第二部分(500字)【析概念,说理由】

首先定义“裸聊”的行为和“罪刑法定”原则的含义,然后从罪刑法定原则、犯罪的本质和犯罪的构成要件出发,结合材料进行论述。

第三部分(80字)【再强调,做评论】

结尾重复考生支持的观点,提出立法等方面具体的建议或者展望未来。

【刑法模板】

【定事实】 材料中,家庭主妇张某使用视频与多人共同进行“裸聊”被公安机关查获。但最后又被撤回起诉。而Z省L县的无业女子方某在网上从事有偿“裸聊”,检察院以传播淫秽物品牟利罪起诉,L县法院以传播淫秽物品牟利罪判处方某有期徒刑6个月,缓刑1年,并处罚金5000元。以上案例引发了对“裸聊”的罪与非罪的讨论。

【站立场】 从罪刑法定的原则出发,结合犯罪的基本特征和犯罪的构成要件,我们认为"裸聊"的行为目前还不构成犯罪。

【析概念】 "裸聊"的核心在于:一是裸体展示;二是语言挑逗。这二者都没有生殖器结合的性活动或者类似的性活动。因此,在界定具体罪名时必须有所认识!

【说理由一】 我国现行刑法将罪刑法定作为一项基本原则,即法律明文规定为犯罪行为的,依照法律定罪处刑,法律没有规定为犯罪行为的,不得定罪处刑。其目的是更好地实施法治、保障人权,限制国家刑罚权的滥用,同时要求定罪必须做到"依法定罪""疑罪从无"。结合本案,既然"裸聊"这样的行为在我国现行刑法中并没有明文规定,因此将其作为犯罪处理有悖于罪刑法定原则。

【说理由二】 从犯罪的特征来看,任何一种犯罪都必须具备三个特征:严重的社会危害性、刑事违法性和应受刑罚处罚性。这是区分罪与非罪的重要标志,其中严重的社会危害性是最基本、最本质的特征。结合本案,"裸聊"中涉及的人员不多,也没有造成大量的财产和人身的伤亡,纯粹是一种自愿的行为。因此,它可能存在一定的危害社会的性质,但是不能算严重的。因此,严格限制条件下的实施"裸聊"的行为不具备犯罪的本质特征,不应将其作为犯罪处理。

【说理由三】 从犯罪的构成要件来说,"裸聊"不构成聚众淫乱罪和传播淫秽物品(牟利)罪。聚众淫乱罪是指聚众(三人以上)群奸群宿的犯罪。此处的"淫"并不指淫秽物品,而是特指性活动,不包括对于满足性欲具有相当重要性的行为之外的语言挑逗和淫秽物品浏览。如果将裸体展示和语言挑逗解释为性活动,就违背了国民对于性活动范围的理解,涉嫌类推解释,违反罪刑法定原则。所以"裸聊"不构成聚众淫乱罪。"裸聊"中的语言挑逗是一种意识行为,而淫秽物品指具体描绘性行为或者露骨宣扬色情的诲淫性的书刊、影片、录像带、录音带、图片及其他淫秽物品。此处的物品也指具有物质形态的书刊、影片、图片等,并未将语言信息纳入物品的范畴。所以"裸聊"不应该构成传播淫秽物品(牟利)罪。

【再强调】 综上所述,首先,"裸聊"的行为并没有在刑法的法条中规定,如果定罪不符合刑法的罪刑法定原则和人权保护。其次,虽然该行为具有侵犯公众性羞耻感的特征,具有一定的社会危害性,但没有达到严重的社会危害性的程度,同时根据罪刑法定原则禁止有罪类推的具体要求,在目前的立法状况下,应该按照无罪处理。最后,该犯罪没有符合犯罪构成要件中的该当性。

【做评论】 当然,法律具有一定的滞后性,在一种具有危害性的行为出现时,由于法律的不完善而导致其逍遥法外时,希望国家立法机关尽快出台相关立法对其进行规制,从而使中国的法治真正做到"法网恢恢,疏而不漏"。

五、民法开放式论述题考查模式与答题演示

民法开放式论述题,其实是一个很好回答的论述题,因为其特征是明显的,答案是相对固定的。特征明显,主要表现在所有民法题都是平等主体之间的权利冲突问题。答案是相对固定的,就是在"法无明文规定即自由"的前提下,知道自由是有限度的,其限度在于其他的人的自由或者社会公共秩序。如果今年进行民法开放式论述题的考查,也必将是在两个或者两个以上的平等主体间展开权利之争,必有一方进行了"权利滥用",最后达到利益的相互平衡。

【2009 年真题】

材料：潘晓大学毕业不久，向甲商业银行申领了一张信用卡，透支额度为 20000 元。潘晓每月收入 4000 元，缴纳房租等必需开销 3000 多元。潘晓消费观念前卫，每月刷卡透支 3000 多元，累计拖欠甲商业银行借款近 60000 元。不久，潘晓又向乙商业银行申领了一张信用卡，该卡的透支额度达 30000 元。

据报道，甲商业银行近几年累计发行信用卡近 600 万张，每张信用卡的透支额度从 5000 元至 10 万元不等。该银行 2009 年 8 月统计发现，信用卡持卡人累计透支接近 300 亿元，拖欠期限从 1 个月到 5 年不等。不少人至少持有两张甚至多张信用卡，因延期还款产生的利息和罚息达到数千元甚至上万元。由于上述现象大量存在，使一些商业银行的坏账比例居高不下。对此，银行界拟对透支额度大、拖欠时间长的持卡人建立个人信用档案，列入"黑名单"，相关信息各银行共享；拟采取加大罚息比例、限制发放个人贷款、限制发放信用卡、停止信用卡功能等措施制裁信誉不良持卡人；拟建议在设立企业、购买不动产等方面对持卡人进行限制。

另据反映，为数不少的信用卡持卡人认为，银行信用卡发放泛滥，安全防范功能不强，申领条件设定偏低，合同用语生涩，还款程序设计复杂且不透明，利息负担不尽合理，呼吁国家出台政策进行干预。

【问题】

根据上述材料，请从合法性与合理性的角度就银行权益保护与限制、持卡人权利与法律责任、银行和持卡人的利益平衡与社会发展、资本市场风险的法律防范对策，或者其他任一方面阐述你的观点。

【答题要求】

1. 应结合相关法律规定，运用部门法知识及法理学知识进行论述；

2. 观点明确，逻辑合理，说理充分，表述清晰；

3. 字数不少于 500 字。

【解题思路】

本题中的核心问题是法律和自由的关系问题，即法律对个人自由干预的正当性及其限度的原理的具体运用。本题紧贴社会经济生活，难度适中，既充分体现了法律的专业性，又对社会经济知识有所考查，还照顾到了各个知识层面的考生。其体现出的命题思路和趋势考生应高度注意和深刻体会，在坚持法律专业性的前提下，其开放的答题角度要求，为所有考生自由而充分发挥，提供了广阔的空间。

同时，本题是比较典型的开放式案例类论述题，即通过一个具体案例引出问题，并附相关背景材料进一步拓展问题。与以往开放式案例类论述题的区别在于其不再是一般性地要求对案例作评价，而是进一步引申到法理学的高度，如权利的保护与限制、利益平衡与社会发展。

第一步：审问题，即审查命题人要求考生回答的问题。

通过对问题的审查，可以很容易地发现，命题人的意图是要求考生作"合法性与合理性"评价。其中，合法性评价是部门法问题，而合理性评价是法理学问题。

第二步：确定行为。

从法理学角度来看，法律人评价的对象只有行为，而一切行为都有主体。本题的主体是两类：卡主体（商业银行）和持卡主体（潘晓）。一方面，发卡主体（商业银行）的行为有：信用卡发放泛滥，安全防范功能不强，申领条件设定偏低，合同用语生涩，还款程序设计复杂且不透明，利息负担不尽合理；拟对透支额度大、拖欠时间长的持卡人建立个人信用档案，列入"黑名单"，相关信息各银行共享；采取加大罚息比例、限制发放个人贷款、限制发放信用卡、停止信用卡功能等措施制裁信誉不良持卡人；拟建议在设立企业、购买不动产等方面对持卡人进行限制。另一方面，持卡主体的

只有经历过地狱般的折磨，才有征服天堂的力量；只有流过血的手指，才能弹出世间的绝唱。

行为有：一人申请并持有两张甚至多张信用卡；透支超过商业银行和持卡人约定的额度；透支额度大，拖欠时间长，导致商业银行坏账比例居高不下。

第三步：确定主题，强调价值。

从上述分析可以确定本题涉及部门法和法理两个学科。由于发卡银行和持卡用户是平等主体的双方，可进一步确定该部门法主要是民法。(1)合法性评价主要是民法，也可以引申到立法法、宪法等。确定了民法部门法以后，民法的原则、诚实信用、禁止权利滥用等基本考点就随之明确了。(2)合理性评价主要是法理学中法的价值，法与自由、法与秩序、法与正义等评价，也可以引申到和谐社会的高度。

【写作模板】

第一部分(100字)【定事实，站立场】

对原材料进行概述，描述材料中各个当事人的行为和导致的后果，从法律关系认定案例中的各个当事人的行为是否违背权利不得滥用原则。

第二部分(500字)【析概念，说理由】

根据权利的重要性和权利不得滥用的原理分析文中的当事人的各个行为，说明自己的观点。(后面分成理由一、理由二和理由三)

第三部分(80字)【再强调，做评论】

结尾重复考生支持的观点，提出立法等方面具体的建议或者展望未来。

【民法模板】

【定事实】 材料中，由于个别银行审查不严，导致了银行卡的滥发，同时，部分持卡人还款意识淡薄，使一些商业银行的坏账比例居高不下，故引起了公众呼吁国家出台政策进行干预。

【站立场】 以上的冲突说明自由的行使是有边界的，并不是随心所欲的，法律保护的自由必须在法律的限制下才能真正实现！权利的重要性不言而喻，但是本案中就产生了不同的私人权利的冲突，最后导致权利的行使和公序良俗的冲突和平衡问题，要求我们在行使权利的同时注意他人的权利和公序良俗，防止权利滥用的产生。

【析概念】 权利滥用是指权利的行使超出了边界，到了他人权利的范围或者触及了公共利益和善良风俗。“禁止权利滥用理论”是随着近代权利理论中的个人自由至上向社会利益保护的转变的产物，是目前的处理民事纠纷的基本原理。

【说理由一】 个人权利保护是近代法治的重大成果。就法的目的来说，近代社会是权利本位的。法律是用来保卫、维护人民权利的。法律规定义务的目的是更好地行使权利。因此，对自由的法律限制是有严格的条件的，“法不禁止即自由”！结合材料，公民申请信用卡和银行按照规定发放信用卡的行为是意思自治的体现，是公民的私人权利和自由，应当得到法律的保护。

【说理由二】 权利虽然很重要，但权利的行使往往会侵害他人的权利。“你的权利止于我的鼻尖。”除了国家权力对个人权利的侵犯外，个人的行为也可能侵害他人的权利。因此，个人意志的实现要受到社会道德和法律的约束。从法的价值来说，自由尽管是最高价值，但不是唯一的价值，除此之外，秩序、正义都是法的价值。一个良好的法律体系必然要在自由、正义、秩序之间谋求恰当的平衡，从而使自由受到秩序和正义的限制，这也就是法律干预自由的正当性。结合本材料，由于银行的信用卡发放泛滥，安全防范功能不强等造成了持卡人延期还款，商业银行的坏账比例居高不下的不良后果，说明银行和持卡人滥用了自己的自由，导致了社会的利益的损害，因此，需要法律进行干预。

【说理由三】 个人的权利之间的紧张关系始终存在，因为权利冲突的背后往往是社会道德和公共秩序的价值要求。现代法学理论普遍承认权利的行使不能损害他人的利益和自由，即“权利不得滥用”。因此，每个人的权利空间是有限的，界限就在于他人的自由和权利。法律已经为每个人设定了行使权利的边界，则任何人都不得超越该界限，否则即为违法。结合材料，当持卡人的行为还可以通过银行对透支额度大、拖欠时间长的持卡人建立个人信用档案，列入“黑名单”等方式被控制时，法律一般尊重当事人私力救济而不干预。但是，当持卡人和银行的矛盾达到影响公共秩序和公共利益的时候，法律就有干预的必要了，特别是针对银行是强势群体时，必须给持卡人这个弱者进行倾斜性保护，达到法律的平衡。

【再强调，做评论】 综上所述，权利始终是法律最根本的内容。因此要求法治国家在以人为本的基础上尊重人的权利。但是，权利行使往往会导致权利的滥用。因此，必须划出权利的边界，达到各自权利的平衡点。“信用卡的信用危机”是新形势下出现的新问题，涉及个人自由和社会秩序的平衡问题，需要尽快纳入法律的考量范围之中，尽早划出个人行为的边界，在维护社会秩序的同时，保障行为人应有的自由。

六、诉讼法开放式论述题考查模式与答题演示

诉讼法开放式论述题在 2012 年和 2013 年连续两年进行考查，这与当时《刑事诉讼法》和《民事诉讼法》的修改有重大关联。2015 年又再次考查程序正义和司法改革，“新增必考”可见一斑！诉讼法的考查重心在于程序正义与实体正义的冲突和解决，是坚持过程重要还是结果重要？从法的价值上看，主要是法的正义价值与法的效率价值的抵牾。当然，迟来的正义即非正义，效率与正义还是有共同性的。例如，2012 年的非法证据排除背后的程序正义和实体正义的紧张关系，2013 年的审判和调解的关系，都属于效率与正义的价值冲突和解决的选择。

【2015 年真题】

案情：某日凌晨，A 市某小区地下停车场发现一具男尸，经辨认，死者为刘瑞，达永房地产公司法定代表人。停车场录像显示一男子持刀杀死了被害人，但画面极为模糊，小区某保安向侦查人员证实其巡逻时看见形似刘四的人拿刀捅了被害人后逃走（开庭时该保安已辞职无法联系）。

侦查人员在现场提取了一只白手套，一把三棱刮刀（由于疏忽，提取时未附笔录）。侦查人员对现场提取的血迹进行了 ABO 血型鉴定，认定其中的血迹与犯罪嫌疑人刘四的血型一致。

刘四到案后几次讯问均不认罪，后来交代了杀人的事实并承认系被他人雇佣所为，公安机关据此抓获了另外两名犯罪嫌疑人康雍房地产公司开发商张文、张武兄弟。

侦查终结后，检察机关提起公诉，认定此案系因开发某地块利益之争，张文、张武雇佣社会人员刘四杀害了被害人。

法庭上张氏兄弟、刘四同时翻供，称侦查中受到严重刑讯，不得不按办案人员意思供认，但均未向法庭提供非法取证的证据或线索，未申请排除非法证据。

公诉人指控定罪的证据有：（1）小区录像；（2）小区保安的证言；（3）现场提取的手套、刮刀；（4）ABO 血型鉴定；（5）侦查预审中三被告人的有罪供述及其相互证明。三被告对以上证据均提出异议，主张自己无罪。

【问题】

请结合本案，谈谈对《中共中央关于全面推进依法治国若干重大问题的决定》中关于“推进以

审判为中心的诉讼制度改革，确保侦查、审查起诉的案件事实证据经得起法律的检验”这一部署的认识。

【答题要求】

1. 无本人分析、照抄材料原文不得分；

2. 结论、观点正确，逻辑清晰，说理充分，文字通畅；

3. 请按问题顺序作答，总字数不得少于800字。

【参考答案】

《中共中央关于全面推进依法治国若干重大问题的决定》指出，公正是法治的生命线。司法公正对社会公正具有重要引领作用，司法不公对社会公正具有致命破坏作用。必须完善司法管理体制和司法权力运行机制，规范司法行为，加强对司法活动的监督，努力让人民群众在每一个司法案件中感受到公平正义。

本案中，非法证据排除制度的严格执行最大限度地体现了恢复正义的具体要求。正义的恢复属于公正价值范畴，但其除具有公正价值外，还具有程序正义价值。实体正义和程序正义的兼顾与平衡构成了非法证据排除制度合法化的价值基础。

1. 实体公正价值

非法证据排除的实体公正价值以其对被害人、加害人及公共利益的全面保护为基本蕴含。非法证据排除以被害人的利益保护为核心，同时兼顾犯罪嫌疑人及公共利益的保护，在刑事司法的宏观系统内促进了被害人、加害人及公共利益保护的价值平衡，促进了刑事司法的整体公正性。在本案中，非法证据的排除可以减少冤假错案，是结果正义的要求。

2. 程序正义价值

所谓程序公正，是过程的公正，具体是指司法人员在执法的过程中严格按照程序法的规定处理各种案件。程序公正的内容包括程序公开、程序中立、程序参与、程序平等、程序安定与程序保障。程序公正不仅要求严格执行程序法，而且还要在执法过程中体现司法的人性化。司法的人性化是指司法过程中要尊重人、关心人，充分保障当事人的各项诉讼权利。

3. 程序正义和实体正义的统一

(1)没有程序公正，就没有司法公正。实体公正和程序公正是司法公正不可分割的两个方面，缺一不可。(2)最大限度地保障在司法活动中实现实体公正，减少冤假错案。(3)程序公正是看得见的公正，是可操作的公正，是社会公正，是一国是否为法治国家的检验标准；而实体公正则是个案公正。(4)程序公正可以吸收当事人的不满，有助于息诉止争，保障司法活动中的当事人或参与者的正当权利得到平等的保护。

【写作模板】

【诉讼法模板】

【定事实】 在材料中，×××(主体)做了……(行为)，产生了……(影响)，中国的实践主要考虑如何在公正与效率之间进行抉择。

【站立场】 程序正义具有独立的价值，程序正义与实体正义同等重要，同时要兼顾效率价值。

【析概念】 刑事诉讼的公正包括实体公正与程序公正。程序公正相对于实体公正又具有独立性。刑事诉讼效率是指在刑事诉讼中所投入的司法资源与所得的成果之比例。

【说理由一】 所谓程序公正，是过程的公正，具体是指司法人员在执法的过程中严格按照行政程序法、民事程序法和刑事程序法的规定处理各种行政、民事和刑事案件，并且在程序中要尊重人,关心人,体现以人为本。所谓实体公正,是结果的公正,具体是指司法人员在执法的过程中严格按照行政实体法、民事实体法和刑事实体法的规定处理各种行政、民事和刑事案件。实体公正和程序公正两者之间的关系是相辅相成的。联系材料……(判断主体的行为是否符合实体正义或者程序正义)

【说理由二】 但是,程序公正具有独立的价值。没有程序公正,就没有司法公正。程序公正是看得见的公正,是可操作的公正,是社会公正。它可以吸收当事人的不满,有助于息诉止争,保障司法活动的当事人或参与者的正当权利得到平等的保护。具体到本案……(判断主体的行为是不是程序正义优先)

【说理由三】 公正与效率具有统一性。诉讼效率越低,诉讼程序的持续时间就越长,被告人和被害人的权利遭到损害的可能性就越大。同时,程序的公正有时也有利于诉讼效率的提高。但是,在一定情况下,效率与司法公正必然会发生矛盾时,应公正优先,兼顾效率。结合材料……(判断主体的行为是否做到节约司法资源,达到效率和公正的统一)

【再强调,做评论】 综上所述,在诉讼价值中,公正处于首要地位。这种价值体现为实现实体公正和程序公正。只有在正义得到实现的前提下,才能提高诉讼效率;对诉讼效率的追求,不能妨碍公正价值的实现。诉讼过程的经济合理性和刑事诉讼效果的合目的性也要结合。同时,"迟来的正义即非正义",在特定的情形下,把诉讼效率放在重要的地位,更能在整体上实现法律正义的价值。

七、理论法学开放式论述题考查模式与答题演示

理论法学作为法学的基本理论,在一定程度上,无论是行政法、刑法、民法还是诉讼法,无论是具体的情境性分析题还是抽象理论的阐释题,都可以用理论法学的基本原理来解决。而事实上,历年论述题的答题要求上都无一例外地写上了用法学理论的知识来分析材料与事实,即使是单纯的部门法的答题要求,如果在结尾处用上理论法学的基本理论进行"拔高",也会提升得分的档次。此外,开放式论述题在考查历史上还存在过单纯理论法学知识的考查,包括对法条解读,归纳抽象出法条背后的基本法理,进行论述等。理论法学开放式论述题的试题考查角度往往是权利(或者权力)行使的合法性和合理性冲突和平衡问题。合法性一般体现的是秩序的价值,合理性一般体现的是正义和自由的价值,合法不一定合理,故法律要在合法性和合理性之间达到一个平衡。

【写作模板】

【理论法学模板】

【标题】 法治乃合法性与合理性之平衡器

【定事实】 在材料中,×××(主体)做了……(行为),产生了……(影响),引发了"×××"这个法律难题。

【站立场】 我们认为,"个人权利"(国家权力)的重要性不言而喻,但是本案中就产生了相应的冲突,最后导致个人权利(国家权力)行使的合法性和合理性问题,要求相关主体在行使相应个人权利(国家权力)的同时注意其他的个人权利(国家权力),防止个人权利(国家权力)突破合法和合理的边界。

【说理由一】 首先，个人权利（国家权力）的行使应当符合合法性原则。对于国家权力的主体而言，合法性原则要求国家权力行使的主体和国家权力行使的范围以及种类等预先由法律来规定。因此，对国家权力的限制上，“法无授权即禁止”。而对于个人而言则是“法不禁止即自由”。结合材料……（联系材料，说明主体的行为是否合法）

【说理由二】 其次，个人权利（国家权力）的行使应当坚持合理性原则。所谓合理性原则就是符合社会整体价值观，具体可以概括为目的正当、手段合理以及结果均衡。任何个人权利（国家权力）的行使，都必须有正当的目的，必须借助合理的手段，必须实现均衡的结果。结合本材料……（联系材料，说明主体的行为是否合理）

【说理由三】 最后，法治的理想就是实现合法性与合理性的平衡，否则“无合理性的合法性会变为僵化，无合法性的合理性则沦为恣意”。每种个人权利（国家权力）空间是有限的，界限就在于其他的个人权利（国家权力）。法律已经为每个主体的行为设定了边界，则任何主体都不得超越该界限，否则即为违法。具体到本案……（联系材料，说明主体的行为应该做到合法与合理并存）

【再强调，做评论】 综上所述，“法治乃合法性和合理性之平衡器”。合法性始终是法律最基本的内容。因此，要求法治国家在依法治国的基础上尊重人的权利。但是，合法的行为不一定就是合理的行为，这要求法律在具体的制度当中进行权衡，为应对新型的法律纠纷提供了坚实的基础，实现合法性和合理性的和谐共存。

八、开放式论述题预测与演练

1 CASE ｜案　情｜

牡丹江铁路运输法院仅仅用25分钟就审结了一起故意伤害案。被伤害人王某与被告人孟某因车辆争道而发生争吵，后被告人孟某及同伙将被害人王某打成重伤。案发后15个月内，因公安机关未能抓到孟某同案的其他犯罪嫌疑人，故无法判断被害人的重伤后果是何人所为。为尽快了结本案，经公诉机关与辩护人协商：只要被告人认罪，并自愿承担民事责任，控方同意建议法院对被告人适用缓刑从轻处罚。最后法院采纳了控辩双方的交易结果，以故意伤害罪判处被告人孟某有期徒刑3年缓刑3年。

｜问　题｜

作为一名法律职业者，请根据刑事诉讼法学的基本原理对上述材料加以评论。

｜答题要求｜

1. 无本人观点或论述，照搬材料原文的不得分；
2. 观点明确，逻辑清晰，说理充分，文字通畅；
3. 总字数不得少于600字。

2 CASE | 案 情 |

2015 年 3 月,一项调查结果显示,80.9% 的受访者表示自己遭遇过“办证难”“办事难”,只有 19.1% 的受访者表示没有遇到过。“门难进,脸难看,事难办”,不只是地方跑项目人员进入重要审批部门时经常碰到的情况,也是公众在公共服务窗口办事时屡见不鲜的“待遇”。看看大家抱怨的“不说明具体流程”“互相推诿”等问题,再研究一下“小肚子跑成大肚子办准生证”“往返 3000 公里跑六趟办护照”的个案,就会发现办事中遇到的很多问题,对于摸不着门道的办事者来说千难万难,而对门道精熟的经办者来说只是举手之劳,他们“张张嘴”就能把流程说清楚,“动动手”就能让办事者满意而回,可他们就是没有解人忧难的热情,要么“面沉似水,沉默是金”,要么“一推六二五”,一任登门办事者磨破嘴,跑断腿,托遍人,事也不见得能办成。

2014 年,广州政协会议上,政协委员曹志伟及其 19 人团队历时半年,调研收集了 103 个与人生不同阶段相关的证件,并绘制了一幅“人在证途”的图表。人要办 103 个证！此外曹志伟绘制的这张长达 4.4 米、高 0.9 米的“万里长征图”显示:一个投资项目从立项到审批,要跑 20 个厅局、53 个处室,盖 108 个章,需要 799 个审批工作日。

曹志伟认为,“办证难”的根本原因是政府部门间存在行政壁垒,形成了一个个信息“孤岛”,各自为政(证),造成政(证)出多门;加上公民信息管理方式落后,证件功能单一,服务意识薄弱,靠公民不停地来往于各部门办证来传递证件上自己的信息,影响社会运行效率,也增加了社会管理和服务的成本及风险,同时降低了公民的幸福感。

他建议,政府应转变治理观念,将“要群众办证”转化为“为群众办证”。他认为可以建立公民信息大数据网,取消或合并现有证件,比如身份证可以涵盖很多证件的信息,比如退休证、老人优待证、生存证明,甚至可以与社保卡合并。

| 问 题 |

关于上述材料中“办证难”的问题,运用你所学习的法律知识,从行政法基本原则的角度谈谈你的看法。

| 答题要求 |

1. 无本人观点或论述,照搬材料原文的不得分;
2. 观点明确,逻辑清晰,说理充分,文字通畅;
3. 总字数不得少于 600 字。

只有经历过地狱般的折磨,才有征服天堂的力量;只有流过血的手指,才能弹出世间的绝唱。

3 CASE | 案 情 |

随着互联网技术的广泛应用和迅猛发展,互联网领域信息安全问题日益突出。当前,随意收集、擅自使用、非法泄露甚至倒卖公民个人电子信息,网络诈骗、诽谤等违法犯罪活动大量发生,严重损害公民、法人和其他组织的合法权益。例如,每天手机短信不断,但大多数是推销产品的垃圾短信。再如,陌生的电话,"喂,您好,您的房子出售吗?""我不卖房,你怎么知道我的手机号?"这是梁先生这个月接到的第12个中介电话,每当他质问对方如何获得他的个人信息时,电话就挂断了。

针对社会各方面和人民群众反映强烈的垃圾短信、诈骗信息等问题,2012年全国人大常委会作出了《关于加强网络信息保护的决定》来保护网络上的电子信息。"从国外情况来看,一些国家已制定相关法律对发送商业性电子信息行为予以规范。我国电信运营商也采取了一些措施对发送商业性电子信息的行为予以规范、控制。""垃圾短信和垃圾邮件严重干扰个人生活安宁,侵害个人隐私,更有一些不法分子通过发送短信,实施诈骗活动,侵害公民的合法权益。从国外来看,有的国家已经通过立法或判例,禁止发送垃圾短信。"

同时,公民个人信息遭受侵害,但实施侵害的行为人的身份信息没有登记或者登记的信息虚假导致取证、查处难,是目前个人信息频频遭受侵害的原因之一。对此,专家指出,有必要加强网络用户身份管理。"实行网络身份管理,是许多国家的通行做法。许多国家都通过立法要求固定电话、手机等电信用户在办理入网手续时需提供身份证明。有关部门、地方和社会公众普遍要求通过立法完善这一制度。"

但是,也有人认为,实行网络身份管理(实名制)在一定程度上也侵犯了公民自由表达的权利,使有些意见不能表达,也不敢表达,一定程度上限制了言论自由。

| 问 题 |

试从正确把握权利及其限制的角度,谈一谈你对上述案例中网络身份实名管理对个人信息保护和言论自由限制双面性的认识。

| 答题要求 |

1. 无本人观点或论述,照搬材料原文的不得分;
2. 观点明确,逻辑清晰,说理充分,文字通畅;
3. 总字数不得少于600字。

4 CASE | 案 情 |

被告人邱某某,男,无业,曾因盗窃被行政拘留7日。2019年10月5日18时许,邱某某到江苏省张家港市金港镇天台南路某店铺门口,趁无人之机,窃得施某某停放在路边的红色台铃牌电动车一辆。经鉴定,电动车价值人民币2400元。被害人施某某发现其电动车被窃后,向张家港市公安局报案。公安机关于次日立案侦查,锁定具有盗窃劣迹的邱某某后,在张家港市金港镇某网咖内将其抓获,赃物被追缴,并返还被害人。

邱某某因涉嫌盗窃罪,于2019年10月6日被张家港市公安局刑事拘留,于10月10日移送张家港市人民检察院审查起诉。检察机关受理后,快速审查并制作简版审查报告,认定被告人邱某某盗窃数额2400元,犯罪事实清楚,证据确实、充分,构成盗窃罪。检察官向邱某某告知诉讼权利并释明认罪认罚从宽制度相关规定后,邱某某表示自愿认罪认罚。检察官听取了被害人意见,被害人要求依法办理。检察机关依法对邱某某适用认罪认罚从宽制度,结合邱某某的盗窃数额,认罪认罚、坦白、配合公安机关追缴赃物等从宽情节,以及有盗窃劣迹酌定从重情节,经综合审查评估,拟定"拘役两个月十天,并处罚金人民币一千元"的确定刑量刑建议。在值班律师了解案情后,检察官听取了其意见,值班律师对犯罪事实、罪名、量刑情节及量刑建议表示认可。在值班律师见证下,邱某某签署认罪认罚具结书,并同意适用速裁程序。

2019年10月11日,张家港市人民检察院以邱某某涉嫌盗窃罪,向张家港市人民法院提起公诉。张家港市人民法院于10月12日适用速裁程序审理本案,采纳检察机关指控和量刑建议,当庭作出判决,以盗窃罪判处被告人邱某某拘役2个月10天,并处罚金人民币1000元。邱某某服判,不上诉。

| 问 题 |

试从正确把握程序正义与诉讼效率的角度,谈一谈你对上述案例中采用刑事速裁程序的认识。

| 答题要求 |

1. 无本人观点或论述,照搬材料原文的不得分;
2. 观点明确,逻辑清晰,说理充分,文字通畅;
3. 总字数不得少于600字。

只有经历过地狱般的折磨,才有征服天堂的力量;只有流过血的手指,才能弹出世间的绝唱。

5 CASE | 案　情 |

近年来，民意的介入最终影响一些个案的诉讼与判决已经成为舆论监督的一种流行趋势，以致出现一个新词：全民法官。“全民法官”现象与以往的舆论监督注重事实揭露不同的是，媒体或者部分公众通过媒体直接给某人定罪。比如，2009年习水案等。

习水嫖宿幼女的升级和“全民法官”现象相关。刚开始，检察机关认为袁某会等8人构成的是容留、介绍卖淫罪及嫖宿幼女罪。但提起公诉后，舆论大哗，因为“主流民意”是构成强迫卖淫罪和强奸幼女罪。在汹涌的民意面前，检察机关经过撤诉、补充侦查后改变初衷，将袁某会的罪名由较轻的容留、介绍卖淫罪，变成了强迫卖淫罪。

杭州胡某飙车（“70迈”事件）案则是另一种情况。对于杭州市公安机关以“交通肇事罪”将胡某逮捕并移送，舆论是不满意的，因为他们已经给胡某判定了“以危险方法危害公共安全罪”。

2009年5月10日，22岁的女服务员邓某娇因拒绝提供性服务与三位男子发生争执，最终用随身携带的水果刀致对方一死一伤。邓某娇是否构成正当防卫，网上舆论争议不休。

2016年4月14日，杜某浩等十余人到位于山东冠县的山东源大工贸有限公司催要高利贷，并对企业法人苏某霞及其子于某有侮辱谩骂言行。民警出警后，于某欲离开被阻止，与讨债人发生冲突，于某持尖刀将杜某浩等4人捅伤，杜某浩于次日凌晨死亡。2017年2月17日，聊城市中级人民法院一审以故意伤害罪判处于某无期徒刑。3月26日，山东省高级人民法院通报，3月24日已经受理于某故意伤害一案的二审。舆论普遍认为，于某属于正当防卫，不应判处刑罚，但是，也有专家指出，于某可能为防卫过当。网络上的争论给山东省高级人民法院的法官不断施加压力，法院是否会按“民意”改判无罪？

| **问　题** |

请运用自身学识谈谈你对此的看法。

| **答题要求** |

1. 无本人观点或论述，照搬材料原文的不得分；
2. 观点明确，逻辑清晰，说理充分，文字通畅；
3. 总字数不得少于600字。

| **参考条文** |

《宪法》

第一百三十一条　人民法院依照法律规定独立行使审判权，不受行政机关、社会团体和个人的干涉。

第一百三十六条　人民检察院依照法律规定独立行使检察权，不受行政机关、社会团体和个人的干涉。

九、开放式论述题预测与演练参考答案

1 CASE | **参考例文** |

【定事实】 该材料的案例是我国首例辩诉交易案。辩诉交易,是指刑事案件在法院开庭审理前,控方检察官与被告在法庭外就定罪与量刑进行"讨价还价"而形成的一种司法制度。由于该制度可以在很大程度上节约司法成本,同时高效、迅捷地惩罚犯罪,在英美法系国家颇为流行。作为我国首次进行辩诉交易的司法实践,该案公布后便引发了学术界的广泛讨论。

【站立场】 结合刑事诉讼的基本原理,我们认为,辩诉交易在中国的实践主要考虑如何在刑事诉讼的两大价值——公正与效率之间进行抉择。

【析概念】 刑事诉讼的公正包括实体公正与程序公正。程序公正相对于实体公正具有独立性。刑事诉讼效率是指在刑事诉讼中所投入的司法资源(包括人力、物力、设备等)与所得的成果之比例。

【说理由一】 刑事诉讼中公正与效率的统一性具体表现为以下两个方面。首先,效率与实体公正统一(如在审判阶段遵循的一个重要原则——不中断原则或集中审理原则)。其次,效率与程序公正统一。诉讼效率越低,诉讼程序的持续时间就越长,被告人和被害人的权利遭到损害的可能性就越大。同时,程序的公正有时也有利于诉讼效率的提高。结合材料,本案采用诉辩交易的目的就是尽快结案,节约司法资源。

【说理由二】 但是,在一定情况下,效率与司法公正必然会发生矛盾。我们应当明确:在刑事诉讼价值中,公正处于首要地位。因为刑事诉讼的根本目的就是在查清案情的基础上,惩罚犯罪、保障人权,以一种和平和非自助的方式解决国家与被告人、被害人与被告人之间的矛盾,从而恢复被犯罪行为破坏的社会秩序。而这种目的的达到就体现为实现实体公正和程序公正。只有在正义得到实现的前提下,才能提高诉讼效率;对诉讼效率的追求,不能妨碍公正价值的实现。结合本材料,该案适用诉辩交易是因为案件事实比较清楚,在不再影响公正的情况下才适用效率原则。

【说理由三】 当然,公正的优先地位不是绝对的,在一定情况下,为了效率,不得不为公正价值做出适当牺牲。在特定情况和特殊的案件中,诉讼的效率处于优先的地位。结合材料,该案通过诉讼程序的设计和优化配置司法资源,最大限度地实现了刑事诉讼目的,即满足了社会、国家和个人对正义、秩序和自由的需求。

【再强调,做评论】 综上所述,就刑事诉讼两个价值的内在关系而言,辩诉交易制度的存在自有其合理的理论基础。基于此,刑事诉讼中的效率价值主要体现刑事诉讼过程的经济合理性和刑事诉讼效果的合目的性。"迟来的正义为非正义",在特定的情形下,把诉讼效率放在优先的地位,更能在整体上实现法律正义的价值。

2 CASE | **参考例文** |

"办证难"的问题不符合合理行政原则和高效便民原则。

行政行为应该符合合理行政原则。合理行政原则是指行政决定应当具有理性,属于实质行政法治的范畴,是最低限度的理性,符合科学公理和社会道德。合理行政原则包含三个方面:公平公正原则、考虑相关因素和比例原则。在材料中,公民一生需要办103个证,显然是不合理的,违背比例原则的要求。比例原则是指行政机关实施行政管理,所采取的措施和手段应当必要、适当,避免损害当事人的权益。行政机关可以尽可能简化不必要的环节,设立集中窗口,进行"一站式"办理。

同时,行政行为应该符合高效便民原则。高效便民原则是针对行政活动的效率提出的要求,因

为一个好的政府，其行为既应该是合法的，也应当是有效的。高效便民原则也包含两个方面的要求：一是行政效率，即行政机关应当积极、迅速、及时地履行其职责、实现其职能，严守时限规定，并不断降低行政成本；二是便利当事人，即行政机关应当尽可能减少当事人的程序性负担，节约当事人的办事成本。材料中行政组织不必要的冗杂程序，加重了当事人的负担，并且降低了行政机关办事的效率。

应该对各领域的证件进行彻底清理，某些证件该取消的取消、该合并的合并，还有一些证件的管理及服务功能应该交给社会来解决。政府既不能掌握太多的行政审批权，也不应该掌握太多的“办证权”。正是因为政府掌握太多的审批、认证等权力才造成各种证件层出不穷。

办证问题是关系民生的大事，行政机关应切实履行好自己的职责。最大限度地为相对人提供方便快捷的办事环境，真正以为人民服务为宗旨，将民生问题看作头等大事，提高办事效率，实现行政高效和人民满意的“双赢”局面。

3 CASE | 参考例文 |

【定事实】 在材料中，垃圾短信，垃圾邮件，随意收集、擅自使用、非法泄露甚至倒卖公民个人电子信息，网络诈骗、诽谤等违法犯罪活动大量发生，严重损害公民、法人和其他组织的合法权益，有人要求对网络身份进行管理，但此举也可能会侵犯个人的言论自由，由此引发了一场讨论。

【站立场】 言论表达自由的权利的重要性不言而喻，但是本案中就产生了不同的私人权利的冲突和平衡问题，要求我们在行使权利的同时应注意他人的权利，防止权利滥用。

【析概念】 权利滥用是指权利的行使超出了边界，触及他人权利的范围或者公共利益和善良风俗。权利滥用理论是随着近代权利理论中的个人自由至上向社会利益保护的转变的产物。

【说理由一】 个人权利保护是近代法治的重大成果，就法的目的来说，它是权利本位的。法律是用来保卫、维护人民权利的。法律规定义务的目的是更好地行使权利，如果法律不恰当地用义务限制了权利，就是对法治的一种践踏。因此，对权利的限制是有严格的条件的。结合材料，个人或者企业发送商业性电子信息行为如果符合法律的规定，则具有一定的合法性。

【说理由二】 权利不仅很重要，而且很容易被侵害。除了国家权力对个人权利的侵犯外，个人行为也可能侵害他人的权利，因此必须划出权利的边界，达到各自权利的平衡点。结合本材料，如果企业或者个人发送商业性电子信息的行为干扰到他人的安宁，侵害个人隐私，更有一些不法分子通过发送短信实施诈骗活动，侵害公民的合法权益，则构成权利的滥用，法律应当对此进行规制。

【说理由三】 个人权利之间的紧张关系始终存在，因为权利冲突的背后往往是社会道德和公共秩序的价值要求。现代法学理论普遍承认权利的行使不能损害他人的利益和自由，即权利不得滥用。因此，每个人的权利空间是有限的，界限就在于他人的自由和权利。法律已经为每个人设定了行使权利的边界，任何人都不得超越该界限，否则即为违法。结合材料，个人或者企业在网络上具有一定的表达自由，但是这个自由不能损害他人的权利。

【再强调，做评论】 综上所述，权利始终是法律最根本的内容，要求法治国家在以人为本的基础上尊重人的权利。因此，一方面，我国强调人权，特别是人格权的保障，如我国不仅在《宪法》中规定了人权的保障内容，而且在民法中也有具体的体现。另一方面，通过对诚实信用等原则的规定，对权利的行使进行一定的限制，可以防止权利滥用，从而达到法律与自由的动态平衡。

4 CASE | 参考例文 |

刑事速裁程序是我国多层次刑事诉讼程序体系的重要组成部分，对推进刑事案件繁简分流，提升诉讼效率，节约诉讼资源，优化司法资源配置，维护当事人合法权益具有重要意义。它体现了效率优先、兼顾公正的原理。司法公正包括实体公正与程序公正:程序公正与实体公正具有内在的一致性,程序公正相对于实体公正具有独立性。而且,有限的司法资源配置应当首先致力于实现程序公正。诉讼效率是指诉讼中所投入的司法资源与所取得的成果之比例,其内涵在于通过诉讼程序的设计和优化司法资源配置,最大限度地满足社会、国家和个人对正义、秩序和自由的需求。

一方面,认罪认罚案件适用速裁程序,要强化监督意识,客观公正履职,确保全面准确惩治犯罪。要发挥捕诉一体优势,密切侦诉协作,着力在诉前有效解决案件争议问题。同时,要坚持法定证明标准,依法查明案件事实,准确定性求刑,为审判阶段适用速裁程序奠定良好基础。结合本案,检察机关受理后,快速审查并制作简版审查报告,实现了案件快慢分道、简案快办。

另一方面,刑事速裁程序兼顾了公正与效率。创新完善速裁案件办理机制,协同构建轻微刑事案件办理“快车道”,确保案件办理全程提速不降质。同时,注重追赃挽损,充分兑现从宽政策,同时兼顾被告人与被害方利益。在适用过程中,应坚持打击和保护并重、实体公正和程序公正并重。材料中,派驻检察室提前了解公安机关侦查情况,与公安机关一道及时对该盗窃轻刑案件开展甄别筛查、繁简分流工作,最大限度简化文书制作、案件流转、强制措施转换等程序环节,实现简单案件侦查、起诉、审判在刑拘 7 日内完成,确保及时惩治犯罪,发挥刑罚威慑效应。

“迟来的正义为非正义。”无效率的公正也不能算真正的公正。在刑事速裁程序中,司法实践摒弃了机械的效率或是公正片面优先,把诉讼效率放在优先的地位,更能在整体上实现司法公正。这不仅是司法公正的要求,也是中国特色社会主义法治建设的应有之义。

5 CASE | 参考例文 |

“全民法官”的出现,一方面,是网络时代舆论监督力度加大的表现;另一方面,不可否认,这样的行为也对法院依法独立行使审判权和检察院依法独立行使检察权造成了一定的影响,必须找到一个平衡点。如果习水检察院在事实没有完全查清的情况下就轻易起诉(发现新的犯罪事实正是其移送上级检察院的理由),舆论代表的民意也可能不会激愤到认为“不以强奸幼女罪下判就是包庇和放纵”;如果杭州公安交管部门不是仅凭当事人的供词就认定“70 迈”,关于“以危险方法危害公共安全罪”和“交通肇事罪”的争论也许不会那么引人关注。

人民法院行使审判权,人民检察院行使检察权,在法律规定的职责范围内都是独立的,不受行政机关、社会团体和个人的干涉。需要指出的是,这里是不受“行政机关”干涉,而非“任何机关”。人民法院、人民检察院必须在宪法和法律规定的权限范围内行使职权,必须严格遵守法律的规定行使职权。同时,人民法院、人民检察院作为一个组织整体,集体对审判权、检察权的行使负责。该原则不同于西方国家的司法独立。在我国,独立行使审判权、检察权的主体是人民法院、人民检察院,而不是某个审判员或检察员个人独立行使审判权或检察权。

当然,法院依法独立行使审判权和检察院依法独立行使检察权并不是不要监督。我国法律规定,司法机关还要接受监督、领导。不仅要接受人大的监督,还要接受党的领导。司法权威的树立既需要全社会的共同监督,也需要全社会来共同维护。如果社会认为司法没有什么权威,想损害就损害,那么,受损害的不仅是司法权威,还包括法治的社会基础,最终受害者肯定是社会大众。司法需要监督,因为只有加强监督,才能保证司法公正,而司法只有公正才能保证权威;但同样,确保审判独立也是维护司法权威最起码的条件。

第四章　司法文书题分析、预测与演练

第一节　历年真题考点分析及考前预测

年份	文书	题型	分值
2023	未考查		
2022	未考查		
2021	未考查		
2020	未考查		
2019	未考查		
2018	未考查		

对于司法文书题，每年在考前都会陷入考与不考的争论中。今年是否会考查司法文书题？我们认为，因为司法文书题在今年的考试大纲中依然有规定，所以考生不要抱着押宝的心态，在复习阶段，还是要尽可能地复习一下重点的司法文书。

从历年真题中我们可以看出，刑事司法文书的考查次数最多。刑事司法文书之所以占据重要地位，是因为刑事司法文书具有严格的格式。如果司法文书考查的是一个具有严格格式的文书，那么在最后阅卷即分数评定的时候，就会少许多争议。而且也只有刑事案件的司法文书，是同时涉及法官、检察官、律师三方的司法文书。自 2002 年律师资格考试改为统一考试后，凡是考过司法文书的年份，均是有关刑事法律方面的。当然，这并不能说其他方面的司法文书不重要。

文书题是案例题的变体。文书题除了对格式的考查之外，比较重要的就是对案情分析的考查，如要求考生有“事实与理由”。以 2005 年司考文书题为例，无论是刑事自诉状、判决书还是辩护词，都是考查考生对案例分析的能力；2013 年也考查了文书格式的构成。2018 年法考改革后，也曾考查过判决的理由。

有关一审程序的司法文书是关键。整个法律执业群体最需要熟悉的是一审程序，因为一审程序永远是基础。

第二节　重要司法文书格式精析

司法文书考查重点突出，集中于刑事一审阶段的法律文书，故我们收录了刑事方面的起诉书、一审刑事判决书和辩护词的文书要求。另外，又添加了一审民事起诉状和民事答辩状及民事判决书的内容。

一、起诉书

1. 标题和案号。标题分两行写。第一行写制作起诉书、提起公诉的人民检察院名称，它应同印章一致。第二行写检察文书的名称，即“起诉书”，它的位置在人民检察院名称的正中下方。案号按受理案件的年度、检察院的简称、检察文书名称的简称编写。同类检察文书的案号写在检察文书名称的右下方。

2. 被告人的基本情况。要写明被告人的姓名、性别、年龄、籍贯、身份证号码、民族、文化程度、所在单位和所任职务、住址、主要简历(包括有无前科)、何时被拘留、逮捕、在押被告人的关押处所等。姓名按户籍簿写;性别不能有误;年龄写周岁(被告人犯罪时不足18周岁的可写出生年月日);籍贯由省写至县(直辖市则写市或由市写至县);民族要写准确;外籍被告人要写明其国籍;文化程度按文盲、小学、初中、高中、中专、大专、大学等实际情况写;所在单位写全称;所任职务要写具体;住址在城镇的写市、镇的路、弄、号、室,乡村的写公社、大队、小队。被告人如有前科但不构成累犯的,则在写完上述项目后另起一行写明何时、何地、犯何罪、被何法院判处何种刑罚、刑期及终止日期。

3. 案由和案件来源。案由指被告犯罪行为触犯刑法条款所构成的罪名,由检察院根据被告犯罪事实、刑法条款加以认定。必须将"案由""案件来源""查明的犯罪事实"这三个项目交代清楚。

4. 犯罪的事实和证据。这是起诉书的主体。人民检察院在认真调查研究的基础上,按照案件发生、发展、结束的顺序或根据数种罪行的性质有主次地写明被告人犯罪的动机、目的,作案的时间和地点,作案的手段和方法,行为过程和结果,犯罪的对象,犯罪的证据(包括人证、物证等)。

5. 起诉的理由和根据。根据被告的犯罪事实及认罪态度,认定其犯罪行为的性质、对社会的危害,比照法律条款,提出其应负的法律责任,要求法院审理和判决。最后写明管辖案件的法院名称及检察院公诉人的名字和起诉年月日。

6. 附项。写明被告人羁押处所、案卷册数、罪证及赃物清单等。

二、辩护词

辩护词一般包括导语、理由和结论三个部分。

1. 导语,主要说明辩护人出庭为被告人辩护的法律依据,并表明自己对此案的基本看法。它要求观点鲜明,措辞简要,使人明确辩护人与公诉人的根本分歧所在。

2. 理由,是辩护词的核心部分。它承接导语,对起诉的事实和理由进行全面的剖析和反驳,从而对自己所持的论点展开论证。辩护词的理由,可以从以下几个方面准备:被告人的行为是否构成犯罪,犯什么罪,是主犯还是从犯,应如何分担刑事责任;被告人的犯罪动机、目的、手段、情节等怎样,犯罪的后果和危害性如何;被告人一贯表现和犯罪悔改程度如何;被告人是否偶犯,年龄大小,有没有应该酌情考虑的促使其犯罪的客观原因。由于案情不同,辩护词的重点也各有不同,因此必须具体,不能一概而论。

3. 结论,是全部辩护意见的总结。辩护人要对自己的发言作出结论,对法院如何判决提出要求。结论力求观点鲜明,要求务必恰当。

三、一审刑事判决书

1. 标题和案号。标题分两行,第一行写制作一审刑事判决书的法院全称,第二行写"刑事判决书"。案号按受理案件的年度、法院名称的代字、案件的性质和编号的顺序逐一写明,置于标题的右下方。

2. 诉讼参与人的基本情况。按公诉人(自诉刑事案件为自诉人)、被告人、辩护人的顺序写,如共同犯罪集团作案,各被告人在案件中的主次地位顺序逐一书写。公诉人栏写公诉人的姓名、所属的人民检察院全称和公诉人的职称。自诉人、被告人栏写姓名(按户籍簿上的正名写)、性别、年龄

(写周岁,超过14周岁不足16周岁的被告人可写出生的年月日)、民族(外籍的写国籍)、籍贯(由省写至县,直辖市写至市、县)、单位(写全称)、职务和住址(都要具体)。被告人栏最后还要写明是否在押。辩护人栏写辩护人的姓名、工作单位、职称或职务,如系近亲属担任辩护人,还须注明其同被告人的关系。

3. 案由及有关事项(被告人姓名、案由、案件来源、审判组织、出庭支持公诉的检察机关、公诉人职称、姓名、审判方式)。案由一般写检察机关指控的被告人犯罪行为触犯的刑法分则条款所规定的罪名。案件来源,公诉案件写"×××人民检察院起诉本院",自诉案件写"原告人××××向本院提起诉讼"。审判方式视具体案件的内容,根据《刑事诉讼法》第188条的规定,有"公开"或"不公开"审理。

4. 犯罪事实及其证据。犯罪事实要写明被告人犯罪的时间、地点、动机、目的、手段、方法、行为过程及其结果、犯罪后的态度等。时间要写案发的具体年、月、日、时、分。地点是农村的写县等,并按邻近物体确定现场的坐向;城镇的写市或镇的路、街、巷、弄、号、室或方位。动机要写明促使被告人实施犯罪行为内心起因。目的写被告人实施犯罪行为欲得到的结果。手段要写明被告人实施犯罪的具体方式、方法。行为过程写被告人实施犯罪所经过的具体过程。结果要写得具体明确(伤害的写明伤的部位、形状、尺寸、当时及事后的情况;盗窃的写明物的名称、规格、数量)。犯罪后的态度写明被告人在实施犯罪时及中止犯罪后是主动投案自首、彻底坦白,还是抗拒交代、拒不认罪。悔改表现要写明被告人在犯罪中或犯罪后是否及时采取有效措施,消除或减轻危害结果,是否有检举、揭发其他犯罪分子等情况。认定犯罪的证据,一般应包括物证、书证,证人证言,被害人陈述,犯罪嫌疑人、被告人供述和辩解,鉴定意见,勘验、检查、辨认、侦查实验等笔录,视听资料、电子数据等项,但不需要引原文,只需简练、概括说明证据的名称即可。最后须写明"经本院查证属实",以表示法院对犯罪事实的确认。事实和证据是判决的基础,以法论理、定性量刑都需以此为根据,撰写时必须客观、全面、完整、准确、清楚。

5. 判决的理由和法律根据。理由的阐述必须从认定的事实出发,根据被告人犯罪原动机、目的、手段、情节和造成的后果,针对具体的罪名,说明被告人犯罪行为所侵犯的客体(先定直接客体,再定同类客体,最后定一般客体,如故意伤害罪,犯罪行为侵犯的直接客体是被害人的身体健康,同类客体是公民的人身权利,一般客体是扰乱社会秩序、破坏社会主义法制),犯罪行为所构成的罪名,以及被告人具有从重、从轻、减轻、免除刑罚的情节。如系共同犯罪和集团作案,要分别写清各被告人作案中的地位、作用、表现,区分主犯和从犯,各自应负的罪责,分别依法给予判决。说理一定要根据事实和法律,要明确、精练、要有针对性。法律根据先写明惩罚犯罪的目的(刑法保护的一般客体、同类客体、直接客体),再引用犯罪行为触犯的刑法分则条款和量刑时从重、从轻、减轻或免除刑罚依据的总则的有关条款。法律根据要写得准确、全面。

6. 判决主文。它是人民法院审理案件作出判决的结论,是法院代表国家行使审判权的体现,具有严肃性、权威性和强制性。主文须写明被告人姓名,所犯的罪名,判处的刑名刑种、刑期(在押的写明判决前羁押日期同刑期的折抵及其年、月、日),收缴、查获的犯罪工具、凶器及赃物、赃款是否没收等处理情况。

7. 尾部。先写明不服一审判决的上诉期限和上诉法院的全称,判决的日期,审判庭的名称,再由合议庭成员即审判长和审判员签名,书记员写明将判决书正本同原本核对无异的情况、核对的时间。最后由书记员署名、盖章。

四、民事起诉状

民事起诉状的结构除标题写明"民事起诉状"外,一般可分为首部、正文、结尾和附项四个部分。

1. 首部，是民事起诉状的开头。该部分应当记明下列事项：

(1)原告的姓名、性别、年龄、民族、职业、工作单位、住所、联系方式，法人或者其他组织的名称、住所和法定代表人或者主要负责人的姓名、职务、联系方式。

(2)被告的姓名、性别、工作单位、住所等信息，法人或者其他组织的名称、住所等信息。

2. 正文，是民事起诉状的主体。它包括以下内容：

(1)诉讼请求。要写明原告人就有关民事权益的争议所提出的请求和主张。例如，要求损害赔偿、债务清偿、履行合同、产权归还，要求与被告离婚，要求给付赡养费，要求继承遗产等。诉讼请求必须直截了当，清楚明确；既要合法，又要合情合理。

(2)事实(包括证据)。这是重点，是请求人民法院受理案件的重要依据。它的主要任务是围绕诉讼请求全面地反映客观的真实情况，即写明被告人作出侵权行为的具体事实和当事人双方权益争执或纠纷的具体内容(包括时间、地点、原因、情节及事实经过等)，以及被告人一方所承担的法律责任。特别要把被告人侵权行为所造成的后果和应承担的法律责任以及当事人双方争议的焦点和实质性分歧写清楚。叙述事实要实事求是，一般按时间顺序写，要详略得当，突出主要情节，关键部分应详细，次要部分应简略，与本案无关的不要写。事实写清楚后，接着就应写明能证明所控事实的证据和证据来源，证人的姓名、职业、住址和交给的具体物证。

(3)理由。要写明下列两点：其一，根据事实和证据，写明认定被告人侵权行为的性质，所造成的后果，应承担的法律责任，并且要阐明理由；其二，写明提出请求的法律依据。凡是有法可依的诉讼请求和主张，均应写明是根据我国什么法律的条、款、项的规定。引用法律条款要确切、完整。陈述理由、分析问题必须观点明确，说理中肯，证据充分，援引法律准确、恰当。

3. 结尾。主要写明本起诉状所提交的人民法院的名称，具状人的姓名和具状的时间。

五、民事答辩状

民事答辩状通常由四个部分组成。

1. 标题。“民事答辩状”。

2. 答辩人的身份事项和答辩主张。这部分应写清两项内容：(1)答辩人的姓名、性别、年龄、籍贯、民族(外籍的写国籍)、工作单位、职业、住址。(2)答辩的主张。“答辩人于××××年××月××日接到你通知，并收到原告×××起诉状副本，阅后甚感原告请求无理，并违反××法××条××款的有关规定，因此，请根据下列答辩意见，驳回原告之诉，并判令原告负担本案诉讼费用。”

3. 答辩理由。这是答辩状的核心部分，如针对起诉状或上诉状所提出的事实、证据、理由和法律依据，据理反驳。制作时可根据案情，从以下两个方面反驳：

(1)如果起诉状在事实的真实性、证据的可靠性和法律的适用上均有问题，答辩应针对有问题的部分进行反驳。

(2)如果起诉状或上诉状所引用的材料或论证都站不住脚，那么，答辩状就可以针对其材料的虚假和论证的错误，根据事实和法律进行反驳。

4. 结尾部分。答辩主张再简要地强调一下，如“基于上述事实和理由，请求人民法院驳回原告(或上诉人)的全部请求”之类。最后由答辩人署名，并写上日期即可。

六、一审民事判决书

1. 标题。写明人民法院的名称和判决书的种类，并在右下方注明案号。

2. 首部。应写明两方面内容：(1)写明当事人、第三人和他们各自的诉讼代理人的姓名、性别、年龄、民族、籍贯(外籍的写国籍)、职业、工作单位和住址。企业、事业单位、机关、团体起诉、应诉的,要写明其名称和法定代表人的姓名、职务等情况。(2)写明案由、案件来源、审判组织和审判方式。

3. 正文。它是核心部分,包括事实、理由和结论。(1)事实。它是判决的基础。要写明当事人双方发生纠纷的起因、现状,原告提出的请求和事实(包括证人、书证、证物)及法律的根据,被告答辩的理由及其根据,尤其要把双方争执的问题、争议的焦点和有关情况如实地写清楚。(2)理由。它的作用是为判决作出论证,所要写的内容有:一是认定事实,判明真伪;二是分清是非并明确双方当事人的责任;三是引用解决双方争执所适用的法律。论述理由必须遵守"以事实为根据,以法律为准绳"的原则。(3)结论。它也称主文,是人民法院根据事实、证据和法律规定,对民事案件所作出的处理决定,要求用一种肯定的、明确的和不附条件的文字,指出当事人之间的权利和义务。如果是属于给付诉讼的判决书,要明确指出是谁给付谁,给付的标的物,给付数额、时间和具体方法。结论的用词应明白无误,不能发生歧义。

4. 尾部。主要包括:(1)向当事人交代上诉的期限、上诉的手续和上诉的法院;(2)合议庭组成人员的署名;(3)书记员将本件与原本核对的情况;(4)判决的日期。

第三节　司法文书题预测与演练

| 案　情 |

黄××于2023年6月6日22时在淮海西路××处,遭李××等人殴打,为此图谋报复,于2023年7月7日21时45分,纠集钱××、陈××(另案处理)各带三角刮刀一把,守候在斜土路××××弄附近,伺机对李××行凶。22时15分,被害人刘××途经该处,被告人黄××将刘××误认是李××,即指挥钱××、陈××二人持刀追上刘××,钱××、陈××从背后分别对刘××的右背、右臀部、右大腿各戳一刀,刘××当即昏倒在地。黄××发现错伤了人,立即将刘××送往医院抢救。经诊断,刘××右背第×肋骨处有长3厘米、宽1厘米,贯穿右肺下叶的锐器伤一处,右大腿处有长、宽各1厘米,深及肌腱的锐器伤一处。刘××入院时由于大量出血,处于休克状态,经输血2800毫升,持续三昼夜的奋力抢救方脱离险状。刘××在医院治疗3个多月,伤口虽已愈合,然已形成气胸后遗症。案发后,被告人黄××于当夜12时向××区公安局投案自首,同案行凶人钱××、陈××也逮捕归案。

| 问　题 |

假设你是本案的公诉人或者是本案的主审法官,请根据以上案情撰写一份法律文书。

| 答题要求 |

1. 格式正确,应具备的事项齐全;

2. 请求合法有据,定性准确;

3. 文字通顺简练,无语法错误和错别字;

4. 题中未涉及的当事人自然情况及司法机关的名称、文号等可自行编撰,但不得署应考人员姓名。

| 参考例文一 |

××市××区人民检察院

起诉书

(2023)××检诉字第×××号

被告人:黄××,男,二十七周岁,汉族,江苏省太仓县人,身份证号:××,文化程度初中,××化工厂工人,住本市××路××弄××号××室。

被告人黄××因故意伤害案,于2023年7月10日由××市公安局××分局拘留,2023年7月15日经本院批准依法逮捕,本案经侦查终结,移送本院审查起诉。

经本院查明:

被告人黄××于2023年6月6日22时在淮海西路××处,遭李××等人殴打,为此图谋报复,于2023年7月7日21时45分,纠集钱××、陈××(另案处理)各带三角刮刀一把,守候在斜土路××××弄附近,伺机对李××行凶。22时15分,被害人刘××途经该处,被告人黄××将刘××误认是李××,即指挥钱××、陈××二人持刀追上刘××,钱××、陈××从背后分别对刘××的右背、右臀部、右大腿各戳一刀,刘××当即昏倒在地。黄××发现错伤了人,立即将刘××送往医院抢救。经诊断,刘××右背第×肋骨处有长3厘米、宽1厘米,贯穿右肺下叶的锐器伤一处,右大腿处有长、宽各1厘米,深及肌腱的锐器伤一处。刘××入院时由于大量出血,处于休克状态,经输血2800毫升,持续三昼夜的奋力抢救方脱离险状。刘××在医院治疗三个多月,伤口虽已愈合,然已形成气胸后遗症。案发后,被告人黄××于当夜12时向××区公安局投案自首,同案行凶人钱××、陈××也逮捕归案。

以上事实有现场勘验笔录、医院伤情诊断书、被害人陈述、证人证言及收缴的凶器、同案行凶人供词证明,被告人亦供认不讳。事实清楚,证据确实、充分。

本院确认:

被告人黄××结伙行凶报复、持刀伤害他人、致人重伤的行为,严重损害了他人健康,侵犯了公民的人身权利,破坏了社会秩序,触犯了《中华人民共和国刑法》第二百三十四条第二款的规定,构成了故意伤害他人致人重伤罪,应依法追究刑事责任。被告人黄××行凶后能积极抢救被害人,自动投案自首,有悔罪表现,具有《中华人民共和国刑法》第六十七条规定的从轻情节。为了严肃法纪,保护公民人身权利不受侵犯,维护社会秩序,保障社会主义建设顺利进行,根据《中华人民共和国刑事诉讼法》的规定,向你院提起公诉,请依法判处。

此致

××市××区人民检察院

检察员×××

2023年9月21日

(院印)

附:

一、被告人黄××关押于××看守所。

二、随案移送《黄××故意伤害致人重伤案》案卷两册。

三、证物清单一份。

| **参考例文二** |

××市××区人民法院

刑事判决书

(2023)××法刑字第××号

公诉人:××市××区人民检察院检察员徐××。

被告人:黄××,男,二十七周岁,汉族,江苏省太仓县人,××化工厂工人,身份证号:××,住本市××路××号××室,现在押。

辩护人:李××,××市××区法律顾问处律师。

被告人黄××故意伤害一案,由××市××区人民检察院公诉至本院。本院依法组成合议庭,由××市××区人民检察院检察员徐××出庭支持公诉,经本院进行公开审理。现查明:

2023年7月7日21时45分,被告人黄××为实施报复,纠合钱××、陈××(均另案处理)守候在××路××处,寻找6月6日晚在××路××处殴打自己的李×××,伺机进行报复。22时15分,被害人刘××路过该处,黄××误认为是李××,示意钱××、陈×××尾随,黄××追上刘××,从背后用三棱刮刀猛戳刘××的右背,刘××随即倒地;钱××见状又用三棱刮刀刺进刘××的右臀部;陈××随后又用三棱刮刀朝刘××的右大腿处戳了一刀。刘××当即晕厥,黄××俯身审视,发现打错了人,即同钱××、陈××一起将刘××送往医院抢救。黄××于当夜××时××分向××市公安局××分局投案自首。经××医院检查诊断,刘××右背第×肋骨处有长3厘米、宽1厘米,贯穿右肺下叶的锐器伤一处,右大腿处有长、宽各1厘米,深及肌腱的锐器伤一处。刘××入院时由于大量出血,处于休克状态,经输血2800毫升,持续三昼夜的奋力抢救方脱离险状。刘××在医院治疗3个多月,伤口虽已愈合,然已形成气胸后遗症。

以上犯罪事实有现场勘验笔录,被害人刘××的指控,证人俞××和成××的证言,××医院伤情检查诊断书,收缴的凶器,同案行凶人钱××、陈××的供词,被告人黄××供述证实。经本院查证,以上事实清楚,证据确凿。

本庭确认:被告人黄××为实施报复,纠合他人持刀行凶,滋生事端,致人重伤,侵犯了公民的人身权利,严重扰乱了社会秩序,已构成伤害罪,依法应予从严惩处。但鉴于被告黄××发现目标错误后,立即将被害人送医院抢救,并主动向公安机关投案自首,可酌情予以从轻处罚。为了严肃法纪,维护社会秩序,保护公民的人身权利,根据《中华人民共和国刑法》第二百三十四条、第六十三条、第六十七条之规定,判决如下:

一、被告人黄××犯故意伤害致人重伤罪,判处有期徒刑×年。刑期自判决执行之日起算,判决执行前羁押一日折抵刑期一日。

二、收缴的凶器三棱刮刀三把,予以没收。

如不服本判决,可在接到本判决书的第二日起十日内,向本院提出上诉状和副本两份,上诉于××市中级人民法院。

××市××区人民法院刑事审判庭

审判长肖××

人民陪审员吴××

人民陪审员葛××

书记员施××

(本件与原本核对无异)章

2023年12月4日

(院印)

只有经历过地狱般的折磨,才有征服天堂的力量;只有流过血的手指,才能弹出世间的绝唱。